Vorwort.

Die vorliegende Schrift besteht aus drei selbständigen Abhandlungen. Der Zusammenhang zwischen denselben ist durch den gemeinsamen Titel der Arbeit angedeutet. Alle drei Abhandlungen beziehen sich auf die Lehre von der Vertheilung der Einkünfte zwischen den successiven Subjecten der Nutzung. Die beiden ersten Abhandlungen sind den zwei besonderen Fällen der Succession in die Nutzung gewidmet: der Rückgabe der Dos und der Restitution der in gutem Glauben besessenen Sache. Das Besondere in diesen beiden Fällen besteht darin, dass die Früchte zwischen den successiven Nutzungssubjecten nicht nach der Perception während des Nutzungsverhältnisses, sondern nach besonderen Regeln vertheilt werden. In allen übrigen Fällen des Ueberganges der Nutzung entscheidet im röm. Rechte über das Schicksal der Früchte die Perception. Der Feststellung dieser allgemeinen Regel de lege lata und ihrer Kritik de lege ferenda ist die dritte Abhandlung gewidmet.

Indem ich meine Schrift dem öffentlichen Urtheil unterbreite, benütze ich mit innerer Freude die Gelegenheit, meinen hochverehrten Lehrern, den Geheimen Justizräthen und ordentlichen Professoren Dr. Heinrich Dernburg, Dr. Ernst Eck und Dr. Alfred Pernice für die mir von ihnen zu Theil gewordene unübertreffliche Leitung meiner wissenschaftlichen Ausbildung und die reichliche Hilfe bei der Verfassung dieser Schrift den innigsten Dank auszusprechen. Durch ihre freundlichste Theilnahme an der Entwickelung meiner Forschung war ich in die glückliche Lage gesetzt, zu weiteren Theilen der Untersuchung erst nach Berücksichtigung der von so berufener Seite mir gegebenen Rathschläge und kritischen Bemerkungen zu schreiten und das Geschriebene in vielen Beziehungen zu verbessern. Auch die Anerkennung und das wissenschaftliche Interesse, welche sie meiner Arbeit zugewandt haben, insbesondere die ausserordentlich wohlwollenden Worte, welche Dernburg in der neuesten Auflage seiner Pandekten (III § 22 A. 6) über meine damals noch nicht veröffentlichten Untersuchungen ausgesprochen, haben mich angespornt, meine Forschungen auszudehnen und möglichst zu vertiefen, indem sie mich mit der Freude am Schaffen und dem Glauben an die Nützlichkeit meines wissenschaftlichen Unternehmens erfüllt haben, welche zur Fortsetzung und Vollendung schwieriger Arbeiten besonders für einen seiner Kräfte nicht sicheren Anfänger so nöthig sind.

Inhaltsübersicht.

Erste Abhandlung.

Die Theilung der Dotalfrüchte bei der Auflösung der Ehe.

Zweite Abhandlung.

Die Vertheilung der Einkünfte zwischen dem gutgläubigen Besitzer und dem Eigenthümer.

Dritte Abhandlung.

Die allgemeinen Grundsätze über die Vertheilung der Einkünfte bei der Succession in die Nutzung.

I. Theil. Der römische allgemeine Grundsatz für die Behandlung der Einkünfte bei der Succession in die Nutzung.

III. Theil. Die Theilung der Einkünfte de lege ferenda.

Erste Abhandlung.

Die Theilung der Dotalfrüchte bei der Auflösung der Ehe.

Die Aufgabe der Abhandlung.

Die Lehre von der Behandlung der Dotalfrüchte bedarf einer vollständigen Umarbeitung. Bis jetzt war dieser interessante Gegenstand verurtheilt, einen bescheidenen Platz in den Noten der Lehrbücher und Abhandlungen einzunehmen, welche „noch einen Versuch enthielten, die l. 7 § 1 sol. matr. 24, 3 zu erklären". Bis jetzt ist noch nicht aufgeklärt, warum die Früchte bei der Restitution der Dos getheilt werden, aber nicht in analogen Fällen, z. B. bei Beendigung des Ususfructus; warum nur die Früchte des letzten Jahres der Ehe, aber nicht des ersten, warum nur periodische, aber nicht zufällige Einkünfte u. s. w. getheilt werden. Und die Theilungsregeln selbst sind fast bei jedem Schriftsteller verschieden. Man könnte zwanzig Theilungsweisen aufzählen, und fast jede hat nur einen Anhänger in der Literatur — ihren Autor. Die übrigen Ausleger der l. 7 § 1 cit. verwerfen die von jenen vorgeschlagene Theilungsweise gewöhnlich nicht von einem historischen oder einem in den Quellen begründeten dogmatischen Standpunkt aus, sondern vom Standpunkt ihrer mathematischen oder praktischen Anschauungen. Die Ursache eines solchen Zustandes der Literatur liegt, wie wir glauben, nicht so sehr darin, dass die ganze Aufmerksamkeit und alle Bemühungen von der citirten Stelle in Anspruch genommen wurden, als vielmehr darin, dass man unsere Frage als eine mathematische oder praktische, aber nicht als eine geschichtlich-dogmatische aufgefasst hat. Der Zweck der vorliegenden Abhandlung ist: 1. feste Stützen für die Auslegung der l. 7 § 1 cit. aufzufinden, ferner 2. zu beweisen, dass die darin enthaltene Entscheidung den sonstigen Quellenzeugnissen vollständig entspricht, aber dem Zwecke von Papinian gemäss nur einen Theil der Rechnung enthält, — endlich 3. das Grundziel und die Grundprincipien des ganzen Instituts der Theilung der Früchte zu finden und die Behandlung der Frage auf den geschichtlichen Boden zu stellen.

I. Theil.

Die dogmatische Darstellung des Institutes.

§ 1. Die allgemeine Regel über die Dotalfrüchte.

Die allgemeine Regel des römischen Rechts bestimmt das Schicksal der Früchte, welche vom Manne von den Dotalsachen gewonnen werden, in folgender Weise: Die Früchte, die auf die Zeit der Ehe fallen, verbleiben bei der Restitution der Dos dem Manne; dagegen die Früchte, welche auf die Zeit von der Tradition der fruchttragenden Dotalsache an den Mann bis zur Eheschliessung, und welche auf die Zeit von der Auflösung der Ehe bis zur Restitution der Dos fallen, — vergrössern das Kapital der Dos, sind also gleich anderen Accessionen der Dotalsachen zu restituiren.

§ 2. Grund dieser Regel.

Die Früchte der Dotalsachen verbleiben dem Manne. Auf dieses lucrum kann der Mann regelmässig sogar durch Vertrag nicht verzichten (l. 4 D. de pact. dot. 23, 4). Worauf beruhen diese Sätze? Gewöhnlich findet man in ihnen die Folge und den Beweis eines anderen Satzes: die juristische Bestimmung der Dos soll darin bestehen, dass ihr Ertrag zur Bestreitung der onera matrimonii diene; das Recht verbietet den Vertrag über die Hinzurechnung der Früchte zum Kapital der Dos, weil ein solcher Vertrag dem Wesen und der juristischen Bestimmung der Dos widerspräche.[1]

Allein andererseits erkennt das römische Recht als Dos eine nuda proprietas in dotem data und eine zinslose Forderung an, die während der Ehe nicht einklagbar ist (l. 4 D. h. t., l. 17, l. 18 C. h. t., l. 20 D. h. t.: valere talem stipulationem: „quum morieris dotis nomine tot dari“, quia et pacisci soleant „ne a viva exhibeatur“). Diese Gegenstände können nicht dem genannten Wesen der Dos entsprechen, weil die nuda proprietas und die Forderung, welche während der Ehe nicht fällig ist, keinen Ertrag geben und folglich für den Mann keine Erleichterung der onera matrimonii bilden.[2]

---

1) Vgl. Scheurl in Krit. Vierteljahrsschrift XI S. 268 fg.

2) Scheurl (Krit. V. J. IV S. 5, 6) erwidert, dass zur nuda proprietas der Ususfructus hinzukommen kann, dass die Frau, welche ein pactum ge-

In der That spielt der Umstand, dass die onera matrimonii der Mann trägt, eine grosse Rolle im Dotalrecht, aber nur als der ökonomische Grund der Dos, nicht als ihr formeller Rechtsgrund; er erscheint oft als Motiv und Wegweiser bei der Auswahl dessen, quod aequius melius est, aber nicht als eine juristische Prämisse, aus welcher mit Nothwendigkeit die anderen juristischen Sätze folgen.[1]

Ebenso ist der Erwerb der Früchte vom Manne nicht durch das genannte vermeintliche Wesen der Dos zu erklären, sondern durch das Princip aequius melius, welches auch die Erklärung der meisten durch die a. rei uxoriae eingeführten Sätze liefert.

Vor der Entstehung der a. rei uxoriae erwarb der Mann selbstverständlich für immer die Früchte der Dos, ebenso wie auch das Kapital selbst und alle seine Accessionen. Mit der Einführung der Klage auf Restitution der Dos entstand die Frage, was der Mann nach dem Princip des aequius melius restituiren soll. Natürlich gab die Praxis die Antwort: der Mann soll das restituiren, was nach der natürlichen und normalen Ordnung der Dinge noch bei ihm von der Dos übrig geblieben ist, d. h. das Kapital; den Mann die Früchte restituiren zu lassen, deren natürliche wirthschaftliche Bestimmung im Verbrauch besteht, wäre unbillig. Das wäre eine unbillige Bereicherung der Frau auf Kosten des Mannes, da sie ja auch am Verbrauch der Früchte theilgenommen hat, und eine Störung des Gleichgewichts im Vermögen des Mannes, welcher nach der gewöhnlichen Ordnung der Dinge mit seinem Baarver-

---

schlossen „ne a se viva exhibeatur", doch auch während der Ehe zahlen kann: es sei die Möglichkeit nicht ausgeschlossen, dass die Dos ad onera matrimonii ferenda dienen könne. Allein uns genügt es, wenn die Möglichkeit nicht ausgeschlossen ist, dass die Dos ad onera ferenda nicht dienen kann, und dennoch vom Recht als eine gültige Dos anerkannt ist. Das Recht macht es hier vom Willen der Frau abhängig, ob die Dos zur Bestreitung der Ehelasten dienen soll, oder nicht. Es ist damit also anerkannt, dass das obige Wesen der Dos eine formell-juristische Bedeutung nicht hat.

1) Czyhlarz (das röm. Dotalrecht S. 15 fg.) sieht in den onera den juristischen Grund der Dos. Diese Meinung widerspricht den Quellen, welche als den genügenden Grund der Dos die gültige Ehe betrachten (l. 3 D. h. t.; arg. l. 20 eod.) und die Dos für gültig erklären, wenn thatsächlich (z. B. durch den Vertrag) der Mann von den onera befreit ist (l. 4 D. de p. d. 23, 4); freilich sieht Czyhlarz in dieser Thatsache keinen Widerspruch gegen seine Meinung, weil die vertragsmässige Befreiung des Mannes von den onera nicht die Eigenschaft der römischen Ehe beseitigt, nach welcher die onera auf dem Vermögen des Mannes lasten. Die onera auf der Seite des Mannes bilden ein Element der röm. Ehe. Allein wenn man die onera so auffasst, dann ist es überflüssig, sie in die juristische Begriffsbestimmung der Dos aufzunehmen; der genügende Grund für die Dos ist die Ehe, d. h. die röm. Ehe mit ihren Eigenschaften. In jedem concreten Fall können diese Eigenschaften neutralisirt werden, was die Entstehung einer gültigen Dos nicht hindert.

mögen für den Ersatz verbrauchter Früchte einzustehen hätte. Das würde nicht nur dem Princip „aequius“, sondern auch dem „melius“ widersprechen, weil unter der Drohung einer so harten Rückforderungsklage die mulieres thatsächlich indotatae wären.[1]

Dagegen widerspricht es nicht den Principien aequius melius, wenn zur Dos eine nuda proprietas gegeben wurde; in diesem Falle hatte der Mann nicht immer einen wirklichen Nutzen von der Dos (nämlich nur dann, wenn er nach Auflösung der Ehe die ganze Dos oder einen Theil als retentio lucrirte), aber jedenfalls brauchte er nicht einen Vermögensverlust zu Gunsten der Frau zu erleiden. Dasselbe bezieht sich auf das pactum „ne a se viva exhibeatur“.

So verschwindet bei Beurtheilung der Frage aus dem richtigen Standpunkte jeder Widerspruch. Nicht deswegen erwirbt der Mann die Früchte, weil dies das juristische Wesen der Dos mit sich bringt, sondern deswegen, weil er nach den Principien aequius melius nicht gezwungen wird, sie zu restituiren. Was nicht zu restituiren ist, das vergrössert die Dos nicht; daher wird die Dos durch die übrigen Accessionen, aber nicht durch die Früchte vergrössert. Der Vertrag, nach welchem die Früchte das Kapital der Dos vergrössern sollen, ist ein Vertrag, nach welchem sie restituirt werden sollen, also ein Vertrag, welcher den in der a. rei uxoriae verkörperten Grundsätzen der Billigkeit widerspricht.

Weil das Verbot, die Restitution der Früchte durch Vertrag zu statuiren, nicht aus einem unbedingten formellen juristischen Grundsatze folgt, sondern in den materiellen Grundsätsen der Billigkeit wurzelt, so sind Ausnahmen möglich:

„et quid dicimus, si pactum tale intervenit, ut maritus fructus in dotem converteret et mulier se suosque aleret tuereturve et universa onera sua expediret? quare non dicas conventionem valere?“ (l. 4 D. de pact. dot. 23, 4). In diesem Falle kann die Dos ad onera ferenda nicht dienen, aber der Vertrag ist gültig, weil

1) Vgl. Czyhlarz S. 235 fg. Nur scheint uns Czyhlarz, obgleich er den entscheidenden Einfluss der aequitas zuschreibt, doch eine petitio principii zu begehen, wenn er das Motiv der aequitas aus den onera so entnimmt: „Dieser Lasten wegen war ihm die Dos gegeben und er war unbedingt befugt, die Früchte wie die seines eigenen Vermögens zu verbrauchen.“ D. h. der Mann hat darum das Recht, die Früchte zu verbrauchen, weil er nach den Grundsätzen der Billigkeit sie nicht zu restituiren braucht, und er restituirt die Früchte nicht, weil er während der Ehe sie zu verbrauchen unbedingt befugt war. — Vor der Entstehung der a. rei uxoriae war der Mann unbedingt befugt, auch das Kapital der Dos zu verbrauchen, nicht nur die Früchte. Nach der Einführung der a. rei uxoriae wurde das hinsichtlich des Kapitals anders, dagegen bei den Früchten blieb es beim Alten. Er gewinnt diese kraft seines Eigenthums an der Dotalsache und braucht sie nicht zu restituiren.

der Mann, indem er die Früchte restituirt, seine eigene Bereicherung restituirt: die Früchte haben nur ihm Nutzen gebracht; die Frau hat selbst ihre onera getragen, und, indem sie die Früchte nach der Auflösung der Ehe zurückbekommt, bereichert sie sich nicht auf Kosten des Mannes.

§ 3. Welche Früchte fallen in die Zeit der Ehe?

Das oben Gesagte bezieht sich nur auf die Früchte, welche auf die Zeit der Ehe fallen. Die Früchte der Zeit 1. von der Tradition der Sache, respective von der Bestellung des Ususfructus dotis causa bis zur Eheschliessung und 2. von der Auflösung der Ehe bis zur Restitution der Dos sind gleich anderen Accessionen der Dotalsachen zu restituiren.

1. Auf die Zeit vor der Eheschliessung fallen die Früchte, welche bis zu diesem Moment percipirt sind (l. 6 D. s. m. 24, 3, l. 7 § 1 D. de i. d. 23, 3). Unter den Früchten versteht man hier nur den Reinertrag (l. 7 pr. D. s. m. 24, 3). Diese Früchte werden vom Augenblicke der Eheschliessung dotal und sind nach Auflösung der Ehe als augmentum dotis zu restituiren.[1]

2. Ebenso werden die Früchte behandelt, welche auf die Zeit von der Auflösung der Ehe bis zur Restitution der Dos fallen. Auch hier werden die Productionskosten in Abzug gebracht und dem, welcher sie getragen hat, vergütet (l. 7 pr. D. s. m. 24, 3).

Bei der Bestimmung, welche Früchte auf die Zeit nach der Auflösung der Ehe fallen, muss man unterscheiden:

1. Solche natürliche und civile Früchte, welche in regelmässig wiederkehrenden Perioden gewonnen werden. Gewöhnlich gleicht eine solche Periode einem Jahre, z. B. ein Weinberg giebt Früchte einmal im Jahre, ebenso andere landwirthschaftliche Grundstücke. Solchen Früchten wird auch der Pachtzins, welcher für einen Weinberg oder für ein landwirthschaftliches Grundstück gezahlt wird, gleichgestellt.

2. Alle übrigen Natural- und Civilfrüchte (z. B. die Milch, der Pachtzins für die Kühe, verschiedene Arten von Miethzinsen; denn der Miethzins ist Surrogat der Gebrauches, welcher gewöhnlich fortdauernd möglich ist). Hierher gehören auch zufällige Einkünfte, z. B. bei gewissen Sclavenerwerben.[2]

---

1) l. 6 D. h. t. 24, 3. Diese Regel kann durch Vertrag der Brautleute beseitigt werden, denn vor der Eheschliessung sind die Schenkungen nicht verboten (l. 7 § 1 D. de i. d. 23, 3).

2) Vgl. Czyhlarz S. 246.

Die Früchte der zweiten Art zu theilen, ist nicht schwierig; hier entscheidet die Perception. Die Früchte, welche der Mann während der Dauer der Ehe percipirt hat, gehören ihm, diejenigen aber, welche nach der Auflösung der Ehe percipirt werden, gehören der Frau. Weil der Miethzins als Surrogat des Gebrauches angesehen wird, darum wird er nach Massgabe der Gebrauchszeit verdient. Wenn daher der Miethzins im voraus, z. B. für ein Jahr, bezahlt worden ist, und die Ehe nur drei Monate nach der Vermiethung gedauert hat, so bekommt der Mann nur den Miethzins für drei Monate; der Rest muss selbstverständlich der Frau restituirt werden (l. 7 § 10 D. s. m. 24, 3).

Eine andere Behandlung hat das röm. Recht bei den zu 1. erwähnten periodischen Früchten angewendet. Hier gilt die eigenthümliche Regel: Periodische Früchte des letzten Dotaljahres werden proportional der Ehedauer im letzten Dotaljahr getheilt. Wenn z. B. die Ehe 4 Monate vor dem Ende des Dotaljahres aufgelöst ist, also 8 Monate im letzten Dotaljahr gedauert hat, dann werden die Früchte dieses Jahres in 12 gleiche Theile getheilt, wovon dem Manne 8, der Frau 4 gehören (l. unica § 9 c C. de rei ux. act. 5, 13).

Um diese Regel zu verstehen, muss man zwei Begriffe genau bestimmen: 1. das Dotaljahr, 2. die Früchte des Dotaljahres.

§ 4. Das Dotaljahr.

Dotaljahre heissen bewegliche Jahre, von denen das erste mit dem Augenblicke beginnt, wo die fruchttragende Sache dotal wird, und bis zum entsprechenden Tag des folgenden Jahres dauert, das zweite von diesem Tage ad eundem diem sequentis anni u. s. w.; das letzte Jahr (annus quo divortium factum est; novissimus annus) heisst jenes Dotaljahr, in welchem die Ehe aufgelöst wird. Wenn die fruchttragende Sache schon vor der Eheschliessung zur Dos gegeben wird, dann müssen wir als Anfang des ersten Dotaljahres natürlich den Tag der Eheschliessung ansehen, denn erst an diesem Tage ist die Sache dotal geworden.

Paulus libro VII ad Sabinum. Si ante nuptias fundus traditus est, ex die nuptiarum ad eundem diem sequentis anni computandus annus est. Idem in ceteris annis servatur, donec divortium fiat (l. 6 D. s. m. 24, 3).

Dagegen wenn die Sache nach der Eheschliessung zur Dos gegeben wird, dann ist als Anfang des Dotaljahres der Tag der Tradition anzusehen.

Ulpianus libro XXX ad Sabinum. De divisione anni eius, quo divortium factum est, quaeritur, ex die matrimonii, an ex die traditi marito fundi maritus sibi computet tempus; et utique in fructibus a viro retinendis neque dies dotis constitutae neque nuptiarum observabitur, sed quo primum dotale praedium constitutum est, id est tradita possessione (l. 5 D. eod.).

Wenn z. B. der Weinberg dem Ehemanne von der Frau am ersten September 1880 übergeben war, und die Ehe bis zum ersten October 1892 dauerte, gab es 13 Dotaljahre. Die Ehe hat 12 volle und $^1/_{12}$ des letzten (13.) Dotaljahres ausgefüllt. Daher verbleiben dem Manne die Früchte der 12 Jahre und $^1/_{12}$ der Früchte, welche auf die Zeit vom ersten September 1892 bis zum einunddreissigsten August 1893 fallen.

In summa also beginnt das erste Dotaljahr in dem Zeitpunkt, wo die beiden Voraussetzungen: Bestand der Ehe und Hingabe der Dos zusammentreffen.

Wenn die Periode der Fruchterzeugung kürzer oder länger als ein Jahr ist, z. B. wenn die Früchte einmal in 6 Monaten, in 3 Monaten, in 5 Jahren gewonnen werden, dann tritt anstatt des Dotaljahres das Dotalsemester, das Dotaltrimester, das Dotalquinquennium ein. Quod in anno dicitur, potest dici et in sex mensibus, si bis in anno fructus capientur, ut est in locis irriguis (l. 7 § 6 eod.). Et in pluribus annis idem dici potest, ut in silva caedua (§ 7 eod.).

§ 5. Die Früchte des Dotaljahres.

Welche Früchte machen fructus novissimi anni aus? Die herrschende und früher allgemeine Meinung beachtet bei der Berechnung der fructus anni novissimi das Verhältniss des Dotaljahres zu den Fruchtperioden; wenn das Dotaljahr mit der Fruchtperiode zusammenfällt (z. B. wenn es nach der Weinlese beginnt und mit der folgenden Weinlese endet), dann wird pro rata temporis das Resultat dieser Fruchtperiode getheilt, also eine Ernte, der Ertrag einer Weinlese u. s. w. Dagegen, wenn im letzten Dotaljahre die Theile von zwei Fruchtperioden enthalten sind (z. B. das Dotaljahr dauert vom ersten April 1891 bis zum ersten April 1892; im October 1891 endet die Ernte einer Fruchtperiode und beginnt die zweite Fruchtperiode, welche erst im Herbst 1892 endet), dann werden zur Berechnung der Früchte des Dotaljahres sowohl die percipirten Früchte (der Ertrag der schon beendeten Fruchtperiode) als auch die zukünftigen Früchte (spes futurae vindemiae, Aussicht auf das Ergebniss der erst begonnenen Fruchtperiode) in Betracht gezogen.

Die zweite Theorie (von Francke im Archiv f. d. civ. Pr. XXX aufgestellt und von Windscheid § 501 N. 8 und Czyhlarz, das röm. Dotalrecht, S. 241 angenommen) behauptet, dass nur die in der ersten vollendeten Fruchtperiode percipirten Früchte zu theilen seien, dagegen der Beginn der zweiten Fruchtperiode nicht in Betracht komme. In unserem Beispiel also theile man nur die Ernte, welche im Herbst 1891 percipirt war. Francke stützt sich auf den Ausdruck der Quellen: fructus novissimi anni, fructus eius anni etc.: die Quellen — meint er — sprechen nicht von den Früchten der zwei Jahre, was zu erwarten wäre, wenn die herrschende Meinung Recht hätte.

Indess, auch die herrschende Meinung vertheilt nur die Früchte des einen Dotaljahres, darunter versteht sie aber den Ertrag der zwei Fruchtperiodentheile, welche in einem Dotaljahre enthalten sind.[1]

Andere Beweise gegen die herrschende Meinung konnten die Gegner in den Quellen nicht finden. Dagegen macht Czyhlarz folgende Einwände praktischen Inhalts:[2]

1. „Die Consequenz dieser Auffassung wäre die, dass bei einer mehrjährigen Ehe auch die Früchte des ersten Jahres getheilt werden müssten, wenn nicht zufälligerweise das Dotaljahr mit der Fruchtperiode beginne. Von dieser Consequenz findet sich aber in den Quellen keine Spur, woraus wir wohl schliessen dürfen, dass sie bei der Vertheilung der Früchte von einem anderen Grundsatze ausgehen, und zwar um so mehr, als nirgends ersichtlich ist, dass in dieser Beziehung für die Früchte des ersten Jahres eine von dem Principe abweichende Behandlung eingetreten sei." — Wir bezeichnen diesen Einwand als einen praktischen Inhalts, denn im besten Falle beweist er nur, dass die bestrittene Berechnung der Früchte der Consequenz ermangelt. Aber keinesfalls beweist er, dass diese Rechnungsweise mit dem obigen Mangel nicht im römischen Recht angenommen sei. Ob die Nichttheilung der Früchte des ersten Jahres eine Inconsequenz und ein Mangel ist, darauf werden wir erst am Ende der Abhandlung Antwort geben können.

2. „Dazu kommt noch ein anderer Umstand, der die praktische Brauchbarkeit dieses Princips in Frage stellt. Man würde demnach nicht blos dem Manne zumuthen, einen Theil der von ihm

1) Vangerow I, § 220 Anm. 2.

2) Czyhlarz S. 242 f.

percipirten Ernte herauszugeben, um dafür im nächsten Jahre einen Theil der folgenden Ernte zu erhalten, sondern man würde auch zu dem Resultat kommen, dass nach Verschiedenheit der Früchte auch verschiedene Quoten in Betracht kommen.“ Was die erste Complication der Theilung anbetrifft, so kommt sie wirklich vor, weil jedenfalls nicht nur die vor der Trennung der Ehe percipirten Früchte getheilt werden. Die Quellen betrachten das nicht als einen Mangel der Regeln: „ante vindemiam soluto matrimonio nihilo minus pecunia messium in computationem cum spe futurae vindemiae veniet“ (l. 7 § 3 D. h. t.). Ferner, die Verschiedenheit der Quoten folgt durchaus nicht aus der von uns vertheidigten Weise der Berechnung der Dotaljahresfrüchte. Wenn man alle Früchte quellengemäss, von der Zeit ihrer Perception abgesehen, in eine Summe zusammenwirft (confundi) und diese Summe pro (una) rata eius anni theilt, dann ist die Auseinandersetzung ebenso einfach, wie bei der Theilung der fructus percepti allein. Wenn die Ehe $^1/_2$ oder $^1/_3$ des Dotaljahres ausgefüllt hat, erhält der Mann $^1/_2$ resp. $^1/_3$ von allen Früchten des Dotaljahres, unabhängig davon, wann die Perception geschieht. Der Einwand richtet sich nicht gegen unsere Berechnung der Summe der Dotaljahresfrüchte, sondern gegen eine besondere Weise der Theilung dieser Summe, welche in der That unpraktisch und, was noch wichtiger, mit den Quellen unvereinbar ist (vgl. unten S. 16. 17).

Es ist klar, dass alle obigen Einwände nichts gegen die herrschende Meinung beweisen können. Für die Theorie von Francke giebt es in den Quellen keine Belege ausser den Ausdrücken „fructus anni novissimi“ etc., welche auch mit der anderen Berechnungsweise sehr gut vereinbar sind. Dagegen bestätigt die l. 7 § 1 h. t. die Richtigkeit der herrschenden Meinung und die Unrichtigkeit der Theorie von Francke unwiderlegbar. Das ist die einzige Stelle, welche einen Fall des Zusammentreffens von zwei Fruchtperioden in einem Dotaljahre behandelt. Trotz aller Umdeutungen und Emendationen, welche von zahlreichen Auslegern der Stelle vorgeschlagen sind, konnte man doch nicht leugnen, dass darin auch die Früchte der zweiten Fruchtperiode in Betracht gezogen sind, dass darin nicht nur von vindemiae fructus (percipirten Früchten), sondern auch von der merces (welche ein Surrogat für die spes futurae vindemiae ist) gesprochen wird.

Einen ferneren Beweis, wenn es eines solchen noch bedarf, finden wir in l. 7 § 9 D. h. t., wo der Satz ausgesprochen ist, dass

„fructus toto tempore quo curantur, non quo percipiuntur, rationem accipere debemus“. Eine genauere Auslegung dieser Stelle geben wir im § 16, aber schon jetzt muss man so viel beachten, dass die Curation der Früchte der zweiten Fruchtperiode auch im Dotaljahre geschieht, folglich nur deren Hinzurechnung zu den Früchten des Dotaljahres pro toto tempore, quo curantur, mit dem allgemeinen Ausspruch Ulpians vereinbar ist, dagegen Francke und Czyhlarz fructus tempore quo percipiuntur, non quo curantur rationem accipiunt.[1]

Beispiel der Berechnung: Das letzte Dotaljahr dauert vom ersten August 1891 bis zum ersten August 1892. Die Ernten werden im August vollzogen. Um die Früchte eines solchen Dotaljahres zu berechnen, muss man sowohl die vom Manne im August 1891 percipirte Ernte, wie auch die Ernte, welche im August 1892, also ausserhalb des Dotaljahres stattfinden wird, in Betracht ziehen. Auf diese letzte Ernte sind 11 Monate der Cura noch innerhalb des Dotaljahres verwendet, und ein Monat ausserhalb des Dotaljahres. Es ergiebt sich also, dass auf das letzte Dotaljahr ausser den fructus percepti noch $^{11}/_{12}$ der Ernte des Jahres 1892 fallen.

§ 6. Die Theilung der Dotaljahresfrüchte.

Sehr bestritten ist die Frage, wie die berechneten Früchte des letzten Jahres zu theilen sind. In dieser Beziehung giebt es fast ebenso viel Meinungen, wie Ausleger der l. 7 § 1 cit.; darum werden wir die verschiedenen Theilungsmethoden im Zusammenhang mit der Uebersicht der vorgeschlagenen Erklärungen der l. 7 § 1 cit. darstellen. Jetzt bemerken wir nur, dass, wenn man einstweilen die l. 7 § 1 bei Seite lässt, man doch auf Grund der anderen Quellenaussprüche folgende einfache Theilungsmethode als quellenmässig betrachten muss: nachdem man die in das letzte Dotaljahr fallenden Früchte festgestellt hat, muss man sie im Verhältnisse zu der Dauer der Ehe während des letzten Dotaljahres theilen, unabhängig davon, wann sie percipirt werden, wer sie percipirt, wann die Fruchtperioden beginnen. Mit anderen Worten, alle verschiedenen Früchte werden nach denselben Bruchtheilen getheilt; wenn die Ehe 4 Monate des letzten Dotaljahres ausgefüllt hat, erhält

1) Dass aus diesem Ausspruche die Theilungstheorie von Vangerow (Duaren) sich noch nicht ergiebt, darin hat Czyhlarz gewiss vollkommen Recht. Einen so specialisirten Einfluss der Cura auf die Theilungsmethode finden wir in den obigen Worten noch nicht. Aber dass die Cura von Einfluss ist, das giebt auch Czyhlarz zu. Wir nehmen diesen Einfluss im allgemeinsten, am wenigsten specialisirten Sinne an.

der Mann $^4/_{12}$ von jeder Art der Früchte, wenn sie nur zu denen des Dotaljahres gehören. Für jeden Monat bekommt der Mann $^1/_{12}$ aller Früchte. Wir bestehen darauf, weil einige Schriftsteller dem Manne verschiedene Quoten von verschiedenen Früchten zuertheilen wollen.

In den Quellen finden wir überall den typischen Ausdruck: pro rata anni, pro portione anni. Es wird nirgends gesagt „pro ratis, pro portionibus". Ueberall figurirt nur eine rata, eine portio. Ferner finden wir nirgends, dass diese rata von den Fruchtperioden abhängig wäre. Sie wird einzig und allein durch die Dauer der Ehe im letzten Dotaljahre bestimmt. Vgl. l. 7 § 10 h. t. (anni ratio habetur); § 12 eod. (pro portione anni debent restitui); l. 78 § 2 D. de i. d. 23, 3 (an pro rata temporis eius anni dividantur); l. un. § 9 c C. de rei ux. a. 5, 13 (novissimi anni fructus pro rata temporis portione); Pauli Sent. II. 22. 1 (etiam pro rata anni ejus).

Bis jetzt haben wir versucht, die Theilungsregeln der Dotalfrüchte unabhängig von der l. 7 § 1 cit. festzustellen; die letzte soll ein Prüfstein für jede Theorie sein, denn sie behandelt ex professo den Fall, wo sich alle Streitfragen concentriren, d. h. den Fall, wo zwei Fruchtperioden in einem Dotaljahre zusammentreffen.

§ 7. Die l. 7 § 1 s. m. und Charakteristik der Literatur über diese Stelle.

Keine Stelle des Corpus juris civilis hat eine so umfangreiche, so sich widersprechende und so fruchtlose Literatur ins Leben gerufen, wie die berühmte l. 7 § 1 s. m. 24, 3. Für sie ist das Epitheton „crux interpretum" traditionell geworden. Keine Stelle hat man so willkürlich interpretirt und kritisirt.

Schon Cuiacius nennt sie vexata species illa.[1] Jetzt wird für diese kranke Stelle immer öfter und öfter die Diagnose: „interpolatio" aufgestellt, und das Heilmittel besteht natürlich in verschiedenen Emendationen; andere Schriftsteller bezweifeln schon die Lebensfähigkeit des Fragmentes und wollen es als eine fehlerhafte Lösung der Rechnungsaufgabe ausser Acht lassen.

Wie l. 7 §1 cit. eine crux interpretum ist, kann die Literatur über dieselbe nur als ein ultimum supplicium lectorum bezeichnet werden. Was für ungewöhnliche Deductionen, was für willkürliche Behauptungen! Um sie zu verstehen, soll der Leser einerseits die feinsten juristischen Nüancen und Gegensätze unterscheiden, andererseits die elementarsten Sätze vergessen, bald sich durch die langen algebraischen Formeln geduldig hindurchwinden, bald vergessen, dass durch

1) Cujacius, Observationes L. XIV. c. 22.

die Addition die schwerwiegenden und werthvollen Sachen nicht in symbolische Zeichen, in abstracte Zahlen umgewandelt werden können. In der Literatur über l. 7 § 1 begegnen wir einer seltenen Erscheinung, dass Erfinder von neuen Erklärungen nicht nur keine Anhänger finden, sondern auch selbst später ihre Richtigkeit bezweifeln oder die eigenen Erklärungen aufgeben. Die neueren Ausleger vertiefen sich natürlich in diese Literatur nur sehr ungern, darum tauchen die vor Jahrhunderten vorgeschlagenen, schon längst verworfenen und vergessenen Erklärungen oft wieder als neu auf.

Wir werden den Leser nicht durch eine vollständige Uebersicht aller aufgestellten Erklärungen quälen, sondern nur die hervorragenden anführen und die neuesten Auslegungen, welche noch nicht der Kritik unterworfen worden sind, eingehender beurtheilen. Dabei werden wir nicht der chronologischen Ordnung folgen, denn Chronos war hier nicht vom Fortschritt begleitet, sondern wir werden eine Uebersicht nach folgenden Gruppen geben:

1. Die erste Gruppe verwirft den buchstäblichen Sinn der Entscheidung und deutet sie um, oder sie giebt einfach ihre eigenen „richtigen und praktischen Theilungsregeln."

2. Die zweite Gruppe rechtfertigt den buchstäblichen Sinn der Stelle durch verschiedene Gründe der Billigkeit, der Zweckmässigkeit u. s. w.

Der Uebersicht der Literatur schicken wir die Stelle selbst und den in ihr enthaltenen Thatbestand voran.

Papinianus autem libro undecimo quaestionum divortio facto fructus dividi ait non ex die locationis, sed habita ratione praecedentis temporis, quo mulier in matrimonio fuit: neque enim, si vindemiae tempore fundus in dotem datus sit eumque vir ex calendis Novembribus primis fruendum locaverit, mensis Januarii suprema die facto divortio, retinere virum et vindemiae fructus et eius anni, quo divortium factum est, quartam partem mercedis aequum est: alioquin si coactis vindemiis altera die divortium intercedat, fructus integros retinebit. itaque si fine mensis Januarii divortium fiat et quattuor mensibus matrimonium steterit, vindemiae fructus et quarta portio mercedis instantis anni confundi debebunt, ut ex ea pecunia tertia portio viro relinquatur.

Der Thatbestand des von Papinian behandelten Falles ist folgender:

Das Grundstück war zur Dos vor der Weinlese im Anfang des Monats October gegeben. Der Mann hat die Weinlese vollzogen und vom ersten November an das Grundstück verpachtet. Am letzten Tage des Monats Januar fand die Ehescheidung statt. Das Dotaljahr dauerte also nach der Scheidung noch bis zum ersten October. In diesem Dotaljahre hat die Ehe 4 Monate (October, November, December, Januar), d. h. $^1/_3$ des Jahres gedauert. Der Mann soll also $^1/_3$ von den Früchten des Dotaljahres bekommen. Was macht hier die Früchte des Dotaljahres aus? Im Dotaljahre sind hier die Theile von zwei Fruchtperioden enthalten. Der October hat das Ende der ersten Periode (die Perceptionszeit der Früchte dieser Periode) ausgefüllt. Die folgenden Monate des Dotaljahres (November bis September des nächsten Kalenderjahres), im Ganzen 11 Monate, gehören zur zweiten Fruchtperiode. Als Resultat der zweiten Fruchtperiode erscheint der Pachtzins, das Surrogat der natürlichen Früchte, welche nach dem Ende des Dotaljahres percipirt werden. Wenn man nach den oben von uns auf Grund der anderen Quellenzeugnisse gefundenen Regeln verfährt, dann muss man zu den Früchten des Dotaljahres (das vom ersten October bis zum dreissigsten September reicht) erstens den Ertrag der Weinlese, zweitens den Pachtzins für 11 Monate rechnen, denn der letzte Monat der Pacht (October) ist schon ausserhalb des Dotaljahres. Von dieser Summe gehört $^1/_3$ (für 4 Ehemonate) dem Manne, $^2/_3$ (für 8 Monate ausserhalb der Ehe) der Frau.

So muss man den Fall entscheiden, wenn man richtig zu den Früchten des Dotaljahres die Früchte der zweiten Fruchtperiode rechnet. Die Schwierigkeit entsteht daraus, dass Papinian, obgleich er auch die Früchte der zweiten Periode (quarta portio mercedis) vertheilt, doch ihre Summe nicht so berechnet, wie man erwarten sollte. Warum ist nur $^1/_4$ des Pachtzinses das Theilungsobject? Warum nicht $^{11}/_{12}$ des Pachtzinses? Auf diese Frage werden wir unten Antwort geben, jetzt wollen wir nur auf die Zweifel hinweisen, welche bei der Auslegung der l. 7 § 1 auftreten. Wenn man nach der anderen, von uns (S. 10 fg.) verworfenen Theorie der Fruchtberechnung verfährt, so entsteht eine viel grössere Schwierigkeit. Papinian zieht zur Theilung auch die Früchte heran, „welche zu den Früchten des Dotaljahres nicht gehören".

Die vorstehenden Bemerkungen werden wohl zum Verständniss der Literatur genügen, welche diese Schwierigkeiten zu beseitigen oder zu umgehen den Zweck hatte.

Am entschiedensten gehen Windscheid[1] und Czyhlarz[2] vor,

1) Windscheid § 501 Anm. 8. 2) Das röm. Dotalrecht § 72 (S. 248 fg.)

welche in der Entscheidung Papinians eine fehlerhafte Rechnung sehen, die uns nicht binde; denn — sagt Windscheid — „der Theil des Pachtgeldes, welcher noch während der Ehe erfällt, repräsentirt nicht den Fruchtertrag dieses, sondern den des folgenden Jahres“.[1]

Andere Schriftsteller schreiben der Stelle eine entscheidende Bedeutung zu, in Anbetracht der Autorität von Ulpian und Papinian und in Rücksicht auf den Umstand, dass l. 7 § 1 cit. die einzige Stelle ist, welche unsere Frage ex professo behandelt.

§ 8. Uebersicht der Literatur. Erste Gruppe.

Eine Menge von Versuchen wurde gemacht, solche Theilungsgrundsätze aufzustellen, welche man mit der Entscheidung Papinians vereinigen könnte.[2]

1. Connanus,[3] Schrader[4] (welchem sich auch Glück[5] angeschlossen hat) und Arnold[6] berechnen den Durchschnittsertrag beider Fruchtperioden, übrigens jeder auf andere Weise. Connanus addirt den Ertrag der beiden ganzen Fruchtperioden und findet daraus den mittleren Ertrag;[7] Schrader[8] berechnet denselben aus den Früchten der ganzen ersten Periode und aus dem Ertrage des Theiles der zweiten Periode, welcher noch in die Ehe fällt. Beide wollen einen den Quellen unbekannten Begriff des Durchschnittsertrages einführen. Noch willkürlicher ist die Methode von Arnold, welcher den Durchschnittsertrag eines idealen Jahres berechnet, also einen zweiten noch künstlicheren Begriff den Quellen zuschreibt. Schrader hat später seine Theorie verlassen und sich der Meinung von Hasse (s. u. S. 23) angeschlossen.[9]

2. Duaren[10] und nach ihm Vangerow[11] schlagen folgende

---

1) Windscheid a. a. O. Aus anderen Gründen auch Baron, Pand. § 340.

2) Vgl. Glück, Pand. 27. S. 284 fg. Vangerow § 220 Anm. 2, II.

3) Connanus, Comm. i. c. T. II. l. 8. c. 10.

4) Schrader, Comm. de divis. fructuum dotis.

5) Glück, cit. S. 317 f.

6) Arnold, comm. ad l. 7 § 1 s. m.

7) Die Formel dieser Methode (vgl. Glück, cit. S. 328) ist:

$$y = \frac{m\,(a + b)}{2\,r}$$

wenn m = der Dauer der Ehe im Dotaljahre, a = dem Ertrage der ersten Fruchtperiode, b = dem Ertrage der zweiten Fruchtperiode, r = der Dauer einer Fruchtperiode ist.

8) Die Formel: $y = \frac{m\,(ra + nb)}{r\,(r + n)}$ wenn n die Dauer der Ehe in der letzten Fruchtperiode bezeichnet.

9) Tüb. krit. Zeitschrift VI S. 219 fg.

10) Duarenus, disput. I, 60.

11) Vangerow § 220 Anm. 2.

Theilungsgrundsätze vor: wenn im letzten Dotaljahre die Theile von zwei Fruchtperioden enthalten sind, dann soll der Mann die Theile der beiden Ernten bekommen, welche der Dauer der Ehe in jeder Fruchtperiode entsprechen. Im Falle der l. 7 § 1 cit. hat die Ehe $^1/_{12}$ der ersten Fruchtperiode und $^1/_4$ der zweiten ausgefüllt; daher soll der Mann $^1/_{12}$ der vindemiae fructus und $^1/_4$ des jährlichen Pachtzinses erhalten. Um diese Regel mit der Entscheidung Papinians zu vereinigen, übersetzt Vangerow dieselbe folgenderweise: „Der Ertrag der Weinlese und $^1/_4$ des Pachtgeldes müssen in der Art confundirt werden, dass daraus $^1/_3$ für den Ehemann wird". Und weiter erklärt er: „Soll aber aus $^1/_4$ ein Drittheil werden, so muss $^1/_{12}$ hinzukommen, und es muss also zu dem $^1/_4$ der Pacht $^1/_{12}$ der fructus vindemiae hinzugerechnet werden".

Diese Auslegung ist zu künstlich und verwandelt die Entscheidung Papinians in ein mathematisches Absurdum. $^1/_4$ des Pachtzinses (eine concrete Grösse) + $^1/_{12}$ der vindemiae fructus (auch concrete, aber ungleichartige Grösse) = $^1/_3$ (einem abstracten Bruchtheile).[1] Ferner widerspricht diese Theorie dem unzweifelhaften Grundsatze der Quellen (welchen auch Vangerow, § 220 Anm. 2. I, anerkennt), dass nur die Früchte eines Jahres getheilt werden. Duarenus und Vangerow theilen die Früchte der 13 Monate. Vom Pachtzins gehört zu den fructus novissimi anni nur das Pachtgeld für 11 Monate. Folglich darf der Mann nur $^1/_4$ von $^{11}/_{12}$ des Pachtzinses erhalten. Indem die genannten Schriftsteller ihm $^1/_4$ des Pachtzinses für das ganze Jahr zuschreiben, geben sie ihm ausser $^1/_4$ der Früchte des letzten Jahres noch $^1/_4$ der Früchte von einem 13. Monat, welcher zum Dotaljahr nicht gehört.

3. Scheurl[2] geht davon aus, „dass die tertia portio viro relinquenda das Drittel eines zugleich vollständigen und einfachen Jahresertrags sein muss. Dann muss auch die pecunia, ex qua tertia portio viro relinquitur, Anschlag eines solchen Jahresertrags sein. Und wenn zur Gewinnung dieses Anschlags die quarta portio mercedis mit etwas Anderem verbunden werden soll, so kann dieses Andere nur in fructus vindemiae für neun Monate bestehen, weil drei Monate durch die quarta portio mercedis gedeckt sind". Daher giebt Scheurl dem Manne $^1/_3$ von $^9/_{12}$ der Weinlese (in Geld berechnet) und von $^3/_{12}$ des Jahrespachtgeldes. — In dieser Lösung vermissen wir jedes Princip. Sie ist ganz willkürlich. Warum

1) Vgl. Arndts § 407 Anm. 8.

2) Krit. V.J. XI. S. 268 fg.

sollen nur drei Monate durch den Pachtzins gedeckt sein, warum nicht mehr Monate, warum nicht alle Monate des Dotaljahres vielmehr durch den Weinleseertrag gedeckt werden? Und wie eine solche Lösung mit den Worten Papinians zu vereinigen ist, das zeigt Scheurl nicht. Uebrigens ist diese Entscheidung schon alt, ebenso haben Martucius,[1] Robertus[2] und Andere entschieden.

4. Bolze[3] übersetzt die Worte Papinians „vindemiae fructus etc.“ . . . in folgender Weise: „so müssen Weinernte und eine Dreimonatspacht in einander gerechnet werden, damit so eine Summe gebildet wird, von welcher dem Ehemann der dritte Theil zu lassen ist“. Diese Ineinanderrechnung betrachtet Bolze nicht als „Frage des Rechtes, sondern der Rechnung“. Mit anderen Worten befreit sich Bolze, wie auch andere vorher angeführte Ausleger, durch die künstliche Auslegung des Wortes confundere vom Texte und hat daher freies Feld für Phantasie oder mathematischen Scharfsinn. Die durch die Fesseln der Quellen nicht gebundene Entscheidung von Bolze ist:

„Bis zur Beendigung der Weinernte ist auf jeden Monat des Dotaljahres die Weinernte, von da ab Weinernte und Pacht im Durchschnitt zu radiciren.“[4] — Diese Entscheidung ist nicht nur in den Quellen nicht enthalten, sondern sie widerspricht ihnen offenbar. Die Quellen theilen pro rata anni, Bolze pro tribus ratis und nicht anni, sondern pro ratis der Fruchtperioden.

5. Brandis[5] (der neueste Ausleger dieser Gruppe) entscheidet ebenso und aus denselben Gründen wie Scheurl, ohne die Abhandlung von Scheurl zu kennen.

Die Worte von Papinian sind zu klar, als dass die vorstehenden Umdeutungen viele Anhänger finden könnten: „vindemiae fructus et quarta portio mercedis instantis anni confundi debebunt ut ex ea pecunia tertia portio viro relinquatur“. Hier ist ja offenbar nur die buchstäbliche Auslegung möglich. Confundere bedeutet einfach „zusammenmischen, in eine Masse, in eine Summe zusammenwerfen“; auch können ja vindemiae fructus nicht $^3/_4$ der vindemiae fructus, $^1/_{12}$ der vindemiae fructus u. s. w. nach Belieben der Ausleger bedeuten.

---

1) Martucius, Variar. explan. i. Lib. II cap. 71.
2) Controv. Roberti et Cujacii L. II. c. 7.
3) Im Arch. f. d. civ. Pr. B. 61. S. 321 fg.
4) Seite 330 cit.
5) Arch. f. d. civ. Pr. B. 69. S. 268 fg.

Das haben die meisten Schriftsteller eingesehen. Darum giebt es viele Erklärungen, welche den klaren buchstäblichen Sinn der Entscheidung aufrecht erhalten und ihn aus verschiedenen Gründen zu rechtfertigen suchen.

§ 9. Zweite Gruppe. 1. Glosse.

Die neuere Literatur hat mit Unrecht die Glosse zu unserer Stelle nicht berücksichtigt.

Einige neue Erklärungen oder ihre Prämissen sind dort bereits beurtheilt. Den Anlass zu einer solchen Vernachlässigung hat anscheinend das Urtheil von Glück (27. S. 299) gegeben: „Nicht minder unbefriedigend ist die Glosse des Justinianischen Rechts, welche bloss zu zeigen bemüht ist, warum nicht der dritte, sondern nur der vierte Theil des künftigen Pachtgeldes zur Theilungssumme kommt; und was nachher noch zur Erläuterung hinzugefügt wird, ist so dunkel und verwickelt, wie die Krümmungen des Mäandros“.[1]

Wir können diese Kritik nicht für gerechtfertigt halten. Die Glosse erschien Glück dunkel und verwickelt, weil er die dort behandelte Hauptfrage missverstanden hat. Die ganze Glosse zur Entscheidung von Papinian (ausser Anfangs- und Endzeilen) behandelt namentlich die uns interessirende Frage, warum Papinian nur quarta portio mercedis vertheilt, warum nicht die ganze merces. welche zu den Früchten des Dotaljahres gehört.

Die dort über diese Frage mitgetheilten Meinungen sind ganz klar und verständlich ausgedrückt:

A. Einige Erklärungen gehen davon aus, dass in der That nur quarta portio mercedis getheilt werden soll, und versuchen das zu rechtfertigen.

1. Die Einen finden, dass nur der Ertrag der Weinlese ganz zur Theilungssumme gehört, weil nur diese Früchte ganz percipirt sind, dagegen die merces ist nur pro parte percepta, darum kommt sie zur Theilungssumme nur pro parte.

2. Die Anderen rechtfertigen die Zuweisung der übrigen merces an die Frau dadurch, dass die Frau in dieser Weise für die nothwendige Uebernahme der Pflicht, den Contract mit dem Pächter zu wahren, entschädigt werde (ideo relevetur in alio, ut non contribuat pensionem totam).

---

1) Aehnlich sagt auch Hasse (Commentatio de variis sent. eor. etc. pag. 15): „omitto enim Joannem glossatorem, cujus verba nimis amputata ad nos pervenisse videntur, quam ut eius sententiam satis intelligere queamus“.

3. Wiederum Andere erklären die Nichtvertheilung der pensio dadurch, dass nicht die ganze pensio zur Zeit der Restitution der Dos fällig war (quod pensio cum effectu peti non potuit).

B. Die anderen Erklärungen der l. 7 § 1, z. B. diejenige des Johannes in der Glosse: Tertia portio, gehen davon aus, dass nicht nur quarta portio mercedis zur Theilungssumme kommt, sondern auch der übrige Theil derselben; nur mit dem Unterschied, dass quarta portio (tria, tres aurei, trium mensium merces) contribuitur re, sed IX (novem aurei, die übrige merces) spe pro rata IV mensium.

Natürlich kommt bei der Vertheilung der Pachtzins für einen Monat, welcher schon ausserhalb des Dotaljahres ist, nicht in Betracht, ne XIII mensium fiat contributio (sonst würde das letzte Dotaljahr aus 13 Monaten bestehen).

Die Entscheidung von Johannes ist mit der unsrigen identisch. Nur wird nicht gezeigt, wie sie mit dem Texte zu vereinigen ist. Dass der übrige Theil der merces, als merces nondum debita, nur spe contribui kann, das ist richtig, aber dass diese contributio spei überhaupt geschieht, das muss man aus dem Texte der interpretirten Stelle begründen. [1]

Darum stimmt Azo dem Johannes nicht bei und verbleibt bei der Meinung, nec re nec spe tribui novem: sed mulier integra habeat.

Die letzten Zeilen der Glosse: Tertia portio zu l. 7 § 1 cit. sind einer anderen Frage gewidmet, welche noch jetzt für viele Theorien unüberwindliche Schwierigkeiten bietet; und die Antwort nähert sich viel mehr der richtigen Entscheidung, als die neuere Literatur:

„Item sive dicas tria tantum, sive etiam IX contribui: nonne fructus duorum annorum contribuuntur? saltem in parte.“ Die Frage wird durch die Glosse verneint: die im letzten Jahre getheilten Früchte sind juristisch nicht die Früchte zweier Jahre. Im Gegentheil, indem das Recht als Anfang des Fruchtjahres nicht, wie in der natürlichen Ordnung, den Anfang der cultura et cura der Früchte (non a die quo fuit culta, sc. vinea, anno prae-

1) Anstatt contributio spei, sagt weiter Johannes, kann man eine contributio rei am Ende der Pacht annehmen. Der Mann wird seine Auseinandersetzung mit der Frau wegen der übrigen merces erst dann erhalten, nachdem tota merces debebitur. Die hier entstehende Schwierigkeit, wie man den 13. aureus behandeln soll, entscheidet Johannes künstlich und ohne juristische Gründe.

cedenti), sondern den Tag der Tradition des Grundstückes betrachtet, bewirkt es, dass auf dieses Jahr grössere Einkünfte fallen (ac si iste annus esset fertilior).

Unten werden wir sehen, dass hier ungeachtet der anscheinenden Absonderlichkeit ein richtiger, obgleich nicht ganz durchdachter Gedanke enthalten ist: in Folge der Anwendung eines künstlichen Begriffs des Dotaljahres wirft das röm. Recht in die Theilungsmasse (confundit, contribuit) auch die Früchte hinein, welche zum Theil auf das vorletzte Jahr fallen. Vom natürlichen Gesichtspunkte aus ist im Beispiel Papinians von vindemiae fructus im letzten Jahre nur $^1/_{12}$ erzeugt. Vom künstlichen Gesichtspunkte des Dotaljahres aus fallen die ganzen vindemiae fructus auf dieses Jahr, obgleich sie zu $^{11}/_{12}$ das Resultat des vorigen Jahres sind.

§ 10. Zweite Gruppe. 2. Die neuere Literatur.

Die neuere Literatur nach der Glosse bildet einen allmählichen Rückschritt. Ohne Zweifel zeichnen sich die Betrachtungen der Glossatoren, welche wir sub A. 1., 2., 3. angeführt haben, durch juristische Gründlichkeit nicht aus,[1] aber sie sind mindestens einfach, sie verwickeln und verdunkeln nicht die Frage und entfernen sich vom Gegenstande nicht zu weit.

Die folgende Literatur erfindet immer mehr verwickelte, willkürliche und unnatürliche Entscheidungen, welche so die Frage verdunkeln, dass man die einfachen Erklärungen der Glosse nicht mehr versteht.

In dieser Hinsicht ist die Interpretationsgeschichte der l. 7

---

1) Sub A. 1. Die quarta portio mercedis ist doch, selbst wenn der Mann sie auch vom Pächter bekommen hat, juristisch nicht percipirt. Merces ist ein Surrogat der Ernte und kann nur dann als percipirt angesehen werden, wenn die entsprechenden natürlichen Früchte percipirt sind. Und wenn man quarta portio mercedis als fructus percepti ansieht, hat doch dieser Unterschied keine Bedeutung bei der Theilung, wie das aus l. 7 § 2 h. t. ersichtlich ist. Hier venit in contributionem auch merces quae debebitur. Indem die Glosse der Perception die ihr nicht gebührende Bedeutung zugeschrieben hat, hat sie sich künstlich eine Schwierigkeit für die Auslegung des § 2 eod. l. geschaffen. Und in der That verliert sie bei der Auslegung des § 2 cit. vergebliche Mühe, um sie zu beseitigen. Vgl. Glosse ad verba „Ex contrario": „. . . male videtur dicere idem etc."

Sub A. 2. Es sind da ganz willkürliche Gründe angegeben. Wenn auch Papinian die Ehefrau für die unbequemen Folgen der Verpachtung belohnen will (!), warum ist dann die Belohnung in einer solchen Zahl und nicht in einer anderen ausgedrückt worden?

Sub A. 3. Die dort angeführte Rechtfertigung hat schon Joannes durch seine contributio spei beseitigt.

Man kann ja sehr leicht durch cautiones, compensationes etc. helfen.

§ 1 lehrreich und interessant. Daher widmen wir auch dieser Gruppe der Literatur mehr Aufmerksamkeit, als derjenigen Gruppe, welche eigentlich nicht die Quellen interpretirte, sondern sich mit mathematischen Recepten eigener Erfindung beschäftigte und im besten Falle ihre Ergebnisse mit den Zahlen, welchen sie bei Papinian begegnete, in äusseren Einklang zu bringen versuchte, unabhängig davon, was diese Zahlen bei Papinian und bei ihnen bedeuten.

1. Cujacius [1] vertheidigt den buchstäblichen Sinn der Entscheidung von Papinian: „Et quia quattuor mensibus stetit (sc. matrimonium), id est tertia parte anni ex vindemia tertiam partem retinebit maritus, et ex mercede locationis, quae cessit . . . id est, quarta parte mercedis, aeque retinebit tertiam partem. Haec est sententia Papiniani, et verba sunt clara : nec est quod eam mutemus vel cavillemur, ut qui prudentiores Papiniano videri volunt, partim eam cavillantur, partim mutant male atque corrumpunt. Consulantur mathematici: respondebunt nihil esse aequius distributione Papiniani.

Nichtsdestoweniger erkennt auch Cujacius die (billige) Singularität der Entscheidung darin an, dass dort nur quarta portio getheilt werde und nicht die ganze merces, wie man nach den allgemeinen Regeln erwarten sollte („sciendum est, in divisionem venire non tantum fructus perceptos vel pensiones locationum, quae pro fructibus accipiuntur, acceptas a marito, sed etiam pendentes, stantes et omnem omnino spem fructuum“). Diese Singularität erklärt er dadurch, dass der Mann in der gegebenen species facti schon vor der Ehescheidung mehr als ein gewöhnliches jährliches Einkommen bekommen hat; es wäre unbillig gegen die Frau, auch dazu die omnis spes futurae vindemiae zu theilen.

2. Bachov von Echt [2] sieht im Gegentheil eine Singularität darin, dass ausser den vindemiae fructus noch quarta portio mercedis zur Theilung zugezogen wird. Er betrachtet $^{1}/_{12}$ mercedis, welche der Mann bekommt, als eine Belohnung vel propter diligentiam in locando adhibitam vel propter incertum proventum fructuum (!).

3. Eguinardus Baro [3] und mit ihm Anton Merenda [4] setzen

1) Cujacius, Observationes Liber XIV. c. 22.

2) Bachov von Echt, Notae et Animadvers. ad Treutlerum, pag. 392 sq.

3) Eguin. Baro, de consuet. feud. L. 2. T. A. 28.

4) Controvers. iuris L. III. c. 10.

voraus, dass das Grundstück im Beispiele Papinians ausser Weintrauben noch andere Früchte abgebe und dass der Werth dieser Früchte grade dem vierten Theil des Pachtzinses gleiche. Daher bilden vindemiae fructus et quarta portio mercedis grade den jährlichen Ertrag des Grundstückes und werden von Papinian richtig vertheilt. Wesentlich dieselbe Erklärung geben Anton Faber und Ludwig Charondas.[1]

Diese Kategorie von Auslegungen trägt in die Stelle zu viele Voraussetzungen hinein, welche ganz willkürlich sind und dazu den Worten Papinians widersprechen: „alioquin, si exactis vindemiis, altera die divortium intercedat, integros fructus retinebit". Offenbar bedeuten vindemiae fructus bei Papinian integri fructus.

4. Hasse[2] hält die Entscheidung von Papinian für singulär und bezieht sie nur auf solche Fälle, wo der Mann kurz vor der Ernte die Dos bekommt und die Ehe im ersten Jahre getrennt wird. Den Grund der Entscheidung sieht Hasse darin, dass die Frau, indem sie das Grundstück kurz vor der Ernte dem Manne giebt, offenbar ihn begünstigen will. Wenn daher das Grundstück nicht kurz vor der Ernte (die Grenze zwischen kurz und nicht kurz zieht Hasse nicht) zur Dos gegeben wird, z. B. im Frühling, dann sollen andere Regeln gelten, nämlich die von Duaren aufgestellten. Endlich, wenn die Ehe mehr als ein Jahr dauert, sollen wieder andere Regeln angewendet werden: dann verbleibt dem Manne die ganze von ihm percipirte Ernte ohne Theilung und nur die künftige Ernte wird getheilt.

Alle diese willkürlichen Unterscheidungen konnte Hasse natürlich nicht durch die Quellen begründen.

5. Francke[3] unterzieht die Meinung von Hasse einer strengen Kritik, aber er selbst stellt nicht weniger willkürliche Unterscheidungen auf. Schon oben (S. 10 fg.) haben wir gesehen, dass Francke eine neue Theorie zuerst aufgestellt hat, nach welcher zu den Früchten des letzten Dotaljahres nur die in diesem Jahre percipirten Früchte gehören. Um diese Theorie mit der Entscheidung von Papinian in Einklang zu bringen, stellt Francke für die Pachtgelder eine be-

1) Vgl. Glück 27. S. 309.

2) Commentatio de variis eorum sententiis, qui in explananda L. 7 § 1 D. solut. matr. vulgatam interpretationem reliquerunt, 1827, und im Rhein. Museum II.

3) Im Archiv f. d. civ. Pr. 30 S. 36 fg.

sondere Regel auf: „Dazu kommt hier für die Pachtgelder noch der besondere Satz, dass diese unmittelbar durch den Ablauf der Zeit, wofür sie zu leisten sind, erworben werden.“ Vgl. Glosse oben S. 19 sub A. 1.

Daher gilt die Entscheidung von Papinian nicht bei Theilung der natürlichen Früchte. Wenn der Mann das Grundstück nicht verpachtet hätte, würde er nur $^1/_3$ von vindemiae fructus bekommen. Abgesehen von dem unrichtigen Ausgangspunkte (oben S. 10 fg.) und der Willkürlichkeit ist die Theorie von Francke mit dem Fehler behaftet, dass sie einer Partei die Möglichkeit giebt, willkürlich ihre Einkünfte auf Kosten der anderen zu vergrössern, was gegen die elementarsten Postulate des Rechtes verstösst.

6. Puchta[1] ist der Meinung, dass dem Manne nach der allgemeinen Regel $^1/_3$ vom Ertrag der Weinlese und vom Pachtzins für 11 Monate zugewiesen werden sollte. Die Entscheidung von Papinian bezieht sich nur auf den singulären Fall, wo die Ehe weniger als ein Jahr gedauert hat und das Grundstück vor der Ernte zur Dos gegeben worden ist. In einem solchen Falle wäre es unbillig, die allgemeine Regel anzuwenden, da offenbar bei jener dem Manne günstigen Dosbestellung eine längere Dauer der Ehe vorausgesetzt ist. Dies ist dadurch berücksichtigt, dass zum Ertrag der Weinlese nur der Pachtzins für drei Monate zugeschlagen wird.

7. Brinz[2] rechtfertigt die Entscheidung von Papinian durch die Erwägung, dass die Ehe im gegebenen Falle nur einen Theil des letzten Dotaljahres gedauert und der Mann schon in dieser Zeit mehr als einen jährlichen Ertrag bekommen hat. Dies in Betracht ziehend, giebt Papinian dem Manne aus Billigkeitsrücksichten weniger, als er nach den allgemeinen Grundsätzen bekommen sollte. Dieselbe Erklärung haben wir bei Cujacius gesehen.

8. Huschke[3] stellt folgende Sätze auf:

A. Der Pachtzins für die Nutzung der Sache, welche periodische Früchte giebt, wird nicht nach den Regeln der periodischen Früchte, sondern nach denjenigen der Miethzinse für fortdauernden Gebrauch getheilt. D. h. es entscheidet die Dauer der Ehe in der Pachtperiode (S. 21 a. a. O.). Als Beweis aus den Quellen führt Huschke l. 25 § 4 D. s. m. an.

B. Die obige Regel wird in dem Falle nicht angewendet, wenn

1) Puchta, Vorlesungen § 421.
2) Brinz, Pandekten III § 484.
3) In Zeitschr. für Rechtsgeschichte 10. S. 1—47.

das Grundstück nicht während des ganzen Dotaljahres verpachtet war, z. B. wenn der Mann erst im Laufe des letzten Dotaljahres verpachtet hat. Hier wechselt die Nutzung im letzten Dotaljahr ihren Charakter, aus einer natürlichen periodischen wird sie in eine nicht periodische, tageweise sich vertheilende umgewandelt. Bei der Behandlung der Früchte können die beiden Charaktere nicht in demselben Jahre zugleich gelten. „Vielmehr muss der eine Charakter dem anderen weichen und zwar selbstverständlich der der Pension dem der natürlichen Nutzung, da jene diese nur nachahmend vertritt und erstere wohl auch periodisch, nicht umgekehrt aber die letztere (bei landwirthschaftlichen Grundstücken) auch tageweise percipirt und vertheilt werden kann. Es muss also hier auch die Pensio, wenn der Charakter des Grundstücks es mit sich bringt, ausnahmsweise ebenso wie periodische Frucht behandelt werden.“ Aber auch in dieser Ausnahmsregel unterscheidet Huschke zwei Fälle (S. 24):

α. „Entweder hat der Mann im letzten Dotaljahre in der Zeit vor der Verpachtung die natürlichen Früchte schon gezogen, oder es ist dies nicht geschehen. Im ersten Falle würde die darauf geschehene Verpachtung den Sinn haben, für die Zukunft die Locationsnutzung an die Stelle der natürlichen treten zu lassen, so dass die Frau nach Trennung der Ehe die auf die Monate seitdem fallende Pensio in Gemässheit des Mannes Willens selbst nach dem gewöhnlichen Rechte der Pensio bezieht, und der Mann darauf gar keinen Anspruch hat. Die Pensio für die Monate vorher würde aber der Mann, dem sie nach demselben Rechte zugefallen ist, doch nach dem Rechte der periodischen Früchte mit diesen selbst zur Theilung zu bringen haben.“

β. „Hatte dagegen der Mann die Jahresfrüchte im letzten Dotaljahre noch nicht gezogen, so liegt in der Verpachtung vielmehr der Sinn, dass der Mann die Pensio nur an die Stelle der noch zu erwartenden Jahresnutzung, zu der er berechtigt ist, als Geldsurrogat derselben treten lassen will, und es kommt ihm also dann von der Jahrespension als Vertreterin der zukünftigen Ernte der Theil zu, welcher der Dauer der Ehe im letzten Jahre entspricht.“

Die beiden Paragraphen der Entscheidung von Papinian erklärt Huschke als Ausnahmefälle, wo der Pachtzins wie natürliche periodische Früchte behandelt wird. Im § 1 ist die Ausnahme sub α angewendet, im § 2 diejenige sub β. D. h. im § 1 bekommt die Frau nach der Trennung der Ehe den Pachtzins für 8 Monate nach dem Rechte der nichtperiodischen Nutzung in Gemässheit des Mannes Willens. Dagegen soll die quarta portio mercedis, d. h. der Pachtzins für 3 Monate, welche der Mann nach demselben Rechte bekommen hat, doch nach dem Rechte der periodischen Früchte getheilt werden.

Diese Erklärung hat ein mehr juristisches Aussehen als die vorigen. Sie beschuldigt Papinian der Willkür und der nichtjuristischen Motive nicht. Darum hat sie schon einen Anhänger [1] gefunden, darum werden wir derselben auch eine eingehendere Kritik widmen müssen, welche ausserdem überhaupt die erste ist.

Zunächst können wir nicht die allgemeine Regel, die der Autor für Pachtzinse aufstellt, annehmen. Es ist schon an sich unglaublich, dass das Recht es der Willkür des Mannes überlassen wollte, nach welcher von beiden ganz verschiedenen Regeln die Einkünfte zwischen ihm und der Frau getheilt werden sollen. Auch ist es in den Quellen nirgends bezeugt, dass die Verpachtung einen so radikalen Einfluss auf die Vertheilung der Einkünfte übe. Die einzige Stelle, auf welche sich der Autor beruft, kann dazu keinen Beweis liefern. Das ist l. 25 § 4 D. s. m. 24, 3:

Si vir in quinquennio locaverit fundum et post primum forte annum divortium intervenerit, Sabinus ait non alias fundum mulieri reddi oportere, quam si caverit, si quid praeter unius anni locationem maritus damnatus sit, id se praestatum iri: sed et mulieri cavendum, quidquid praeter primum annum ex locatione vir consecutus fuerit, se ei restituturum.

Huschke sieht nämlich als einen Beweis seiner Meinung den Umstand an, dass hier „in der Caution lediglich die Zeit der Ehedauer, nicht auch eine mögliche Fruchttheilung berücksichtigt ist".

Indess steht die Caution, von welcher hier die Rede ist, in keinem Verhältniss zu der Fruchttheilung. Sie dient lediglich zu dem Zwecke, die Pachtobligation auf die Frau zu übertragen, d. h. sie wird bestellt, damit alle Vortheile und alle Nachtheile des Pachtcontractes für die Zukunft nur für und gegen die Frau, aber nicht für und gegen den Mann fortbestehen. Weil alle Rechtsvortheile und jede Haftung des Mannes gegenüber dem Pächter auf das während der Ehe verflossene Jahr beschränkt und von nun an auf die Frau übertragen werden sollen, darum verspricht der Mann zum Zwecke der vollständigen Uebertragung, dass er alle

1) Wendt, Pandekten § 306 S. 721.

Einkünfte von der Pacht ausser denen des verflossenen Jahres als nicht ihm gebührende der Frau als der neuen Gläubigerin herausgeben werde. Ebenso soll die von der Frau bestellte Caution den Mann von den Folgen der Haftung gegenüber dem Pächter befreien, z. B. für den Fall, wenn die Frau dem Pächter nicht weiter frui licere gewähren wollte. Die Caution ist hier ein künstliches Mittel zur Regulirung der Verhältnisse der Eheleute zu einem Dritten, zu dem Pächter, sie ist ein Surrogat des juristisch unmöglichen Mittels der Uebertragung der beiden Seiten der Obligation auf die Frau, aber nicht ein Surrogat der Fruchttheilung zwischen Mann und Frau. Ebenso würden im Beispiele Papinians in l. 7 § 2 D. h. t. die gegenseitigen Cautionen bei der Restitution der Dos darin bestehen, dass die Frau den Mann von der Haftung gegenüber dem Pächter für die Zeit nach der Scheidung, d. h. nach dem ersten Monate der Pacht, zu befreien, und der Mann alles, was er vom Pächter ausser dem Pachtzinse für einen Monat bekäme, zu restituiren versprechen würde. Dadurch ist durchaus nicht ausgeschlossen, dass der Mann wegen $^{5}/_{12}$ der merces quae debebitur Retention ausüben kann. Im Gegentheil ist retentio und compensatio grade darum nöthig, weil zukünftig in Betreff der merces quae debebitur nur die Frau als Gläubigerin des Pächters gelten soll. Der Inhalt der Caution ist unabhängig davon, ob die Theilung überhaupt geschieht, ob die Einkünfte als periodische oder als nicht periodische behandelt werden. — Es ist klar, dass die obige Stelle nichts für und nichts gegen die vom Autor aufgestellte Regel beweist. Dagegen widersprechen alle anderen Stellen, welche wirklich die Vertheilung des Pachtzinses behandeln (l. 7 §§ 1, 2, 3 D. h. t.) derselben direct. Freilich betrachtet der Autor die §§ 1 und 2 l. c. als Ausnahmefälle, wo besondere Regeln gelten sollen. Zur Erklärung des § 3 cit. genügt es aber noch nicht, Ausnahmeregeln aufzustellen. Zu diesem Zweck müsste man willkürlich voraussetzen, dass die messes erst im letzten Jahre und dazu nicht im Anfang desselben verpachtet worden sind; denn ohne diese Voraussetzungen könnte man die Ausnahmeregeln nicht anwenden. Für welche Fälle ist denn die allgemeine Regel anwendbar, wenn man überall Ausnahmen findet? Es stellt sich heraus, dass diese allgemeine Regel nur für den nicht grade gewöhnlichen Fall gilt, wenn die Pacht vom Anfang bis zum Ende des letzten Dotaljahres dauert.

Wenn wir ferner zu den Ausnahmeregeln übergehen, so scheinen sie uns auch nicht überzeugend begründet zu sein. Als Grund dessen, warum die allgemeine Regel nicht auf die Fälle des Zusammentreffens der natürlichen Nutzung und der Pacht im letzten Jahre anwendbar ist, stellt der Autor den Satz auf, nach welchem eine Sache in demselben Jahre nicht zugleich als periodische und nichtperiodische Früchte gewährend angesehen werden kann. Dieser Satz ist an sich für uns noch nicht einleuchtend, auch ist er vom Autor selbst nicht durchgeführt. Sogar mehr: vom Autor ist einmal stillschweigend und einmal ausdrücklich das Gegentheil anerkannt. Einmal stillschweigend: nehmen wir an, dass die Verpachtung 3 Monate vor dem Ende des vorletzten Dotaljahres geschehen ist und die Pacht das ganze letzte Dotaljahr gedauert hat. Dann folgt aus der allgemeinen Regel des Autors für das letzte Jahr nothwendig, dass der Mann für drei Monate der Pacht im vorletzten Jahre drei Monatspachtschillinge bekommen, also das Grundstück in demselben Jahre periodische und nichtperiodische Früchte gewährt hat.

Einmal ausdrücklich: nach der Ausnahmeregel sub *α* bringt die fruchttragende Sache in demselben Jahre theils periodische, theils nichtperiodische Einkünfte, ja noch mehr, dasselbe Einkommen, derselbe Pachtzins, wird als periodisch (quarta portio mercedis) und unperiodisch (die übrige merces) zugleich behandelt.

Auch der Grund dessen, warum die fortdauernde Nutzung der periodischen weichen muss, beweist mehr, als für den Autor nützlich. Denn, wenn „jene diese nur nachahmend vertritt“, d. h. wenn der Pachtzins die Ernte als ein Surrogat vertritt, dann folgt ja daraus, dass der Pachtzins überall ebenso wie die durch ihn vertretenen natürlichen Früchte behandelt werden soll. Das ist auch in der That die allgemeine Regel, welche überall in den Quellen angewendet wird.

Indem wir uns weiter zu der Regel sub *α* wenden, welche speciell zur Erklärung der l. 7 § 1 bestimmt ist, finden wir, dass dort von der Ausnahmeregel, nach welcher der Pachtzins zuweilen als eine periodische Frucht gilt, wieder eine Ausnahme gemacht wird. Und zwar wird dort der ganze Pachtzins für die Zeit nach der Scheidung der Frau zugeschrieben. Als Grund der Ausnahme gilt der stillschweigende Wille des Mannes bei der Verpachtung. Obgleich dieser Wille, welcher darauf gerichtet ist, den Charakter der Nutzung zu ändern, sich auf den ganzen Pachtzins bezieht, wird doch derselbe auf den Pachtzins für die Zeit vor der Ehescheidung ausnahmsweise nicht angewendet. Für diese Ausnahme dritten Grades giebt der Autor keinen Grund an. Im Gegentheil ist sie mit der Regel auf solche Weise zusammengestellt, dass die contradictio in adjecto et praedicato sofort einem Jeden ins Auge fällt. „Die pensio für die Monate vorher würde aber der Mann, dem sie nach demselben Rechte zugefallen ist, doch nach dem Rechte der periodischen Früchte mit diesen selbst zur Theilung zu bringen haben.“

Die zweite Ausnahmeregel (sub β) wird auch, wie die sub α, aus dem muthmasslichen Willen des Mannes bei der Verpachtung abgeleitet. Gegen die Berücksichtigung des Willens des Mannes in beiden Fällen müssen wir uns principiell erklären. Hier liegt ein Grundfehler verborgen, welchen wir, mit dem stillschweigenden Willen der Parteien zu operiren gewöhnt, oft begehen und bei anderen nicht bemerken können. Nämlich der stillschweigende bei einem Geschäft ausgedrückte Wille, als Theil des Consensus, soll die Parteien, inter quas actum est, aber nur diese binden. Daher kann der etwaige Wille des Mannes bei der Verpachtung nur für den Mann selbst und für den Pächter gelten, dagegen können die Rechte der Frau an den Mann ohne besondere Rechtsnorm dadurch nicht berührt werden. Hier gilt auch die Regel: res inter alios acta aliis nec prodest nec nocet.

9. Wiedemann.[1] Die neueste Auslegung von Wiedemann steigt zu einer solchen Willkür empor und genirt sich so wenig in Betreff der Auswahl der Voraussetzungen, dass sie keiner Kritik bedarf. Das ist der würdige Culminationspunkt der langen Ausartung der für die Auslegung der l. 7 § 1 cit. bestimmten Literatur. Wiedemann ist am meisten freigebig gegen den Mann. Er giebt ihm $^1/_3$ vom Ertrage der Weinlese und $^1/_3$ vom Jahrespachtzinse, d. h. er vertheilt die Früchte eines Dotaljahres, welchem, gewiss weil es schon das letzte ist, 13 Monate zu dauern erlaubt ist. Um diese weise Entscheidung bescheiden Papinian zuzuschreiben, setzt Wiedemann voraus, dass derselbe den Theil des Pachtzinses, welchen der Mann für drei Monate bekommen hat, gar nicht vertheile, sondern dem Manne (gewiss als Scheidungsgeschenk) ungetheilt gebe. Dafür aber muss man unter der quarta portio mercedis den Pachtzins für die weiteren drei Monate der Pacht verstehen (!). Die letzte dreimonatliche Rate wird ungetheilt der

1) Zeitschrift d. Sav.-Stift. VII. Heft 1. S. 106 fg.

Frau geschenkt. In Folge dieser Verordnungen bekommt der Mann wirklich $^1/_3$ vom Jahrespachtzinse.

§ 11. Allgemeine Kritik der zweiten Gruppe und der jetzige Stand der Frage.

Alle Schriftsteller der vorstehenden Gruppe versuchen die Entscheidung von Papinian, wie sie dieselbe verstehen, durch verschiedene Gründe der billigen Rücksicht auf die Frau oder den Mann zu rechtfertigen. Fast alle diese Rechtfertigungen schreiben Papinian solche Motive zu, deren Verdacht auf dem grossen Juristen gewiss ohne seine Schuld lastet. Auf die mangelhafte Begründung solcher Erklärungen haben wir, wo dieselbe nicht an sich klar war, hingewiesen. Der Grundfehler aber der ganzen obigen Reihe von Erklärungen besteht darin, dass dieselben in der l. 7 §§ 1, 2 nicht die allgemeine Regel, sondern eine singuläre Entscheidung für den besonderen Fall sehen. Indessen sollen die beiden von Papinian verworfenen unrichtigen Entscheidungen (in §§ 1, 2 cit.) und seine beiden eigenen Entscheidungen offenbar den allgemeinen Satz beweisen und veranschaulichen, dass man die Früchte nicht ex die locationis, sondern habita ratione praecedentis temporis theilen muss. Es ist unmöglich, vorauszusetzen, dass Papinian zur Veranschaulichung und zum Beweise der Regel ein Beispiel genommen habe, wo die Regel ausnahmsweise nicht zur Geltung kommt. Daher ist es nur zu erklärlich, warum keine von den dargestellten Interpretationen viele Anhänger gefunden hat, und warum einerseits der Gedanke entstand, dass man die fruchtlosen Bemühungen einstellen und die Entscheidung von Papinian als fehlerhaft (Windscheid, Czyhlarz) oder als willkürlich (Dernburg 2. Aufl. III. § 22) ansehen soll, und warum andererseits andere Schriftsteller zu dem in solchen Nothfällen gewöhnlich gebrauchten Mittel griffen, welches in der Glaubhaftmachung der Interpolation und in der entsprechenden Emendation besteht. Schon Bachov von Echt[1] hat anstatt quattuor mensibus (in l. 7 § 1) quinque mensibus zu lesen vorgeschlagen, woraus noch grössere Schwierigkeiten entstanden, so dass der Autor die Emendation selbst später aufgegeben hat.[2] Jetzt schlägt Mommsen in seiner Pandektenausgabe vor, anstatt vindemiae fructus et quarta portio „vindemiae fructus quarta portio et tres“ zu lesen.

1) Vgl. Connanus, comment. i. civ. II L. VIII c. 10.
2) Vgl. Glück, 27 S. 301.

Die Gründe für diese Emendation und die auf Grund derselben mögliche Auslegung hat Mommsen noch nicht angegeben.

Ferner verbessern den Text und nach der Verbesserung geben ihre Auslegung Bechmann, Czyhlarz und Brinckmann. Bechmann[1] und Czyhlarz[2] wollen die Herstellung des richtigen Textes dadurch erreichen, dass sie den Theil des ersten § von den Worten „neque enim“ bis zum Ende nach dem zweiten § versetzen und die Worte „ex contrario . . . observandum est“ ganz streichen. Diese Emendation hat für sich die eingehende Begründung der beiden Kenner des Dotalrechtes. Darum müssen wir derselben eine besondere Besprechung widmen, doch nicht hier, sondern nach der Auslegung der Stelle selbst. Hier zum Schluss bemerken wir nur, dass Czyhlarz auch nach der Emendation die Stelle als fehlerhaft betrachtet. Derselbe Autor (S. 242, 249 fg., 260) hat auch die verwickelten Auslegungen von Bechmann und Brinckmann[3] schon gründlich widerlegt. Wenn sogar eine künstliche Interpretation mit der Emendation kombinirt keine Lösung giebt, dann müsste man lieber den Boden der Forschung als ganz fruchtlos verlassen.

§ 12. Erklärung der l. 7 §§ 1, 2 s. m.

Warum sind die Bemühungen einer so grossen Zahl der Ausleger, unter denen wir den grössten Namen begegnen, fruchtlos geblieben? Die Ursache liegt darin, dass alle von einer als selbstverständlich betrachteten Voraussetzung ausgingen, dass Papinian in l. 7 § 1 die volle Auseinandersetzung zwischen Mann und Frau in Betreff der Früchte bezwecke. Von diesem Standpunkt aus haben gewiss diejenigen Recht, welche (wie Windscheid, Czyhlarz) die Entscheidung von Papinian als fehlerhaft oder als willkürlich (Dernburg) betrachten. Keiner von den Auslegern seit der Glosse hat die Thatsache beachtet, dass unsere crux interpretum eine quaestio (Papinianus autem libro undecimo quaestionum), aber kein responsum ist. Und dieser Gegensatz ist für uns ausserordentlich wichtig. Die Responsa sind Resultate der praktischen Thätigkeit eines Juristen, es sind Gutachten über wirkliche Streitfälle zwischen wirklichen Parteien. Wenn die Parteien sich wegen der Entscheidung eines Streites an einen Juristen wenden, erwarten sie natürlich eine vollständige Auseinandersetzung zu bekommen. Wenn

1) Bechmann, Das röm. Dotalrecht S. 202 fg.
2) Czyhlarz S. 249 fg.
3) Brinckmann, A. f. d. civ. Pr. 36.

den Papinian einer von zwei geschiedenen Gatten angegangen hätte, dann würde die Entscheidung eine volle und erschöpfende Theilung der Früchte enthalten haben, damit keine Zweifel zwischen den Parteien bestehen könnten. Indessen hat unsere Stelle nichts mit dem Gutachten eines praktischen Juristen gemein. Der Zweck der Ausführung Papinians ist die Widerlegung einer falschen theoretischen Ansicht (fructus dividi non ex die locationis). Sie ist also nicht an die Parteien gerichtet, sondern an die Schüler oder Gelehrten; der dort behandelte Fall ist ein fingirtes Beispiel, dessen Thatbestand der Jurist beliebig verschiebt (§§ 1, 2, 3 der l. 7). Bei der Entscheidung einer theoretischen Quaestio unternimmt man aber nur solche Berechnungen, welche eben für die Veranschaulichung der Theorie nöthig sind. Man befasst sich nicht mit den Berechnungen, welche zum Verständniss der Theorie nichts beitragen würden, obgleich ein Richter oder ein Rechtsanwalt dieselben für die Parteien bei der Entscheidung eines entsprechenden Falles ausführen müsste.

Wir müssen auch beachten, dass wir es mit einer Ausführung von Papinian zu thun haben, welcher nutzlose Worte und Bemerkungen vermeidet.

Schon diese Betrachtungen führen uns auf den Gedanken, dass die l. 7 § 1 möglicherweise nicht die volle Auseinandersetzung zwischen den Parteien enthält, welche wir von einem richterlichen Urtheil oder von einem Responsum zu erwarten berechtigt wären.

Aber wenden wir uns zum Fragment selbst.

Die l. 7 § 1 ist darum zu einem Räthsel geworden, weil Papinian ohne jeden auffindbaren rechtlichen Grund zu den Früchten des Dotaljahres den Pachtzins nur für drei Monate zu rechnen scheint. In das Theilungsjahr fallen ja 11 Monate der Pacht. Warum vertheilt Papinian anstatt des Pachtzinses für 11 Monate nur denjenigen für drei Monate (quarta portio mercedis). Das scheint ganz willkürlich und inconsequent zu sein. Selbst wenn man die Entscheidung durch die billige Berücksichtigung der Frau in Folge der besonderen Verhältnisse des concreten Falles erklärt, so bleibt doch die Frage offen, warum denn gerade die quarta portio getheilt wird. Die quarta portio scheint eine ganz zufällige Zahl zu sein.

Um die Entstehung dieser Zahl zu erklären, müssen wir in das rechtliche Wesen der Theilung der Dotalfrüchte tiefer eingehen und besonders die Behandlung der Pachtzinsforderungen beachten.

Wir haben schon oben (S. 26 fg.) gelegentlich gezeigt, dass bei der Restitution der verpachteten Dotalgrundstücke die Rechte und die Pflichten aus der Pacht von der Zeit der Scheidung bis zum Ende des Pachtcontractes durch die Cautionen vom Manne auf die Frau übertragen werden. Durch diese Restitution der dotalen Pachtforderungen wird die Frau materiell zur Gläubigerin des Pächters wegen des Pachtzinses, welcher in die Zeit nach der Scheidung fällt. Daraus ist ersichtlich, dass sich bei der Fruchttheilung zwei scharf abgegrenzte Summen natürlich bildeten. Auf der einen Seite stand die Summe der Einkünfte, welche vom Manne vor der Scheidung einkassirt waren, oder auf deren Einkassirung der Mann jedenfalls schon ein Recht erworben hatte, welches er bei der Restitution der Dos nicht mit zu restituiren brauchte (die vor der Scheidung percipirten Naturalfrüchte und Pachtzinse und die Forderungen wegen des Pachtzinses für die Zeit vor der Scheidung, merces debita). Auf der anderen Seite (auf der Seite der Frau) stand jener ersten Summe eine zweite gegenüber, welche aus den Einkünften bestand, die die Frau (in Folge der Uebertragung des Eigenthumes an den Sachen und der Forderungen) selbst noch einziehen sollte (spes futurae vindemiae, merces quae debebitur). Von den beiden Summen, von welchen die eine ursprünglich dem Manne, die andere der Frau gehört, gebührt auf Grund der Fruchttheilung eine gleiche Quote (portio) dem Manne und ebenso eine gleiche Quote der Frau, z. B. der Mann behält $^1/_3$ von der ihm gehörenden Summe und bekommt $^1/_3$ von der Frau von der ihr gehörenden Summe. Aber seinen Anspruch auf den Theil der Früchte der Frau übt der Mann ganz anders aus, als die Frau ihr Recht auf den Theil der Früchte des Mannes. Zunächst ist die Summe, von der die Frau einen Theil herausgeben soll, nicht immer im voraus bestimmt; man kann z. B. nicht bestimmen, wie viel Früchte die zukünftige Ernte bringen wird. Dann ist es nur eine zukünftige Summe. Die Folge ist, dass der Mann oft keine Herausgabe seines Antheiles, noch Compensation seiner Forderung auf einen Theil solcher zukünftigen und unbestimmten Einkünfte gegen die Forderung der Frau auf eine von ihm erworbene Summe fordern kann. Daher trat als Resultat der Retention seitens des Mannes oft nicht die Minderung der ihm aufzuerlegenden Condemnationssumme, sondern nur eine Caution seitens der Frau ein.

Interdum marito de fructibus a muliere cavetur et nihil retinet, si fructibus stantibus fundum mulier recipiet (l. 7 § 15 D. h. t.).

Im Gegentheil sind die Einkünfte der Zeit vor der Scheidung schon zur Zeit der Restitution der Dos bestimmt und vom Manne eingezogen oder jedenfalls nicht durch die Frau auf Grund der Fruchtvertheilung, sondern durch den Mann auf Grund der erworbenen Forderung gegen den Pächter u. s. w. einzuziehen. Die von dieser Summe ihr gebührende Quote fordert die Frau als ein augmentum dotis mit der actio rei uxoriae (resp. später mit der a. ex stipulatu) (l. 31 § 4 D. h. t.), oder sie rechnet dieselbe mit den Gegenforderungen des Mannes auf. Daraus sieht man, dass zum Zweck der Theilung und der Regelung der Ansprüche aus der Theilung nicht eine gemeinsame, unterschiedlose Masse der Einkünfte festzustellen war, sondern zwei Gruppen der Einkünfte, deren beide verschiedene Parteien zum ursprünglichen Subject haben und nach verschiedenen Grundsätzen zu behandeln sind. Die „Theilung" der Dotalfrüchte ist also keine wirkliche Theilung im rechtlichen Sinne. Zwischen den Eheleuten besteht keine communio betreffs der Früchte; es giebt kein gemeinsames Vermögen, welches zu theilen wäre. Die Früchte des Dotaljahres haben nicht ein gemeinsames Subject, sondern nur das haben sie untereinander gemein, dass sie auf das Dotaljahr fallen. In anderen Beziehungen giebt es keine einheitliche Masse der Dotalfrüchte, sondern es giebt zwei Massen, deren eine auf die Zeit vor der Scheidung fällt und dem Manne gehört, während die andere auf die Zeit nach der Scheidung fällt und der Frau gehört. Es giebt keine „Theilung" der Früchte, sondern nur die Feststellung der zwei obligationes ex lege. Dem ungenauen Ausdruck „die Theilung, divisio" haben wir keine grössere Bedeutung zuzuschreiben, als dass bei der Regelung der beiderseitigen Ansprüche eine arithmetische Operation vorgenommen wird, welche die Feststellung der Objecte der beiden obligatorischen Ansprüche zum Zweck hat; die Theilung der Dotalfrüchte, um den bequemen, obgleich ungenauen Ausdruck beizubehalten, gleicht nicht der Theilung der Erbschaft in der actio fam. herciscundae oder der Theilung des gemeinsamen Vermögens in der actio communi dividundo, sondern sie gleicht der arithmethischen Theilung der Erbschaft in Viertel zum Zweck der Feststellung der quarta legis Falcidiae.

Wenn wir berücksichtigen, dass bei der Theilung der Dotalfrüchte es sich um zwei verschiedene Ansprüche und um zwei verschiedene Fruchtgruppen handelt, wird es uns nicht auffallend scheinen, wenn Jemand, der die Theilung auf concreten Beispielen veranschaulicht, zu diesem Zwecke zwei Beispiele wählt und an dem einen Beispiel die Bestimmung des Anspruches der Frau, an dem anderen die Bestimmung desjenigen des Mannes illustrirt.

So verfährt Papinian in den §§ 1 und 2 der l. 7. Vindemiae fructus et quarta portio mercedis im § 1 bilden eben diejenige Gruppe der Früchte, welche in die Zeit vor der Scheidung fällt (die Pacht hat während der Ehe 3 Monate, $^1/_4$ des Jahres gedauert) und also dem Manne gehört; indem Papinian diese Gruppe der Früchte vertheilt, stellt er diejenige der zwei obl. ex lege fest, welche der Frau zusteht. Die zweite obl. ex lege, den Anspruch des Mannes aus der Fruchttheilung, d. h. die Theilung derjenigen Gruppe der Früchte, welche der Frau gehört, übergeht er mit Stillschweigen. Diese unberücksichtigte Gruppe der Einkünfte besteht aus dem Pachtzins für die zukünftigen Monate der Pacht nach der Scheidung (merces quae debebitur). Wie diese der Frau gehörende Gruppe der Einkünfte zu theilen oder, genauer gesprochen, wie der Anspruch des Mannes zu bestimmen ist, kann man erst aus dem § 2 ersehen. Im § 2 vertheilt Papinian analog nur die merces quae debebitur (mulieri), d. h. nur die Einkünfte, welche die Frau nach der Scheidung erwerben wird, und spricht von der anderen Gruppe der Einkünfte, von der duodecima pars mercedis (debita viro) nur gelegentlich, ohne die Theilung derselben ausdrücklich zu erwähnen (vgl. unten S. 44 fg.).

Die obige Ausführung, obgleich sie noch keine vollständige Erklärung der l. 7 § 1 enthält, hat jedenfalls feste Anhaltspunkte zur Lösung des Räthsels ergeben.

Erstens haben wir festgestellt, dass die Summe vindemiae fructus et quarta portio mercedis nicht ein Theil von der einheitlichen Masse der Dotalfrüchte ist, welcher ganz willkürlich und zufällig erscheint. Die Entscheidung von Papinian im § 1 müssen wir jetzt nicht als eine unrichtige Theilung der Masse der Dotalfrüchte, sondern als eine vollkommen richtige Bestimmung des Restitutionsanspruches der Frau gegen den Mann ansehen. Die Frage also, welche die Literatur beschäftigt hat, nämlich warum Papinian so sonderbar die Masse der Dotalfrüchte berechnet, ist nicht richtig gestellt. Die richtige Frage lautet: warum Papinian im § 1 sich nur mit der Theilung der Fruchtgruppe des Mannes beschäftigt, d. h. warum er nur den Restitutionsanspruch der Frau bestimmt. Es ist zu erklären, warum er den Gegenanspruch des

Mannes auf eine Quote der Fruchtgruppe der Frau (der merces quae debebitur) nicht berücksichtigt.

Zweitens können wir uns jetzt von einem falschen Schlusse befreien, welchen die Literatur aus der Entscheidung Papinians gezogen hat, und welcher die Quelle aller spitzfindigen Theorien war. Aus der Thatsache, dass Papinian nur die quarta portio mercedis vertheilt, hat man nämlich als selbstverständlich den Schluss angesehen, dass er den Rest des Pachtzinses als ein definitives lucrum des Frau zuweist. Dieser Schluss erscheint uns nicht nur nicht als selbstverständlich, sondern geradezu als willkürlich. Wenn wir die wissenschaftliche Vorsicht nicht vergessen, können wir nur sagen, dass Papinian von den zwei Gruppen der Einkünfte (derjenigen des Mannes und derjenigen der Frau) nur die erste im § 1 (und nur die zweite im § 2) berücksichtigt, und dass er die zweite Gruppe im § 1 (und die erste im § 2) bei der Theilung unberücksichtigt lässt. Weitere und mehr specialisirte Schlüsse zu ziehen, nämlich dass die Nichtberücksichtigung auf den Willen Papinians hindeute, die ausser Acht gelassene Gruppe einer Partei ausschliesslich zu überlassen, ist dem vorsichtigen Forscher nicht erlaubt; daran müssen wir festhalten, um uns nicht zu verirren. Die Worte ut ex ea pecunia tertia portio viro relinquatur beziehen sich eben nur auf ea pecunia, d. h. nur auf eine Gruppe der Einkünfte. Ueber das Schicksal der zweiten Gruppe (merces quae debebitur) geben sie noch keinen Aufschluss. Der Scholiast Dorotheus war vorsichtiger und bescheidener in seinen Schlüssen, als die modernen Ausleger, indem er aus den betreffenden Worten Papinians nur den wirklich begründeten Schluss gezogen hat, dass der Mann $^2/_3$ von seiner Gruppe der Einkünfte der Frau restituiren muss (*καὶ ἐκ τούτων πάντων τὸ μὲν τρίτον μέρος παρὰ τῷ ἀνδρὶ ἀπομεῖναι, τὸ δὲ δίμοιρον δοθῆναι τῇ γυναικί*; et ex his omnibus tertia pars apud virum manere, duae autem partes mulieri dari (debent) vgl. unten S. 43).[1] In der That dürfen wir nicht mehr aus der Stelle schliessen, als dass $^2/_3$ von der getheilten Gruppe (ex ea pecunia, bei Dorotheus *ἐκ τούτων πάντων*) der Frau als definitives lucrum zugewiesen ist. Dass die Frau ausserdem noch etwas, als definitives lucrum, zugewiesen bekommt, ist in der Stelle weder behauptet noch verneint. Die merces quae debebitur ist nur mit Stillschweigen übergangen.

---

1) L. XXVIII tit. 8, l. 7 § 1 Basilicorum (T. III Pag. 243 Heimbachii).

Wir müssen auf alle übereilten Schlüsse aus dem § 1 verzichten und zu erklären suchen, warum Papinian in verschiedenen Beispielen verschiedene Gruppen der Früchte vertheilt.

Ein solches Verhalten wäre nur dann als sonderbar und räthselhaft an sich zu bezeichnen, wenn wir annähmen, dass Papinian als ein Richter oder ein consultirender Jurist in unserer Stelle aufträte. Dann würden wir fragen, warum denn der Jurist, ohne die volle Auseinandersetzung zwischen den streitenden Parteien vollzogen zu haben, ohne die volle Antwort zu geben, sich zu den anderen Parteien und zu dem anderen Fall wendet. Wenn wir aber unsere Stelle, als eine wissenschaftliche Ausführung, welche nicht für die Interessenten, sondern für unbetheiligte Hörer oder Leser bestimmt ist, betrachten, dann ist nur zu sagen: Papinian handelt nicht anders, als man gewöhnlich bei der Demonstration einer Theorie vorgeht. Wenn die Theorie in ihren verschiedenen Theilen an verschiedenen fictiven Beispielen veranschaulicht werden kann, wählt man eben für jeden Theil oder für jede Seite der Theorie ein beliebiges passendes Beispiel. Wenn wir die Anwendung der Theorie in allen ihren Theilen übersehen wollen, müssen wir alle gebrauchten Beispiele und ihre Entscheidungen zusammenfassen.

Es kann also nur die Frage entstehen, warum das Beispiel des § 1 dem Juristen für die Veranschaulichung eines Theiles der Auseinandersetzung als geeignet schien und warum für Veranschaulichung der Theilung der merces quae debebitur er nicht dasselbe Beispiel, sondern ein anderes, nämlich das im § 2 enthaltene gebraucht hat. Um diese letzte Frage zu beantworten, müssen wir den Zweck und den Sinn der ganzen Ausführung berücksichtigen.

Der Zweck der Ausführung ist in den Anfangsworten ausgedrückt: divortio facto fructus dividi non ex die locationis, sed habita ratione praecedentis temporis, quo mulier in matrimonio fuit. Papinian will an concreten Beispielen zeigen, dass die Theilung ex die locationis zu offenbar unbilligen Ergebnissen führen würde, dass man vielmehr auf den Tag der Schliessung der Ehe sehen muss. Die Theilung ex die locationis würde bedeuten, dass man das Theilungsjahr vom Tage der Verpachtung beginnen lässt. Die Theilung habita ratione praecedentis temporis ... bedeutet, dass man das Theilungsjahr vom Tage der Eheschliessung beginnen lässt.[1] Bei der Theilung ex die locationis, welche Papinian be-

1) Die Literatur über die l. 7 §§ 1, 2 richtete ihre Aufmerksamkeit

kämpft, beginnt das Theilungsjahr nach den Voraussetzungen des § 1 am ersten November, weil an diesem Tage die Pacht begonnen hat (vir ex calendis Novembribus primis fruendum locaverit). Bei der Methode dagegen, welche Papinian vertheidigt, beginnt das Theilungsjahr einen Monat früher, weil die Ehe einen Monat vor der Verpachtung gedauert hat (es wird vorausgesetzt, dass die Weinlese einen Monat dauert). Im praktischen Ergebnisse hat dieser Unterschied eine ganz gewaltige Bedeutung. Wenn man nämlich das Theilungsjahr am ersten November, am dies locationis, beginnen lässt, dann fallen die vindemiae fructus nicht in das Theilungsjahr. Sie sind ja vor dem dies locationis (praecedenti tempore) percipirt. Bei der Theilung ex die locationis kommen sie also gar nicht in Betracht. Die Früchte des Theilungsjahres bestehen dann nur im Pachtzins. Die Ehe hat $^1/_4$ des vermeintlichen Theilungsjahres (November, December, Januar) ausgefüllt. Daher bekommt der Mann im Endergebnisse $^1/_4$ des Pachtzinses (quarta portio mercedis) auf Grund der Theilung des letzteren ex die locationis, und vindemiae fructus, als ein praecipuum, welches der Theilung nicht unterliegt. Diese Methode der Theilung ist, wie man sieht, sehr einfach. Man braucht nicht zu berechnen, was der Mann der Frau und die Frau dem Manne zu leisten hat, und dann die beiderseitigen Ansprüche, wenn es möglich ist, zu compensiren. Die Sache erledigt sich vielmehr schon dadurch, dass die Rechte und die Pflichten aus der Pacht gegenüber dem Pächter von der Zeit der Scheidung bis zum Ende des Pachtcontractes vom Manne auf die Frau übertragen werden. Wenn die Ehe z. B. nach 7 Monaten der Pacht aufgelöst wird, so cedirt der Mann die Forderung wegen des Pachtzinses für die 5 Monate nach der Scheidung der Frau, welche ihrerseits die Verantwortlichkeit für diese Zeit gegenüber dem Pächter übernimmt. Diese Regelung der Verhältnisse zu den

---

fast ausschliesslich auf den ersten Theil der dort enthaltenen Quaestio (§ 1), welcher unpassend als ein besonderer § vom zweiten Theil abgetrennt worden war. Auch beschäftigte man sich in diesem ersten Theil hauptsächlich mit den Worten: vindemiae fructus et quarta portio mercedis instantis anni confundi debebunt, ut ex ea pecunia tertia portio viro relinquatur. Der übrige Theil diente nur dazu, den Thatbestand der species facti zu liefern. Aus den gewöhnlich nur gelegentlichen Bemerkungen über andere Theile der Stelle, die in den Abhandlungen vorkommen, kann man sehen, dass dieselbe fast in allen Theilen und im Zusammenhange der einzelnen Theile gründlich missverstanden war. Auch den Eingangssatz, nach welchem man den Sinn der ganzen Stelle suchen sollte, hat man fast gar nicht beachtet, oder demselben verschiedene Bedeutungen zugeschrieben, welche mit der weiteren Ausführung Papinians unverträglich sind (vgl. unten § 14).

dritten Personen ist nun freilich auch bei der Theilung nach Ehejahren nothwendig. Allein bei der Theilung nach Pachtjahren ist die Auseinandersetzung durch jene Uebertragung der Pachtobligation schon erledigt, während bei der Theilung nach Ehejahren noch eine complicirte Berechnung (die eigentliche Theilung der Früchte, d. h. die Feststellung der beiderseitigen Quotenansprüche) folgen muss.

Trotz dieser Einfachheit verwirft Papinian die Theilung nach Pachtjahren als unbillig gegen die Frau: neque enim .... retinere virum et vindemiae fructus et eius anni, quo divortium factum est, quartam partem mercedis aequum est.

Die Unbilligkeit gegen die Frau besteht nämlich darin, dass sie ihres Anspruches betreffs der vindemiae fructus, d. h. eines ganzen jährlichen Ertrags der Dos, beraubt wird, indem die falsche Methode erst um einen Monat später das Theilungsjahr beginnen lässt. Die Unbilligkeit dieses Ergebnisses fällt schon dann auf, wenn die Ehe am Ende des Monats Januar gelöst wird. Noch klarer tritt die Schädigung der Frau durch die bekämpfte Theorie dann hervor, wenn wir annehmen, dass die Ehe sogleich nach der Weinlese, d. h. schon am ersten November gelöst wird. Da nach der falschen Methode das Theilungsjahr mit der neuen Wirthschaftsperiode beginnt, so muss sie consequenterweise entscheiden, dass auch in diesem Falle die vindemiae fructus, welche vor dem ersten November percipirt wurden, ungetheilt dem Manne verbleiben (reductio ad absurdum) .... alioquin si coactis vindemiis altera die divortium intercedat, fructus integros retinebit.

Die Methode dagegen, welche Papinian vertheidigt, erweist sich viel billiger für die Frau, weil sie dieselbe ihres Anspruches wegen der vindemiae fructus nicht beraubt. Da bei der Theilung nach den Ehejahren die Zeit der Weinlese in das Theilungsjahr fällt, so muss der Weinertrag in die Theilungsmasse hineingeworfen werden (confundi). Er gehört nämlich zu derjenigen Masse der vom Manne erworbenen Einkünfte, aus welcher die Frau eine Quote zu fordern hat (vindemiae fructus et quarta portio mercedis confundi debebunt). Da die Ehe $^1/_3$ des richtigen Theilungsjahres ausgefüllt hat (October, November, December, Januar), so bleibt dem Manne davon nur $^1/_3$, so dass die Frau $^2/_3$ restituirt bekommt (ut ex ea pecunia tertia portio viro relinquatur).

Danach ist es vollständig klar, warum Papinian im § 1 seine Aufmerksamkeit ausschliesslich der Theilung der vom Manne erworbenen Einkünfte widmet. Er will zeigen, dass zu dieser Theilungsgruppe auch die vindemiae fructus gehören.[1]

Im § 2 setzt Papinian seine Polemik gegen die falsche Methode fort, indem er zeigt, dass die letztere bei anderen Voraussetzungen sich gegen die andere Partei, d. h. gegen den Mann wenden kann. Zu diesem Zweck modificirt er den Thatbestand seines fictiven Falles in der Weise, dass in der Zeit vor dem dies locationis keine Einkünfte vom Manne erworben werden. Die Ehe wird erst nach der Weinlese geschlossen, und das Grundstück wird erst nach 3 Monaten der Ehe verpachtet. Nach einem Monate der Pacht geschieht die Scheidung. In diesem Falle wird der Mann nach der falschen Methode auffallend unbillig behandelt. Er würde sich mit dem Pachtzins für einen Monat (solum duodecimam partem mercedis) begnügen müssen, welcher ihm vom Pächter geschuldet ist. Wegen der ganzen merces quae debebitur, welche auf die zukünftigen Monate nach der Scheidung fällt, würde er nur das Nachsehen haben. Nach der richtigen Methode dagegen wird der Mann auf die duodecima pars mercedis nicht beschränkt, sondern er kann den Anspruch auf $^5/_{12}$ der merces quae debebitur geltend machen, da die Ehe 5 Monate des richtigen Theilungsjahres ausgefüllt hat.

Die beiden Paragraphen zusammen bilden eine vollständige

1) Im Passus vindemiae fructus et quarta portio mercedis confundi debebunt, ut ex ea pecunia tertia portio viro relinquatur ist die Aufmerksamkeit des Juristen ausschliesslich den vindemiae fructus gewidmet, um welche es sich eigentlich in der ganzen Ausführung allein handelt. Vielleicht beziehen sich die Worte ex ea pecunia nur auf die vindemiae fructus. Dann muss man den Passus so verstehen: der Weinertrag soll, nach der richtigen Meinung, in die Theilungsmasse eingeworfen werden, so dass dem Manne nur ein Drittel von demselben verbleibt. Dafür spricht zunächst der Sinn und die Richtung der ganzen Ausführung. Die falsche Methode ergiebt bei der Theilung des Pachtzinses eine so geringe Abweichung von den Ergebnissen der Methode Papinians, dass dieser bei der Veranschaulichung des gewaltigen Unterschiedes in der Behandlung der vindemiae fructus die unbedeutenden Unterschiede in den Ergebnissen der Theilung des Pachtzinses ganz ausser Acht lassen kann. Daraus konnten bei seinen Hörern oder Lesern um so weniger Zweifel entstehen, weil er die Anwendung seiner Regel bei der Theilung des Pachtzinses im folgenden Theil der Ausführung veranschaulicht. Bei der Nachwelt, welche seine Entscheidung zu erklären suchte, ohne den Zusammenhang der ganzen Ausführung zu beachten, ohne ihren Zweck zu verstehen und ohne den Mechanismus der Fruchttheilung zu kennen, sind freilich viele Schwierigkeiten entstanden. Papinian suchte aber nicht den modernen Juristen, sondern eben seinen Zeitgenossen die Richtigkeit seiner Meinung nachzuweisen.

Ferner spricht für unsere Vermuthung auch der Umstand, dass Papinian nicht hac pecunia, sondern ea pecunia sagt. Das Wort ea (wenn es, wie wir meinen, absichtlich anstatt hac gebraucht ist) weist auf die im Passus früher bezeichnete (also weiter stehende) Summe. Uebrigens hängt die Richtigkeit unserer Erklärung von der Annahme dieser Vermuthung nicht ab.

Widerlegung der unrichtigen Theilungstheorie und enthalten zugleich ein vollständiges Bild der Anwendung der richtigen Methode.

Aber auch die beiden Paragraphen zusammen muss man nur als eine theoretische Ausführung betrachten und nicht wörtlich zum Vorbild einer genauen Berechnung nehmen, welche ein Richter oder ein Rechtsanwalt vornehmen müsste:

Die 3 Monate (November, December, Januar = 92 Tage) gleichen bei Papinian einem Viertel des Jahres. Im § 2 ist der Monat März (= 31 Tage) ungenau als $^1/_{12}$ des Jahres gleich angenommen. Auch lautet die Entscheidung „pro modo omnium mensum“ etc. Da man die Ausführung Papinians als ein Gutachten betrachtete, so hat man daraus den Schluss gezogen, dass die Theilung nach Kalendermonaten geschehen müsse, dass die kleinste Rechnungseinheit der Monat sei, dass also der Beginn des Monates für einen ganzen Monat gilt u. s. w.[1]

Es ist natürlich, dass Jemand, der eine Theorie veranschaulicht, sich mit den Bruchtheilsberechnungen nicht beschäftigt, welche die Ausführung nur verdunkeln würden, und dass man nur diejenigen Berechnungen vornimmt, welche für die Illustration der Theorie nöthig sind. Wir finden es aber ganz unnatürlich, wenn die Ausleger der Unterlassung gewisser Berechnungen und der Nichtberücksichtigung der Bruchzahlen eine geschichtliche und rechtliche Bedeutung zuschreiben.

Ebenso wenig darf man den Satz Papinians, dass der Beginn des Theilungsjahres mit dem Tage der Eheschliessung zusammenfällt, als eine absolut allgemeine Regel betrachten (vgl. oben S. 8 fg.). Papinian denkt nur an den gewöhnlichen Fall, dass die Sache mit dem Tage der Eheschliessung dotal wird. Den Fall, dass die Sache erst während der Ehe dem Manne zur Dos übergeben wird, berücksichtigt er nicht. Zu seinen polemischen Zwecken ist das ebenso wenig nöthig, wie die Berücksichtigung aller Umstände, deren Ausserachtlassung seitens des grossen Juristen der Nachwelt so viele Schwierigkeiten bereitet und zu so vielen spitzfindigen Theorien Veranlassung gegeben hat.

§ 13. Ergänzung der Berechnungen von Papinian.

Die Berechnungen von Papinian zu ergänzen, ist sehr leicht. Im § 1 ist die Höhe des Anspruches der Frau gegen den Mann

1) Vgl. Huschke in Zeitschr. für Rechtsgeschichte X S. 38 fg.

festgestellt. Die Frau soll vom Manne $^2/_3$ von den Einkünften aus der Zeit vor der Scheidung bekommen. Es bleibt das Object des Anspruches, welcher dem Manne gegen die Frau zusteht, zu bestimmen. Auf die Zeit von der Scheidung bis zum Ende des Theilungsjahres, d. h. auf 8 Monate fallen $^8/_{12}$ der merces quae debebitur. Davon soll die Frau nach der von Papinian in § 2 bei der Theilung der merces quae debebitur ausgesprochenen Regel (pro modo omnium mensum . . .) diejenige Quote dem Manne restituiren (resp. sicherstellen, anrechnen etc.), welche den 4 Monaten, d. h. der Dauer der Ehe im Theilungsjahre, entspricht. Der Mann bekommt also von der Frau $^4/_{12}$ ($^1/_3$) von $^8/_{12}$ = $^2/_9$ der merces quae debebitur [1].

Eine vervollständigende Bemerkung zur Entscheidung von Papinian ist schon vom Scholiasten der Basiliken Cyrill gemacht worden. Er bemerkt nämlich, dass der Mann zwar die vindemiae fructus et quarta portio mercedis nicht ganz behält, aber mit seinem Theil von diesen Einkünften auch vom Rest des Pachtgeldes einen Theil bekomme, welcher einer Dauer der Ehe von 4 Monaten im Dotaljahre entspricht. L. XXVIII tit. 8. l. 7 § 1 Basilicorum (Tom. III pag. 243 Heimbachii):

Κυρίλλου. Τῷ Ὀκτωβρίῳ ἐπέδωκέ μοι ἀγρὸν ἡ γυνή. ἔσχον ἐκ τοῦ τρυγητοῦ ιή. νομίσματα. ἐμίσθωσα αὐτὸν τῷ Νοεμβρίῳ ξ'. νομισμάτων. ἐλύθη ὁ γάμος πρὸς τῷ πέρατι τοῦ Ἰανουαρίου. οὐ λαμβάνω τὰ τοῦ τρυγητοῦ καὶ γ'. μηνῶν, ἀλλὰ σὺν αὐτοῖς δ'. μηνῶν.	Cyrilli. Mense Octobri uxor fundum mihi dedit. Percepi ex vindemia octodecim nummos. Locavi eum mensi Novembri sexaginta nummis. Solutum est matrimonium circa finem mensis Januarii. Non accipio fructus vindemiae et trium mensium, sed cum eis quattuor mensium.

Die letzten Worte wurden für ganz unverständlich erklärt, [2] so dass die neuere Literatur sie nicht berücksichtigt. Gewiss sind sie schwer verständlich in Folge der übertriebenen Kürze. Vom Standpunkte unserer Auslegung der Entscheidung von Papinian findet man aber in denselben einen sehr guten Sinn. In der nöthigen Ergänzung bedeuten sie:

1) Das Ergebniss, welches wir oben auf Grund der in anderen Stellen ausgesprochenen Regeln bekommen haben. In Summa gewinnt der Mann $^1/_3$ von $^{11}/_{12}$ des Pachtzinses.

2) Glück, 27 S. 299. Brinckmann in Arch. f. d. civ. Pr. 36 S. 410.

Den ganzen Ertrag der Weinlese und die ganze quarta portio mercedis (den Pachtzins für drei Monate) bekomme ich nicht (sondern nur zum dritten Theil, wie es Papinian entscheidet), aber mit Einkünften dieser Gruppe (*σὺν αὐτοῖς*, welche ich doch zum Theil bekomme) bekomme ich noch den Theil des noch nicht vertheilten Pachtzinses, welcher der Dauer der Ehe im letzten Jahre, d. h. 4 Monaten, entspricht.

Das Scholion von Cyrill bildet eine passende Ergänzung zu dem ihm vorausgehenden Scholion von Dorotheus.

ἐὰν ἐν τῷ τέλει τοῦ Ἰανουαρίου μηνὸς ῥεπουδίον γέγονε, χρὴ καὶ τῶν τριῶν μηνῶν τούτων τοὺς καρποὺς καὶ τοὺς τῆς τρύγης ἀναμίγνυσθαι, καὶ ἐκ τούτων πάντων τὸ μὲν τρίτον μέρος παρὰ τῷ ἀνδρὶ ἀπομεῖναι, τὸ δὲ δίμοιρον δοθῆναι τῇ γυναικί.

Itaque si in fine Januarii repudium factum sit, et horum trium mensium fructus et vindemiae fructus confundi debent, et ex his omnibus tertia pars apud virum manere, duae autem partes mulieri dari.

Hier finden wir keinen Aufschluss über das Schicksal der merces quae debebitur. Jedenfalls aber hat Dorotheus keinen falschen Schluss aus der Nichtberücksichtigung der merces quae debebitur seitens Papinians gezogen. Er sagt nicht, dass die Frau die ganze unvertheilte merces bekommt. Er zieht nur denjenigen Schluss aus der Entscheidung Papinians, welcher sich in der That aus derselben ergiebt, nämlich, dass die Frau $^2/_3$ von den vindemiae fr. und der quarta portio mercedis bekommt. Im Einzelnen entspricht die Uebersetzung unserer Erklärung der Stelle vollkommen. In dieser Hinsicht ist es für uns interessant: a) dass das Wort confundi, unserer buchstäblichen und einfachen Interpretation entsprechend, durch *ἀναμίγνυσθαι* übersetzt ist, b) dass Dorotheus das Wort (ex) ea (pecunia) durch die Uebersetzung *ἐκ τούτων πάντων* auch stark accentuirt; c) dass das Verhältniss der Frau und des Mannes zu der durch Papinian besprochenen Gruppe von Einkünften richtig durch die Worte: *ἀπομεῖναι — δοθῆναι* unterschieden wird.

Die Entscheidung Papinians im § 2 ist ebenfalls unvollständig, indem dort die Theilung der duodecima pars mercedis nicht hervorgehoben wird. Wir haben schon oben (S. 40) berechnet, dass der Mann $^5/_{12}$ der merces quae debebitur von der Frau restituirt bekommt. Danach hat die Frau einen Anspruch auf $^7/_{12}$ der duodecima pars mercedis, welche der Mann vom Pächter bekommt.

Vom Texte Papinians nicht abweichend, beziehen auch die beiden Scholien von Dorotheus und Cyrillus zu den Basiliken (Basilicorum liber XXVIII tit. VIII) die Theilung pro modo temporis nicht auch auf jene duodecima pars. Dorotheus übersetzt *κατὰ πόδας* die Worte von Papinian folgenderweise:

. . . *οὐ μόνον τὸ δωδέκατον μέρος τοῦ καρποῦ παρὰ τοῦ μισθωσαμένου τὸν ἀγρὸν κερδαίνει ὁ ἀνήρ, ἀλλὰ κατὰ τὸ μέτρον πάντων, ὧν ἦν δοτάλιος ὁ ἀγρός, ἐκ τῶν κεχρεωστημένων μισθωμάτων τὸ μέρος παρακατέχει*[1] *ὁ ἀνήρ.*	. . . non solum duodecimam partem fructuum a conductore fundi consequitur maritus, sed pro modo temporis omnium mensium, quo dotale praedium fuit, ex mercede debita portionem retinet.[1]

Ebenso in der knappen Paraphrase von Cyrillus:

τὸ δωδέκατον τοῦ μισθοῦ λαμβάνει . . . παρακατέχει ἐκ τοῦ μισθοῦ.	. . . duodecimam partem accipit . . . pro modo . . . retinet ex mercede.

Die beiden Scholiasten stellen den ganzen Vorgang noch klarer, als die knappen Worte Papinians, in dem oben (S. 33) von uns dargelegten Sinne dar:

Den Pachtzins für den vor der Scheidung verflossenen einen Monat (März) bekommt der Mann selbst vom Pächter, als Pachtgläubiger. Bei der Restitution überträgt er seine Pachtforderung auf die Frau. Der ganze Pachtzins für die Monate nach der Scheidung soll der Frau als der Gläubigerin vom Pächter gezahlt werden. Oder, wenn der Mann mehr als einen Monatspachtschilling bekommen würde, soll er den Ueberschuss der Frau als der Cessionarin herausgeben (l. 25 § 4 D. s. m.). Von dem Pachtzinse aber, welcher der Frau als der Cessionarin gehört, gebührt dem Manne ein Theil auf Grund des Fruchttheilungsrechtes. Dieses Recht übt der Mann vermittelst der Retentio dotis aus (welcher die Frau durch Caution l. 7 § 15 h. t., oder Compensation arg. l. 7 § 5 eod. aus dem Wege gehen kann).

Papinian und die beiden Scholiasten vertheilen nur die merces quae debebitur (für 11 Monate) und deuten auf das Mittel, welches der Mann zur Erlangung der sich für ihn ergebenden Quote ge-

---

1) Technischer Ausdruck: bekommt von der Frau vermittelst Ausübung der Retention.

braucht, auf die Retention hin. Dagegen wird von der dem Manne zugefallenen, aber ihm nur zum Theil gebührenden duodecima pars nur einfach constatirt, dass dieselbe vom Pächter dem Manne gezahlt wird. Ja, es scheint, dass Dorotheus nicht nur, wie Papinian, die Theilung der duodecima pars übergeht, sondern diese, gewiss aus Versehen, als für den Mann definitiv erworbene betrachtet. Nur so können wir das Wort „κερδαίνει“[1] verstehen. Aus dem Scholion von Cyrill dagegen zum § 1 derselben Stelle (vgl. oben S. 42) können wir schliessen, dass dieser aus der Nichttheilung der duodecima pars nicht den irrthümlichen Schluss zog, als ob sie dem Manne ganz geschenkt wäre. Er betrachtete gewiss die Theilung als selbstverständlich.

Die neuere Literatur hat die Nichttheilung der duodecima pars gar nicht bemerkt. Man hat die Retention des Mannes pro modo temporis auch auf das bezogen, was der Mann gar nicht von der Frau erlangt, von dem noch die letztere einen Theil zu fordern hat.[2] Diese Unaufmerksamkeit hat die glückliche Folge gehabt, dass der § 2 zu einer crux interpretum und zu einer species vexata nicht geworden ist.

§ 14. Prüfung der Beweisgründe gegen die Echtheit des Textes.

Wenn man die beiden §§ als ein Ganzes betrachtet und das Beweisthema und die Beweimittel richtig versteht, dann wird der Zusammenhang der einzelnen Theile der Stelle ganz klar und verständlich. Dann ist es nicht schwer, die Gründe von Bechmann[3] und Czyhlarz[4] für die Verderbung des Textes und die Nothwendigkeit der Emendation zu entkräften. Die beiden Begründer der jetzigen Theorie der Dos unterwerfen die ganze Stelle einer Kritik und vermissen den logischen Zusammenhang:

1. Zwischen dem zweiten Theile des § 1, welcher mit den

1) Die lateinische Uebersetzung „consequitur“ ist schon zweideutig.

2) Das könnte nur dann richtig sein, wenn man willkürlich voraussetzen wollte, dass der Mann vor der Restitution der Dos schon im voraus den Pachtzins für das ganze begonnene Jahr vom Pächter bekommen hat. Dann könnte man das Wort „retinebit“ als nichttechnisch verstehen. Dann könnte es einfach „behalten, was man bekommen hat, nicht herausgeben“, aber nicht technisch die Ausübung der Retention bedeuten. Selbst bei jener willkürlichen Voraussetzung ist die Auslegung mit der l. 25 § 4 h. t. unvereinbar. Im § 1 bedeutet freilich der Ausdruck retinere dasselbe wie relinqui ebendaselbst.

3) Bechmann II S. 203 fg.

4) Czyhlarz S. 249 fg.

Worten „neque enim“ beginnt, und dem ersten Theil. „Dieser,“ meint Czyhlarz (S. 249), „enthält den allgemeinen Satz, dass die Vertheilung des Ertrages im Falle einer Pacht nicht ex die locationis, sondern mit Rücksicht auf die Dauer der Ehe im Dotaljahre vorzunehmen sei.“

„Dieser Satz soll nun offenbar an einem Beispiele illustrirt werden; allein dazu ist der im folgenden Theile der Stelle enthaltene Fall gar nicht geeignet. Vor allem ist nicht einzusehen, wie denn die vindemiae fructus hereinkommen, da es sich nach dem Eingange der Stelle, welcher die Direction für das Weitere giebt, doch nur um den Pachtschilling handeln kann. Weiter kann in dem angeführten Beispiele der Pachtzins nur ex die locationis (1. November) in Ansatz kommen, da ja auf die frühere Zeit die Ernte fällt, während man doch nach dem Eingang einen solchen Fall erwarten muss, bei welchem betreffs des Pachtschillings nicht der dies locationis, sondern ein früherer Zeitpunkt massgebend ist.“

Diese Einwände scheinen uns aus der unrichtigen Auslegung des Beweisthemas von Papinian, nämlich des Satzes: fructus dividi non ex die locationis sed habita ratione praecedentis temporis . . . hervorgegangen zu sein. Oben haben wir gesehen, dass man zum Zwecke der Fruchttheilung immer feststellen muss: a) das letzte Dotaljahr, d. h. das Theilungsjahr (dazu genügt es, in jedem concreten Falle seinen Anfang zu finden, denn dann ist das Ende von selbst gegeben; es reicht ad eundem diem sequentis anni), und b) die Summe der Früchte, welche auf dieses Jahr fallen. Bechmann und Czyhlarz scheinen nun den von Papinian aufgestellten Satz auf den zweiten Punkt zu beziehen, und zwar nur auf die Berechnung des zu theilenden Pachtzinses, aber nicht aller Früchte. Dann, freilich, kann man nicht nur nicht verstehen, warum die Rede von den vindemiae fructus ist und warum ein solches Beispiel angeführt wird, wo der Pachtzins erst ex die locationis in Ansatz kommen kann, sondern es wird dann auch der allgemeine Satz von Papinian unverständlich: für die Berechnung des zu vertheilenden Pachtzinses ist weder die Zeit der Verpachtung, noch irgend welche frühere Zeit von Bedeutung. Dafür gelten besondere Regeln (vgl. oben § 5), wo ganz andere Momente in Betracht kommen. Nach der Theorie von Czyhlarz z. B. ist hier nur ein Moment von Wichtigkeit: wann werden die Früchte percipirt, welche der Pachtzins als ihr Surrogat vertritt; wenn die Perception innerhalb des Dotaljahres geschieht, dann wird der ganze jährliche Pachtzins getheilt, wenn ausserhalb, dann wird der Pachtzins gar nicht getheilt. Ferner wird es dann unverständlich, warum Papinian fructus dividi non ex die locationis, aber nicht mercedem dividi non ex die locationis sagt. Im Gegentheil, die Stelle bezieht sich auf den ersten Punkt, d. h. auf die Feststellung des Anfangs des sog. letzten Dotaljahres, oder, wenn die Ehe nicht einmal ein Jahr gedauert hat, auf die Feststellung des Anfangs des Theilungsjahres überhaupt. Die Thesis lautet: der Anfang des Theilungsjahres wird durch den Tag der Eheschliessung, aber nicht durch den Tag der Verpachtung bestimmt. Dies ist dasselbe, was Paulus in l. 6 h. t. aussagt „ex die nuptiarum computandus annus est". Wenn das der Sinn des obigen Satzes ist, so ist der Zusammenhang der beiden Theile des § 1 ganz klar. Im zweiten Theile, von den Worten neque enim an, zeigt Papinian anschaulich, welch unbillige Ergebnisse man bekommt, wenn man den Anfang des Dotaljahres vom Tage der Eheschliessung auf den Tag der Verpachtung verschiebt. Und zu diesem Zwecke ist es grade wichtig, nicht den Pachtzins, sondern die vindemiae fructus zu besprechen. Denn bei der Theilung des Pachtzinses (in § 1) macht es im praktischem Resultat einen geringen Unterschied, ob wir den Pachtzins ex die locationis oder ex die matrimonii vertheilen. Bei der Theilung des Pachtzinses kann es sich nur um $^1/_{18}$ desselben mehr oder weniger handeln. Dagegen bei der Theilung des Weinertrages bewirkt die Verschiebung des Anfangs der Theilung auf den Tag der Verpachtung, dass vindemiae fructus ungetheilt dem Manne verbleiben, so dass der Mann nicht weniger als 3 mal so viel, wie ihm gebührt, von den vindemiae fructus bekommt.[1]

2. Ferner vermissen Czyhlarz und Bechmann[2] den logischen Zusammenhang zwischen dem § 1 und dem § 2. Die Worte, welche auf diesen Zusammenhang hinweisen: E contrario quoque idem observandum est, betrachten sie als „ungeschickte Flickworte, welche eingeschoben worden sind, um wenigstens den Schein des Zusammenhanges herzustellen".[3] Auch dieser Zweifel beseitigt sich leicht auf

1) Im allgem. übersetzt man das Beweisthema des Papinian richtig, aber man erklärt es verschieden. Francke z. B. (in Arch. f. d. c. Pr. 30 S. 301 fg.) glaubt, dass Papinian die Meinung derjenigen bestreitet, welche den Pachtzins wie Miethzins behandelt wissen wollen.

2) Bechmann, cit. S. 206, vgl. Czyhlarz S. 251.

3) „Der Fehler muss bei der Compilation gemacht worden sein, wenn man nicht etwa annehmen will, dass bereits die Compilatoren einen corrumpirten Text vor sich hatten." Bechmann S. 206.

Grund der obigen Auslegung. Der logische Zusammenhang zwischen beiden §§ existirt wirklich, und zwar ist er doppelt:

a) Contrarium zwischen beiden Fällen besteht darin, dass im ersten Fall (§ 1) die ganze Summe, welche der Mann als Eigenthümer des Dotalgrundstückes und als Gläubiger der Pachtzinsforderung erwirbt, nach der unrichtigen Meinung ihm auch verbleiben würde (eine Unbilligkeit gegen die Frau); dagegen würde im zweiten Falle (§ 2) die ganze Summe, welche die Frau als Cessionarin der restituirten Dotalforderung vom Pächter erwerben wird, derselben verbleiben (eine Unbilligkeit gegen den Mann). Nach der richtigen Meinung ist die vom Manne erworbene Summe im ersten Falle nur zum Theil endgültig für ihn erworben, die von der Frau zu erwerbende Summe gebührt ihr im zweiten Falle nur zum Theil.

b) Idem observandum besteht darin, dass in beiden Fällen die bekämpfte Meinung sich als unbillig erweist, darum ist sie entschieden zu verwerfen und als Anfang des Dotaljahres der Tag der Eheschliessung anzusehen.

Auch denjenigen Beweis für die Interpolation, welchen Bechmann (S. 202) in dem Styl der Stelle findet, können wir nicht für begründet halten. Er glaubt nämlich, dass der zweite Theil des § 1, welcher mit den Worten neque enim beginnt, sich ursprünglich nach dem § 2 befand und, nach dem Styl zu urtheilen, von Ulpian herrührt. Indessen bezeugt der Styl des Passus, unseres Erachtens, unzweifelhaft, dass er nicht von Ulpian, sondern von Papinian herrührt: Ulpian spricht ausführlich und breit, in seinen Deductionen findet man nicht nur die beiden Prämissen und den Schluss klar und breit ausgesprochen, sondern oft auch selbstverständliche Nebenschlüsse angegeben.

Gerade das Gegentheil kann man vom Styl Papinians sagen.[1] — Nach Beispielen brauchen wir nicht weit zu suchen. Es genügt, auf den Schluss hinzuweisen, welchen Ulpian aus der Polemik Papinians im § 4 zieht. Apparet igitur ex his illos fructus, quos mulier percepit antequam nuberet, non debere in contributionem venire. Wenn man aus dem Phonographen eine Vorlesung von einem gelehrten Professor und als unmittelbare Fortsetzung einen Vortrag aus der Volksschule hörte, würde man nicht so unangenehm durch die Dissonanz überrascht sein, wie wenn man den vierten Para-

1) Vgl. Pernice, **Ulpian als Schriftsteller (Sitzungsberichte der Berliner Akademie 1885, 3. 4. (446 fg.)**

graphen der Stelle nach den drei ersten zu lesen bekommt. Nach Papinians Bekämpfung der irrthümlichen Theorie der Fruchttheilung im letzten Jahre, die wegen ihrer Knappheit und wegen der Schwierigkeit, viele unausgesprochene Prämissen zu finden, während mehr als eines Jahrtausends der Nachwelt als eine Sphinx erscheint, folgt plötzlich der Schluss Ulpians, dass der Mann, wenn er eine Dos bekommt, nicht die vor der Ehe gezogenen Einkünfte nachverlangen kann. Zu einem solchen Schlusse gab Papinian nur etwa den Anlass, dass er von solchen selbstverständlichen Sachen gar nicht gesprochen hat. Solche Sätze sollte man nicht für Juristen bestimmen, sondern etwa für die Fremdenführer, welche, wenn sie eine reichliche Belohnung bekommen, noch mehr fordern, weil der Tourist schon erwiesen hat, dass er viel geben kann.

Diesen merkwürdigen § 4 betrachten wir als die Grenze, wo Ulpians Rede beginnt. Nicht nur den Passus: „neque enim“ bis § 2, welchen wir wegen der ungewöhnlichen Knappheit (die uns bei der Auslegung viele verborgene Prämissen hervorzuheben genöthigt hat) und wegen des strengen Zusammenhangs mit dem Eingange der Stelle entschieden als Papinians Rede ansehen, sondern auch den § 3 schreiben wir Ulpian nicht zu. Hier sei es uns erlaubt, den § 3 kurz zu interpretiren. Wir sind dazu noch durch den Umstand veranlasst, dass diese Stelle unseres Erachtens nicht richtig gewürdigt wird und nicht in Zusammenhang mit §§ 1, 2 gebracht ist, was uns sehr wichtig für das richtige Verständniss der letzteren erscheint.

Die Stelle lautet:

Item si messes eius anni, quo divortium factum est, colonum ex forma locationis sequantur, ante vindemiam soluto matrimonio nihilo minus pecunia messium in computationem cum spe futurae vindemiae veniet.

Der Thatbestand ist einfach. Das Grundstück bringt zwei Arten von Früchten: Getreide und Weintrauben. Die Ernten sind verpachtet, die Weinlese nicht. Nach den Ernten und vor der Weinlese geschah die Scheidung. Papinian sagt: nichtsdestoweniger soll der Pachtzins auch zur Theilung mit dem künftigen Ertrage der Weinlese eingezogen werden. Alles ist einfach und klar, nur zwei Ausdrücke geben uns zu denken: „Item“ und „nihilominus“. Warum item, warum nihilominus? Hier muss irgend welcher Zusammenhang mit dem vorher Gesagten stecken. Ferner kann man nicht verkennen, dass die Worte „pecunia messium in computationem cum spe futurae vindemiae veniet" eine merkwürdige Aehnlichkeit mit den Worten „vindemiae fructus et quarta portio mercedis instantis anni confundi debebunt" darstellen.[1]

Nun glauben wir behaupten zu können:

1. Dass diese Stelle auch noch von Papinian herrührt, und zwar steht sie im engsten logischen Zusammenhange mit dem vorher von Papinian Gesagten.

2. Sie ist nach Analogie des § 1 gebaut. Darum soll ihre Bedeutung durch Vergleichung mit § 1 gesucht werden. Dass sie die im § 1 aufgestellte These fortentwickelt, kann man schon daraus schliessen, dass sie durch dasselbe Wort Item auf die These hindeutet, wie § 2. Es ist also die Fortsetzung der Polemik gegen die bekämpfte Meinung. Nihilominus entspricht im § 1 — neque enim . . . aequum est . . . itaque, — d. h. im § 1 behauptet die bekämpfte Meinung, dass vindemiae fructus nicht confundi debebunt, in § 3, dass pecunia messium nicht in computationem veniet. Wir können also nach Analogie des § 1 die abgekürzte Meinung Papinians in § 3 so ergänzen:

Dieselbe Regel müssen wir auf einen anderen Fall anwenden, wo die Theilung ex die locationis wieder zu unbilligen Resultaten gelangt (= Item in § 3 = fructus dividi non ex die locationis etc. im § 1). Wenn wir annehmen, dass das Grundstück Wein und Getreide bringt, dass die Getreideernten vom Manne verpachtet worden sind, und die Scheidung nach den Ernten und vor der Weinlese geschah (= in § 1 si vindemiae tempore fundus . . . suprema die facto divortio), dann würde der Mann, nach der bekämpften Meinung, den Pachtzins für die vollzogenen Ernten ganz behalten können und nur die spes futurae vindemiae zur Theilung bringen müssen (natürlich, weil bei der Theilung ex die locationis mit der Ernte der verpachteten Messes das Jahr enden würde; als das letzte Jahr würde das Jahr anzusehen sein, welches nach dem Ende der Ernte beginnt. Der Pachtzins würde als zum vorletzten Jahre gehörend nicht in die Theilungsmasse einzuwerfen sein). Das wäre unbillig gegen die Frau (= im § 1: neque enim . . . retinere virum et vindemiae fructus . . . aequum est). Daher müssen wir, ohne auf die Behauptungen der Gegner zu achten (= itaque im § 1 = nihilominus im § 3) den Beginn resp. das Ende der Pacht nicht als Beginn resp. Ende des Theilungsjahres ansehen, sondern

1) Vgl. mit beiden Sätzen § 12 eod. „in fructum enim non computabitur."

die pecunia messium folgerichtig auch in die Theilungssumme einwerfen (= im § 1 vindemiae fructus confundi debebunt = in § 3 pecunia messium in computationem veniet).

Die Analogie besteht nicht nur zwischen § 1 und § 3, sondern auch zwischen diesen beiden und dem § 2. In allen drei Paragraphen schreibt die unrichtige Meinung einen grossen Theil der Einkünfte ungetheilt der einen Partei zu und verkürzt damit die andere. In allen drei Fällen protestirt Papinian dagegen und fordert die Confusion, Computation dieser Einkünfte.

II. Theil.

Der Zweck und die Geschichte des Institutes.

A. Der Zweck der Fruchttheilung.

§ 15. Die röm. Regeln vom Standpunkt der allg. Meinung.

Vom Standpunkt der allgemeinen Meinung? Giebt es denn über irgend welchen Punkt unserer Materie eine allgemeine Meinung? Ja, sogar in unserer Materie giebt es einen Satz, welcher schon zur Zeit der Glosse und bis in die neueste Zeit als selbstverständlich gilt. Dies ist der Satz, nach welchem das Grundprincip, der Grundzweck der Fruchttheilung in der gleichmässigen Repartition der Dotalfrüchte auf die onera matrimonii besteht.[1]

Wie man die Wand gleichmässig mit Farbe bedecken, wie man den Acker mit Korn gleichmässig besäen soll, so sollen onera matrimonii durch die Früchte gleichmässig gedeckt werden. „Dies ist der dotalrechtliche Gesichtspunkt, der von dem ökonomischen Zwecke der Früchte in der Ehe ausgeht.“[2] Nur nach der Theorie von Francke und Czyhlarz sollen die onera matrimonii durch eine so dicke Schicht der Früchte gedeckt werden, wie sie durch die im

1) Die Glosse Tertia portio init.: „sed quartam quartae haberet vir pro onere; . . . cur non lucratur totam tertiam mercedis, cum et tanto tempore sustinuit onera matrimonii post locationem? Cujacius: „ex fructibus anni undecimi bessem, restituit trientem: quia tam diu sustinuit onera matrimonii (Observ. L. XIV c. 22. Opp. ed Neap. III col. 406 D.).
Jetzt z. B. Scheurl: „der Mann hat sie (die Ernte) für die onera matrimonii . . . vollbezogen (Krit. V. J. S. 270 fg.)
Bolze: „Nicht der Zufall, sondern die Länge der Zeit, während welcher der Ehemann die Lasten der dotirten Ehe zu tragen hatte, entscheidet auch über eine verhältnissmässige Repartition der Früchte“ (Archiv f. civ. Pr. 61 S. 324).
Huschke, Zeitschr. f. R.G. X S. 45).
Wiedemann, cit. S. 107 u. s. w.

2) Czyhlarz S. 241.

letzten Jahre percipirten Früchte bestimmt wird; die Anderen meinen, dass bei der Repartition der Früchte auf das letzte Jahr nicht nur die in diesem Jahre percipirten, sondern auch die durch einen Theil der diesjährigen cura et cultura erzeugten Früchte zu berücksichtigen sind. Das Grundpostulat ist in beiden Theorien dasselbe, nur die Anwendung ist verschieden. Dieses Postulat ist auch ganz natürlich und billig. Wenn der Mann den Weinberg vor der Weinlese bekommen und sich gleich nach der Weinlese von der Frau geschieden hat, dann kann er billigerweise nicht den ganzen Ertrag der Weinlese z. B. 1200 für sich behalten. Er kann nicht sagen, dass er während eines Monats 1200 auf die onera matrimonii verwendet hat. Der gewöhnliche pater familias wird in einem solchen Falle natürlich nur 100 ausgeben.

Entsprechen nun die römischen Theilungsregeln dem obigen allgemein anerkannten billigen Postulat? Offenbar nicht. Nehmen wir an, dass der Mann im Beispiele Papinians 3600 als Reinertrag von der Weinlese gezogen und dann für dieselbe Summe das Grundstück auf ein Jahr verpachtet hat. Dann bekommt der Mann nach den römischen Regeln für 4 Monate der Ehe 2300, nämlich $\frac{3600+3300}{3}$. Wenn wir dagegen die obigen Einkünfte gleichmässig auf die Zeit der onera matrimonii vertheilen, so soll der Mann nur 300 monatlich, 1200 für 4 Monate erhalten. Für vier Monate geben die römischen Regeln dem Manne fast den Ertrag der acht Monate! Welche Unbilligkeit gegen die Frau! Die Ursache dieses „Fehlers“ ist leicht zu finden. Jeder Monat der Ehedauer bringt dem Manne nicht nur $^1/_{12}$ der percipirten Ernte, sondern auch $^1/_{12}$ vom Pachtzins, welcher auf das Dotaljahr fällt. Juristisch erwirbt der Mann jeden Monat $^1/_{12}$ der Früchte eines Jahres, thatsächlich aber $^1/_{12}$ der Einkünfte von zwei Jahren. Wie sollen wir uns gegen eine so offenbare Abnormität verhalten?

Wenn man voraussetzen würde, dass Papinian im § 1 die ganze merces quae debebitur der Frau zuertheilt, so bekäme der Mann nach den römischen Regeln $\frac{3600+900}{3} = 1500$, d. h. einen Ertrag, welcher thatsächlich fünf, aber nicht den vier Ehemonaten entspricht. Dieser Umstand war für Vangerow [1] und viele Andere schon ein genügender Beweis, dass die Auslegungen, welche auf einer solchen

1) Pandekten, § 220 Anm. 2 II. a.

Voraussetzung beruhen, nicht den Quellen entsprechen: „sie beruht auf einem so groben Rechnungsfehler, dass man sie unmöglich dem scharfsinnigen Papinian zumessen kann". [1] Unsere Auslegung der Entscheidung des scharfsinnigen Papinian giebt noch unzuträglichere Resultate; nichtsdestoweniger sind die früher gefundenen Regeln zu klar und zu vielfach durch die Quellen begründet, als dass wir sie in Folge der obigen Erwägung preisgeben könnten. Uns bleibt das folgende Dilemma: entweder haben auch die römischen Juristen das Postulat der gleichmässigen Repartition der Früchte auf die onera matrimonii verwirklichen wollen, aber das Ziel zu erreichen nicht verstanden, oder sie haben vielleicht — einen davon ganz verschiedenen Zweck bei der Fruchttheilung vor Augen gehabt.

§ 16. Die Grundprincipien des Institutes.

Wir entscheiden uns für das zweite Glied des Dilemmas. Die römischen Regeln der Fruchttheilung sind nicht zu dem Zwecke aufgestellt worden, um die Früchte gleichmässig auf die onera matrimonii zu vertheilen. Der Umstand, dass der Mann mehr Einkünfte, als gewöhnlich im Verhältniss zu den onera matrimonii stehen, bekommen kann, ist an sich keine so schädliche Erscheinung, dass sie das Eingreifen des Rechts durch Aufstellung complicirter Theilungsregeln erfordern könnte. Andererseits, wenn der Mann in gewissen Fällen in Folge der Auflösung der Ehe geringere Einkünfte bekommt, dann ist das Eingreifen des Rechts um so weniger gerechtfertigt, als die nach der Scheidung gezogenen Früchte nicht mehr den onera matrimonii dienen können. Wozu zwingt man die Frau, einen Theil der von ihr nach der Scheidung percipirten Früchte dem Manne herauszugeben, wenn die Früchte immer nur für die onera matrimonii bestimmt wären?

Ferner, wenn die römischen Juristen darauf so achten, dass der Mann nicht zu viel Einkünfte bekomme, warum theilen sie dann nicht die Früchte des ersten Dotaljahres (wenn dasselbe nicht zugleich das letzte ist). Hier entsteht ja ebenso ein Widerspruch zwischen der Grösse der Einkünfte und der Zeit der onera matrimonii, wie im letzten Jahre. Gewöhnlich [2] erklärt man diese Thatsache durch den stillschweigenden Willen der Frau bei der

1) Eod.

2) Z. B. Wiedemann, cit. S. 111.

Bestellung der Dos: wenn die Frau ein Grundstück vor den Ernten zur Dos giebt, bekundet sie damit ihren Willen, dem Manne die Ernten ganz zuzuwenden; sie will auf solche Weise eine bessere Dos geben, mehr dotata sein.

Ganz richtig, dieser Wille existirt und wird stillschweigend erklärt. Allein wird dieser Wille denn wieder aufgehoben, wenn das erste Dotaljahr zugleich das letzte ist? Der Wille, welcher bei Schliessung eines Geschäftes erklärt ist, verpflichtet die erklärende Partei, auch wenn sie ihn später ändert. Selbst wenn man die rechtlich unmögliche Aenderung des Willens mit rückwirkender Kraft annimmt, warum wird dann der Wille aufgehoben, wenn die Ehe 11 Monate dauert, und bleibt in Kraft, wenn die Ehe 13 Monate dauert? Andere Schriftsteller [1] erklären die Thatsache, dass die Einkünfte des ersten Jahres überhaupt nicht getheilt, und dass sie, wenn das erste Jahr zugleich das letzte ist, doch getheilt werden, dadurch, dass der Wille der Frau ihrem Manne die erste Ernte ungetheilt zuzuwenden im voraus mit Vorbehalt erklärt wird: wenn die Ehe längere Zeit dauern wird. Dass die Frau in dieser Meinung ein mit Früchten bedecktes Grundstück zur Dos giebt, mag richtig sein. Indessen schreibt das römische Recht solchen stillschweigenden Voraussetzungen entschieden keine juristische Bedeutung zu. Dotis causa perpetua est, et cum voto ejus qui dat ita contrahitur, ut semper apud maritum sit. [2] Nicht nur die Zuwendung der ersten Ernte, sondern die ganze Dos, wie die Eheschliessung selbst, geschieht vorbehaltlos.

Wenn das Recht doch in gewissen Fällen die Restitution der Dos und gewisser Einkünfte statuirt, so handelt es nicht als ein Ausleger des Parteiwillens, sondern aus sich selbst, es nimmt die Initiative auf sich, es greift selbst ein, ohne den Parteiwillen zu beachten. Es handelt sich um das öffentliche Interesse, nicht um den Parteiwillen. Der Grund der Restitution der Dos ist unmittelbar nach dem Satze: dotis causa perpetua est in den Digesten ausgesprochen: Rei publicae interest mulieres dotes salvas habere, propter quas nubere possunt (l. 2 eod.). Welches öffentliche Interesse dem, unseres Erachtens, ganz selbständigen Institut der Fruchttheilung entspricht, bleibe noch dahingestellt, aber gegen die Berücksichtigung des Parteiwillens erklären wir uns principiell.

1) Puchta cit., Hasse cit.
2) l. 1 D. de i. d. 23, 3.

Es wäre noch eine andere Erklärung möglich, warum die Früchte des ersten Jahres ungetheilt dem Manne verbleiben. Man möchte vielleicht sagen: nach Auflösung der Ehe, welche mehrere Jahre gedauert hat, will das Recht nicht die Einkünfte theilen, welche während des friedlichen Zusammenlebens der Eheleute vielleicht vor vielen Jahren verbraucht wurden. Um so mehr will das Recht es mit diesen Früchten nicht so genau nehmen, weil es oft auch schwer wäre die Summe dieser Einkünfte festzustellen. Ein schlagendes argumentum a fortiori gegen diese Erklärung haben wir in l. 7 pr. h. t. (s. m. 24, 3):

Ita et, si impensarum a muliere factarum ratio habeatur, cum plurimis annis in matrimonio fuit, necesse est primi anni computari temporis, quod sit ante datum praedium.

Wenn das Recht der Verwendungen, welche die Frau auf die erste Ernte gemacht hat, cum plurimis annis in matrimonio fuit, nicht vergisst, um so mehr würde es die erste Ernte selbst nicht vergessen, wenn es dieselbe nicht aus anderen Gründen dem Manne überlassen wollte.

Endlich vom Gesichtspunkte der allgemeinen Meinung ist auch die Erscheinung unerklärlich, warum nur die periodischen Einkünfte des letzten Jahres getheilt werden. Warum werden die Summen nicht getheilt, welche der Mann nicht nach regelmässigen Perioden, sondern unregelmässig, zufällig bekommt.[1] Bei diesen Einkünften entscheidet nur der Zeitpunkt der Perception; von einer Theilung findet sich in den Quellen keine Spur. Bechmann bemerkt, nachdem er diese Thatsache constatirt hat, von den periodischen Früchten einige Zeilen weiter: „Der Zeitpunkt des Erwerbes ist hier zufällig und gleichgültig. Es muss also eine wirkliche Auseinandersetzung, eine Vertheilung der Früchte stattfinden, weil der Mann während eines Theiles der Periode, deren Erträgniss sie sind, die onera matrimonii (im Texte unterstrichen) getragen hat; und zwar sowohl dann, wenn sie vor, als wenn sie nach der Restitution percipirt sind."[2] Diese Betrachtung giebt unseres Erachtens keine Aufklärung über den Grund der verschiedenen Behandlung von periodischen und zufälligen Einkünften; orena matrimonii bleiben dieselben, wenn der Mann 100 als periodische Einkunft, oder wenn er 100 als unerwartete Einkunft vor der Scheidung erworben hat. Im Gegentheil, wenn man onera

1) Vgl. Czyhlarz S. 246; Bechmann S. 194.

2) Bechmann S. 194.

matrimonii der Erklärung zu Grunde legt, sollte man eher die ersten 100 dem Manne ungetheilt überlassen, als die zweiten. Indem der Mann 100 als eine regelmässige Einnahme zu bekommen erwartet, macht er in Rücksicht darauf auch verhältnissmässige Auslagen für onera matrimonii. Jeder bonus pater familias bestimmt die Höhe seiner Auslagen für das Familienleben nach erwarteten und gewissen Einkünften, aber nicht nach zufälligen und unerwarteten. Auch Billigkeitsrücksichten sprechen viel mehr für die Vertheilung der zufälligen Einkünfte, als der periodischen. Denn diese erscheinen als Product der Arbeit und Sorge des Mannes während der Periode der Erzeugung und sind von ihm viel eher verdient als die zufälligen Einkünfte. Es muss also ein besonderer und eigenthümlicher Grund bestehen, warum nur die periodischen Einkünfte getheilt werden.

Die obigen Erwägungen berechtigen uns, nach einem anderen Grunde der Fruchttheilung zu suchen. Aber wo können wir ihn finden?

In einem hierher gehörigen Fragmente [1] ist zwar als ein solcher der Satz ausgesprochen: „nam et hic fructus toto tempore, quo curantur, non quo percipiuntur, rationem accipere debemus". Dieser Satz hat für uns eine grosse Bedeutung (unten S. 63 fg.), aber als Grund des Institutes der Fruchttheilung kann er nicht angenommen werden, denn auch beim Ususfructus fällt perceptio mit cura nicht zusammen, und doch werden die Früchte dort nicht getheilt; dasselbe bezieht sich auf das erste Jahr der Ehe, wo der Mann die Resultate der Cura der Frau ungetheilt percipirt.

In den übrigen Stellen ist der Grund der Theilung nicht angegeben. Es bleibt uns nur ein indirecter, aber nichtsdestoweniger zuverlässiger Weg — derjenige der Induction:

1. Aus der Thatsache, dass die Früchte nur bei Beendigung, aber nicht bei Beginn der Ehe getheilt werden, schliessen wir, dass die Ursache der Theilung in den Eigenthümlichkeiten der Beendigung der Dotalverhältnisse, aber nicht im Wesen des ganzen Instituts der Dos, namentlich nicht in den Onera matrimonii liegt.

2. Um diejenigen Eigenthümlichkeiten der Aufhebung der Dotalverhältnisse zu finden, welche namentlich die Entstehung der Fruchttheilung verursacht haben, müssen wir unseren Fall mit analogen Fällen vergleichen, wo die Theilung doch nicht geschieht. Einen solchen analogen Fall haben wir bei Beendigung des Ususfructus.

---

1) l. 7 § 9 D. h. t.

Im Unterschiede der Beendigung der Dotal- und der Ususfructus-Verhältnisse müssen wir die Ursache der verschiedenen Behandlung der Früchte finden.

Die Aufgabe ist um so interessanter, als ihre Lösung eine Antwort zugleich auf eine andere Frage bildet, auf die Frage, warum die Früchte bei dem Ususfructus nicht getheilt werden? Vom Gesichtspunkte des Postulates der gleichmässigen Fruchttheilung sollte man die Theilung der Einkünfte auch beim Ususfructus erwarten, wenn nicht nach Massgabe der Dauer der onera, so doch analog nach Massgabe der Dauer des Rechtes auf Fruchtziehung. Hier wäre es auch billig und natürlich, dem Usufructuar einen Theil der von ihm erzeugten Ernte zu geben, welche ein Anderer nur in Folge der Beendigung des Ususfructus einen Tag vor der Perception bekommt. Indessen entscheidet hier nur der Zeitpunkt der Perception. Alle Früchte gehören dem Proprietar, wenngleich der Ususfructus erst einen Tag vor der Ernte endigt, alle Früchte gehören dem Usufructuar, wenngleich der Ususfructus nur vom Beginn bis zum Ende der Ernte dauert.[1]

Schon Glück[2] hat eingesehen, dass im Unterschiede des Ususfructus und der Dotalverhältnisse die Erklärung der Fruchttheilung zu suchen ist.

Seine Erklärung lautet:

„Bei der Theilung der Früchte des letzten Jahres finden die Grundsätze des Ususfructus keine Anwendung. Denn hier tritt ein ganz verschiedenes Rechtsverhältniss ein. Die Dos wird gegeben zur Erleichterung der mit dem Ehestande verbundenen Lasten.

Wie sehr würde es nun nicht der Natur der Dos widerstreiten, wenn der Mann für einen Monat, da die Ehe gedauert hat, sich die Früchte des ganzen Jahres zueignen dürfte. Beim Ususfructus ist es freilich anders. Denn dieser wird nicht in Rücksicht einer zu übernehmenden Last, sondern blos zur Begünstigung einer gewissen Person bestellt.“ Die Erklärung ist offenbar nicht stichhaltig: ganz abgesehen davon, dass die Bestellung des Ususfructus nicht nur ex causa lucrativa geschieht, kann die Nichttheilung der Früchte ebenso oft zu Ungunsten des Usufructuars, wie zu seinen Gunsten ausschlagen. Wenn der Usus fructus nach den Ernten begonnen, der Usufructuar durch seine Thätigkeit die folgenden

---

1) l. 13 D. quib. mod. usus fr. 7, 4, l. 25 § 1 D. de us. 22, 1.

2) Glück, 27 S. 286.

Ernten fast das ganze Jahr vorbereitet hat, und der Andere die Früchte seiner Arbeit erntet, dann wird der Usufructuar bei dieser unangenehmen Erscheinung sich nicht durch den Zweck einer Begünstigung trösten können. Andererseits widerspricht es gar nicht dem Wesen der Dos, wenn die onera matrimonii zu reichlich durch die Einkünfte der Dos gedeckt werden. Das geschah oft in Rom, weil keine Beschränkungen der Grösse der Dos existirten, weil die Früchte des ersten Jahres und die zufälligen Einkünfte nicht getheilt wurden. Die Erklärung von Glück hat jeden Boden verloren, nachdem Bechmann und Czyhlarz erwiesen haben, dass die Dos begrifflich nicht nur auf die Zeit der onera matrimonii gegeben wird. Die neueste Literatur hat natürlich die Erklärung von Glück nicht angenommen, aber auch keine andere gegeben. Gewöhnlich wird die Frage mit Stillschweigen übergangen, oder es wird einfach constatirt, dass die Regeln des Ususfructus vom röm. Rechte auf die Dotalfrüchte nicht angewendet worden sind.[1] Es ist auch eine unmögliche Aufgabe, eine Erklärung zu geben, wenn man vom voreingenommenen falschen Standpunkt ausgeht, dass die Fruchttheilung zu dem Zwecke aufgestellt sei, damit der Mann nicht zu viel und nicht zu wenig für die onera matrimonii erhalte, und wenn man überhaupt die Ursache des Unterschiedes nicht in den Eigenthümlichkeiten der Beendigung der beiden Rechtsverhältnisse, sondern in ihrem ganzen Wesen sucht.

Also: welcher Unterschied besteht zwischen Aufhebung des Ususfructus und der Dotalverhältnisse? Es existirt ein gewaltiger und wesentlicher Gegensatz. Die Aufhebung des Ususfructus hängt nicht vom Willen des Proprietars ab, d. h. vom Willen derjenigen Person, welche das Interesse hat, die Früchte dem Usufructuar zu entziehen. Der Ususfructus wird durch den Tod des Usufructuars, durch seine capitis deminutio, durch den Untergang der Sache, durch die Beendigung der Frist u. s. w. aufgehoben, alles Thatsachen, welche durch die Willkür des Proprietars nicht herbeigeführt werden können. Die Aufhebung der Dotalverhältnisse kann

1) Vgl. z. B. Czyhlarz, S. 239: „Bei diesen (Dotalfrüchten) hätte man zunächst die Grundsätze des Ususfructus anwenden können, in welchem Falle dann auch nur die Perception das Entscheidende gewesen wäre. Die vor der Auflösung der Ehe percipirte Ernte wäre dann dem Manne verblieben, während jede spätere Ernte schon der Frau zugefallen wäre. Diese Grundsätze hat man aber nicht angewendet, sondern hat betreffs dieser periodisch wiederkehrenden Früchte eine Theilung der Früchte des letzten Jahres statuirt, mit welcher wir uns jetzt in dem Folgenden zu befassen haben." Vgl. Francke cit. 281, 282.

im Gegentheil immer durch den Betheiligten bewirkt werden. Wenn die Frau die reiche Ernte sich aneignen will, welche der Mann durch seine Sorgfalt und Arbeit erzeugt hat, kann sie das immer erreichen; dazu braucht sie nur einen Tag vor der Ernte die Ehescheidung zu erklären. Ebenso kann der Mann die Frau von sich verstossen, aber dabei klugerweise abwarten, bis er alle Früchte von den Dotalgrundstücken abgeerntet hat.

Schon diese Zusammenstellung genügt. Es ist einleuchtend, warum beim Ususfructus das Schicksal der Früchte der Entscheidung durch die Perceptionszeit überlassen worden ist, und warum dagegen bei der Dos das Recht mit seiner Theilungsregel eingegriffen hat. Beim Usufructus war kein Eingreifen von Rechtswegen nothwendig. Man konnte die Entscheidung dem Zufall überlassen. Wenn der Usufructus vor der Ernte endigt, ist der Zufall oder die Fristbestimmung dem Proprietar günstig, wenn nach der Ernte, dem Usufructuar. Diese Erscheinung enthält an sich keine sittliche Gefahr, sie bewirkt keine eigennützigen Missbräuche, sie entscheidet die Frage einfach und unstreitig.[1]

Im Gegentheil war es gefährlich, bei den Dotalverhältnissen die Entscheidung dem Zufall (perceptio) zu überlassen. Denn hier wäre es eigentlich kein Zufall (periculum, casus, fortuna), sondern die Willkür und der Eigennutz der Parteien, welche entschieden. Von beiden Betheiligten hängt es ab, wann sie das Recht, Früchte zu erwerben, aufheben wollen, ob vor der Ernte oder nach der Ernte. Hier kann man nicht der beschädigten Partei sagen, dass ihr von Niemandem eine Unbilligkeit geschehen sei, dass so ein casus entschieden habe, für welchen Niemand einzustehen brauche. Hier kann sich die Frau je nach der Conjunctur eigennützig auf Kosten des Mannes und der Mann auf Kosten der Frau bereichern,

---

1) Es giebt übrigens einen Fall der Aufhebung des Usufructus, wo die Hilfe des Rechts nothwendig ist. Das ist nämlich der praktisch gewiss seltene Fall, wenn der Proprietar willkürlich wichtige Veränderungen an der dienenden Sache vornimmt, welche den Charakter ihrer Nützlichkeit ändern und damit den Usus fructus aufheben. Hier können die Früchte dem Usufructur durch den Willen des Proprietars entzogen werden. Indessen brauchte man auch für diesen Fall keine besonderen Theilungsregeln aufzustellen; wenn der Proprietar die Veränderung gemacht hat, um sich die Früchte der Sache anzueignen, so hat er einen Dolus begangen und unterliegt einer umfassenderen Haftung. Auch hat der Usufructuar in der actio ex testamento, eventuell im Interdictum quod vi aut clam und anderen dem Falle entsprechenden Klagen schon einen genügenden Schutz: Si areae sit usus fructus legatus et in ea aedificium sit positum, rem mutari et usum fructum exstingui constat; plane si proprietarius hoc fecit, ex testamento vel de dolo tenebitur l. 5 § 3 D. quib. mod. us. fr. 7, 4. Sed et interdictum quod vi aut clam usufructuario competit l. 6 eod.

und das nicht grade lobenswerthe Mittel dazu ist die zur rechten Zeit erklärte Scheidung. Offenbar konnte das Recht es nicht ruhig geschehen lassen, dass die eine Partei die andere überlistete; sein Eingreifen war äusserst nothwendig.[1]

Der Grund der Theilung, welchen wir durch die negative Induction[2] gefunden haben, ergiebt sich auch aus der positiven.[3] Dazu haben wir freilich nur ein sehr spärliches Material, weil die Aufhebung der Rechtsverhältnisse im Civilrecht in der Regel nicht von der Willkür derjenigen Partei abhängt, welche durch die Aufhebung des Rechtsverhältnisses der anderen Partei einen Gewinn entziehen könnte. In dieser Hinsicht können wir nur die societas mit den Dotalverhältnissen vergleichen. Der socius kann nämlich durch die einseitige Erklärung die Gesellschaft auflösen und dadurch die erwarteten Gewinne den anderen Gesellschaftern entziehen. Damit ist hier ebenso die Möglichkeit der gewinnsüchtigen Speculationen gegeben wie bei den Dotalverhältnissen. Wenn unsere Erklärung des Institutes der Fruchttheilung bei der Auflösung der Ehe der Wahrheit entspricht, so ist zu erwarten, dass das Recht auch bei der Auflösung der Societät eine ähnliche Massregel gegen die Speculationen getroffen hat.[4] Das ist auch wirklich geschehen, nur das Wesen der Massregel ist durch den irreführenden Satz verdunkelt:

„eum qui renuntiaverit societati a se quidem liberare socios suos, se autem ab illis non liberare (l. 65 § 3 D. pro socio 17, 2).

Dieser Satz soll nämlich, wie es weiter in der Stelle heisst, dann angewendet werden, wenn ein socius seinen Rücktritt erklärt hat, um der Gesellschaft einen Gewinn zu entziehen:

veluti si, cum omnium bonorum societatem inissemus, deinde cum obvenisset uni hereditas, propter hoc renuntiavit (eod.).

Nach der Regel socios a se, non se a sociis liberat, könnte

1) Von einer analogen Hilfe, wie beim Usus fructus im Falle einer dolosen Veränderung der Sache durch den Propietar, konnte hier keine Rede sein. Eigentlich begeht die Frau, wenn sie grade vor einer reichen Ernte die Scheidung erklärt, um diese Ernte dem Manne zu entziehen und selbst die Früchte seiner Arbeit zu lucriren, auch einen Dolus. Nichtsdestoweniger konnte man an eine actio doli gar nicht denken. Dolus würde in der hinterlistigen Scheidung liegen. Für diesen Fall eine actio doli zu geben, hiesse die Freiheit der Scheidung beschränken. Die Aufgabe war entgegengezetzt; man musste die Scheidung wie früher ganz frei lassen und noch mehr: dieselbe von den unsittlichen eigennützigen Motiven befreien, also sittlich frei machen, was die röm. Regeln der Fruchttheilung völlig erreicht haben.

2) Methode der Unterschiede.

3) Methode der Gleichheit.

4) Nach dem Grundprincip der inductiven Forschung: bei gleichen Ursachen muss man gleiche Wirkungen erwarten.

man denken, dass nach einer solchen eigennützigen Rücktrittserklärung eine societas leonina eintritt, bei welcher der eigennützige Gesellschafter alle Pflichten und Nachtheile der Gesellschaft trägt, aber keinen Gewinn von der Gesellschaft hat.

In der Wirklichkeit wird die Gesellschaft auch durch die gewinnsüchtige Rücktrittserklärung vollständig aufgehoben, ebenso wie die Ehe durch die willkürliche Scheidung; nur die der Renuntiation zu Grunde liegende Speculation wird dadurch vereitelt, dass der vom eigennützigen Gesellschafter der societas entzogene Gewinn getheilt wird. Andere Gewinne, welche der renuntiirende socius omnium bonorum nach der Renuntiation macht, z. B. die zufälligen, unvorgesehenen Gewinne, oder die Einkünfte, welche der bisherige Gesellschafter durch seine neue selbständige Thätigkeit erwirbt, werden nicht den früheren socii pro rata restituirt.

Manet autem societas eo usque, donec in eodem consensu perseverant. at cum aliquis renuntiaverit societati, societas solvitur. sed plane si quis in hoc renuntiaverit societati, ut obveniens aliquod lucrum solus habeat, veluti si mihi totorum bonorum socius, cum ab aliquo heres esset relictus, in hoc renuntiaverit societati, ut hereditatem solus lucri faciat, cogetur hoc lucrum communicare. si quid vero aliud lucri fecerit quod non captaverit, ad ipsum solum pertinet (Gai. III § 151).

Der Zweck und das Wesen der Regel über die Theilung des bei der Renuntiation erwarteten Gewinnes entspricht vollkommen dem Zweck und dem Wesen der Theilung der Dotalfrüchte. Im einzelnen ergeben sich natürlich viele Unterschiede. So wird bei der societas nur der entzogene zukünftige Gewinn getheilt, während bei der Lösung der Dotalverhältnisse auch die vor der Scheidung im letzten Jahre percipirten Früchte getheilt werden. Dieser Unterschied erklärt sich einfach dadurch, dass das vor der Renuntiation Gewonnene schon nach allgemeinen Grundsätzen der Societät getheilt wird, während der Mann alle Früchte während der Ehe allein erwirbt. — Bei der Gesellschaft wurde die Regel hauptsächlich für die Kapitalgewinne aufgestellt, darum finden wir keine Erwähnung von der Bedeutung der Dauer der Production, wovon nur bei den Früchten die Rede sein kann. Im concreten Fall der eigennützigen Auflösung der Gesellschaft, wo es sich um die Entziehung der erwarteten Früchte handeln würde, würde natürlich der römische und der moderne Richter auch die Dauer der Gesellschaft während der Productionszeit berücksichtigen.

Wenn wir zu der Theilung der Dotalfrüchte zurückkehren, so ist zu bemerken: das römische Recht hatte eine doppelte Aufgabe zu lösen, da man zwei Kategorien von Missbräuchen vorbeugen musste:

1. Die Scheidung geht vom Manne aus. Er wählt die für ihn günstige Zeit, nachdem er alle Früchte von den Dotalgrundstücken abgeerntet hat. Es ist sogar möglich, dass die Ehe selbst nur aus eigennützigen Motiven geschlossen wird, nur wegen der reichen Ernte, und nach jener unsittlichen Bereicherung schleunigst vom Manne gelöst wird.[1]

2. Die Scheidung geht von der Frau aus. Dazu wählt sie die Zeit, wo der Mann die durch seine cura et cultura erzeugten Früchte des guten Jahres abernten will. Die jetzt erklärte Scheidung wird dem Manne eine unangenehme Ueberraschung und der Frau den ganzen Jahresertrag bringen.

Die doppelte Aufgabe der Jurisprudenz war: im ersten Falle die eigennützigen Motive des Mannes zu beseitigen, welche ihn veranlassen konnten, die Scheidung in die Zeit nach den Ernten zu legen; im zweiten Falle das Interesse der Frau an der Scheidung vor den Ernten zu beseitigen. Der einzige Weg diese zwei Aufgaben zu lösen, war durch die Aufstellung folgender Regeln gegeben:

1. Wenn der Mann die Ehe nach den Ernten auflöst, soll er nur einen Theil der percipirten Früchte, welchen er verdient hat, behalten, den Rest soll er der Frau herausgeben.

2. Wenn die Frau vor den Ernten die Ehe auflöst, dann soll sie dem Manne einen Theil der Früchte, welchen er verdient hat, herausgeben.

Dabei entstand die andere Frage: welchen Massstab soll man bei der Theilung anwenden, um den Theil der Ernte, welchen der Mann verdient hat, zu bestimmen. Die Antwort lag sehr nahe. Die Früchte sind Ergebniss der Arbeit und Sorgfalt (cultura et cura), welche während eines ganzen Jahres auf das Grundstück verwendet worden sind. Wer die Bebauung des Grundstückes während eines ganzen Jahres besorgt hat, dem gehören billiger und natürlicher Weise die ganzen Früchte. Wer nur einen Monat der

---

1) Wenn wir uns erinnern, wie die Ehescheidungen zur Zeit der Entwickelung der a. rei uxoriae in Rom verbreitet waren, wie oft es nur eines ganz unbedeutenden Motives bedurfte, um die Frau oder den Mann zu wechseln, wie die Ehen und Scheidungen zur schändlichen Speculation wurden, dann werden wir das im Texte Gesagte nicht für übertrieben halten.

Sorgfalt auf die Früchte verwendet hat, der hat $^1/_{12}$ der Früchte verdient.[1]

Wenn man diesen Massstab anwendet, dann kann es unmöglich vorkommen, dass die eine Partei sich durch die gut gewählte Zeit der Scheidung die Früchte der fremden Thätigkeit aneignet. Darum brauchte man keine besonderen Theilungsregeln für die Früchte aufzustellen, bei welchen perceptio und cura parallel fortdauern. Die Kühe erfordern jeden Tag die Sorgfalt des Landwirthes, sie bringen aber die Milch auch jeden Tag. Hier ist es gleichbedeutend, ob wir sagen, dass die Früchte nach der Zeit der Perception oder dass sie nach der Zeit der cura erworben werden. Darum entscheidet bei diesen Früchten einfach die Zeit der Perception. Die Frage der Theilung entsteht nur dort, wo die cura und die Perception auseinandergehen, wo man nach einer langen Zeit der cura mit einem Male das ganze Resultat bekommt. Hier nur kann die Frau daran denken, die ganze Zeit der cura dem Manne zu überlassen und die ganze Perception sich anzueignen. Ebenso kann der Mann eine Ehe auf einen Monat schliessen, um die Früchte der cura der Frau für sich abzuernten. Auf diese periodischen Früchte bezieht sich l. 7 § 9 h. t. (Ulpian):

Non solum autem de fundo, sed etiam de pecore idem dicemus, ut lana ovium fetusque pecorum (pro portione) praestaretur:[2] quare enim, si maritus prope partum oves doti acceperit, item proximas tonsurae, post partum et tonsas oves protinus divortio facto nihil reddat? nam et hic fructus toto tempore, quo curantur, non quo percipiuntur, rationem accipere debemus.

Die Bedeutung dieser Stelle ist klar. In den vorhergehenden §§ hat Ulpian (zum Theil mit Worten Papinians) die Regeln für die Theilung der Früchte der landwirthschaftlichen Grundstücke dargestellt. § 9 ist bestimmt, den obigen Regeln auch die Früchte

---

1) Natürlich kommt diese Bedeutung nur der cura des Mannes während der Ehe zu. Denn nach Auflösung der Ehe ist das Recht selbst aufgehoben, auf Grund dessen die cura dem Manne Früchte zu eigen macht. Von der Zeit der Ehescheidung arbeitet der Mann in fremdem Interesse und bekommt nur die Rückerstattung der Verwendungen. Andererseits wird nur die cura in abstracto zu Grunde gelegt, d. h. tempus quo fructus curantur beginnt nach dem Ende der letzten Ernte und dauert ununterbrochen bis zum Ende der neuen Ernte, obgleich in Wirklichkeit die cura nicht ununterbrochen stattfindet.

2) Gewiss praestetur zu lesen.

der Dotalthiere zu subsumiren.[1] Wenn man bei diesen Früchten die Theilung unterliesse, d. h. die Perception als für den definitiven Erwerb entscheidend ansähe, dann würde der Mann durch die Ehe während der Perception und sofortige Scheidung nach derselben offenbar die Früchte der fremden Cura sehr leicht erwerben können. Nein, sagt Ulpian, hier sollen die Früchte auch getheilt werden (ut lana ovium fetusque pecorum praestaretur). Auch hier muss die Partei, welcher die Perception, aber nicht die ganze Cura zugefallen ist, einen Theil der Früchte herausgeben. Auch hier fructus toto tempore quo curantur, non quo percipiuntur, rationem accipere debemus, d. h. der Erwerb der Früchte richtet sich nicht nach dem Augenblicke der Perception, sondern nach der Zeit der cura.[2]

Die obige Darstellung hat zweierlei ergeben:

1. Der Zweck der Sätze über Fruchttheilung ist die Beseitigung der eigennützigen Motive bei der Wahl der Scheidungszeit resp. die Beseitigung der aus der Wahl einer günstigen Zeit folgenden Unbilligkeiten gegen den anderen Gatten. Es ist also

---

1) Die nachfolgenden 2 §§ erstrecken weiter die dargelegten Regeln auf die Dotalsclaven (§ 10) und auf die praedia urbana (§ 11). Dabei erinnert uns § 10 stark an den oben (S. 48 fg.) besprochenen § 4 derselben Stelle. Hier sagt Ulpian auch eigentlich nichts praktisch Unrichtiges aus. Und doch macht auch dieser § ebenso wenig Ehre seinem Autor, wie § 4. Der Satz „in servo quoque anni ratio habetur" hat keine Bedeutung. Man könnte ebenso gut sagen „mensis, quinquennii etc. ratio habetur". Denn die operae der Sclaven sind nicht periodisch wiederkehrende Früchte, sondern sie gewähren einen fortdauernd gleichmässigen Nutzen. Also ist keine ratio anni von nöthen. Logisch richtig und selbstverständlich ist der Satz „ut praeteriti temporis ad maritum, post divortium autem ad mulierem operae pertineant". Nur folgt dieser Satz keineswegs aus anni ratio, wie Ulpian meint.

2) Gewöhnlich (vgl. Francke cit. S. 282; Czyhlarz S. 243, 244) wird diese Stelle anders interpretirt. Man findet darin einen speciellen Hinweis auf die Abhängigkeit der Länge der Dotalperiode von der Länge der Fruchtperiode, d. h. wenn die Früchte einmal im Jahre gezogen werden, wird nach Dotaljahren getheilt, wenn zweimal im Jahre — nach Dotalsemestern u. s. w. (Czyhlarz S. 243). Allein von den Theilungsperioden ist in der Stelle keine Rede. Hier wird nur die Theilung überhaupt gefordert (ut lana etc. praestaretur) und als Grund dazu angegeben, dass nicht die Perception berücksichtigt werden soll, sondern die Zeit der cura. (Sonst würde überhaupt keine Theilung geschehen; wenn der Augenblick der Perception eines Thierjungen z. B. vor der Scheidung geschähe, würde das ganze Thier dem Manne gehören.) Wenn das Ulpians Meinung gewesen wäre, was die Ausleger in der Stelle finden, könnte er nicht als Begründung den Satz aufstellen: nam et hic fructus toto tempore quo curantur non quo percipiuntur rationem accipere debemus. Für die Bestimmung der Länge der Dotalperiode ist es gleichgültig, ob man auf die Perception, oder auf die Zeit der cura sieht; wenn die Perception einmal im Jahre geschieht, dauert die cura auch ein Jahr u. s. w. Den Anlass zu der Auslegung konnte nur etwa der Inhalt der vorangehenden §§ geben. Wir finden in dieser Stelle nicht eine so specielle Meinung ausgesprochen, aber auch die letzte widerspricht nicht der im Text von uns vertheidigten Bedeutung des Satzes.

ein selbständiges Institut, welches mit der unbegrenzten Scheidungsfreiheit der Römer im engsten Zusammenhange steht. Die Theilung der Dotalfrüchte ist eine durch die römischen Verhältnisse erforderte Ergänzung des Instituts der Restitution der Dos. Wie das letzte die Eheschliessung und Scheidung von den eigennützigen Speculationen betreffs des Kapitals der Dos befreit hat, so befreit die Fruchttheilung die beiden Verhältnisse von den Speculationen hinsichtlich der Einkünfte der Dos. Die Theilung der Früchte, wie die Restitution der Dos, folgt überhaupt ebenso wenig aus dem Wesen der Dos und der Bestimmung ihrer Früchte, wie aus dem Parteiwillen.

2. Der Massstab der Theilung ist die Dauer der cura. Seine Anwendung entzieht der Jagd nach den Früchten der fremden cura den Boden.

Jetzt können wir leicht die wichtigen Eigenthümlichkeiten des Institutes erklären, welche vom Standpunkte der gemeinen Meinung als Räthsel erscheinen.

a. Warum nur die Früchte des annus, quo divortium factum est, getheilt werden, aber nicht die Früchte des ersten Jahres der Ehe, bedarf jetzt keiner besonderen Erörterung mehr.

b. Warum werden nur periodische Einkünfte getheilt, aber nicht die zufälligen? Antwort: Weil nur die Einkünfte, welche regelmässig wiederkehren, zu eigennützigen Berechnungen und Plänen Veranlassung geben können. Dagegen können die unvorhergesehenen, zufälligen Einkünfte die Wahl der Scheidungszeit nicht beeinflussen. Hier, wie beim Ususfructus, wird die Vermehrung oder die Verminderung der Einkünfte der Parteien nicht als eine Unbilligkeit angesehen, denn eine zufällige, nicht durch den Willen der interessirten Partei zugefügte Benachtheiligung ist keine Unbilligkeit, sondern periculum, casus, fortuna. In dieser Hinsicht gilt (wie sonst in analogen Fällen) der Satz, dass der Mann betreffs der Früchte periculum und commodum sentit vor der Scheidung, die Frau nach der Scheidung.

c. Warum wird auch die nach der Restitution der Dos percipirte Ernte getheilt, d. h. die Ernte, welche auf die onera matrimonii nicht verwendet werden kann? Weil dadurch die Speculation der Frau auf die Früchte der cura des Mannes ausgeschlossen wird.

B. Thatsachen und Hypothesen zur Geschichte der Fruchttheilung.

§ 17. Die Entstehungszeit und die Organe der Entwickelung.

Auf die erste Frage, welche uns auf dem in der Ueberschrift bezeichneten Gebiete entgegentritt, nämlich auf die Frage nach der Entstehungszeit des Fruchttheilungsinstitutes, vermögen wir keine bestimmte Antwort zu geben. Wir können nur mit grosser Wahrscheinlichkeit sagen, dass unser Rechtsinstitut erst nach der Ausbildung der a. rei uxoriae entstand. Diese entsprach nämlich während der ersten Zeit ihrer Ausbildung vollständig dem Zwecke, die Frau vor einer mittelst der Ehe-Schliessung und Scheidung verfolgten Speculation auf ihr Dotalkapital zu schützen. In dieser Zeit waren die Ehescheidungen noch keine so verbreitete Epidemie, dass die verwerfliche Speculation auf die Einkünfte der Dos die Aufmerksamkeit der Juristenwelt hätte in Anspruch nehmen können. Es bedurfte eines viel grösseren Verfalls der Sitten und einer grösseren Entheiligung der Ehe, um das Recht dazu zu veranlassen, dass es in das Schicksal der Einkünfte der Dos eingriff, als dazu, dass es das Schicksal des Kapitals selbst regulirte. Ferner musste die Statuirung der Rückerstattung des Dotalkapitals selbst anfänglich als eine singuläre und in gewissen Beziehungen willkürliche Einmischung der Obrigkeit in die Familienverhältnisse erscheinen, welche früher nur durch die traditionelle Gewalt des Familienhauptes, eventuell unter Zuziehung eines consilium amicorum bestimmt wurden.

Noch singulärer ist die Fruchttheilung. Hier entstehen zwei Verpflichtungen ex lege, welche sich nicht auf irgend welche ratio iuris stützen, sondern lediglich aus einem politischen Zwecke hervorgehen. Die beiden Verpflichtungen widersprechen grundsätzlich dem allgemeinen Satze, welcher überall angewendet wird, nämlich dem Satze, nach welchem die Früchte immer dem zur Perception berechtigten Percipienten gehören. Die Fruchttheilung besteht ja darin, dass die Frau, welche die Früchte als Eigenthümerin, Usufructuarin etc. percipirt hat, einen Theil von diesen dem Manne herausgeben muss; umgekehrt restituirt ebenso der Mann die Früchte, welche ihm sonst zu vollem Rechte gehören. Diese singulären Verpflichtungen werden durch verwickelte Regeln bestimmt und ziehen ein ganzes System von Cautionen, Compensationen u. s. w. nach sich.

Wir glauben nun, dass die römischen Juristen zu der Statuirung dieser vom Standpunkte der ratio iuris anomalen Regeln sich erst dann entschlossen haben, als einerseits die Restitution der Dos schon als eine natürliche und gewöhnliche Erscheinung angesehen wurde, und andererseits die Ehescheidungen sich so verbreitet und mit unlauteren Motiven verbunden hatten, dass die Speculation auf die Dotaleinkünfte schon die allgemeine Aufmerksamkeit auf sich ziehen musste.

Viel bestimmtere Auskunft können wir über die Organe und die Weise der Entwickelung unseres Institutes geben. Zweifellos ist, dass keine lex hier eingegriffen hat. Das ist auch leicht erklärlich. Der Richter hatte bei der a. rei uxoriae so freie Hand[1] für die Einführung und Regelung verschiedener an sich selbstständiger Rechtssätze, dass die Praxis immer die Bedürfnisse der Zeit vollständig berücksichtigen konnte und für die gesetzgeberische Reform sich kein Anlass bot. Andere durch die vielumfassende a. rei uxoriae eingeführte Ansprüche bedurften einer gesetzgeberischen Regulirung in anderem Sinne. Die Praxis und die Jurisprudenz können aus den freien Principien aequius melius doch keine bestimmten willkürlichen Zahlen deduciren. Darum mussten die leges die Quoten der Retentionen reguliren.[2] Die Fruchttheilungsregeln, wie wir unten sehen werden, enthalten nichts Willkürliches, sie wurden aus zwei allgemeinen Grundsätzen entwickelt.

Aus demselben Grunde hatte hier auch das prätorische Edict nichts zu schaffen.

Die Fruchttheilungsregeln wurden ausschliesslich durch die gerichtliche Praxis unter dem Einflusse der Jurisprudenz entwickelt. Das beweist erstens der Umstand, dass in den Quellen keine Spur eines anderweitigen Einflusses zu finden ist, zweitens aber und hauptsächlich die §§ 1, 2, 3 und § 9 der l. 7 h. t. In § 9 fordert Ulpian aus inneren Gründen die Theilung einer ganzen wichtigen Art von Früchten. In §§ 1, 2, 3 hält der wortkarge Papinian es für nöthig, die Richtigkeit der allerersten Regeln der Theilung gegen eine abweichende Meinung aus Billigkeitsgründen zu vertheidigen. Diese Erscheinungen wären unmöglich, wenn die Theilungsregeln gesetzlich oder durch das prätorische Edict festgestellt wären.

Die Art der Entwickelung bestand darin, dass einerseits die Richter, wenn sie fanden, dass der Mann oder die Frau wider die

---

1) Auch nach der Meinung von Lenel, edictum S. 242.

2) Vgl. Czyhlarz S. 334 fg.

Grundsätze aequius melius durch die Wahl eines ihnen bequemen Augenblickes der Scheidung die andere Partei um die Einkünfte der Dos gebracht hatten, nach ihrem freien Ermessen die Condemnation vergrösserten oder verminderten.[1] Andererseits gab die Jurisprudenz dieser Erscheinung eine wissenschaftliche Gestalt und Bestimmtheit durch Aufstellung der allgemeinen Grundsätze und Regeln der Theilung, und auf diese Weise verwandelte sich das concrete freie Ermessen des Richters in ein festes officium iudicis.

§ 18. Die Regeln der Fruchttheilung waren zuerst nur für die Ehescheidungen aufgestellt.

Was das ursprüngliche Gebiet der Theilungsregeln anbetrifft, so können wir schon a priori aus dem Grundzwecke des Instituts folgern, dass dieselben anfänglich nur anlässlich der Scheidungen und für die Scheidungen aufgestellt waren. Auf die Fälle der Auflösung der Ehe durch den Tod wurden sie erst in späterer Zeit ausgedehnt. Wir finden in den Quellen eine glänzende Bestätigung dieses Schlusses, also auch der Prämisse, welche ihn ergiebt. Wenn wir nämlich alle Stellen, welche der Fruchttheilung in den Digesten und in den übrigen uns überlieferten Juristenschriften gewidmet sind, mit der Stelle des Codex (l. un. § 9c C. de rei ux. 5, 13) vergleichen, bemerken wir eine höchst interessante Thatsache. Der technische Ausdruck, welcher dem sog. „letzten Dotaljahre" entspricht, ist bei classischen Juristen „annus quo divortium factum est". l. 5 D. h. t.: „De divisione anni eius, quo divortium factum est, quaeritur"; l. 7 § 1 eod. „et eius anni quo divortium factum est"; § 3 eod. „Item si messes eius anni, quo divortium factum est"; l. 11 eod. t. „et fructus pro portione anni, quo divortium factum est"; Pauli Sent. II. 22, 1 „etiam pro rata anni eius, quo factum est divortium". Vgl. l. 6 D. h. t., l. 7 pr., § 5, § 9, § 10 eod., l. 78 § 2 D. de i. d. 23, 3.

Bei Justinian finden wir einen ganz anderen Ausdruck: „novissimi anni, in quo matrimonium solvitur". Den „annus, quo divortium factum est", der classischen Juristen müssen wir auch nicht buchstäblich auslegen, sondern bis zum Umfange des novissi-

---

1) In dieser unbestimmten Gestalt konnte die Fruchttheilung schon sehr früh in der ersten Zeit der Entwickelung der a. rei uxoriae vorkommen.

mus annus, in quo matrimonium solvitur, ausdehnen. Der zu enge Sprachgebrauch der Digesten hat für uns also keine unmittelbare rechtliche Bedeutung, aber als ein Rest der Geschichte, als eine Erinnerung an die Tradition ist er eine vielsagende Erscheinung.

§ 19. Die ursprüngliche Gestalt der Regeln. Das Dotaljahr.

Die Nothwendigkeit der Regeln wurzelt nicht in der Ehescheidung an sich, sondern in der Möglichkeit, die günstige Zeit für die Scheidung immer frei zu wählen.[1]

Darum statuirte anfänglich der Richter bei der a. rei uxoriae nur dann die Theilung der Früchte, wenn die Ehescheidung von der interessirten Partei ausging, d. h. wenn die Ehescheidung durch willkürliche Erklärung geschah: des Mannes nach den Ernten, der Frau vor den Ernten. Mit anderen Worten, die verwickelte Regel der späteren Zeit ist aus den zwei einfachen ursprünglichen Regeln entstanden. In einigen Fällen verurtheilte der Richter den Mann, einen gewissen Theil der von ihm percipirten Früchte mit der Dos herauszugeben, in andern Fällen gab die Frau analog einen Theil der von ihr percipirten Früchte dem Manne heraus. In beiden Fällen wurden die Theile durch die Länge der Cura bestimmt (oben S. 63 fg.).

I. Dieser Massstab war leicht auf die Früchte anwendbar,

---

1) Der erste Fall, wo der Richter der a. rei uxoriae die eine Partei verurtheilte, einen Theil der gewonnenen Früchte der anderen, der beschädigten Partei herauszugeben, war wohl derselbe, welcher von Papinian und Ulpian angeführt wird, wenn sie zeigen wollen, wie nothwendig die Theilung ist. Papinian (l. 7 § 1 h. t.) setzt voraus, dass der Ehemann die dotirte Ehe unmittelbar vor der Weinlese geschlossen und unmittelbar nach derselben gelöst hat. Es wäre absurd, wenn der Ehemann die ganzen vindemiae fructus behalten könnte. Ebenso betrachtet Ulpian es als selbstverständlich, dass der Mann durch die Ehe, welche nur während der Perception dauert, sich nicht auf Kosten der Frau bereichern darf. „Quare enim, si maritus prope partum oves doti acceperit, item proximas tonsurae, post partum et tonsas oves protinus divortio facto nihil reddat?“ (l. 7 § 9 cit.)

Im allgemeinen wurde zuerst die Theilung nur in den Fällen, wo die Beschädigung der einen Partei gross und durch den eigenen Willen der anderen Partei entstanden war, angewendet. Obgleich der Grundsatz quod aequius melius dem freien Ermessen des Richters grossen Spielraum gab, erschien doch die Fruchttheilung den Richtern selbst singulär und nur da anwendbar, wo sie wirklich nothwendig war. Darum war die Theilung nur bei Scheidungen angewendet. Darum war sie anfänglich gewiss nicht in den Fällen angewendet, wo die Beschädigung nicht durch den Willen der Gegenpartei entstanden war, z. B. wenn der Beschädigte selbst an der Scheidung schuldig war. Mit anderen Worten, der Richter verurtheilte nur diejenigen einen Theil der Früchte herauszugeben, welche durch den günstigen Moment der von ihnen erklärten oder verursachten Scheidung sich auf Kosten der anderen Partei bereichern wollten.

welche vor der Scheidung noch nicht percipirt waren. Wenn z. B. die Ehescheidung von der Frau 10 Monate nach Beginn der auf die letzte Ernte gefolgten Bestellung des Grundstückes ausging, dann konnte der Mann $^{10}/_{12}$ der Ernte fordern.

II. Schwieriger war die Frage: wie sind die Früchte dann zu vertheilen, wenn der Mann die fructus percepti der Frau herausgeben musste?

Nehmen wir z. B. an, dass die Ehe 1 $^1/_4$ Jahre dauerte[1] und dass der Mann die Scheidung erklärt, nachdem er die Früchte abgeerntet hat (also nach der zweiten Ernte nach der Eheschliessung). Welchen Theil der Ernte soll der Mann herausgeben? Er hat ja das ganze Jahr das Grundstück bebaut und die ganze letzte Ernte selbst geschaffen. Seine unverhältnissmässige Bereicherung, welche er durch die Eheschliessung und Scheidung erreicht hat, entstand eigentlich daraus, dass er nur $^1/_4$ Jahr der Cura auf die erste Ernte verwendet hat. Es wäre consequent, die Ernte des ersten Jahres zu theilen. Dann hätte man das Postulat der gleichmässigen Repartition der Einkünfte, welche der Zeit der onera matrimonii entsprechen, verwirklicht.

Das war aber nicht der Zweck der römischen Juristen. Ihnen war es wichtig, dem eigennützigen Motiv den Boden zu entziehen, durch welches veranlasst der Mann die Ehescheidung grade nach der letzten Ernte erklärt hat. Vielleicht ist die letzte Ernte zehnfach so reich wie die erste. Man musste die letzte, aber nicht die erste theilen. Diese Aufgabe hat man sehr praktisch und einfach gelöst. Die Cura des Mannes hat 1 $^1/_4$ Jahr gedauert. Er hat also 1 $^1/_4$ Ernten verdient. Eine Ernte hat er schon durch das erste Jahr der Cura erworben. Von der zweiten Ernte soll ihm nur $^1/_4$ verbleiben. Der Grundsatz des Fruchterwerbes nach Massgabe der Arbeitszeit ist unter dem Einfluss des Grundzweckes der Fruchttheilung modificirt worden. Als Grund für den Erwerb der ersten Ernte erschien $^1/_4$ Jahr der auf dieselbe verwendeten Cura

1) Unten setzen wir immer voraus, dass die Ehe mehrere Jahre dauert, d. h. dass das letzte Jahr nicht mit dem ersten zusammenfällt. Alle Sätze, welche wir durch solche Beispiele illustriren, kann man leicht auf die Ehe anwenden, welche kürzer als ein Jahr dauert, d. h. bei welcher das letzte und das erste Jahr zusammenfallen. In diesem Falle soll man das erste und zugleich das letzte Jahr als das letzte Jahr behandeln. Ebenso setzen wir gewöhnlich voraus, dass der Mann natürliche Früchte zieht. Auf den Pachtzins wurden die Regeln der natürlichen Früchte analog angewendet. Der Pachtzins wird als Surrogat der Ernte, Cura des Pächters vor der Scheidung als Surrogat der Cura des Mannes angesehen.

des Mannes und $^3/_4$ Jahre der Erzeugung der folgenden zweiten Ernte. Darum geben diese $^3/_4$ Jahre dem Manne keinen Anspruch auf $^3/_4$ der zweiten Ernte. Diese würde er erst dann erwerben, wenn nach dem Ende der zweiten Ernte seine Cura (also für die Erzeugung der dritten Ernte) noch $^3/_4$ Jahre dauern würde. Ein Monat der Arbeit nach der Ernte compensirt einen fehlenden Monat der Arbeit vor der Ernte. So entstand computatio annorum, die Berechnung der Dotaljahre. Die Vollendung eines Jahres vom Augenblicke der Uebergabe der Dotalsache in die Cura des Mannes schliesst alle Rechnungen betreffs dieser Zeit ab. Immer wird nur die Ernte des letzten unvollendeten Jahres getheilt. Dem Manne gehören so viel Zwölftel der letzten Ernte, als seine Cura Monate im letzten Jahre gedauert hat, d. h. als die Ehe Monate des letzten Jahres ausgefüllt hat. Wenn das letzte Jahr vollendet ist, geschieht keine Theilung, weil der Mann die im ersten Jahre fehlende Zeit der Cura völlig durch die ebenso grosse Zeit der Cura nach der letzten Ernte compensirt hat. Wenn der Mann das Grundstück nach der Ernte, d. h. am Anfang der neuen Periode zur Dos bekommen hat, dann braucht er niemals einen Theil der von ihm während der Ehe percipirten Ernte herauszugeben, weil er nichts zu compensiren hat; er hat den Nutzen der fremden Cura nicht genossen, er kann sich nicht auf Kosten der Frau unverhältnissmässig bereichern. Das ist, nebenbei bemerkt, der einzige Fall, über welchen in der Literatur kein Streit besteht.

Wenn diese Auffassung der computatio annorum richtig ist, dann erklärt sich von selbst, warum nach der Länge der Erzeugungsperiode sich auch die Dotalperiode richtet, warum anstatt computatio annorum eine computatio quinquenniorum, semestrium u. s. w. eintreten kann (l. 7 §§ 6, 7, 8 h. t.).

Die Dauer der Dotalperiode hängt nothwendig und natürlich von der Dauer der Fruchtperiode ab. In den Quellen freilich wird diese Abhängigkeit einfach constatirt. Ebenso geschieht es in der neuen Literatur. Nur Huschke hat das Verdienst, die Frage nach der Bedeutung und nach dem Ursprunge des interessanten Begriffs des Dotaljahres aufgestellt zu haben. Seine Erklärung, welche grundverschieden von der obigen ist, ist in zwei Abhandlungen enthalten: Das röm. Jahr und seine Tage, und in Zeitschr. f. Rechtsgeschichte X S. 38 fg.

Der Autor geht von der Hypothese aus, dass die älteste Form der Eheschliessung bei den Römern die conventio in manum mariti durch den nothwendigen Usus war. Das Jahr dieses Usus begann am ersten März. Weil die Function der Dos durch das Vermögen der Frau vollzogen wurde, welches durch die Entstehung der Manus auf den Mann übergegangen war, so begann auch die Existenz der Dos am ersten März: als Dotaljahr fungirte das Kalenderjahr, welches am ersten März begann. Diese Sitte wurde analog auch auf andere Formen der Ehe (confarreatio) ausgedehnt; hier wurde die Dos ebenfalls am ersten März gegeben. Das so entstandene Dotaljahr hatte noch keine Bedeutung für die Fruchttheilung, weil es noch kein Institut der Restitution der Dos gab. In Folge der Entstehung der letzteren und in Folge des Umstandes, dass der Usus freiwillig wurde und zu jeder Zeit beginnen konnte, und, andererseits, die Coëmtio von der Jahreszeit unabhängig war, verwandelte sich das frühere Dotaljahr, welches mit dem Kalenderjahr zusammenfiel, in ein Jahr mit beweglichem Anfange. Das fand einen Ausdruck in der Sitte „clavum figere et movere", welche den römischen Bauern dazu diente, die beweglichen Jahre sich zu notiren. Wie der Staat seine Chronologie nach den Consulatsjahren führte, so hatte eine solche die römische Familie in den Dotaljahren. Die Spuren der früheren Uebereinstimmung des Dotaljahres mit dem Kalenderjahre findet der Autor in der besonderen Theilungsweise der Früchte, welche in den Quellen enthalten ist, nämlich in der Theilung nach Kalendermonaten, unabhängig von ihrer Länge, aber nicht nach 365 Tagen oder nach 30tägigen abstracten Monaten. So werden in der l. 7 § 1 h. t. 3 Monate (November, December, Januar = 92 Tage) für $^1/_4$ Jahr angenommen. Dieselben Monate mit Hinzunahme des Octobers (= 123 Tage) werden einem dritten Theil des Jahres gleichgestellt. In § 2 l. c. gleicht der Monat März (= 31 Tage) $^1/_{12}$ des Jahres. Die Bedeutung dieser Erscheinung wird durch den Ausdruck „pro modo temporis omnium mensum quo praedium dotale fuit" bestätigt. Ja noch mehr, der Autor glaubt, dass ein begonnener Monat für einen vollen angenommen wird. Das folgert er aus der l. 7 pr. h. t., wo vorausgesetzt wird, dass die Frau ein Grundstück zur Dos einen Tag vor der Weinlese gegeben hat, nach der Weinlese sofort die Scheidung erfolgt, und die Frau $^{11}/_{12}$ des Weinleseertrages bekommt; es giebt indessen Zeugnisse dafür, dass die Weinlese bei den Römern nicht den ganzen Monat, sondern nur die Hälfte des Octobers dauerte, u. s. w. Als Aequivalent für diese dem Manne günstige Gleichsetzung des ersten nicht ganzen Monats mit einem ganzen rechnete man den letzten angefangenen Monat für einen ganzen, aber zu Gunsten der Frau, welche jetzt nach der Scheidung eine neue selbständige Wirthschaft für sich auf eigene Kosten einrichten sollte.

Wir können diese Erklärung nicht für begründet halten. Wenn wir die Frage nach dem Alter der verschiedenen Eheschliessungsformen bei Seite lassen, dünkt es uns unwahrscheinlich, dass die Römer, um eine Dos bei der Confarreatio zu geben, den ersten März abwarteten, nur aus dem Grunde, weil das Vermögen der Frau bei dem Usus am ersten März auf den Mann überging. Wenn wir aber auch annehmen, dass in der früheren Zeit jede Dos am ersten März entstand, d. h. dass das Dotaljahr mit dem Kalenderjahr zusammenfiel, so können wir durchaus nicht dem Autor beistimmen, wenn er in diesem traditionellen Dotaljahr das spätere Fruchttheilungsjahr enthalten findet. Es mag wahrscheinlich sein, dass die Römer den Tag der Eheschliessung als eine Aera betrachteten und so eine Chronologie nach beweglichen Jahren führten.[1] Allein diese traditionellen Ehejahre der Hauschronologie haben nichts mit den Dotaljahren im technischen Sinne zu thun. Wenn eine solche Chronologie existirte, musste sie doch mit dem Anfang des gemeinsamen Lebens beginnen, d. h. mit dem Tage der Eheschliessung. Indessen wird als Anfang des Dotaljahres der Tag angesehen, an welchem die betreffende Sache dotal wurde. Dieser Tag wird nicht durch die wichtigen und für das Familienleben epochemachenden Ereignisse bestimmt. Nicht nur mit dem Tage der Eheschliessung, sondern auch mit dem der Bestellung der Dos kann der Anfang des Dotaljahres nicht zusammentreffen:

„et utique in fructibus a viro retinendis neque dies dotis constitutae, neque nuptiarum observabitur, sed quo primum dotale praedium constitutum est, id est tradita possessione (l. 5 D. h. t.).

Ferner wenn die Dotaljahre mit den Jahren der Hauschronologie gleichbedeutend wären, was würde dann aus der Hauschronologie werden, wenn zur Dos mehrere fruchttragende Sachen nicht gleichzeitig gegeben wären; dann müssten so viele Aeren im Familienleben und so viele Chronologien angenommen werden, als Sachen zur Dos gehören.

Vom Standpunkt Huschkes kann man auch nicht erklären,

---

1) Dagegen spricht, unseres Erachtens, die eigenthümliche Organisation der röm. Familie, welche aus mehreren Ehepaaren bestehen und wo die Ehe eines filius familias keine grosse Bedeutung für das Haus haben konnte.

wie anstatt der Dotaljahre andere Perioden von jeder möglichen Länge in Betracht kommen können? Ferner wie könnte ein Zweifel in Betreff des Beginnes des Dotaljahres existiren (l. 7 § 1 h. t.), wenn das Dotaljahr mit der Hauschronologie zusammenfiel? u. s. w.

Was die Eigenthümlichkeiten in der Rechnung im Beispiele von Papinian anbetrifft, dass nämlich Papinian von der Länge der verschiedenen Monate absieht, obgleich die einen 30, die anderen 31 Tage dauern, so haben wir darüber unsere Meinung schon oben (S. 41) ausgesprochen.

Hier fügen wir nur hinzu, dass die Theorie von Huschke mit dem Satze „ex die nuptiarum ad eundem diem sequentis anni computandus annus est“ (l. 6 h. t.) im Widerspruch ist. Nach seiner Theorie würde das Dotaljahr regelmässig aus 13 Monaten bestehen.

§ 20. Die Verschmelzung der zwei Regeln.

Nach der obigen Darstellung galt ursprünglich bei den Dotalfrüchten dieselbe Regel wie beim Ususfructus und in anderen analogen Fällen. Erst einige Zeit nach der Entstehung der a. rei uxoriae gewöhnten sich die Richter bei der a. rei uxoriae daran, es als ihr officium anzusehen, in Fällen offenbarer Missbräuche der geschädigten Partei zu helfen. Das Mittel dazu war, der beschädigenden Partei die Rückerstattung eines gewissen Theils der unbillig gewonnenen Früchte aufzuerlegen. Die Missbräuche waren nur bei Scheidungen möglich und geschahen in den Fällen, wo die Scheidung von der durch dieselbe gewinnenden Partei ausging.

Im einzelnen konnten die Unbilligkeiten von der Frau wie von dem Manne ausgehen.

1. Wenn die Frau einen unbilligen Gewinn durch die Scheidung erzielte, verurtheilte der Richter sie, denjenigen Theil der ihr zufallenden Früchte der fremden Arbeit herauszugeben, welcher der vom Manne auf diese Ernte verwendeten Cura entsprach. Mit anderen Worten: der Mann bekam von der Frau den Theil der Ernte, welcher der Dauer der Ehe in der letzten Fruchtperiode entsprach (oben S. 69 fg.).

2. Wenn die Unbilligkeit von Manne ausging, überliess ihm der Richter nur den Theil der gewonnenen Früchte, welcher der Dauer der Ehe im letzten Dotaljahre entsprach. Den Rest musste er der Frau herausgeben (S. 70 fg.).

Diese beiden Regeln bildeten eine praktische und einfache Lösung der Aufgabe. Die beiden Eheleute hatten kein Interesse mehr daran, die Zeit der Scheidung so und nicht anders zu bestimmen. Die Ehescheidungen wurden von eigennützigen Motiven befreit. Die Frauen wurden gegen die unverhältnissmässigen Verluste an Dotaleinkünften durch eigennützige Ehe und Scheidung von Seiten des Mannes gesichert. Niemand konnte die Institute der Eheschliessung und der Ehescheidung dazu gebrauchen, um sich auf Kosten der fremden Cura zu bereichern.

Nichtsdestoweniger konnten die entwickelten Regeln nicht lange Zeit die neuen Bedürfnisse befriedigen. Das officium iudicis konnte bei den obigen Regeln nicht die gewünschte Bestimmtheit erlangen. Immer blieb es dem freien Ermessen des Richters überlassen, wann die Rückerstattung der Früchte geschehen sollte, wann nicht. Indessen gewöhnte man sich mehr und mehr, die Restitution der Dos und die Fruchttheilung nicht als singuläre, sondern als natürliche und billige Erscheinungen anzusehen. Selbst wenn die Parteien nach beiderseitiger Uebereinkunft die Zeit der Scheidung bestimmt hatten, schien es billig und natürlich, dass der Richter die Regulirung der Einkünftevertheilung vornahm. Endlich schien es natürlich, die Fruchtheilung auch auf den Fall der Auflösung der Ehe durch den Tod des Mannes auszudehnen.[1] In den neueren Fällen der Anwendung konnten die früheren Regeln nicht genügen. Nehmen wir an, dass die freiwillige Ehescheidung 9 Monate nach dem Beginn des letzten Dotaljahres und 4 Monate vor der Ernte, d. h. 8 Monate nach der letzten Ernte des Mannes geschah, also z. B. am ersten Juni, nachdem am ersten September das letzte Dotaljahr begonnen hatte und am ersten October die letzte Ernte des Mannes vollendet war. Zunächst entsteht die Frage: welche Regel ist anzuwenden, d. h. welche Ernte zu theilen? Wenn man nur die Früchte, welche die Frau 4 Monate nach der Ehetrennung percipirt, theilen wollte, d. h. wenn man sie zwänge, $^{8}/_{12}$ dieser

1) Bei der dos profecticia auch auf den Fall des Todes der Frau. Erst Justinian hat indirect die Fruchttheilung auf alle Fälle des Todes der Frau ausgedehnt. Die Entwickelung der Fruchttheilung müssen wir uns analog derjenigen der a. rei uxoriae vorstellen. Die Restitution der Dos geschah ursprünglich auch nur in den Fällen der offenbaren Schuld und Unbilligkeit auf Seiten des Mannes. Mit der Zeit hat die Restitution der Dos ihren singulären Charakter in der Meinung des Volkes und der Juristen verloren. Man hat darum actio rei uxoriae auch für die Fälle der Schuld der Frau, des Todes des Mannes u. s. w. gegeben. Vgl. Czyhlarz, cit. S. 38 fg. Dernburg III, § 14. Ebenso nahm allmählich das officium iudicis immer bestimmtere Gestalt und Inhalt an. Czyhlarz S. 43 fg. Dernburg eod.

Früchte dem Manne herauszugeben, würde sie dagegen protestiren. In der That erschien den Römern, welche sich an die Theilung der Dotalfrüchte gewöhnt hatten, bereits der Grundsatz billig, nach welchem der Mann von der von ihm percipirten Ernte nur einen Theil verdient hat. Die Frau ist ja an der Scheidung nicht Schuld. Aus welchem Grunde sollte man dem Mannne die ganze von ihm percipirte Ernte überlassen und nur die Ernte theilen, welche der Frau gehört? Die Anwendung einer solchen Theilung würde ein Strafelement enthalten (coërcitio), welches im vorliegenden Fall ganz grundlos erscheint.[1] Dasselbe würde der Mann sagen, wenn man nur die von ihm percipirte Ernte theilen wollte, ohne die spes futurae vindemiae zu berücksichtigen. Offenbar entsteht in diesen und ähnlichen Fällen (z. B. wenn der Mann einseitige Scheidung vor den Ernten erklärt) ein Bedürfniss, die beiden Ernten zu theilen, also die beiden Regeln gleichzeitig anzuwenden. Auf diese Weise entstand eine Nothwendigkeit, die beiden Regeln in eine zu vereinigen. Dabei musste man die Assimilation so durchführen, dass man die beiden Ernten nicht nach verschiedenen Quoten zu theilen brauchte, was praktisch unbequem wäre (vgl. S. 10 fg.). Aber welche Quote sollte man der allgemeinen Regel zu Grunde legen? Sollte man dem Begriffe der Fruchtperiode den Vorzug geben (dem Grundsatze der cura, welche vom Manne auf die zu theilende Ernte verwendet worden ist) oder dem Begriff des Dotaljahres (dem Grundsatz des Compensirens der fehlenden Zeit der cura vor der ersten Ernte durch die Zeit der cura nach der letzten Ernte). Offenbar musste der Begriff des Dotaljahres den Vorzug erhalten, weil bei der Theilung nach Fruchtjahren die letzte vom Manne percipirte Ernte ihm ganz verbleiben müsste. So hat man die beiden früheren Regeln mit Zugrundelegung des Dotaljahres cumulirt. In den Digesten finden wir die Theilung der beiden Ernten, und der Mann bekommt von den beiden dieselbe Quote, welche der Dauer seiner cura im letzten Dotaljahre entspricht.

Diese Regel wurde nicht auf einmal ohne Streit und Zweifel aufgestellt. In der Zeit von Sabinus scheint noch die Regel sich im Zustande des Kampfes ums Dasein zu befinden und nicht immer streitlos und consequent durchgeführt zu werden. Eine Spur dieses Kampfes finden wir in der l. 7 §§ 1, 2, 3 h. t. Ulpian hat in

---

1) In älterer Zeit würde der Richter in einem ähnlichen Fall vielleicht die Theilung gar nicht statuiren.

seinem liber trigesimus ad Sabinum diese Stelle aus dem Werke von Papinian, wo auch wahrscheinlich eine Meinung von Sabinus[1] besprochen wurde, abgeschrieben. Welche Meinung Sabinus vertheidigt hat, wissen wir nicht. Die Polemik von Papinian zu Gunsten der Theilung beider Ernten unter Anwendung des Dotaljahres und gegen die Theilung einer Ernte allein vom Anfang der neuen Wirthschaftsperiode (in der Species facti ex die locationis) scheint darauf hinzudeuten, dass Sabinus einen ähnlichen Fall anders beurtheilt hatte. Jedenfalls würde Papinian so viel Raum und Argumente nicht verschwendet haben, wenn Sabinus die Unrichtigkeit der Theilung nach Wirthschaftsperioden als selbstverständlich und unstreitig angesehen hätte. Wenn nicht gerade gegen Sabinus, so richtet sich die Polemik Papinians doch gegen eine frühere Meinung. Zu seiner Zeit scheinen die von ihm vertheidigten Regeln schon anerkannt zu sein (vgl. l. 5, 6 D. h. t.)

Anhang.

Beurtheilung der röm. Regeln über die Fruchttheilung vom Standpunkt ihres Zweckes.

Wenn wir die Regel analysiren, welche als Endresultat der geschichtlichen Entwickelung in das Corpus iuris aufgenommen ist, bemerken wir Folgendes:

1) Dass Papinian nämlich gegen Sabin, und nicht gegen einen anderen Juristen polemisirt, ist natürlich nur eine Vermuthung. Das Wahrscheinlichste dünkt uns Folgendes zu sein. Papinian hatte eine Entscheidung von Sabin vor Augen, welche sich auf einen concreten Fall bezog, wo der dies locationis zugleich den Anfang einer neuen Fruchtperiode bildete (wie im § 1 der l. 7). Diese Entscheidung betrachtet Papinian, als den Ausdruck einer allgemeinen Theorie, nach welcher der dies locationis immer für den Anfang des Theilungsjahres gelten solle. Das erklärt die Polemik im § 2 und 3. Für die Hypothese, dass Papinian namentlich gegen Sabin polemisirt, scheinen folgende Umstände zu sprechen: a) Die ganze l. 7 von Ulpian ist dem Commentar ad Sabinum entnommen. Es liegt nahe anzunehmen, dass Ulpian eine solche Ausführung von Papinian eingefügt hat, welche in den Commentar zur Lehre des Sabin gerade passte, d. h. eine Ausführung, welche sich gleichfalls auf die Meinung von Sabin bezog. b) Dann erklärt sich, warum Papinian so eifrig gegen eine ziemlich willkürliche Theorie polemisirt. Die grosse Autorität von Sabinus erlaubte nicht, die Theorie mit einer kurzen Bemerkung abzufertigen. c) Auch die l. 25 § 4 D. s. m. 24,3 giebt zu denken. Es ist zwar willkürlich, daraus zu schliessen, dass der Pachtzins nach dem iustinianischen oder dem späteren classischen Recht gemäss der Dauer der Ehe im Pachtjahre getheilt wurde (vgl. oben S. 26 fg). Dort ist vielmehr die indirecte Regelung der Verhältnisse der Eheleute zum Pächter enthalten, welche auch bei der Theilung des Pachtzinses nach Dotaljahren nothwendig war. Indessen kann man zugeben, dass die Nichterwähnung der weiteren Ansprüche der Eheleute auf Grund der Theilung der Dotalfrüchte seitens Sabin auffallend erscheint. Dieser Umstand erklärt sich einfach, wenn wir annehmen, dass Sabin die Frage durch die Uebertragung der Rechte und der Pflichten aus der Pacht auf die Frau als endgültig erledigt betrachtete (vgl. oben S. 38 fg.).

a. Der Grundsatz der cura, welcher früher einfach und natürlich auf die nach der Scheidung percipirten Früchte angewendet wurde,[1] ist in Folge seiner Unterordnung unter den Grundsatz des Dotaljahres in gewissen Beziehungen entsprechend modificirt, obgleich in anderen Beziehungen in Kraft geblieben. In Kraft geblieben ist er bei Berechnung des Theiles der zukünftigen Ernte, welche auf das Dotaljahr repartirt werden soll. So muss man im Beispiel von Papinian (§ 1 der l. 7) zu den Früchten des Dotaljahres nicht den ganzen Pachtzins rechnen, sondern nur $^{11}/_{12}$ desselben, weil die cura der entsprechenden Ernte im Dotaljahre nur 11 Monate dauert. Der Grundsatz der cura ist bei der Berechnung der Quoten von diesen Früchten modificirt oder genauer durch das künstliche Product desselben Grundsatzes (portio novissimi anni) ersetzt.

b. Die ganze frühere Regel der Theilung von fructus percepti ist in der allgemeinen Regel unverändert geblieben.

In Folge dieser Umstände entstand eine merkwürdige Erscheinung. In dem Dotaljahre sind gewöhnlich Theile von zwei Fruchtperioden enthalten. Der Mann hat z. B. in einem solchen Falle die Ernten gezogen und bebaut das Grundstück für die folgende Ernte. Für jeden Monat dieser Bebauung bekommt er $^1/_{12}$ der fructus percepti + $^1/_{12}$ der fructus eius anni nondum percepti. Vom geschichtlichen Standpunkte ist diese Erscheinung erklärlich. Der Mann bekommt $^1/_{12}$ der fructus percepti oder genauer: er behält nicht die ganze Ernte, welche ganz das Product seiner Thätigkeit ist, sondern nur $^1/_{12}$ derselben für je einen Monat des Dotaljahres aus dem Grunde, weil er auf die erste Ernte nur zum Theil seine cura verwendet hat, weil er die dort fehlende Zeit der cura nach der letzten Ernte vervollständigen muss. Hinter diesem juristischen Grunde (Vorwande) steckt ein politischer Zweck, ein Grund der Zweckmässigkeit.

Der Mann bekommt aber auch für je einen Monat der cura $^1/_{12}$ der fructus nondum percepti, weil er diese Früchte zum Theil erzeugt hat.

Obgleich vom geschichtlichen Standpunkte leicht erklärlich, enthält doch die Erscheinung einen Widerspruch gegen das Princip der cura. Früher, als im Falle der Verkürzung der Frau nur eine vom Manne percipirte Ernte getheilt wurde, war es ganz natürlich, den Mann die vor der ersten Ernte fehlende Zeit seiner Cura durch die Zeit der cura nach der letzten Ernte (also zu Gunsten der Frau) compensiren zu lassen; in der That geschah die Compensation. Um die letzte percipirte Ernte zu erwerben, sollte der Mann so lange Zeit die cultura der zukünftigen Ernte zu Gunsten der Frau führen, als die Frau auf die erste vom Manne percipirte Ernte verwendet hatte. Mit der Vereinigung der beiden früheren Regeln, mit der Statuirung der Theilung beider Ernten, arbeitet der Mann schon icht mehr für d ie Frau, sondern nur für sich selbst, für jeden Monat der cura bekommt er jetzt $^1/_{12}$ von der spes futurae vindemiae. Offenbar hat jetzt seine Cura nach der Perception der letzten Ernte ihre Compensationsbedeutung verloren — und doch ihre

1) Ein Beispiel der Anwendung haben wir in der l. 7 § 1 h. t., nämlich in der Entscheidung, welche Papinian verwirft. Die Theilung beginnt vom Anfang der neuen Wirthschaftsperiode, und jeder Monat bringt dem Mann $^1/_{12}$ der ganzen zukünftigen Ernte, also 3 Monate — quartam portionem mercedis.

Erwerbswirkung behalten. Wenn die Römer diese letztere doch fortbestehen liessen, so wird das vielleicht aus ihrem Conservatismus zu erklären sein, aus ihrer Gewohnheit, die Tradition, die einmal begründete juristische Regel stehen zu lassen, obgleich sie den praktischen Boden verloren hatte. Sie hatten sich gewöhnt, einen Monat der Ehe nach der Ernte als Grund des Erwerbes von $^1/_{12}$ dieser Ernte zu betrachten, und haben diesen Standpunkt nicht verlassen. Sie haben die beiden früheren Regeln, deren jede consequent und richtig war, weil sie electiv zur Anwendung kamen, nicht assimilirt, sondern mechanisch (cumulativ) vereinigt. — Oder sie haben vielleicht aus praktischen Rücksichten auf die consequente Durchführung des Princips der cura verzichtet? Die letztere Annahme ist uns wahrscheinlicher:

Vom Standpunkt des Hauptzieles, welches die römischen Juristen durch ihre Regeln erreichen sollten, enthalten diese Regeln keine Inconsequenz, sondern nur eine Aufopferung des Massstabes der cura zu Gunsten des Hauptzweckes, zu Gunsten der Zweckmässigkeit: in einem Theile der Regel ist die Theilung nach Massgabe der Dauer der cura in die Theilung nach Massgabe der Dauer der Ehe schlechthin umgewandelt.[1] Dadurch entstand vielleicht eine theoretische Ineleganz, welche äusserlich auch in der Erscheinung zu Tage kommt, dass der juristische Ausdruck „fructus eius anni", welcher die zu theilende Masse bezeichnet, nicht mehr dem thatsächlichen jährlichen Ertrage der Dos gleichbedeutend ist.[2] Aber diese Ineleganz enthält keine Unbilligkeit gegen die Frau.

Für die Frau bleibt die Regel immer doch ein günstiges Recht: Indem sie zur Dos ein mit reifen Früchten bedecktes Grundstück gab, bekundete sie damit ihren Willen, die Ernte ganz dem Manne zuzuwenden. Das war ja von ihrer Seite keine Liberalität, im Gegentheil hat sie davon einen ganz realen Nutzen gezogen; einmal waren die Aufwendungen für die Ehe mit einem grösseren Comfort versehen, dann aber war sie mehr dotata, sie kam mit einer grösseren Ehre in die neue Familie hinein[3].

Wenn das Recht diesen Parteiwillen berücksichtigte, würde es keinesfalls einen Anlass zur Theilung der letzten durch den Mann erzeugten Ernte finden, wie es auch keinen Anlass zur Theilung der letzten Ernte findet, wenn die erste Ernte ganz durch den Mann erzeugt war. Das Recht aber berücksichtigt diesen Willen nicht; aus wichtigen praktischen Gründen scheint es zu vergessen, dass in dieser Frage ein Parteiwille vorliege, und dass es sogar ein oneroser Parteiwille ist, welcher dem stillschweigend Erklärenden schon Nutzen gebracht hat. Wenn die Ehe schon vielleicht ein halbes Jahrhundert dauerte, werden doch die für die Frau unbequemen, aber nicht die günstigen Consequenzen dieses Willens durch das Recht indirect, aber nichtsdestoweniger

---

1) Dasselbe bezieht sich auch auf den Erwerb pro portione anni der spes futurae vindemiae vor der Perception der fructus percepti in eo anno.

2) „Ac si iste annus esset fertilior, wie sich die Glosse ausdrückt (vgl. oben S. 20). Es ist eine unmittelbare Folge des Begriffs des Dotaljahres, welches die percipirte Ernte nicht zurück auf die Zeit ihrer Erzeugung repartirt, sondern theils zurück (auf die Monate vom Beginn des Dotaljahres bis zum Ende der Ernte), theils aber auf die folgende Zeit (auf die Monate vom Ende der Ernte bis zum Ende des Dotaljahres) zerlegt.

3) Vgl. Czyhlarz S. 57 fg., Bechmann S. 35 fg.

gestrichen. Der Erwerb der letzten Ernte wird entsprechend der Leichtigkeit des Erwerbes der ersten Ernte dem Manne erschwert.

Indem das Recht aber auch einen Theil der von der Frau zu percipirenden Ernte dem Manne giebt, handelt es hier gar nicht gegen den Parteiwillen und nicht gegen die Billigkeit, denn der Mann hat auf diese Ernte seine Arbeit verwendet. — Für den Mann freilich ist die Theilung der während der Ehe percipirten Ernte nicht günstig; wenn aber das Recht so gegen ihn eingreift, sorgt es auch für seine Interessen durch die Theilung der Ernte, welche nach gewöhnlichen Grundsätzen (wie beim Usus fructus) der Frau gehören würde. Die für ihn unbilligen Folgen der Theilung werden noch dadurch abgeschwächt, dass er die im ersten Jahre fehlende cura nicht durch die cura, sondern durch die Dauer der Ehe im letzten Jahre compensirt, eventuell also bleibt der Parteiwille bei der Dosbestellung zum Theil unaufgehoben.

Das Wichtigste aber und für unsere Kritik Entscheidende bleibt das Element der praktischen Zweckmässigkeit in den römischen Regeln. Die Römer mussten zwei Ernten theilen, und zwar die zwei letzten Ernten, damit für beide Parteien die Freiheit der willkürlichen Scheidung nicht zu eigennützigen Motiven Anlass böte. Wenn sie den obigen (S. 78) „Widerspruch" hätten beseitigen wollen, d. h. wenn sie die Compensations- und Erwerbswirkung der Zeit der Ehe nach der letzten Ernte als inconsequent gestrichen und die letzte Ernte dem Manne überlassen hätten, dann würde die Frau vor missbräuchlicher Ausübung der Rechte des Mannes ganz ungeschützt bleiben.[1] Dann wäre es für den Mann sehr vortheilhaft, vermittelst einer Ehe während 13 Monaten 2 Jahresernten zu gewinnen. Freilich könnte man die obige Compensationswirkung der Zeit der Ehe nach der letzten Ernte nicht einfach streichen, sondern die fehlende Zeit der Cura dort geltend machen, wo sie wirklich vorliegt, d. h. man könnte die erste Ernte theilen. Damit würde man wieder den Zweck der Theilung nicht erreichen, denn die erste Ernte wird auf Grund des Willens der Frau erworben, ohne jede Willkür des Mannes. Die kluge willkürliche Wahl der Scheidungszeit richtet sich auf den Gewinn der letzten Ernte, welche zehnmal so reich wie die erste sein kann.

Oder in Rücksicht auf das elective Verhältniss der beiden früheren Regeln (ein Monat der cura kann entweder als Erwerbsgrund der zukünftigen oder der im Dotaljahre percipirten Ernte gelten) könnte man den römischen Juristen folgende Lösungen anrathen, welche jetzt als die praktischsten angesehen sind:

1. Ein Monat der Ehe gilt als Erwerbsgrund von $^1/_{12}$ der im Dotaljahre percipirten Ernte (Czyhlarz, Windscheid). Diese Regel bedeutet für den Mann die Nothwendigkeit, im letzten Jahre das leichte lucrum des ersten Jahres zu compensiren. Wenn wir uns erinnern, dass die leichte Gewinnung der ersten Ernte nicht ganz ex causa lucrativa geschieht, müssen wir diese Regel als unbillig gegen den Mann betrachten, welcher hier nicht, wie nach röm. Regeln, durch die Theilung der zweiten, der Frau zufallenden Ernte entschädigt wird. Am wichtigsten aber ist der Umstand, dass diese Regel der Frau ein freies Feld für listige Pläne lässt; sie kann

1) Wie das Papinian in der l. 7 § 1 überzeugend dargethan hat.

immer eine reiche, durch den Mann geschaffene Ernte ihm willkürlich entziehen.

2. Ein Monat der Cura im Dotaljahre gilt als Erwerbsgrund der Ernte, auf welche die cura namentlich verwendet wird (Duaren, Vangerow). Nach dieser Regel kann die Frau, wenn die Ernten am Anfange des Dotaljahres stattfinden, immer fast die ganzen Ernten dem Manne entziehen. Und je bessere Aussichten man auf die folgenden Ernten hat, desto früher wird sie die Scheidung erklären. Dazu ist diese Theorie theoretisch inconsequent; denn im letzten Jahre erscheint etwas anderes als Erwerbsgrund, als in den früheren Jahren. Wenn der Grundsatz gilt, dass der Mann die Früchte nach Massgabe der Zeit der dieselben erzeugenden Cura erwirbt, dann soll ja der Mann schon im vorletzten Jahre einen gewissen Theil der letzten Ernte erworben haben. Wenn nur der letzte Monat der ersten von den beiden im Dotaljahre enthaltenen Fruchtperioden ins Dotaljahr fällt, dann hat ja der Mann schon $^{11}/_{12}$ der Ernten im vorletzten Jahre verdient.

Auch die Verschiedenheit der zu berechnenden Quoten macht die Theorie von Duaren-Vangerow praktisch unbequem.

Nach beiden Theorien ist es sehr wichtig für die Frau, den Augenblick der Scheidung richtig zu wählen. Wenn die zwei letzten Ernten nicht gleich sind, sondern z. B. die eine ein Deficit ergeben hat, die andere dagegen 1000 Reinertrag, dann hängt es von ihrem Willen ab, die Einkünfte des letzten Jahres für den Mann auf Null oder sogar auf Minus zu reduciren. Jedenfalls müssen wir schon von unserem Standpunkt den römischen Regeln den Vorzug geben. Für die Römerwelt hatten die Regeln besonderen Werth. Die Acte, welche sie als sittlich frei betrachteten, wie heredis institutio, matrimonium, divortium, arrogatio, haben ihnen immer grosse Sorge bereitet, welche darauf gerichtet war, um alle eigennützigen Motive davon fern zu halten. In dieser Beziehung war das Gebiet contra bonos mores viel grösser bei den Römern als bei uns. Hierher gehören z. B. das Verbot der Schenkungen zwischen Ehegatten, der captatorischen Einsetzungen, der Erbverträge, ferner die Beschränkungen der Arrogation, der Bedingungen, welche die Freiheit der sittlichen Acte durch fremde Motive beeinflussen. Hierdurch erklärt sich auch die volle Freiheit der Sponsalia, der Scheidungen, der Erbeseinsetzungen und viele andere Erscheinungen im röm. Recht. Erst während der Kaiserzeit tritt eine Wendung im Geiste des römischen Rechts ein, oder genauer in der Politik des Gesetzgebers. Lex Julia et Papia Poppaea, verschiedene Strafen der Ehescheidungen und andere ähnliche Gesetze würden den früheren Römern äusserst befremdlich erschienen sein.

Gewöhnlich beurtheilt man die römischen Regeln nicht nach ihrem Sinne, sondern nach ihren äusseren Zahlenergebnissen. Von diesem Standpunkte bemerkt man, dass die römischen Regeln dem Manne zu viel geben, eventuell fast zweimal so viel, als wie ihm gebühre. Mit anderen Worten, dass die römischen Juristen die billigen Interessen der Frau schädigen. Im Beispiel von Papinian ist das so auffällig, dass viele Ausleger dem grossen Juristen den Willen zuschreiben, aus Mitleid für die Frau die allgemeinen Regeln nicht anzuwenden und dem Manne seinen rechtlichen Anspruch nicht zuzugestehen, so dass er sich mit einem Theile dessen begnügen muss, was er schon vor der Scheidung erworben hat. Selbst dann stellt es sich heraus, dass der Mann die Einkünfte eines Monats zu viel bekommt. Der Vorwurf ist sehr ernst, aber er ist aus einem Missverständniss, aus einer optischen Täuschung entstanden. Nehmen wir an, dass die Ehe im Beispiel von Papinian (§ 1 l. c.) 10 Jahre und 4 Monate gedauert hätte. Wenn nun Papinian willkürlich die Lage des Mannes verschlechtern wollte und in die Theilungssumme alle 10 percipirten Ernten eingeworfen hätte, so dass die Entscheidung lauten würde: decem vindemiarum fructus et quarta portio mercedis confundi debebunt, ut ex ea pecunia tertia portio viro relinquatur, so würde man mit ebenso gutem Recht dieser Entscheidung den Vorwurf machen, dass sie dem Manne fast 11 Mal zu viel giebt. Was allgemein als Vortheil des Mannes angesehen wird, bedeutet für ihn einen Nachtheil. Für den Mann ist es nachtheilig, dass die letzte Ernte, welche er durch seine Arbeit geschaffen und percipirt, vielleicht schon auf die gemeinsamen onera verwendet hat, der Frau zum grossen Theil wieder herausgegeben werden muss. Und das geschieht in Folge des Umstandes, dass er vor 10 Jahren ein schon zum Theil bebautes Grundstück bekommen und von der Cura der Frau ihrem Willen gemäss Nutzen gezogen hat. Indessen findet die allgemeine Meinung, dass er zu viel bekomme! In der Wirklichkeit bekommt er nicht $^1/_3$ vindemiae fructus, sondern genauer gesagt ist er gezwungen, $^2/_3$ der Früchte seiner Thätigkeit in Folge der confusio vindemiae fructus herauszugeben. Wenn man ihm $^2/_3$ aller während 10 Jahren percipirten Ernten weggenommen hätte, würde das seinen Ruin bedeuten; nichtsdestoweniger würden wir bemerken, dass im letzten Jahre eine ungeheuer grosse Summe zur Theilung kommt, und dass aus dieser Summe der Mann $^1/_3$ bekommt, und wir würden uns wundern, wie man die Frau so schädigen kann. Umgekehrt, wenn der Mann sich erinnert und dem Richter bewiesen hätte, dass vor 10 Jahren das Grundstück nicht am Anfang des October, sondern des November zur Dos gegeben worden war, dass also der Anfang des letzten Dotaljahres mit dem Tage der Verpachtung zusammenfällt, dann würde die richtige Entscheidung ebenso gelautet haben, wie die von Papinian verworfene Entscheidung, welche aus der Theilung nach Wirthschaftsperioden folgt. D. h. man könnte den Mann nicht $^2/_3$ von vindemiae fructus herauszugeben zwingen; von der merces aber würde er eine quarta portio bekommen. Hier „bekommt“ der Mann dreimal so viel von den vindemiae fructus, aber schon ohne unsere Missbilligung zu befürchten, weil nur eine Ernte getheilt wird, weil im Dotaljahre nur eine Fruchtperiode enthalten ist; über diesen Fall besteht kein Streit in der Literatur. Was für den Mann eine günstige Wendung der Verhältnisse bedeutet, scheint uns eine Wendung zu seinen Ungunsten zu sein. Es ist für uns ein Räthsel, warum während vieler Jahrhunderte Niemand von den zahlreichen Auslegern einen Blick auf die Summe geworfen hat, welche die Frau im letzten Jahre bekommt. Sie bedarf ja keines Mitleides und keiner billigen Berücksichtigungen. Sie bekommt ja $^2/_3$ von denselben Einkünften, von denen $^1/_3$ dem Manne überlassen wird. Mit anderen Worten, sie bekommt für je 4 Monate auch die Einkünfte von fast 8 Monaten. Indem man die Entscheidung von Papinian als ein volles responsum betrachtete, hätte man bemerken sollen, dass die Frau im ganzen für 8 Monate den Ertrag von 19 Monaten bekommt. Es ist für sie nicht so schwierig, „auf eigene Kosten einen neuen Haushalt einzurichten“.

Bis jetzt haben wir den normalen und gewöhnlichen Fall der Fruchttheilung behandelt, nämlich den Fall, wenn die Ehe nicht weniger als ein Jahr dauert. Zum Schluss bleibt uns nur noch übrig, die Ausdehnung der gewöhnlichen Regeln auf den anomalen Fall, wenn die Ehe nur einige Monate dauert, zu besprechen.

Betreffs dieses Falles können besondere Zweifel entstehen, weil hier das erste Jahr mit dem letzten, die erste Ernte mit der letzten zusammenfallen. Für die Theilung dieser ersten und zugleich letzten Ernte haben die römischen Juristen keine besonderen Regeln aufgestellt, sondern sie theilen dieselbe, wie die gewöhnliche letzte Ernte, d. h. pro rata ejus anni. Indessen könnte man für die erste und zugleich letzte Ernte andere Regeln aufstellen, welche eine volle und consequente Anwendung des Massstabes von cura enthielten (was im gewöhnlichen Falle unmöglich war, oben S. 70 fg.). In der That könnte man dem Manne von einer solchen Ernte den Theil geben, welcher der Zeit der cura, die er auf diese Ernte verwendet hat, entspricht. Im Beispiel von Papinian (l. 7 § 1 h. t.) ist in dem Ertrage der Weinlese eine elfmonatliche Cura der Frau und nur eine einmonatliche Cura des Mannes dargestellt. Wenn man daher den Parteiwillen bei Abschluss des Dotalvertrages zu ignoriren sich entschlossen hat, kann man die vindemiae fructus nicht auf die folgende Zeit nach der Ernte, sondern auf die frühere repartiren, auf die Zeit der Erzeugung. Nichtsdestoweniger hatten die Römer unseres Erachtens vollkommen Recht, indem sie für diesen Fall keine Ausnahmeregeln aufstellten. Die pedantisch genaue Durchführung des Massstabes der cura in einem Ausnahmefalle war für ihren Zweck nicht so wichtig, um an der Einheit der Rechtsregeln zu rütteln, um die zwei Ernten des letzten und zugleich ersten Jahres nach verschiedenen Quoten zu theilen. Die Repartition auf die Zeit der Erzeugung würde dazu eine directe Verletzung und Aufhebung desjenigen, quod inter partes actum est, bedeuten. Der Mann hat das grössere Mass der Ausgaben auf die erste Einrichtung der neuen Wirthschaft in Rücksicht darauf bestimmt, dass die Frau ihm eine Dos verspricht, welche sogleich einen grossen Ertrag abwirft, sonst könnte er vielleicht die Ehe gar nicht eingehen. Wenn es nun der Ehefrau beliebt, schon im ersten Jahre die Ehe aufzulösen, z. B. nach vier Monaten, wie bei Papinian, dann soll der Mann, bei Repartition des Ertrages auf die Zeit der Erzeugung, immer noch $^{11}/_{12}$ der Ernte herausgeben? Solche Erscheinungen sind für die ökonomische Sicherheit äusserst gefährlich. Das würde eine ökonomische Ueberraschung bedeuten, welche zum Ruin führen kann. Das wäre praktisch fast ebenso gefährlich, wie wenn man der Frau erlauben würde, vor der numeratio dotis ein Reurecht auszuüben und von der promissio dotis zurückzutreten.

Bei der Anwendung des Dotaljahressystems tritt einerseits keine directe Aufhebung des quod actum est ein. Denn hier knüpft das Recht die Rückerstattungspflicht formell an die Dauer der Ehe, aber nicht direct an den Umstand, dass die Frau $^{11}/_{12}$ ihrer Cura in der Ernte gegeben hat; sie hat sich schon stillschweigend jedes Anspruchs in dieser Hinsicht begeben. Andererseits aber ergiebt sich daraus ein nicht so gefährlicher praktischer Effect: im Beispiel Papinians restituirt der Mann nicht $^{11}/_{12}$ der vindemiae fructus, sondern nur $^{8}/_{12}$. Bei der Repartition auf die Zeit der Erzeugung würde die wirthschaftliche Ueberraschuug für den Mann desto grösser sein, je länger die Ehe dauern würde, bei dem System des Dotaljahres gilt das Gegentheil.

Selbst bei diesen Erwägungen müssen wir als ein eventuelles malum necessarium den Umstand ansehen, dass auch beim System des Dotaljahres eine unverdiente Ueberraschung dem Manne begegnen kann, und dass der Parteiwille zum Theil indirect verletzt wird.

Diese Folgen bezeichnen wir als ein malum necessarium, weil de lege ferenda die Theilung der Einkünfte bei einer kurzen Ehe noch mehr geboten erscheint, als bei einer längeren Ehe. Im letzteren Falle beseitigt die Fruchttheilung die Unbilligkeiten, welche aus der unbeschränkten Willkür bei Wahl der Zeit der Scheidungserklärung hervorgehen. Im Falle einer solchen Ehe, welche nur für wenige Monate geschlossen wird, kann die Ehe und die Scheidung nur eine eigennützige Manipulation zum Zwecke der Aneignung einer reichen Ernte bedeuten.

Zweite Abhandlung.

Die Vertheilung der Einkünfte zwischen dem gutgläubigen Besitzer und dem Eigenthümer.

Die Aufgabe der Abhandlung.

Die römischen Regeln über die Auseinandersetzung zwischen dem Eigenthümer und dem redlichen Besitzer wegen der Früchte sind in allen Theilen streitig. Gewöhnlich drückt man die Hauptregel folgendermassen aus:

Der redliche Besitzer soll dem Eigenthümer die noch vorhandenen Früchte herausgeben, dagegen die consumirten endgültig gewinnen. Diese Regel scheint von allen Schriftstellern anerkannt zu sein. Die Uebereinstimmung ist indess nur scheinbar, weil die Regel für jeden von ihnen einen verschiedenen Sinn hat. Was zunächst den Begriff des redlichen Besitzers anbetrifft, so bedeutet er für einige den Eigenthumsbesitzer, für andere jeden putativen Dinglichberechtigten oder sogar den, welcher sich ein obligatorisches Fruchtperceptionsrecht zuschreibt. Ferner ist es streitig, ob der Besitzer titulirt sein muss, ob er animus possidendi haben muss etc. Das Recht des redlichen Besitzers an den Früchten bedeutet bald definitives Eigenthum, bald interimistisches, bald nur bonae fidei possessio. Dem entsprechend wird auch das Recht des Eigenthümers an fructus extantes aufgefasst. Der Gegensatz zwischen fructus extantes und consumpti ist noch nicht aufgeklärt, er wird verschieden interpretirt. Die Behandlung der Civilfrüchte wird meistens unabhängig von den Quellen construirt, darum giebt es fast ebenso viel Meinungen wie Abhandlungen.

Wie gewöhnlich in solchen Fällen operirt man auch mit Interpolationen.

Die Frage ist nichtsdestoweniger beliebt. Es giebt geistreiche

Abhandlungen, welche uns reiche Hilfsmittel für die Bildung einer selbständigen Meinung geben. [1]

Die Hauptquelle aller Schwierigkeiten ist der Umstand, dass der Sinn und der Zweck des Institutes noch nicht entdeckt sind. Viel Schaden hat auch die Zusammenstellung des Fruchterwerbes des redlichen Besitzers mit der condicio usucapiendi angerichtet. Die vorliegende Abhandlung enthält einen Versuch, durch unbefangene Interpretation der Quellen das Institut zu reconstruiren und seinen Zweck zu entdecken.

I. Theil.

Die dogmatische Darstellung des Institutes.

A. Das Verhältniss des gutgläubigen Besitzers zu den Früchten.

§ 21. 1. Der redliche Besitzer erwirbt an den Früchten das Eigenthum.

Man beweist das Eigenthum des redlichen Besitzers an den Früchten durch die Ausdrücke der Quellen, welche unzweifelhaft das Verhältniss des bonae fidei possessor zu den Früchten als Eigenthum bezeichnen. Das leugnen sogar die beiden Gegner dieser Ansicht in der neuesten Literatur: Windscheid und Göppert [2] nicht. Nichtsdestoweniger halten die beiden Schriftsteller die allgemeinen Ausdrücke der Quellen nicht für einen entscheidenden Beweis. Wir betrachten auch die Forderung als ganz berechtigt, dass das Eigenthum des bonae fidei possessor an den Früchten anders bewiesen werden soll, als durch die allgemeinen Bezeichnungen der Quellen. Man muss beweisen, dass in den Entscheidungen der Quellen die Folgen des Eigenthums durchgeführt sind. Schon im

---

1) Als solche heben wir besonders hervor die Abhandlungen von Windscheid, Ueber das Recht des redlichen Besitzers an den Früchten (Zeitschrift für Civilrecht und Prozess, N. F. 14. S. 55 fg.) und von Czyhlarz, Der Fruchterwerb des bonae fidei possessor (Fortsetzung von Glücks Commentar, Serie der Bücher 41 und 42. Erster Theil S. 469 fg.). Die erste Abhandlung entwickelt die Ansicht, dass der redliche Besitzer an den Früchten kein Eigenthum hat, sondern nur bonae fidei possessio; die Abhandlung von Czyhlarz enthält die Vertheidigung der geschichtlichen Hypothese, nach welcher im classischen Recht der redliche Besitzer auch keine fructus extantes herausgab. Wir bekämpfen beide Ansichten aufs entschiedenste, aber wir müssen anerkennen, dass die beiden Abhandlungen in Bezug auf die Aufklärung der Frage und Bewegung der Literatur als epochemachend zu bezeichnen sind.

2) Windscheid, Pand. I § 186 N. 12: „Aber wie wahr dies auch alles sein mag, es giebt Stellen, in denen eine unbefangene Betrachtung sich nie wird entschliessen können, etwas Anderes zu finden, als eine Anerkennung des Eigenthumsrechtes des redlichen Besitzers.“ Vgl. Göppert, Ueber die organischen Erzeugnisse, S. 331 fg.

voraus muss man erwarten, dass die Zahl solcher Entscheidungen in den Pandekten nicht gross sein kann. Wenn das Eigenthum des redlichen Besitzers an den Früchten anerkannt war, hatten die römischen Juristen keinen Anlass, die Durchführung dieses Rechts in einzelnen Entscheidungen zu zeigen. Wenn der redliche Besitzer, als Eigenthümer der Früchte, dieselben veräussert, an ihnen dingliche Rechte bestellt, entsteht im Verkehr keine Unregelmässigkeit, keine Verwirrung, ganz gleichgültig, ob der redliche Besitzer diese rechtlichen Handlungen mit den Früchten der in gutem Glauben besessenen Sache vornimmt, oder mit den Früchten seiner eigenen Sachen oder überhaupt mit eigenen Sachen. Die römischen Juristen hatten ebenso wenig Grund die weiteren Folgen seines Eigenthums an den Früchten zu zeigen, wie die Folgen des Eigenthums des Pächters oder des Usufructuars an den Früchten. Dagegen müsste man viele Entscheidungen über diese Frage erwarten, wenn das Eigenthum des redlichen Besitzers an den Früchten nicht anerkannt wäre; denn dann würden die Rechtshandlungen, welche der redliche Besitzer mit den Früchten vornimmt, Unregelmässigkeiten des Verkehrs nach sich ziehen, welchen besonders vorgebeugt werden muss.

Zufälligerweise aber haben wir Entscheidungen, in welchen aus dem Eigenthume des redlichen Besitzers an den Früchten Consequenzen gezogen sind. Hierher gehört l. 1 § 2 D. de pign. 20, 1 (Papinianus libro undecimo responsorum):

Cum praedium pignori daretur, nominatim, ut fructus quoque pignori essent, convenit; eos consumptos bona fide emptor utili Serviana restituere non cogetur: pignoris etenim causam nec usucapione peremi placuit, quoniam quaestio pignoris ab intentione dominii separatur: quod in fructibus dissimile est, qui nunquam debitoris fuerunt.

Bekanntlich sind die Früchte vom Pfandrechte frei, wenn sie bei der Trennung von der Muttersache nicht ins Eigenthum des Verpfänders fallen.[1] Seine Entscheidung nun stützt Papinian darauf, dass die Früchte vor der Consumption nicht dem Verpfänder, dem Eigenthümer der Sache, gehört haben. Sie haben also dem bonae fidei emptor gehört. Uebrigens interpretirt Göppert diese Stelle dahin, dass der bonae fidei emptor die Sache zu Eigenthum erworben habe,[2] aber diese Voraussetzung widerspricht den Worten

---

1) Vgl. l. 29 § 1 D. de pign. 20, 1; Windscheid § 226 a N. 11; Dernburg I, § 273 N. 9.

2) Göppert, cit. S. 405.

von Papinian. — Aus welchem Grunde der bonae fidei emptor fructus extantes herausgeben soll, obwohl sie nach der Entscheidung Papinians auch nicht dem Pfandrechte unterworfen sind, weil sie dem Verpfänder nicht gehört haben, ist für unsere Frage gleichgültig. Später werden wir sehen, dass der redliche Besitzer bei der rei vindicatio und anderen gegen ihn gerichteten dinglichen Klagen immer die fructus extantes herausgiebt, obwohl sie dem vom Gegner geltend gemachten dinglichen Recht nicht unterworfen sind.

Eine der wichtigsten Consequenzen des Eigenthumes an den Früchten des bonae fidei possessor ist ferner in der l. 4 § 19 D. de usuc. 41, 3 durchgeführt:

(Paulus libro quinquagesimo quarto ad edictum.) Lana ovium furtivarum, si quidem apud furem detonsa est, usucapi non potest, si vero apud bonae fidei emptorem, contra: quoniam in fructu est, nec usucapi debet, sed statim emptoris fit. (idem in agnis dicendum, si consumpti sint, quod verum est).

Der Jurist setzt voraus, dass die Wolle des gestohlenen Schafes vom Besitzer, der sie geschoren hat, einer dritten Person verkauft ist.[1] Anders kann man, wie wir glauben, die Stelle nicht interpretiren. Wenn man annimmt, dass in der Stelle die Rede vom Erwerb der Wolle seitens des Besitzers der Schafe ist, dann wird der Passus „Lana ovium furtivarum, si quidem apud furem detonsa est, usucapi non potest" gradezu sinnlos. Der Dieb kann selbstverständlich schon aus besonderen Gründen (titulus, fides etc.) nicht usucapiren. Paulus will vielmehr sagen, dass die vom Diebe abgetrennte Wolle, als eine res furtiva, von dritten Erwerbern nicht ersessen werden kann, wenn sie auch justus titulus und bona fides haben. Der Ausdruck „usucapi non potest" bedeutet selbstverständlich, dass es sich um die Ersitzung nicht seitens des Diebes, sondern seitens jedes Dritten handelt, welcher die schon abgetrennte Wolle gekauft hat. Wenn die Wolle vom Diebe der Schafe abgeschoren war, dann kann der dritte Erwerber sie nicht usucapiren; wenn sie aber vom redlichen Besitzer der gestohlenen Schafe abgetrennt war, dann ist sie keine res furtiva und statim emptoris fit. „Emptor" ist der Käufer der Wolle im Gegensatz zum „bonae fidei emptor", welcher in der Stelle den gutgläubigen Besitzer der Schafe bedeutet. Darum sagt auch Paulus

1) Darauf hat schon Köppen (Der Fruchterwerb des b. f. p. S. 79 fg.) mit Recht aufmerksam gemacht.

schlechthin emptor, weil von der bona fides des Käufers der Wolle keine Rede sein kann;[1] er wird Eigenthümer statim, d. h. nicht erst nach der Usucapion.[2] Von der Usucapion der ge-

1) Bona fides setzt einen Irrthum voraus. Bonae fidei emptor heisst nur derjenige, welcher das Eigenthum an der gekauften Sache nicht erworben hat, sondern entschuldbarer Weise an seinen Erwerb glaubt.

2) Wir haben den zweiten Theil der Stelle: „idem in agnis dicendum, si consumpti sint," absichtlich bei Seite gelassen, weil wir daraus keine Folgen ziehen wollen. Die neueste Literatur betrachtet diesen Theil mit Ihering[1]) als corrumpirt. Man findet darin einen Widerspruch mit dem ersten Theile, weil hier der Erwerb nicht statim geschieht, sondern erst nach der Consumption. Ferner ist es unmöglich vom Erwerbe durch Consumption zu sprechen, weil die Sache, welche consumirt ist, nicht existirt, also kein Eigenthum an ihr möglich ist. Darum schlagen Ihering (cit.) und nach ihm Mommsen (in seiner Ausgabe der Pandekten) vor, anstatt „si consumpti sint" „si non summisit" zu lesen. Analog bei dem usus fructus an der Heerde hängt das Eigenthum am fetus für den Niessbraucher von der Summission ab. Gegen diese Emendation haben Huschke[2]) und Czyhlarz[3]) mit Recht geltend gemacht, dass in der Stelle nicht von einer Heerde gesprochen wird, sondern von oves furtivae schlechthin, dass die Bedeutung der Summission bei dem Niessbrauch aus der Pflicht des Niessbrauchers, die Heerde zu ergänzen, folgt; von einer solchen Pflicht bei der bonae fidei possessio kann keine Rede sein, und es wird von derselben in den Quellen gar nichts erwähnt. Endlich beseitigt die Emendation die Schwierigkeit nicht, weil der Erwerb statim, aber nicht erst nach der Submission eintreten soll.

Wenn man die Stelle dahin versteht, dass sie den Fruchterwerb des Besitzers der gestohlenen Schafe behandelt, dann ist sie gewiss sinnlos, und dagegen kann keine Emendation helfen. Es wäre auch jedenfalls merkwürdig, dass die Compilatoren, welche doch Juristen waren, so etwas in die Compilation hineingeschrieben haben.

Wenn man die Stelle richtig in dem Sinne versteht, dass sie vom Erwerb der Früchte seitens der dritten Käufer derselben spricht, nicht seitens der Besitzer der Schafe, dann hat sie einen vernünftigen Sinn auch in der Gestalt, wie sie in der Compilation steht.

Unten werden wir zeigen, dass die consumptio gar nicht die Vernichtung der Sache bedeutet, sondern auch venditio, in dotem datio, donatio, legatum etc., wie das in den Basiliken (in der Ausgabe von Heimbach tom. II. pag. 705) ausgesprochen ist (schol. 5 Bas. 23, 3. 28):

ὥσε ὅσον πρὸς τὸ δύνασθαι κινεῖν τὸν καλῇ πίστει νομέα τὴν ἰν ῥὲμ καὶ ἐκδικεῖν τοὺς καρποὺς εἴρηται τὸ δεσπόζειν καὶ ὅτι δύναται αὐτοὺς καὶ δωρεῖσθαι καὶ πωλῆσαι καὶ ἄλλως δαπανῆσαι ὁ βόνα φίδε.	ita ut bonae fidei possessor fructuum dominus dicatur, quod eos vindicare possit et quod eos donare et vendere et aliter consumere possit.

In der Stelle von Paulus, wie sie in der Compilation abgeschrieben ist, müssen wir die Consumption namentlich in dem Sinne von donatio, venditio etc. verstehen. Im Falle der Veräusserung der agni durch den Besitzer der gestohlenen Schafe erwirbt der dritte Erwerber keinen Usucapionsbesitz, wenn der Besitzer ein Dieb war, er erwirbt das Eigenthum statim ohne Usucapion, wenn der Besitzer redlich war. Für uns kann die Stelle nur dann befremdend erscheinen, wenn wir uns von der gewöhnlichen Vorstellung nicht

1) Ihering, Jahrb. f. Dogm. 12 S. 315 fg.

2) Arch. f. d. civ. Pr. 63 S. 450 fg.

3) Cit. S. 576 fg.

kauften lana ovium furtivarum kann also in beiden von Paulus besprochenen Fällen keine Rede sein. Im ersten Fall, d. h. wenn die Wolle bei dem Dieb abgeschoren war, wird die Usucapion durch die Furtivität der lana gehindert. Im zweiten Fall, d. h. wenn die Wolle bei dem gutgläubigen Besitzer abgeschoren war, war sie

befreien, welche wir mit dem Wort consumptio zu verbinden gewöhnt sind. Für die Compilatoren und Scholiasten schien es nichts Besonderes zu sein, wenn Paulus das Wort Consumption im weiteren Sinne (als jede Veräusserung) in der Stelle gebraucht hat. Der Ausdruck macht die Stelle sogar nicht einmal ungenau, weil von der Usucapion und dem Eigenthumserwerb nur an existirenden Sachen die Rede sein kann. Dabei bleiben wir stehen vom Standpunkt des praktischen geltenden Rechts.

Vom Standpunkt der geschichtlichen Forschung ist es erlaubt, sich mit Hypothesen zu befassen. In dieser Hinsicht müssen wir bemerken, dass allerdings in den Worten „si consumpti sint" eine juristische Ineleganz steckt. Viel einfacher wäre es, anstatt von consumptio von alienatio, donatio, emptiovenditio u. s. w. zu sprechen. Diese Ineleganz entstand, wie wir glauben, in folgender Weise. Paulus hat nicht „si consumpti sint", sondern „si empti sint" geschrieben. Nach beiden Lesarten hat die ganze Stelle folgende Bedeutung: wenn wir lana oder agni gekauft haben und erfahren, dass diese Früchte von gestohlenen Schafen herrühren, dann sollen wir, um unsere Rechtslage zu bestimmen, uns erkundigen, ob die Früchte vom Dieb oder vom redlichen Besitzer percipirt waren. Im ersten Falle haben wir nicht einmal den Usucapionsbesitz erworben, im zweiten Falle sind wir Eigenthümer. Es ist willkürlich, die Worte „idem in agnis dicendum" dahin zu deuten, dass der Jurist (in seiner echten Handschrift) nur einen Theil seiner ganzen Bemerkung von der lana als auch bei den agni zutreffend erklärt hat. Idem in agnis dicendum bedeutet vielmehr, dass alles von der lana Gesagte auch betreffs der agni richtig ist. Auch diese Früchte können von dem dritten Käufer nicht usucapirt werden, wenn sie bei dem Dieb der Schafe zu selbständigen Sachen geworden sind, und brauchen nicht usucapirt zu werden, wenn sie bei dem gutgläubigen Besitzer separirt wurden. Die Emendation „si non summisit" wäre daher schon aus dem Grunde nicht anzunehmen, weil sie idem dicendum nur auf den einen für die lana zutreffenden Satz bezieht. Dann bliebe es ungewiss, ob die Usucapion der agni ausgeschlossen ist, wenn sie bei dem Dieb separirt wurden. Es ist in der Stelle von der Furtivität der Früchte die Rede, wofür die Summission absolut keine Bedeutung hat. Dagegen passt die Emendation si empti sint zum Sinn der ganzen Stelle vortrefflich. Durch diese Worte beseitigt Paulus den möglichen Verdacht, dass er von der Bedeutung der Furtivität der Früchte für den Dieb der Schafe spricht. Die Worte „si empti sint" weisen darauf hin, dass die Rede von den dritten Käufern der Früchte ist. Sonst könnte man ihm den trivialen Satz zuschreiben, dass die Furtivität der Früchte dem Dieb der Schafe selbst die Usucapion unmöglich macht.

Das Wort empti war durch die Compilatoren oder andere frühere Abschreiber für das abgekürzte consumpti angenommen. Das kann sehr leicht vorkommen, wenn im Worte empti der Buchstabe e nicht deutlich geschrieben ist, wenn er eher wie c aussieht: empti, cmpti, consumpti. Ein solcher Fehler seitens des Abschreibers bleibt auch dann noch sehr wahrscheinlich, wenn Paulus das Wort consumpti nicht abzukürzen oder anders als durch empti abzukürzen pflegte. Es kommt hinzu, dass das Wort consumpti auch den Sinn der Stelle nicht fehlerhaft macht. Zur Auslegung dieser Stelle vgl. Köppen, der Fruchterwerb des bonae fidei possessor S. 79 fg. und Ihering cit. Freilich muss die Interpretation von Köppen verworfen werden, insofern sie sich auf die Theorie des interimistischen Eigenthums stützt (vgl. unten S. 144 fg.).

schon vom Besitzer der Schafe zu Eigenthum erworben, somit erwirbt auch sein Singularsuccessor, der Käufer, das Eigenthum ohne Usucapion.

Wenn wir die l. 4 § 19 D. cit. mit der l. 1 § 2 D. de pign. zusammenstellen, so ergiebt sich: in den Entscheidungen der römischen Juristen finden wir die wichtigsten Folgen des Eigenthumsrechtes des b. f. possessor an den Früchten consequent durchgeführt:

1. Wenn die Sache sich bei dem bonae fidei possessor befindet, erwirbt der Eigenthümer der Sache an den Früchten kein Eigenthumsrecht.

2. Darum entsteht kein Pfandrecht an den Früchten, wenn die Sache vom Eigenthümer verpfändet war.

3. Der Dritte, welcher die Früchte vom b. f. possessor gekauft hat, erwirbt sogleich das Eigenthum. Von der Usucapion kann keine Rede sein. Das bedeutet auch selbsverständlich, dass dritte Personen auch andere dingliche Rechte an den Früchten vom bonae fidei possessor gültig erwerben.[1]

Ausser den interpretirten haben wir noch zwei Stellen (l. 48 D. de R. V. 6, 1 und l. 65 eod.), in welchen die Consequenzen des Eigenthums des gutgläubigen Besitzers an den Früchten unzweifelhaft durchgeführt sind. Indessen können wir diese Stellen erst in anderem Zusammenhang näher erklären. Hier sei nur bemerkt, dass nach der Theorie, welche das Eigenthum des b. f. p. an den Früchten leugnet, die angeführten Stellen das Eigenthum gegen die Forderung aufrechnen würden (vgl. unten S. 130).

§ 22. 2. Die Herausgabe der fructus extantes ist eine praestatio personalis bei der actio in rem.

Wenn die Früchte dem gutgläubigen Besitzer zu Eigenthum gehören, so folgt daraus, dass sie ihm weder durch eine selbständige Vindication abgestritten werden können, wenn sie noch da sind, noch durch eine condictio, wenn sie consumirt sind. Das

---

1) Die Schriftsteller, welche das Eigenthum an den Früchten bei der bonae fidei possessio nicht anerkennen, haben versucht, zu beweisen, dass wegen der Früchte eine besondere Vindication seitens des Eigenthümers der Sache und usucapio seitens des gutgläubigen Besitzers möglich sei. Ihre Argumente sind schon von Waldeck (Archiv. f. civ. Pr. 57) und Czyhlarz (cit. Seite 495 fg. in der Note) widerlegt. Wir sind mit der Ausführung von Czyhlarz einverstanden und werden hier seine Kritik nicht wiederholen. Nur wegen der l. 48 § 5 D. de furt. 47, 2 vgl. Vangerow § 326 Anm. 2 c., wo die Stelle zweifellos richtig interpretirt ist.

wird von den Quellen natürlich nicht besonders hervorgehoben, sondern nur indirect anerkannt durch Zusammenstellung mit dem malae fidei possessor, welcher die Früchte nicht erwirbt und darum der vindicatio fructuum und der condictio des Eigenthümers ausgesetzt ist.

Si praedo rem pignori dederit, competit ei et de fructibus pigneraticia actio, quamvis ipse fructus suos non faciat; a praedone enim fructus et vindicari extantes possunt et consumpti condici: proderit igitur ei, quod creditor bona fide possessor fuit (l. 22 § 2 D. de pign. act. 13, 7).

Damit ist durch argumentum a contrario anerkannt, dass die erwähnten Klagen, vindicatio und condictio, gegen den bonae fidei possessor unmöglich sind. Vgl. l. 3 C. de cond. ex l. 4, 9:

Mala fide possidens de proprietate victus extantibus fructibus vindicatione, consumptis vero condictione conventus horum restitutioni parere compellitur. L. 4 § 2 C. de crim. exp. her. 9, 32:

Fructus autem rerum quas mala fide tenuit, licet expilatae hereditatis non teneatur crimine, suos non facit, sed extantes quidem vindicari, absumptos vero condici posse procul dubio est.

Die Unmöglichkeit der besonderen Klagen gegen den redlichen Besitzer wegen fructus consumpti ist auch im § 35 I. de rer. div. 2, 1 ausgesprochen. (Et ideo si postea dominus supervenerit et fundum vindicet, de fructibus ab eo consumptis agere non potest.)

Nichtsdestoweniger bekommt der Eigenthümer bei der vindicatio fundi vom redlichen Besitzer fructus extantes. Die Pflicht, fructus extantes herauszugeben, ist also eine der verschiedenen praestationes personales, welche mit den dinglichen Klagen verbunden sind. Obgleich in der petitorischen Formel nur von der vindicirten Sache die Rede ist, muss doch der Iudex kraft seines Officium auch über die fructus im arbitrium de restituendo und in der condemnatio erkennen. Fructus extantes veniunt in iudicium, eorum ratio habetur etc.

§ 2 I. de officio iudicis 4, 17 . . . si vero bona fide possessor fuerit, non habetur ratio consumptorum neque non perceptorum.

l. 4 § 2 D. fin. reg. 10, 1 . . . sed ante iudicium percepti non omni modo hoc in iudicium venient: aut enim bona fide percepit, et lucrari eum oportet, si eos consumpsit, aut mala fide, et condici oportet.

Vgl. l. 1 § 2 D. de pign. 20, 1, wo der Kläger durch die

Pfandklage als praestatio personalis fructus extantes bekommt, welche dem Pfandrecht nicht unterworfen sind. — Auch bei Schätzung der Auslagen, welche der gutgläubige Besitzer auf die Sache gemacht hat, werden „per officium iudicis aequitatis ratione" die Früchte berücksichtigt (l. 48 D. de r. v. 6, 1; l. 65 eod.).

Die Formula petitoria gab dem Richter genug Spielraum. Die Worte: neque ea res arbitratu tuo restituetur, quanti ea res erit ... condemna,[1] konnte man ausdehnend interpretiren. Restituere est etiam possessorem facere fructusque reddere (l. 22 D. de V. S. 50, 16).

Nam et verbum restituas, quod in hac re praetor dixit, plenam habet significationem, ut fructus quoque restituantur (l. 38 § 4 D. de usur. 22, 1).

Et ideo cum restitui praetor vult, veluti in interdicto unde vi, etiam fructus sunt restituendi (§ 5 eod.).

Dadurch ist natürlich der materielle Grund der Restitution namentlich der fructus extantes und der Freiheit von der Restitution anderer Früchte noch nicht erklärt. Das werden wir erst im zweiten Theile der vorliegenden Abhandlung versuchen.

Die ausdehnende Interpretation officio iudicis des Formelwortes restituere ist nur der formelle Grund, welcher den Richtern verschiedene praestationes personales mit der Restitution der in der Formel bezeichneten Sache zu verbinden ermöglichte. Je nach der Art der Klage und nach verschiedenen thatsächlichen Umständen im concreten Fall haben die römischen Juristen eine Menge von Prästationen in das Wort restituere hineingelegt. Durch ihr Rechtsgefühl und den praktischen Tact geleitet, haben sie in dieser Weise verschiedene neue Sätze selbständig ausgebildet. Dieses Verhalten rechtfertigten sie durch den formellen Grund, dass sie nur die plena significatio des Wortes restituere, d. h. den wahren Willen des Prätors feststellten.

Gewöhnlich wird die Frage besprochen, ob die Prästation der fructus extantes von den römischen Juristen zur causa rei gerechnet wurde. Diese Frage hat weder eine theoretische noch praktische Bedeutung. Der Ausdruck causa rei ist jedenfalls nichts mehr als als eine gemeinsame Bezeichnung für verschiedene Prästationen, welche aus verschiedenen Gründen und nach verschiedenen Regeln den Beklagten auferlegt wurden. Dadurch, dass wir eine

1) Vgl. Keller, Civilprozess § 28, Lenel, Ed. § 69.

gewisse Prästation als causa rei bezeichnen, ist noch gar nichts erklärt. In dem Ausdruck causa rei ist noch der Grund der Prästation nicht enthalten. Im Gegentheil muss man noch nach dem Grunde suchen, um zu erklären, warum dem Beklagten diese oder jene Prästation zur Last fällt. Darum können wir die aufgeworfene Frage als eine reine Wortfrage bei Seite lassen.

§ 23. 3. Die allgemeinen Ausdrücke der Quellen über das Verhältniss des b. f. possessor zu den Früchten.

Nachdem wir das Wesen des Rechtes, welches der gutgläubige Besitzer an den Früchten erwirbt, und das Wesen seiner Restitutionspflicht wegen der fructus extantes constatirt haben, können wir die Ausdrücke der Quellen erklären, welche in der Literatur eine grosse Rolle spielen und als Stütze für verschiedene Theorien dienen.

Das Verhältniss des redlichen Besitzers zu den Einkünften der Sache macht gewöhnlich zwei Phasen durch. Zuerst erwirbt er an den Früchten das Eigenthum, welches im ökonomischen Effecte ziemlich wertlos ist, weil es mit einer obligatorischen Restitutionspflicht im Falle der rei vindicatio verbunden ist. Die zweite Phase tritt mit dem Momente der Consumption ein. Jetzt erst hat der redliche Besitzer ein wirkliches lucrum gemacht. Jetzt hat er die Einkünfte ökonomisch gewonnen, sich zu eigen gemacht. Diesen Vorgang bezeichnet der Ausdruck in der Stelle von Africanus (l. 40 D. de a. r. d. 41, 1): „fructus praediorum consumptos suos faciat bona fide possessor“. Auf diesen Ausdruck stützen sich diejenigen, welche dem gutgläubigen Besitzer nur ein interimistisches Eigenthum an den Früchten zuschreiben. Es soll der Ausdruck bedeuten, dass die Consumption „das provisorische Eigenthum rückwärts zu einem definitiven macht“. Indessen kann die Consumption nicht die Bedeutung dinglichen Erwerbs für den Besitzer haben, weil sie eben die Zerstörung jeder dinglichen Beziehung zu der Frucht enthält.

Auf jenen Ausdruck stützen sich ferner diejenigen, welche alle Stellen der Pandekten, die von der Restitutionspflicht des b. f. possessor sprechen, für interpolirt erklären. Suos fructus facit bedeutet nämlich in anderen Stellen den Eigenthumserwerb. In dem Ausdrucke consumptos fructus suos facit kann vom Eigenthumserwerb nicht die Rede sein. „Suos facit“ ist hier ungenau angewandt, also kann es nicht von African herrühren, sondern nur von den Compilatoren!

Man muss zugeben, dass in diesem Zusammenhange suos facere nicht die gewöhnliche Bedeutung hat. Die Worte bedeuten das l u c r u m, welches durch den Eigenthumserwerb und die nachherige Consumption durch Befreiung von der Restitutionspflicht entsteht. Durch diesen Wortgebrauch wird der ganze Ausdruck nicht fehlerhaft und irreführend, weil Niemand hier an den Eigenthumserwerb denken wird, sondern vielmehr nur etwas paradox. Aehnliche paradoxe Aussprüche werden oft in der Sprache der Fachleute gebraucht und beliebt, weil sie in wenigen Worten d a s auszudrücken vermögen, wozu man sonst lange Umschreibungen gebrauchen müsste.

Wir lassen jetzt die Frage von den Interpolationen bei Seite, nur vom Ausdrucke Africans sprechen wir unsere Meinung dahin aus, dass seine Gestalt eher auf ein gewohnheitsmässig eingeführtes Schlagwort hindeutet, als auf eine gesetzgeberische Terminologie.

Auf den Ausdruck „fructus consumptos suos faciat“ stützen sich auch d i e j e n i g e n, welche das Eigenthum des redlichen Besitzers an den Früchten n i c h t anerkennen. Weil hier suos facere nicht den Eigenthumserwerb bedeutet, können die Worte suos facit und ähnliche, wenn sie in anderem Zusammenhang von den römischen Juristen gebraucht werden, auch den Eigenthumserwerb nicht beweisen. So nimmt Windscheid an, dass diese Ausdrücke aus der Volkssprache von Juristen recipirt waren, wo sie ursprünglich nur das ökonomische Lucrum bedeutet hatten.

„Das Bewusstsein des römischen Volkes bestimmte das Recht des redlichen Besitzers an den Früchten der in gutem Glauben besessenen Sache dahin, dass er zwar an denselben, wie an der Hauptsache, ebenfalls nur b. f. possessio habe, nach ihrer Consumption aber, weil er dadurch nicht reicher werde, von aller Restitutionsverbindlichkeit frei sei. Es sprach ihm also das Recht zu, die Früchte consumiren zu dürfen; der Ausdruck aber, welchen dieses Recht in der Sprache des Volkes fand, war, da es die Bestimmung der Früchte ist, consumirt zu werden, dass sie ihm gehörten, dass sie sein seien.

Diese Bezeichnung für sein Consumptionsrecht ist in die juristische Sprache übergegangen.“ [1]

Wir geben zu, dass die Ausdrücke eher volkstümlicher Herkunft sind, als gesetzgeberischer, und dass sie an sich noch nicht

1) Windscheid, Zeitschrift cit. S. 121.

das Eigenthum des gutgläubigen Besitzers an den Früchten endgültig beweisen. Indessen können wir behaupten, dass in anderem Zusammenhange die Ausdrücke fructus suos facit, eius sunt, ad bonae fidei possessorem pertinent — nur das Eigenthumsrecht des b. f. possessor bezeichnen. Die entscheidende Rolle spielen dabei nicht die Ausdrücke an sich, welche Verschiedenes bedeuten können, sondern namentlich der Zusammenhang, aus welchem ihre wirkliche Bedeutung erkannt werden kann.

So schreibt l. 25 § 1 D. de usuris 22, 1 dem redlichen Besitzer dasselbe Recht an den Früchten wie am Erwerb durch die Sclaven zu, dasselbe Recht, welches der Eigenthümer, der Usufructuar, der Emphyteuta an den Früchten erwerben.

In alieno fundo, quem Titius bona fide mercatus fuerat, frumentum sevi: an Titius bonae fidei emptor perceptos fructus suos faciat? respondi, quod fructus qui ex fundo percipiuntur intellegi debet propius ea accedere, quae servi operis suis adquirunt, quoniam in percipiendis fructibus magis corporis ius ex quo percipiuntur quam seminis, ex quo oriuntur, aspicitur. et ideo nemo unquam dubitavit, quin, si in meo fundo frumentum tuum severim, segetes et quod ex messibus collectum fuerit meum fieret. porro bonae fidei possessor in percipiendis fructibus id iuris habet, quod dominis praediorum tributum est. praeterea cum ad fructuarium pertineant fructus a quolibet sati, quanto magis hoc in bonae fidei possessoribus recipiendum est, qui plus iuris in percipiendis fructibus habent? cum fructuarii quidem non fiant, antequam ab eo percipiantur, ad bonae fidei autem possessorem pertineant, quoquo modo a solo separati fuerint, sicut eius qui vectigalem fundum habet fructus fiunt, simulatque solo separati sunt.

Dieselbe Zusammenstellung mit dem Niessbraucher finden wir in l. 13 D. quib. mod. 7, 4 (fructuarii fructus tunc fieri, cum eos perceperit, bonae fidei autem possessoris, mox quam a solo separati sint) und in l. 28 D. de usuris 22, 1, wo auch gesagt wird, dass Sclavenkinder dem Proprietar, aber nicht dem Usufructuar und dem redlichen Besitzer gehören, weil sie keine fructus sind:

Gaius libro secundo rerum cottidianarum. In pecudum fructu etiam fetus est sicut lac et pilus et lana: itaque agni et haedi statim pleno iure sunt bonae fidei possessoris et fructuarii. Partus vero ancillae in fructu non est itaque ad dominum proprietatis pertinet.

In l. 48 pr. D. de a. r. d. 41, 1 wird das Recht des redlichen Besitzers an den Früchten mit demjenigen des Eigenthümers verglichen:

Idem (Paulus) libro septimo ad Plautium. Bonae fidei emptor non dubie percipiendo fructus etiam ex aliena re suos interim facit non tantum eos, qui diligentia et opera eius pervenerunt, sed omnes, quia quod ad fructus attinet, loco domini paene est. denique etiam priusquam percipiat, statim ubi a solo separati sunt, bonae fidei emptoris fiunt.

§ 35. J. de rer. div. 2, 1 behandelt den Fruchterwerb des redlichen Besitzers inmitten der Eigenthumserwerbsarten.

B. Die Erfordernisse des Fruchterwerbs.

§ 24. 1. Der Titel.

Auf die Theorie des Fruchterwerbes des redlichen Besitzers hat die Usucapionslehre grossen Einfluss gehabt, und zwar nicht nur in der älteren und neueren Literatur, sondern auch zum Theil bei den römischen Juristen. Das Verhältniss des redlichen Besitzers zu den Einkünften der Sache stellt man zusammen mit der condicio usucapiendi an der Muttersache. Dabei bemerkt man die sonderbare Erscheinung, dass bei der Ersitzung nach römischem Rechte mala fides superveniens non nocet, bei dem Fruchterwerb nocet. Diese Erscheinung ist bis jetzt noch nicht aufgeklärt. Ebenso merkwürdig erscheint ein zweiter Unterschied, nämlich dass der Fruchterwerb auch bei denjenigen Muttersachen möglich ist, welche der Ersitzung entzogen sind. Dagegen überträgt man andere Erfordernisse der Ersitzung auch auf den Fruchterwerb. Man fordert meistens, dass der redliche Besitzer titulus, Eigenthumsbesitz und entsprechende bona fides betreffs der fruchttragenden Sache habe u. s. w.

Von diesen Erfordernissen sagen die Quellen meistens direct nichts. Daraus sind grosse Streitfragen entstanden. Wir werden zu beweisen versuchen, dass der Fruchterwerb des redlichen Besitzers juristisch nichts mit der condicio usucapiendi gemein hat, was, unseres Erachtens, für das Verständniss des Institutes und für die praktischen Folgen äusserst wichtig ist.

Was zunächst den Usucapionstitel an der fruchttragenden Sache anbetrifft, so stützen sich die Schriftsteller, welche denselben als ein Erforderniss des Fruchterwerbes seitens des redlichen Besitzers betrachten, wie in der letzten Zeit Köppen,[1] Waldeck,[2] darauf, dass die Quellen gewöhnlich vom bonae fidei emptor sprechen. Wenn in anderen Stellen vom Fruchterwerb des bonae fidei possessor schlechthin die Rede sei, so müsse man darunter einen titulirten Besitzer verstehen. Nur ein solcher wird, nach der Meinung von Waldeck, bonae fidei possessor genannt, zum Unterschiede von bona fide possessor. Dafür spreche auch der Umstand, dass nur dem titulirten Besitzer das fictive Eigenthum gehört, welches den Fruchterwerb begründet.

Mit Recht verwirft Czyhlarz (S. 602 fg.) diese Argumentation, weil der Begriff des fictiven Eigenthums, als Grund des Fruchterwerbes, und der Unterschied zwischen bonae fidei und bona fide possessor den Quellen fremd sind.

Wir können noch hinzufügen, dass der gewöhnliche Ausdruck bonae fidei emptor gar nichts beweisen kann, weil er sonst zu viel beweisen würde. Daraus müsste man consequent folgern, dass nicht jeder Titel zum Fruchterwerb genüge, sondern nur emtio.

Czyhlarz selbst meint, dass für den Fruchterwerb bona fides auch ohne justus titulus genüge, weil der Fruchterwerb eine Begünstigung der bona fides sei. Der redliche Besitzer erwirbt die Früchte, weil er die redliche Meinung hat, dass er Eigenthümer ist. Darum kann nur die bona fides, aber nicht der titulus von Wichtigkeit sein. Dafür spreche auch l. 48 § 1 D. de a. r. d. 41, 1, wo Paulus sagt, dass die bona oder mala fides nur ad factum pertinet. Ferner wird in den Stellen, welche von dem analogen Erwerb durch die Sclaven sprechen, das Erforderniss des Titels gar nicht erwähnt.

Auch diese Beweisgründe können die Streitfrage nicht entscheiden. Wenn Czyhlarz sagt, dass der Fruchterwerb eine Begünstigung des redlichen Besitzes ist, so können die Gegner behaupten, dass nicht jeder redliche Besitzer, sondern nur derjenige belohnt wird, welcher sich auf einen rechtmässigen Erwerb stützt. Ferner hat die l. 48 cit. keine Bedeutung für unsere Frage, weil dort nur von den Wirkungen der sogen. mala fides superveniens

---

1) Cit. S. 99.
2) Cit. S. 324 fg.

die Rede ist, wobei vorausgesetzt wird, dass der Besitz sich auf den justus titulus stützt (vgl. unten S. 103 fg.).

Ueberhaupt kann man aus den Beweisen für und gegen nur die Thatsache ersehen, dass die Quellen unserer Frage keine directe Betrachtung widmen. Dies ist auch sehr natürlich. Die ganze Streitfrage scheint uns aus einem Missverständniss hervorgegangen zu sein. Der Fruchterwerb des redlichen Besitzers ist allerdings ebenso, wie andere Eigenthumserwerbsfälle, durch einen rechtmässigen Titel gedeckt. Doch muss man den Titel des Erwerbes der Frucht scharf vom Titel des Erwerbes der fruchttragenden Sache unterscheiden. Die Frucht ist eine selbständige Sache, und für ihren Erwerb muss man einen selbständigen Titel haben. Im Falle des Fruchterwerbes durch den bonae fidei possessor ist als Erwerbstitel die Separation der Frucht während der bona fides anerkannt.[1] Wenn man dazu noch einen Titel für den Erwerb der fruchttragenden Sache fordern wollte, würde man damit zwei Titel für den Fruchterwerb fordern, eventuell eine ganze Reihe von Titeln z. B. im Falle mehrerer Generationen der Thiere. Solchen Forderungen begegnen wir im Civilrecht nicht, sonst würden wir Streitigkeiten und Prozesse ohne Ende haben.

Das römische Recht ist bei der Forderung des einen Titels nicht streng:

Usucapio rerum, etiam ex aliis causis concessa interim, propter ea, quae nostra existimantes possideremus (possideamus!) constituta est, ut aliquis litium finis esset (l. 5 D. pro suo 41, 10).

Der technische Name für den Titel des Besitzes und Erwerbes der Früchte ist pro suo (resp. pro meo, pro nostro etc.).

Paulus libro quinquagesimo quarto ad edictum: Est species possessionis quae vocatur pro suo: hoc enim modo possidemus omnia, quae mari terra coelo capimus aut quae alluvione fluminum nostra fiunt. item quae ex rebus alieno (alio) nomine possessis nata possidemus, veluti partum hereditariae aut emptae ancillae, pro nostro possidemus: similiter fructus rei emptae aut donatae aut quae in hereditate inventa est (l. 2 D. pro suo 41, 10).

---

1) Vgl. unten S. 101. 102. Hier begegnen wir einer seltenen Erscheinung, dass zum Titel kein Rechtsgeschäft (wie sonst gewöhnlich: pro emptore, pro donato u. s. w.) und nicht einmal eine einseitige Rechtshandlung des Erwerbers (wie beim Titel pro derelicto bei der Occupation, beim Titel pro suo bei der Specification) gefordert wird, sondern nur die äusseren Thatsachen.

Vgl. mit dieser Stelle l. 3 § 21 D. de a. p. 41, 2 (pro suo, sicut in his, quae terra marique vel ex hostibus capimus vel quae ipsi, ut in rerum natura essent, fecimus), wo auch der Erwerb durch die Specification pro suo titulirt wird.

Es scheint, dass diese richtige und praktisch sehr wichtige Lehre vom selbständigen Titel des Erwerbes der Erzeugnisse erst in der letzten Zeit der classischen Juristen consequent anerkannt und durchgeführt worden ist.

So unterscheidet Julian noch nicht den Titel der Ersitzung des partus und den Titel des Erwerbes der ancilla.

Idem (Julianus) libro tertio ad Urseium Ferocem. Qui ob pactionem libertatis ancillam furtivam a servo accepit, potest partum eius quasi emptor usucapere (l. 9. D. pro emptore 41, 4, vgl. l. 10 eod.).

Welche unglücklichen Folgen die Anwendung einer solchen Theorie auf den Fruchterwerb oder auf die Specification nach sich ziehen würde, brauchen wir hier nicht anzuführen. Wenn man bei der Specification den Erwerbstitel des Materials nachweisen müsste, würde das ganze Institut seine praktische Bedeutung zum grossen Theil verlieren.

Jetzt verstehen wir, warum die Quellen in der Lehre vom Fruchterwerb kein Wort über die Frage nach dem Titel des Besitzerwerbes an der fruchttragenden Sache verlieren. Um jeden Streit darüber und alle daraus entstehenden Schwierigkeiten auszuschliesen, existirt der Titel pro suo. Alle neuen Theorien, welche sich auf die Unterscheidung zwischen dem titulirten und dem nichttitulirten Besitzer der fruchttragenden Sache und auf andere Titelunterscheidungen (b. f. p. ex titulo lucrativo, oneroso etc.) stützen, müssen principiell verworfen werden. Sie wollen die praktische Erfindung nutzlos machen, welche schon in Rom, wo der Verkehr nicht so rege war wie jetzt, Geltung hatte.

§ 25. 2. Res habilis.

Aus der vollen Selbständigkeit des Fruchterwerbes folgt, dass auch andere Erfordernisse für die condicio usucapiendi an der fruchttragenden Sache keine juristische Bedeutung für den Erwerb der Früchte haben. Insbesondere ist es gleichgültig, ob die fruchttragende Sache der Ersitzung entzogen ist oder nicht.

Die Sache mag dem Erwerb entzogen werden, ihre Frucht ist eine neue Sache, welche vom vitium der Muttersache frei ist.

Nec interest, ea res, quam bona fide emi, longo tempore capi possit nec ne, veluti si pupilli sit aut vi possessa aut praesidi contra legem repetundarum donata ab eoque abalienata sit bonae fidei emptori (l. 48 pr. D. de a. r. d. 41, 1). . . . . is, qui non potest capere propter rei vitium, fructus suos facit (l. 48 § 1 eod.).

Es giebt übrigens eine positive Beschränkung dieser Regel betreffs der Früchte von res furtivae, welche wir erst in der Lehre vom Begriff der Frucht (in einer besondern Schrift) darstellen werden. (Vgl. l. 4 § 19 D. de usurp. 41, 3.)

§ 26. 3. Bona fides.

Eine weitere Folge der Selbständigkeit des Fruchterwerbes ist die iuristische Unabhängigkeit der bona fides, welche für den Erwerb der fruchtragenden Sache erfordert wird, und der bona fides, welche für den Erwerb der Frucht nothwendig ist, von einander. Gewöhnlich identificirt man die beiden Erscheinungen. Darum erscheint es räthselhaft, warum die mala fides superveniens auf die Ersitzung nicht, wohl aber auf den Fruchterwerb einwirkt. Von diesem theoretischen Irrthum sind sogar die römischen Juristen nicht frei, obwohl sie ganz richtig das praktische Recht gestaltet haben. Daraus enstanden ihre vergeblichen Versuche, die verschiedene Behandlung der Ersitzung und des Fruchterwerbes betreffs der erforderten bona fides zu erklären.

Paulus libro septimo ad Plautium: In contrarium quaeritur, si eo tempore, quo mihi res traditur, putem vendentis esse, deinde cognovero alienam esse, quia perseverat per longum tempus capio, an fructus meos faciam. Pomponius verendum, ne non sit bonae fidei possessor, quamvis capiat: hoc enim ad ius, id est capionem, illud ad factum pertinere, ut quis bona aut mala fide possideat: nec contrarium est, quod longum tempus currit, nam e contrario is, qui non potest capere propter rei vitium, fructus suos facit (l. 48 § 1 D. de a. r. d. 41, 1).

Die Erklärung ist offenbar misslungen, sie stützt sich auf einen trivialen logischen Fehler. Ad factum und ad ius pertinere ist in beiden Fällen in zwei ganz verschiedenen Bedeutungen angenommen. In der That bezieht sich „ad factum pertinere, ut quis bona aut mala fide possideat“ ebenso auf die Ersitzung wie auf den Fruchterwerb, weil die psychologischen Zustände von den Thatsachen abhängen (die Ursache und der Thatbestand der bona fides). Auch ad ius pertinere bezieht sich ebenso auf die Ersitzung, wie auf den Fruchterwerb, weil in beiden Beziehungen bona fides rechtliche Folgen nach sich zieht (die Wirkung der bona fides). Der Unterschied der beiden Institute (usu capere und fructus suos facere) besteht eben darin, dass die rechtlichen Folgen der mala fides superveniens in beiden Fällen verschieden sind; das war eben zu erklären. Der Jurist fühlt selbst, dass er nichts erklärt hat; daher greift er zur Analogie und bemerkt, dass auch vitium rei bei der Usucapion anders, als bei dem Fruchterwerb, behandelt wird. Das ist nur eine Analogie, aber keine Erklärung.

Alle diese Schwierigkeiten entstehen aus der fehlerhaften Uebertragung von Requisiten der Usucapion auf den Fruchterwerb, welche zu der ungenauen Formel führt: „die nachträgliche mala fides schadet dem Fruchterwerbe, aber nicht der Usucapion". Richtig muss man sagen: In beiden Fällen hindert mala fides superveniens den Eigenthumserwerb nicht. In beiden Fällen muss bona fides im Anfang des Erwerbsactes und nur dann vorhanden sein. Zum Erwerb der Frucht wird bona fides im Momente des Erwerbsactes gefordert. Nach diesem Moment, also gewöhnlich nach der Separation der Frucht, ist mala fides superveniens nicht nur unschädlich, sondern sogar unmöglich, weil die Frucht eben schon zu Eigenthum erworben ist. Die nachträgliche mala fides betreffs des Besitzes an der fruchttragenden Sache ist nur die gewöhnliche thatsächliche Ursache, warum die bona fides betreffs der später abgetrennten Früchte nicht mehr ebenso entsteht, wie betreffs der früher abgetrennten.

Der Erwerb jeder Frucht ist ebenso selbständig, wie der Erwerb der fruchttragenden Sache. Beide Arten des Erwerbs müssen sich auf eine selbständige anfängliche bona fides stützen. Bona fides betreffs der fruchttragenden Sache erzeugt gewöhnlich bona fides betreffs der Frucht. Gewöhnlich, aber nicht immer. Wenn ich irrthümlicherweise annehme, dass mir nuda proprietas, einem Anderen aber emphyteusis gehöre, werde ich nicht glauben, dass ich mir die Früchte rechtmässig aneigne. Es entsteht nicht die nöthige Combination vom titulus pro suo und bona fides (arg. l. 1 D. pro suo. Verba: cum dominium nobis adquiri putamus . . . vgl. l. 3 eod.: ex causa, quam veram esse existimo etc.; l. 5 eod.).

Aus der Selbständigkeit des titulus pro suo und der bona fides bei dem Fruchterwerb ergiebt sich endlich noch eine Folge: für den Erwerb des Eigenthumes an den Früchten durch den b. f. possessor wird nicht bona fides desselben Inhaltes in Bezug auf die fruchttragende Sache gefordert, d. h. es wird nicht gefordert die irrthümliche Meinung vom Eigenthum an der Hauptsache:

Bona fides und titulus pro suo betreffs der Frucht sind auch dann vorhanden, wenn Jemand sich für den Niessbraucher, Emphyteuta, Usuar etc. hält. Inwiefern diese Folge in den Quellen anerkannt ist, werden wir unten besonders betrachten. Jetzt bleibt uns noch zu zeigen, dass die oben verworfene Identificirung der verschiedenen Erscheinungen der bona fides ernstere Folgen herbeigeführt hat, als die ungenaue und irreführende Formulirung und die Unerklärlichkeit der „verschiedenen Behandlung" der bona fides bei der Usucapion und bei dem Fruchterwerbe. Pomponius hat, wie wir gesehen haben, praktisch richtige Sätze vertreten, obgleich mit einer unrichtigen Begründung. Aus seinen Worten kann man schon sehen, dass die praktische Bedeutung der nachträglichen mala fides betreffs der Hauptsache für den Fruchterwerb zu seiner Zeit noch nicht zweifellos war (verendum . . . .). In der That hat Julian auch praktisch bona fides bei der Usucapion und bei dem Fruchterwerbe gleichgestellt: Bonae fidei emptor sevit et antequam fructus perciperet, cognovit fundum alienum esse: an perceptione fructus suos faciat, quaeritur. respondi: bonae fidei emptor quod ad percipiendos fructus intellegi debet, quamdiu evictus fundus non fuerit: nam et servus alienus quem bona fide emero tamdiu mihi ex re mea vel ex operis suis adquiret, quamdiu a me evictus non fuerit (l. 25 § 2 D. de usur. 22, 1).

Nach der Meinung Julians also sind condicio usucapiendi und Fruchterwerb gleichsam zwei nothwendig parallele (dauernde) Functionen des Besitzerwerbes bona fide an der fruchttragenden Sache. Es sind gleichsam parallel gehende Zustände, welchen erst die Eviction (also sogar nicht litis contestatio) ein Ende macht.

Zur Zeit von Paulus und Ulpian war die Meinung von Pomponius schon als die richtige angenommen. Vgl. l. 48 § 1 D. de a. r. d. cit. (von Paulus); l. 23 § 1 eod. (von Ulpian):

Tamdiu autem adquirit, quamdiu bona fide servit: ceterum si coeperit scire esse eum alienum vel liberum, videamus, an ei adquirit. quaestio in eo est, utrum initium spectamus an singula momenta: et magis est, ut singula momenta spectemus.

Danach ist das Gewinnen der Einkünfte kein dauernder Zustand, welcher bis zur Eviction fortbesteht, nachdem er einmal bona fide begründet war, sondern eine Reihe von selbständigen Acten, von denen jeder bona fides erfordert.

§ 27. 4. Possessio.

Welche redlichen Besitzer erwerben die Früchte? nur diejenigen, welche sich das Eigenthum an der fruchttragenden Sache zuschreiben, oder auch diejenigen, welche sich für Niessbraucher, Emphyteuten, Usuare oder sonst für dinglich zur Fruchtziehung Berechtigte halten? Czyhlarz (S. 599 fg.) beantwortet diese Frage im restrictiven Sinne, unseres Erachtens gegen die Quellen und die inneren Gründe.[1] Selbst vom Standpunkt von Czyhlarz, welcher den Fruchterwerb des redlichen Besitzers für eine Begünstigung der bona fides und nur der bona fides hält, und demgemäss das Erforderniss eines Titels leugnet, wäre es consequent, die Begünstigung jedem possessor, nicht nur dem Eigenthumsbesitzer, sondern auch dem redlichen iuris quasi possessor zu gewähren. Oben haben wir gesehen, dass auch das selbständige Wesen des Fruchterwerbes und der Inhalt des Titels pro suo für diese Ausdehnung spricht. Später werden wir sehen, dass dafür tiefere und wichtigere Gründe sprechen, als ratio iuris. Jetzt werden wir nur die Entscheidungen der Quellen anführen, natürlich nicht zahlreiche, weil die Lehre von der iuris quasi possessio im classischen Recht erst in den ersten Stadien der Bildung begriffen ist.

Direct wird die Ausdehnung des Fruchterwerbes auf die putativen Usufructuare und Usuare in l. 54 § 3 a D. de a. r. d. 41, 1 (Modestinus) bezeugt:

Non solum si eos (sc. qui nobis bona fide serviunt) emerimus, sed etiam si donati fuerint nobis aut ex dotis nomine aut ex legati pertinere ad nos coeperunt aut ex hereditate, idem praestabunt: nec solum si nostros putaverimus, sed et si communes aut fructuarios, ut tamen, quod adquisituri non essent, si re vera communes aut usuarii essent, id hodieque non adquirant.

Die Stelle ist in vielen Beziehungen sehr wichtig. Sie bezeugt klar und zweifellos, dass nicht nur der putative Eigenthümer oder

1) Vgl. Köppen cit. S. 97 fg.

Miteigenthümer, sondern auch der putative Niessbraucher und Usuar durch den vermeintlichen Sclaven erwerben können.

Ferner ist hier bezeugt, dass der Erwerb nach denselben Regeln geschieht, wie der Erwerb durch Sclaven, welche wirklich unserem Ususfructus oder Usus unterworfen sind.

Daraus folgt a fortiori, dass der putative Usufructuar des wirklichen Sclaven dieselbe rechtliche Stellung geniesst; und ebenso auf Grund der l. 25 § 1 D. de usuris 22, 1 (. . . quod fructus qui ex fundo percipiuntur intellegi debet propius ea accedere, quae servi operis suis adquirunt . . .) und der l. 40 D. de a. r. d. 41, 1, dass der putative Usufructuar etc. anderer Sachen gleichfalls die Früchte erwirbt und zwar nach denselben Regeln, wie der wirkliche Usufructuar, Usuar etc.

In der Stelle wird nicht vom putativen Emphyteuta gesprochen, weil keine Emphyteusis an Sclaven möglich ist, aber wir können unbedenklich das oben Ausgeführte auch von der putativen Emphyteusis annehmen, weil es keinen Grund giebt, warum der putative Ususfructus grössere Rechte gewähren sollte als die putative Emphyteusis (vgl. unten S. 108 fg.).

Endlich ist es nicht ohne Interesse, zu bemerken, dass die Stelle aus dem Commentar von Modestin ad Quintum Mucium excerpirt ist, und dass Modestin die Meinung von Scaevola ausdehnend interpretirt, ohne diese Ausdehnung als zweifelhaft zu betrachten. Es wäre ganz unnatürlich, wenn wir beim jetzigen entwickelten Verkehr nicht so weit gingen, wie schon Modestin ohne Bedenken zu gehen sich entschlossen hat. Er warnt nur vor zu gewagter und fehlerhafter Ausdehnung des Erwerbes der putativen Usufructuare über die Grenzen hinaus, welche dem wirklichen Usufructuar gezogen sind. Solche Ausdehnung war natürlich auch zu seiner Zeit, wo man die allgemeine Regel schon auf die iuris quasi possessores anwendete, unzulässig (id hodieque non adquirunt).

In diesem Zusammenhang können wir ein paar Worte über den Moment des Eigenthumserwerbes der putativen Nutzungsberechtigten sagen. Was zunächst den putativen Eigenthümer anbetrifft, so erwirbt er die Früchte vom Momente der Separation. Das ist auch sehr natürlich, weil er schon in diesem Momente redlich den Titel pro suo geltend machen kann.

Anders ist es beim putativen Usufructuar. Bis zur Perception hält er sich nicht für den Eigenthümer der Frucht; im Gegentheil weiss er, dass die separirte Frucht dem Proprietar gehört; daher hat er bis zur Perception die Combination des Titels pro suo und der bona fides nicht erreicht. Das ist auch durch das oben interpretirte Fragment und andere von uns oben als Prämissen gebrauchte Stellen bestätigt, wonach der putative Usufructuar nur das erwirbt, was der wirkliche Usufructuar erworben hätte. Durch den Umfang des Erwerbes wird auch die Art des Erwerbes bestimmt, da beide in engem Zusammenhange stehen. Wenn ich nur percipirte Früchte erwerbe, erwerbe ich folglich erst durch Perception.

Analog muss man die Regel und die Construction auch auf andere Fälle der putativen dinglichen Fruchtberechtigung anwenden. Der putative Emphyteuta z. B. erwirbt natürlich durch Separation; denn in diesem Augenblicke hat er den Titel pro suo und die bona fides.

Die Quellen besprechen besonders nur den Moment des Eigenthumserwerbes an der Frucht durch den Eigenthumsbesitzer.

. . . cum fructuarii quidem non fiant (sc. fructus), antequam ab eo percipiantur, ad bonae fidei autem possessorem pertineant, quoquo modo a solo separati fuerint, sicut eius qui vectigalem fundum habet fructus fiunt, simul atque solo separati sunt (l. 25 § 1 D. de usur. 22, 1).

. . . fructuarii fructus tunc fieri, cum eos perceperit, bonae fidei autem possesoris mox quam a solo separati sint (l. 13 D. quib. mod. 7, 4).

Oft wird es auch vom bonae fidei emptor gesagt, dass er durch die Perception das Eigenthum an Früchten erwirbt. Hier wird das Wort perceptio nicht technisch verstanden, sondern im Sinne vom Gewinnen der Früchte überhaupt (vgl. l. 25 § 1 D. de usur. 22, 1: porro bonae fidei possessor in percipiendis fructibus id iuris habet, quod dominis praediorum tributum est . . .).

In diesem Zusammenhange müssen wir auch constatiren, dass die putativen Nutzungsberechtigten ebenso, wie der putative Eigenthümer, bei Gelegenheit der entsprechenden Klage des wirklichen Berechtigten, gewöhnlich des Eigenthümers, fructus extantes herausgeben müssen. Das bestätigt l. 4 § 2 D. fin. reg. 10, 1:

Post litem autem contestatam etiam fructus venient in hoc iudicio: nam et culpa et dolus exinde praestantur: sed ante iudicium percepti non omnimodo hoc in iudicium venient: aut enim bona fide percepit, et lucrari eum oportet, si eos consumpsit, aut mala fide, et condici oportet.

Nach dieser Stelle also veniunt in iudicium im Falle der bona fides fructus extantes. Dieses iudicium aber, welches iudicium finium regundorum ist, findet bekanntlich statt nicht nur zwischen Eigenthümern der Nachbargrundstücke, sondern auch „in agris vectigalibus et inter eos qui usum fructum habent vel fructuarium et dominum proprietatis vicini fundi et inter eos qui iure pignoris possident (§ 9 eod.).[1]

Es kann sich bei der a. finium regundorum also herausstellen, dass eine Partei betreffs eines gewissen Theils des Grundstückes nur putativer Usufructuar, Emphyteuta, Pfandgläubiger war. Diese Partei soll nun dem siegenden Gegner fructus extantes des fraglichen Grundstückes herausgeben. Dieselbe Regel können wir ohne Bedenken auf den Fall beziehen, wenn der wirkliche Berechtigte eine andere dingliche Klage anstellt, welche unter gewissen Voraussetzungen, durch ihr Surrogat, actio finium regundorum, vertreten wird.

Aus der obigen Stelle sehen wir auch, dass der putative Pfandgläubiger ebenso dem Eigenthümer oder dem wirklichen Pfandgläubiger fructus extantes herausgiebt. Umgekehrt muss auch der putative Eigenthümer dem wirklichen Pfandgläubiger fructus extantes herausgeben (l. 1 § 2 D. de pign. 20, 1). Im allgemeinen kann man die Regel aussprechen, dass die dingliche Singularklage gegen den gutgläubigen vermeintlichen Fruchtziehungsberechtigten die Restitution der fructus extantes officio iudicis, als eine praestatio personalis, nach sich zieht.

Anders wirken die obligatorischen Klagen auf Herausgabe der Sache und der Früchte gegen den Fruchtberechtigten. Hier werden die Früchte nach den Regeln der betreffenden Obligation behandelt.

Dabe ist gleichgültig, ob der Forderungsberechtigte ein wirklicher dinglich Berechtigter, oder ein bonae fidei possessor oder selbst ein malae fidei possessor war.

Idem (Pomponius) libro sexto decimo ad Sabinum. Si alienam rem sciens mulier in dotem dederit, reddenda ei est, quasi suam dedisset, et fructus pro portione anni, quo divortium factum est (l. 11 D. s. m. 24, 3).

Die Frau ist eine unredliche Besitzerin vor der dotis datio

1) **Windscheid II, § 450 N. 9; Dernburg I, § 229 sub 2; Köppen S. 99 fg.**

und nach der dotis restitutio, also kann sie keine Früchte erwerben. Der Mann dagegen war bis zur dotis restitutio ein redlicher Besitzer und erwarb die Früchte. Das hat keine Bedeutung für die obligatio ex lege, und wir dürfen uns nicht wundern, dass hiernach der redliche Besitzer dem unredlichen die Früchte restituiren muss, weil die vorliegende obl. ex lege im öffentlichen Interesse consequent durchgeführt werden muss; sie ist nicht nur im Interesse der Frau aufgestellt, sondern auch zur Beseitigung der möglichen Missbräuche seitens des Mannes.

Eine ähnliche Erscheinung haben wir in l. 22 § 2 D. de pign. act. 13, 7 (Ulpianus):

Si praedo rem pignori dederit, competit ei et de fructibus pigneraticia actio, quamvis ipse fructus suos non faciet (a praedone enim fructus et vindicari extantes possunt et consumpti condici): proderit igitur ei, quod creditor bona fide possessor fuit.[1]

Hier ist auch auf die Redlichkeit und Unredlichkeit keine Rücksicht genommen; dafür spricht auch das öffentliche Interesse, welches dem redlichen Besitzer einen Contractbruch wegen der Unredlichkeit der anderen Partei nicht erlaubt. Sonst würde die Sicherheit des Contractverkehrs gefährdet.

Es bleibt noch eine Frage zu erörtern, nämlich, ob die Regel vom Fruchterwerbe des redlichen Besitzers nicht auch auf diejenigen auszudehnen ist, welche die Früchte auf Grund eines vermeintlichen obligatorischen Verhältnisses percipiren. Es hält sich Jemand z. B. für einen Donatar oder Käufer der Früchte, für einen Pächter des Grundstückes u. s. w. Von unserem Standpunkte ist diese Frage leicht zu entscheiden. Wenn Jemand die Früchte percipirt, weil er sich dazu für befugt hält, als Käufer, als Donatar u. s. w. der Früchte, erwirbt er den Besitz nicht pro suo, sondern pro emptore, pro donato u. s. w. Um aber auf Grund eines solchen Titels zu erwerben, muss die Perception voluntate domini geschehen; die Perception ist der zweite Theil des zweiseitigen Actes, der Tradition. Diese Fälle also müssen nach den Regeln des derivativen Eigenthumserwerbs beurtheilt werden. Wo keine voluntas domini vorliegt, giebt die Perception nur den Besitz ex titulo putativo.

---

1) Ueber die Stelle vgl. Windscheid, Zeitschr. etc. S. 109. Dernburg, das Pfandrecht II 72 fg.; Göppert, cit. S. 391 fg.; Köppen, cit. S. 98; Lenel in Zeitschr. der Sav.-St. III S. 109 fg.; Czyhlarz S. 501 Note.

C. Die Voraussetzungen der Befreiung von der Restitution der Früchte.

§ 28. 1. Consumptio.

Wir haben die Frage erörtert, unter welchen Bedingungen der redliche Besitzer das Eigenthum an den Früchten erwirbt; wir waren im Gebiete des Sachenrechts.

Es bleibt uns die andere Seite des Instituts, die obligatorische, zu besprechen, nämlich die Frage zu erörtern, wann der redliche Besitzer definitiv die zu Eigenthum erworbenen Früchte lucrirt.

Der redliche Besitzer restituirt die Früchte nicht, wenn er sie consumirt hat.

Was ist unter Consumption zu verstehen? Man ist darüber allgemein einverstanden, dass der Ausdruck consumptio nicht nur das Verzehren, den Verbrauch im engeren Sinne bedeutet, sondern dass er auch jede körperliche Vernichtung begreift, gleichgültig, ob sie zum Zweck der Befriedigung der Bedürfnisse oder anderswie geschehen ist. Streitig ist eine andere Frage, nämlich, ob man unter der Consumption auch die Veräusserung der Früchte verstehen soll, oder nur die Zerstörung ihres physischen Wesens. Die meisten Schriftsteller [1] verstehen die Consumption in jenem weiteren Sinne und führen die Stellen an, wo im Begriffe consumptio auch die Veräusserung enthalten ist (z. B. l. 3 § 3 D. de act. r. am. 25, 2); besonders wird die Veräusserung des Geldes von den Quellen consumptio genannt (l. 19 § 1 D. de reb. cr. 12, 1). Andere meinen, dass die Consumption nur dann eintritt, wenn das durch die Veräusserung erzielte Aequivalent verbraucht ist, wenn die Früchte sich im Vermögen des Besitzers weder in natura, noch in der Gestalt des Aequivalentes, der Bereicherung befinden. Diese Meinung wird namentlich von Windscheid (P. I § 186 N. 16) vertreten; in den Quellen kommt das Wort consumptio auch in dieser Bedeutung vor (l. 41 § 1 D. de lib. causa 40, 12; l. 6 § 3 C. de sec. nupt. 5, 9), selbst betreffs des Geldes (l. 24 § 4 D. de min. 4, 4; l. 23 pr., l. 25 § 1 D. de her. pet. 5, 3).[2]

Zweifellos gebrauchen die Quellen den Ausdruck consumptio

---

1) Vgl. Göppert S. 355 N. 24; Ihering, Jahrb. XII S. 318 fg.; Waldeck, S. 328 fg.; Czyhlarz S. 515 N.

2) Die Einwände von Czyhlarz l. c. beseitigen die Meinung von Windscheid nicht. Der Begriff der Consumption, welchen Windscheid vertheidigt, wenn wir recht verstehen, befreit den bösgläubigen Besitzer von der gewöhnlichen Haftung (so dass nur die ausserordentliche rei vindicatio quod

in beiden Bedeutungen. Daher bleibt die Frage nach der Bedeutung des Unterschiedes zwischen fr. extantes und consumpti wissenschaftlich unentschieden, obgleich die Majorität der Stimmen gegen die Theorie von Windscheid ist. Indessen ist diese Frage eine der wichtigsten in unserem Institute. Wir können nicht sagen, dass wir das Institut kennen, so lange es unentschieden bleibt, was der Besitzer dem Eigenthümer restituirt.

Wenn man die Frage nach der obigen Methode zu lösen sucht, muss sie immer ein Räthsel bleiben. Nach der Majorität der Quellenstellen für diese oder jene Bedeutung des Wortes consumptio ist die Frage nicht zu entscheiden, weil es sehr möglich ist, dass gerade bei den Früchten die verhältnissmässig seltenere Bedeutung des Wortes zutrifft.

Wir müssen uns nach einer mehr sicheren Entscheidung umsehen und zu diesem Zwecke nicht nach der Bedeutung der Ausdrücke bona consumpta, pecunia consumpta u. s. w. forschen, sondern folgenden einfachen Weg einschlagen:

Nehmen wir an, dass der Begriff fructus extantes auch das Aequivalent für die veräusserten Früchte umfasse. Dann folgt auf Grund der l. 22 § 2 D. de pign. act. 13, 7, l. 3 C. de cond. ex l. 4, 9, l. 4 § 2 C. de crim. exp. her. 9, 32 (vgl. oben S. 94) und anderer Stellen, welche dem Eigenthümer die vindicatio fructuum extantium gegen den malae fidei possessor zuschreiben, der Schluss, dass der Eigenthümer vom malae fidei possessor das Aequivalent für die von demselben veräusserten Früchte vindiciren kann. Dieser Schluss ist aber absurd! Wenn der malae fidei possessor die Früchte veräussert und dafür ein Aequivalent bekommt, so erwirbt er durch Tradition das Eigenthum am Aequivalent, sofern nur der Tradent Eigenthümer der nummi war. Jedenfalls erwirbt der Eigenthümer der Sache, deren Früchte vom malae f. possessor veräussert werden, kein Eigenthum an dem dafür dem Besitzer tradirten Aequivalent. Er kann also betreffs des Aequivalentes seine

---

dolo malo etc. übrig bliebe) nicht; im Gegentheil, er verstärkt die gewöhnliche Haftung des unredlichen Besitzers und stellt strengere Erfordernisse für die Befreiung des gutgläubigen Besitzers von der Haftung auf. Ebenso wenig sprechen gegen die Meinung von Windscheid die Einwände von Göppert (S. 355 N. 24). Der Umstand, dass das Aequivalent für die Früchte gewöhnlich zur Bestreitung des Lebensunterhaltes verbraucht wird, beweist nicht, dass der redliche Besitzer den Theil des Aequivalentes, welchen er zur Bestreitung des Lebensunterhaltes nicht verbraucht hat, nicht zu restituiren brauche.

selbständige vindicatio fructuum extantium in keiner Weise begründen. Die Prämisse also, aus welcher diese Vindication folgt, ist unrichtig. Der Begriff fructus extantes kann unmöglich das Aequivalent für die veräusserten Früchte umfassen. Unter fructus extantes können wir nur dasjenige verstehen, was Gegenstand der vindicatio fructuum extantium gegen den malae fidei possessor sein kann, d. h. nur die Früchte selbst, welche wirklich ins Eigenthum des dominus fundi mit der Separation fallen, nicht aber das Aequivalent für diese Früchte, welches dem Eigenthümer der Sache zu Eigenthum niemals erworben war.

Da nun der gutgläubige Besitzer nur die fructus extantes zu restituiren braucht, so ist die Frage ganz klar und sicher in dem Sinne entschieden, dass er nur die Früchte in natura, nicht aber den für die Früchte erlösten Preis restituirt.

§ 29. 2. Ist bona fides im Moment der Consumption erforderlich?

Die Quellen beschäftigen sich mit diesem Punkte nicht. Das scheint Czyhlarz (S. 523) auffällig, weil das Moment der Consumption in unserer Lehre eine sehr wichtige Bedeutung hat. Diesen Umstand benützt er zu geschichtlichen Schlüssen, aber dogmatisch entscheidet er sich für die Bejahung der Frage, allerdings aus zu unbestimmten Gründen; „. . . muss doch immer erst aus der ganzen Natur der Concession (sc. des Fruchterwerbes) geschlossen werden, dass auch das consumere noch bona fide geschehen sein muss!“

Die Frage ist nicht richtig gestellt. Man soll nicht von der mala und bona fides bei der Consumption sprechen, sondern von dolus, culpa und casus. Die Pflicht, fructus extantes zu restituiren, ist nämlich ein obligatorisches Verhältniss und muss nach den Regeln der Obligationen behandelt werden. Kein Schuldner befreit sich von der Obligation durch dolus und culpa. Nachdem der Besitzer erfahren hat, dass die fruchttragende Sache einem Anderen gehört, begeht er dadurch, dass er die Früchte, um der Restitution zu entgehen, bei Seite bringt, einen Dolus und befreit sich von der Obligation natürlich nicht.

Ebenso wenig befreit er sich, wenn er die Früchte culpa consumirt (z. B. nachlässigerweise verbrennen, verfaulen lässt). Dagegen, wenn die Consumption zwar erst, nachdem der Besitzer schon in malam fidem gekommen ist, geschieht, aber keine culpa enthält (im Falle des casus), wird der Schuldner der Früchte befreit.

Während der Dauer der bona fides geschieht jede Consumption casu, weil man dem Besitzer keine culpa zurechnen kann. Es fehlt immer der subjective Thatbestand der culpa.[1] (Arg. a contr.) .. scienti alienum esse solum potest culpa obici, quod temere aedificaverit in eo solo, quod intellegeret alienum esse (§ 30 J. de rer. div. 2, 1).

Die Antwort also auf unsere fehlerhaft gestellte Frage ist:

Die Bedeutung der Consumption für die Befreiung von der Restitutionspflicht wird nicht nach den Regeln der bona und mala fides beurtheilt, sondern nach den Regeln von dolus, culpa und casus.

Bona und mala fides haben nur eine thatsächliche Bedeutung, indem sie die concrete Zurechnung beeinflussen.

§ 30. 3. Fructus extantes werden nur als Reingewinn des gutgläubigen Besitzers restituirt.

Der gutgläubige Besitzer gewinnt die Früchte, aber zugleich macht er Verwendungen auf die Production der Früchte, die Erhaltung und Verbesserung der Sache. Es kann vorkommen, dass er von dem Besitze im Ganzen einen Reinertrag erhält, es kann auch das Gegentheil geschehen. Im letzten Fall entsteht für ihn keine Pflicht, die vorhandenen Früchte herauszugeben; es handelt sich nur um die Vergütung seiner Aufopferungen durch den Eigenthümer, wobei die gezogenen Früchte nur als ein Subtractionsposten figuriren.

Nur im ersten Fall entsteht die Frage nach der Restitution der Früchte. Dabei ist der gutgläubige Besitzer in der günstigen Lage, nicht den ganzen Reinertrag des Besitzes restituiren zu müssen, sondern nur den Theil, welcher bei ihm sich in Gestalt der Früchte in natura befindet.

Daraus sieht man, dass die Restitution der Früchte keinen absoluten Verlust für den gutgläubigen Besitzer herbeiführt. Im schlimmsten Falle kann es vorkommen, dass der redliche Besitzer keinen Gewinn vom Besitze hat (es wird natürlich vorausgesetzt, dass er keine unnützen oder schädlichen Verwendungen macht).

Diese Regeln beziehen sich natürlich nur auf den gutgläubigen

---

1) Vgl. von den Erfordernissen der culpa: Dernburg I § 86; Windscheid § 101; Pernice, Labeo II S. 1 fg.

Besitzer, so lange er gutgläubig ist. Vom Augenblicke der mala fides an wird seine rechtliche Lage gründlich umgestaltet. Einerseits werden die Früchte nach anderen Regeln behandelt: es sind nicht nur die vorhandenen, sondern auch die consumirten Früchte, nicht nur die wirklich gezogenen, sondern auch die fructus percipiendi zu restituiren. Andererseits werden auch die Verwendungen nach anderen, für den Besitzer strengeren Regeln beurtheilt.[1] Daher kann der Besitz vom Augenblicke des bösen Glaubens an sich als nachtheilig erweisen.

Die Rechtslage des redlichen Besitzers vom Eintritt des bösen Glaubens an haben wir nicht zu erörtern, weil diese Frage zur Lehre von dem unredlichen Besitz gehört. Wenn nicht früher, so jedenfalls vom Moment des Processbeginns an verliert der Besitzer die Vortheile des guten Glaubens und wird betreffs der Verwendungen nach anderen strengen Regeln behandelt.

Diese Vorbemerkungen genügen zum Verständnis der berühmten[2] l. 48 D. de rei vind. 6, 1:

Papinianus libro secundo responsorum: Sumptus in praedium, quod alienum esse apparuit, a bona fide possessore facti neque ab eo qui praedium donavit neque a domino peti possunt, verum exceptione doli posita per officium iudicis aequitatis ratione servantur, scilicet si fructuum ante litem contestatam perceptorum summam excedant: etenim admissa compensatione superfluum sumptum meliore praedio facto dominus restituere cogitur.

Papinian behandelt ex professo die nützlichen Verwendungen, aber spricht implicite auch die oben von uns ausgesprochene Regel aus, nach welcher die Restitution der Früchte durch Aufrechnung von Verwendungen ganz ausgeschlossen werden kann. Der Richter muss per officium aequitatis ratione die Berechnung des Verlustes des redlichen Besitzers vornehmen. Das in der Stelle vorkommende Wort compensatio bedeutet keine technische Aufrechnung von zwei Forderungen, sondern einfach die arithmetische Berechnungsmethode der Subtraction, welche auch deductio„ minuere etc. genannt wird und officio iudicis geschieht. Diese „Compensation“ tritt überall da ein, wo die Restitution der Einkünfte oder die Vergütung des Verlustes vorkommt.

Vgl. l. 38 § 14 D. de usuris 22, 1 (an fructus dividi debeant

1) Dernburg I § 227, Windscheid I § 195.
2) Vgl. Czyhlarz S. 566 fg.

post deductionem impensarum); l. 4 § 1 de op. serv. 7, 7 (et ut in ceteris rebus fructus deductis necessariis impensis intellegitur...); l. 15 D. de imp. in res dot. 25, 1 (sed ipsae res ita praestare intelleguntur, ut non tam impendas in eas, quam deducto eo minus ex his percepisse videaris); l. 65 § 5 D. de cond. ind. 12, 6 (Ei, qui indebitum repetit, et fructus et partus restitui debet deducta impensa); l. 10 § 20 D. quae in fraudem 42, 8 (Et fructus non tantum qui percepti sunt, verum etiam hi, qui percipi potuerunt a fraudatore, veniunt, sed cum aliquo modo, scilicet ut sumptus facti deducantur); l. 46 D. de usur. 22, 1 (Quod in fructus redigendos impensum est, non ambigitur ipsos fructus deminuere debere); l. 30 D. pro socio 17, 2 (neque enim lucrum intellegitur nisi omni damno deducto neque damnum nisi omni lucro deducto) etc.

So stellt man einfach fest, ob reiner Ertrag oder reiner Verlust vorliegt (superfluus fructus — superfluus sumptus). In dieser Weise erfährt man, auf wessen Seite eine Verpflichtung der Vergütung entsteht. In der Stelle von Papinian ergiebt sich als Resultat der Berechnung superfluus sumptus auf der Seite des gutgläubigen Besitzers. Daher entsteht für ihn keine Restitutionspflicht wegen irgend welcher Früchte; darum kann keine Rede sein von fructus extantes und consumpti. Ebenso kann keine Rede sein vom Unterschiede der fructus extantes und consumpti, wenn der redliche Besitzer weder reinen Verlust erlitten, noch reinen Ertrag vom Besitze bekommen hat.

Die Pflicht, Früchte zu restituiren, kann nur dann entstehen, wenn die Berechnung ergiebt, dass auf Seite des Besitzers ein superfluus fructus vorliegt. Hier erst entsteht die Frage, in welcher Gestalt superfluus fructus im Vermögen des redlichen Besitzers enthalten ist.

Hier erst fragt es sich, ob bei dem Besitzer fructus noch in natura da sind. Denn superfluus fructus wird nicht immer restituirt, wie superfluus sumptus vergütet wird, sondern nur dann, wenn er sich in der ursprünglichen Gestalt bei dem Besitzer befindet.

Ebenso ist klar und selbstverständlich, warum Papinian nur von der Zeit vor der litis contestatio spricht; die spätere Zeit wird nach grundverschiedenen Regeln in allen Beziehungen beurtheilt. Papinian würde einen Fehler machen, wenn er in seiner Erörterung auch die Zeit nach der litis contestatio mit einbegriffen hätte, weil dann die Perception nicht entscheidet; es werden dann fructus percipiendi in Betracht gezogen, wenn sie auch keine fructus percepti sind. Papinian würde, wenn er nicht blos die Zeit vor der lit. cont. vor Augen hätte, auch mit den Worten meliore praedio facto einen Fehler begehen, d. h. indem er von den nützlichen Verwendungen spricht, weil durch die litis contestatio der gutgläubige Besitzer in die Lage eines bösgläubigen versetzt ist; seine Verwendungen also werden als diejenigen eines unredlichen Besitzers behandelt.

Dasselbe alternative Verhältniss zwischen der Erstattung des superfluus fructus seitens des redlichen Besitzers oder des superfluus sumptus seitens des Eigenthümers wird von demselben Juristen in l. 65 D. de rei vind. 6, 1 erörtert.

Papinianus libro secundo responsorum: Emptor praedium, quod a non domino emit, exceptione doli posita non aliter restituere domino cogetur, quam si pecuniam creditori eius solutam, qui pignori datum praedium habuit, usurarumque medii temporis superfluum reciperaverit, scilicet si minus in fructibus ante litem perceptis fuit: nam eos usuris novis dumtaxat compensari sumptuum in praedium factorum exemplo aequum est.

Der Thatbestand ist folgender: Jemand hat ein Grundstück von einem Nichteigenthümer gekauft. Das Grundstück hat sich als verpfändet erwiesen, so dass der Käufer, um es behalten zu können, die Forderung des Pfandgläubigers befriedigt, d. h. das Kapital und die Zinsen gezahlt hat. Nachher erhebt der Eigenthümer des Grundstückes, der durch die Aufwendung des Käufers befreite Pfandschuldner, die rei vindicatio. Papinian entscheidet, dass der Eigenthümer nicht eher das Grundstück bekommen soll, als er die zum Zwecke der Tilgung seiner Schuld gezahlte Summe (Kapital mit Zinsen) dem Besitzer zurückerstattet. Ausserdem soll der Eigenthümer auch die usurae novae, d. h. die Zinsen der Zwischenzeit von der gezahlten Summe (vom Kapital mit Zinsen) bezahlen. Diese Zinsen aber werden ebenso beurtheilt, wie Verwendungen; der Käufer hat das Recht nur auf superfluum usurarum, d. h. nur dann und insofern, wenn und inwiefern er reinen Verlust vom Besitze erlitten hat. Zum Gewinne werden die von ihm gewonnenen Früchte gerechnet, zum Verlust die Verwendungen und usurae novae. Papinian setzt auch hier voraus, dass sich aus der Berechnung superfluus sumptus (superfluum usurarum) ergiebt. Darum entsteht für den Käufer keine Pflicht, die Früchte zu restituiren. Darum kann keine Rede von den fructus extantes und consumpti sein. Nur im Falle des superfluus fructus würde die Frage von der Restitution der Früchte, also von fructus extantes und consumpti entstehen.

§ 31. 4. Sind die Civilfrüchte zu restituiren?

Die Quellen sprechen nicht besonders von der Restitution der vom gutgläubigen Besitzer gewonnenen Civilfrüchte. Prima facie sollte man daraus schliessen: entweder es findet keine Restitution der Civilfrüchte statt, oder es gelten für dieselben die allgemeinen Regeln.

Bei der jetzigen Gestalt der Volkswirthschaft hat die Frage von den Civilfrüchten eine eminente Bedeutung — und muss eine sichere Entscheidung finden. Indess herrscht darüber in der Literatur noch grössere Unsicherheit, als inbetreff der Naturalfrüchte. In jeder Abhandlung eine verschiedene Entscheidung!

Windscheid [1] unterscheidet diejenigen Civilfrüchte, welche der redliche Besitzer für die Ueberlassung des Gebrauchs einer nicht fruchttragenden Sache, und diejenigen, welche er für die Ueberlassung der Perception der Früchte einer fruchttragenden Sache bekommt. Die Civilfrüchte der ersten Art ist der Besitzer zu restituiren nicht verpflichtet, weil „das römische Recht ihm das Recht auf den Gebrauch der in gutem Glauben besessenen Sache zugesteht, und zwar nicht blos das Recht, selbst die Sache zu gebrauchen, sondern auch das Recht, durch Ueberlassung des Gebrauchs derselben zu erwerben“. Dagegen repräsentirt das Aequivalent für die überlassene Perception die Früchte der Sache. Darum wird es analog wie die natürlichen Früchte behandelt, d. h. der Besitzer muss den noch nicht consumirten Theil des Aequivalentes herausgeben.

Göppert [2] hält den redlichen Besitzer von der Restitution der Civilfrüchte für befreit, weil man gegen ihn keine Klage construiren könne. (!)

Köppen [3] unterscheidet zwischen dem Mieth- und Pachtzinse einerseits und dem pretium für die Bestellung eines dinglichen Rechts andererseits. Betreffs des Mieth- und Pachtzinses hat der Eigenthümer keinen Anspruch gegen den redlichen Besitzer, betreffs des pretium für die Bestellung eines dinglichen Rechts hat

1) Zeitschr. etc. 132 fg.
2) Cit. S. 354 fg.
3) Cit. S. 92 fg.

der Eigenthümer condictio, sobald ihm die rei vindicatio nicht mehr zusteht.

Wächter[1] und Ihering[2] unterscheiden, ob der gutgläubige Besitzer die fruchttragende Sache auf Grund eines titulus verus oder putativus besitze; nur im ersteren Fall ist er von der Restitutionspflicht frei.

Czyhlarz (S. 607 fg.) unterscheidet den Theil der Civilfrüchte, welchen der gutgläubige Besitzer schon verbraucht hat, und denjenigen, welcher sich noch in seinem Vermögen befindet. Nur wegen des ersteren ist der Besitzer restitutionsfrei. Im einzelnen muss er dem Eigenthümer die von ihm nicht angestellten Klagen wegen der Civilfrüchte cediren. Besondere Regeln gelten betreffs der Civilfrüchte, welche der redliche Besitzer eines Sclaven erwirbt (S. 526—558).

Alle obigen Theorien können nicht durch die Quellen bewiesen werden, die meisten verstossen dazu gegen die Regel: ubi lex non distinguit etc.

Weil die Quellen mit keinem Wort andeuten, dass für die Civilfrüchte besondere Ausnahmen bestehen, so müssen wir davon ausgehen, dass solche nicht existiren.

A. Was zunächst die Rechtslage der Dritten betrifft, welchen der redliche Besitzer die Nutzung der Sache für ein Aequivalent überlassen hat:

1. Der gutgläubige Besitzer hat die Nutzung der Sache obligatorisch, z. B. in der Gestalt einer Pacht, dem Dritten überlassen.

Der Pächter erwirbt die Früchte derivativ auf Grund der Tradition seitens des gutgläubigen Besitzers (perceptio voluntatate locatoris). Weil dem gutgläubigen Besitzer vom Moment der Separation an das Eigenthum an den Früchten gehört, erwirbt auch sein Singularsuccessor (der Pächter) das Eigenthum. Für ihn existirt keine Restitutionspflicht, weil er der rei vindicatio wegen der fruchttragenden Sache durch nominatio auctoris ausweichen kann. Gegenüber dem gutgläubigen Besitzer ist er berechtigt und verpflichtet nach Grundsätzen des geschlossenen Contractes.

2. Der gutgläubige Besitzer hat dem Dritten ein dingliches Nutzungsrecht (putatives) überlassen, z. B. den Niessbrauch. Der

---

1) Wächter, Erörterungen Heft II S. 100.

2) Ihering, Abhandlungen S. 78 fg., vgl. Witte, Bereicherungsklagen S. 325 fg.

putative Usufructuar erwirbt die Früchte durch die Perception originär. Der rei vindicatio des Eigenthümers kann er durch nominatio auctoris ausweichen; in dieser Weise ist er von der Pflicht, fructus extantes zu restituiren, frei, weil dieselbe nur den Beklagten in der dinglichen Klage wegen der fruchttragenden Sache trifft. Mit seinem Contrahenten wird er sich nach den Grundsätzen des entsprechenden Contractes auseinandersetzen.

Ist der redliche Besitzer selbst nur ein iuris possessor, z. B. ein putativer Usufructuar, so kann er dem Dritten nur obligatorisch die Perception überlassen; der Dritte erwirbt die Früchte derivativ. Seine Perception voluntate des putativen Usufructuars vertritt die Perception des letzteren und enthält zugleich die Tradition von Seite desselben also giebt sie das Eigenthum.

In allen Fällen erwerben die dritten Personen an den Früchten das Eigenthum und sind von der Restitutionspflicht frei.[1]

B. Was unsere unmittelbare Frage betrifft, d. h. das Schicksal des Aequivalentes für die überlassene Nutzung oder Gebrauch der Sache, d. h. die Rechtslage des beklagten gutgläubigen Besitzers gegenüber dem Eigenthümer der fruchttragenden Sache, so müssen wir auch hier die betreffenden allgemeinen Regeln über die Früchte anwenden. Das Eigenthum an den Civilfrüchten erwirbt der Besitzer natürlich unberührt von den Rechten des Eigenthümers der fruchttragenden Sache. Dieser Eigenthumserwerb hängt nur vom Eigenthum des Tradenten an den tradirten nummi ab. Die obligatorische Pflicht, dem Eigenthümer fructus extantes herauszugeben, kann auch unmöglich entstehen, weil fructus extantes nur fructus in natura sind; nur solche können im Falle des unredlichen Besitzers vom Eigenthümer der Sache vindicirt werden. Das Eigenthum an den tradirten nummi hat niemals dem Eigenthümer der fruchttragenden Sache gehört und kann weder Gegenstand seiner rei vindicatio gegen den unredlichen Besitzer, noch Gegenstand seiner Forderung gegen den beklagten redlichen Besitzer sein. Der redliche ist vor jeder Restitution frei, der unredliche ist der Condiction ausgesetzt.[2]

Daraus sieht man, dass die Civilfrüchte immer fructus con-

---

1) Man sieht daraus, wie das Eigenthum des gutgläubigen Besitzers an den Früchten für die Sicherheit des Verkehrs nützlich ist.

2) Vgl. die ausführlichere Argumentation oben auf der Seite 112 fg. Zum Zweck der reductio ad absurdum der von unserer Entscheidung betreffs der Civilfrüchte abweichenden Theorien ist in jener Argumentation anstatt „das Aequivalent für die Früchte“ „die Civilfrüchte“ zu lesen.

sumpti sind. Das ist auch sehr natürlich. Ist es nicht gleichgültig, ob ich die Früchte selbst gezogen und nachher verkauft, verschenkt u. s. w., oder von vornherein einem Anderen die Perception schenkungs-, pachts-, kaufsweise überlassen habe. Wir sehen auch keinen inneren Grund, eine merces anders als eine Summe von pretia für die Früchte zu behandeln.

Für das Aequivalent für die Ueberlassung einer nicht fruchttragenden Sache, z. B. eines Hauses oder Sclaven, kann man den Gedanken von Windscheid noch geltend machen. Freilich betrachten wir den Gebrauch der im guten Glauben besessenen Sache nicht als Gegenstand eines Rechts. Ebenso können wir den Erwerb des Eigenthums an den separirten Früchten höchstens als Ausfluss eines persönlichen Rechts jedes Menschen betrachten, welcher in die Lage des gutgläubigen Besitzers geräth; nur in dem unschuldigen Sinne können wir vom Recht des gutgläubigen Besitzers, Früchte zu erwerben, sprechen, wie wir vom Recht der Menschen, durch die Specification, Occupation etc. Eigenthum zu erwerben, sprechen würden. Jedenfalls benutzen wir den scharfsinnigen Gedanken von Windscheid, um zu fragen: welches wäre der innere Grund, den gutgläubigen Besitzer für den eigenen Gebrauch eines Sclaven, eines Hauses nicht vergütungspflichtig zu machen, wohl aber für den einem Anderen überlassenen Gebrauch? Wenn wir auf die operae servorum, auf den Gebrauch eines Hauses die Regeln, welche zunächst für die Naturalfrüchte aufgestellt worden sind, anwenden, dann ist wiederum das Ergebniss: wenn ich einen Sclaven, ein Pferd, ein Haus gebrauche, consumire ich diesen Nutzen gleichzeitig mit seiner Perception. Schon in diesem Sinne kann bei den Sachen, welche keine natürlichen Früchte bringen, nur von fructus consumpti die Rede sein.

Später werden wir wichtigere innere Gründe sehen, warum nur fructus extantes, d. h. nur die Naturalfrüchte, welche bei dem Besitzer vorhanden sind, herausgegeben werden. Für die dogmatische Darstellung genügt das oben Gesagte. Es hat sich ergeben, dass die beiden Schlüsse aus dem Nichtvorhandensein einer besonderen Betrachtung über die Civilfrüchte in den Quellen richtig sind; sie sind kein Dilemma. Es ist richtig, dass die Civilfrüchte nicht restituirt werden, es ist zugleich richtig, dass dieselben nach den allgemeinen Regeln über die fructus consumpti und extantes behandelt werden.

§ 32. D. Insbesondere vom Erwerb durch die in gutem Glauben besessenen Sclaven.[1])

„Der Erwerb des gutgläubigen Besitzers eines Sclaven wird nach allgemeinen Regeln behandelt.“ Dieser Satz muss noch bewiesen werden, weil er durch verschiedene Theorien von verschiedenen Standpunkten aus geleugnet wird.[2]

1. Subjecte dieses Erwerbes sind nicht nur der Eigenthumsbesitzer des Sclaven, sondern auch andere putative Dinglichberechtigten. (Vgl. oben S. 106 fg.; l. 54 § 3 D. de a. r. d. 41, 1.)

2. Der Besitz, mit welchem der Erwerb verbunden ist, hat nichts mit dem Usucapionsbesitz gemein. Und zwar kann Gegenstand des Besitzes in diesem Sinne sogar ein freier Mensch sein, qui bona fide servit. Betreffs eines freien Menschen kann keine Rede sein weder von der Ersitzung, noch von gültigem Titel des Erwerbes, noch selbst von einem Besitz im juristischen Sinne; homo liber ist keine res in commercio, sondern persona.

..... non solum autem proprietas per eos servos, in quibus usum fructum habetis vel quos bona fide possidetis, vel per liberam personam, quae bona fide vobis servit, adquiritur vobis ... (§ 4 J. per quas p. 2, 9).

Dieser vorsichtige und genaue Ausdruck „persona, quae bona fide alii servit“ charakterisirt gut das ganze Verhältniss (vgl. l. 54 pr. § 1 D. de a. r. d. 41, 1; l. 23 eod., l. 19 eod.). Uebrigens begegnen wir auch den ungenauen Ausdrücken: possessio, hominem liberum possidere (Gai. II, 86, 92, 95; l. 1 § 6 D. de a. v. a. p. 41, 2).

Bei dem Erwerb der Früchte anderer Sachen hat der Besitz (resp. iuris quasi possessio) nur die Bedeutung einer thatsächlichen Voraussetzung, ohne welche bona fides und titulus pro suo nicht entsteht. Die übrigen Detentoren oder die, welche nicht einmal Detention der fruchttragenden Sache haben, können sich die Früchte nur titulo derivativo aneignen, oder clam, vi etc.

Bis zu welchem Grade der eigentliche Besitz für den Erwerb der Einkünfte unwesentlich ist, zeigt l. 44 pr. D. de usurp. 41, 3.

Papinianus libro vicesimo tertio quaestionum: Justo errore ductus Titium filium meum et in mea potestate esse existimavi,

---

1) Vgl. Pernice, Labeo II § 170 fg.; Salkowski, Sclavenerwerb S. 116 fg.

2) Czyhlarz S. 526 fg., Göppert S. 327 fg.

cum adrogatio non iure intervenisset: eum ex re mea quaerere mihi non existimo. Non enim constitutum est in hoc, quod in homine libero qui bona fide servit placuit: ibi propter adsiduam et cottidianam comparationem servorum ita constitui publice interfuit, nam frequenter ignorantia liberos emimus, non autem tam facilis frequens adoptio vel adrogatio filiorum est.

Der grosse Jurist sieht das Hinderniss für den Erwerb des putativen Adrogators nicht darin, dass hier vom Besitz nicht die Rede sein kann, oder dass der Titel des Quasi-Besitzes nicht existirt (adrogatio non iure intervenisset) u. s. w.; er verneint die Frage nicht aus formellen technischen Gründen, sondern nur weil aus praktischen Motiven jener Erwerb nicht anerkannt sei.

3. Bona fides muss für jeden Erwerb durch die Sclaven vorhanden sein; der Titel jedes Erwerbes ist natürlich selbständig (l. 23 § 1, l. 40 D. de a. r. d. 41, 1).

4. Gegenstand des Erwerbes ist dasselbe, was ein usufructuarius servi erwirbt, d. h. das, was sich als ordentlicher Sclavennutzen darstellt.[1] Hierher gehört der Erwerb ex re possessoris, d. h. der Erwerb aus Vermögensmitteln desjenigen, welchem der Sclave oder der freie Mensch bona fide servit, und der Erwerb ex operis servi, d. h. alles, was durch den Gebrauch des Sclaven, als einer Arbeitskraft, erworben wird, z. B. der Miethzins für den Sclaven (l. 23 pr. D. de a. r. d. 41, 1; l. 3 D. de op. s. 7, 7). Sonstiger Erwerb des Sclaven (Gai. 2, 91), z. B. in Folge der heredis institutio, legatum etc., und ebenso die Kinder der Sclavinnen werden nicht als Früchte betrachtet und gehören dem Eigenthümer des Sclaven (l. 19 pr. D. de a. r. d. 41, 1, l. 28 § 1 D. de us. 22, 1). Im Falle des homo liber bona fide serviens werden die Kinder frei geboren, jeder Erwerb ausser ex re possessoris und ex operis suis gehört dem putativen Sclaven selbst (l. 54 pr. § 4 D. de a. r. d. 41, 1.)

Aus dem Obigen sieht man, dass der Erwerb durch die Sclaven bei der bonae fidei possessio und beim Niessbrauch gleich behandelt wird. Nicht nur der Gegenstand des Erwerbes ist derselbe, sondern auch die Art des Erwerbes; denn die Sclaven bringen keine natürlichen Früchte, also kann von der Perception und Separation keine Rede sein. Darum ist ganz richtig die Bemerkung von Gaius

1) Vgl. Czyhlarz S. 527 fg. S. 531.

(II, 92) „quod enim placuit de usufructuario, idem probatur etiam de bonae fidei possessore".

Was die Restitutionspflicht gegenüber dem dominus servi anbetrifft, so existirt sie gar nicht, weil fructus civiles keine fructus extantes sind. Wenn das römische Recht die Sclavenkinder als Früchte betrachtete, wäre auch hier die Restitution der fructus extantes möglich. Indess gewähren die Sclaven nur den unmittelbaren Gebrauch ihrer Arbeitskraft und die sog. fructus civiles, sie gewähren niemals fructus extantes, sondern nur diejenigen, welche zur Classe der comsumpti gehören und in Folge dessen dem gutgläubigen Besitzer endgültig erworben werden.

Diese Folge ist ganz consequent durchgeführt, so dass, wenn aus formellen Gründen der Sclave fructus civiles dem Eigenthümer erworben, z. B. nominatim domino stipulirt hat, der gutgläubige Besitzer eine condictio auf Rückgabe des ihm gebührenden Erwerbes hat. Diese condictio wäre unmöglich, wenn der Erwerb bis zum Verbrauch eine Art der fructus extantes wäre, denn dolo facit qui petit quod redditurus est (l. 8 pr. D. de doli mali et m. exc. 44, 4).

Auch in dieser Hinsicht ist also der gutgläubige Besitzer des Sclaven dem Niessbraucher gleichgestellt.

Pomponius libro vicesimo secundo ad Quintum Mucium: Cum servus, in quo usum fructum habemus, proprietatis domino ex re fructuarii vel ex operis eius nominatim stipuletur, adquiritur domino proprietatis; sed qua actione fructuarius reciperare possit a domino proprietatis, requirendum est. item si servus bona fide nobis serviat et id, quod nobis adquirere poterit, nominatim domino suo stipulatus fuerit, ei adquiret: sed qua actione id reciperare possumus, quaeremus. et non sine ratione est, quod Gaius noster dixit, condici id in utroque casu posse domino (l. 39 D. de stip. serv. 45, 3).

Uebrigens geschieht die gleiche Behandlung des Usufructuars und des gutgläubigen Besitzers überall da, wo die Sache keine natürlichen Früchte bringt. Der gutgläubige Besitzer eines städtischen Grundstücks, eines Hengstes, eines Schiffes, eines Buches ist in Bezug auf den Erwerb der Einkünfte und in Bezug auf die Freiheit von jeder Restitutionspflicht dem Niessbraucher derselben Sachen gleichgestellt. Diese Uebereinstimmung ist, kann man sagen, zufällig. Die grundverschiedenen Principien begegnen sich im letzten Ergebnisse.

Dagegen folgt die gleiche Behandlung des redlichen Besitzers eines Sclaven und desjenigen einer anderen Sache aus demselben Zwecke und denselben Grundsätzen. Hier greift eine Uebereinstimmung der Principien Platz. Dieselben Principien können hier aber zu verschiedenen äusseren praktischen Ergebnissen führen; der Besitzer eines Hauses und eines Sclaven sind freilich beide von der Restitutionspflicht frei. Dagegen führt die Anwendung der allgemeinen Regeln auf den Besitzer eines Sclaven und einer Kuh zu verschiedenen Ergebnissen, weil der redliche Besitzer keine Früchte der Sclaven restituirt, wohl aber das bei ihm geworfene und noch nicht consumirte Kalb.

Auf diesen eventuellen thatsächlichen Unterschied, welcher aus dem Unterschiede der Früchte folgt, deutet das Wort fere in der schon oben angeführten l. 40 D. de a. r. d. 41, 1 . . . etenim simul haec fere cedere, ut, quo casu fructus praediorum consumptos suos faciat bona fide possessor, eodem per servum ex opera et ex re ipsius ei adquiratur.

Dieselbe Bedeutung hat der Ausdruck propius ea accedere in l. 25 § 1 D. de usur. 22, 1. . . . quod fructus qui ex fundo percipiuntur (sc. a bona fide emptore) intellegi debet propius ea accedere, quae servi operis suis adquirunt.

Vom Standpunkte der Theorien, welche dem gutgläubigen Besitzer kein Eigenthum an den Früchten zuschreiben, ist der Erwerb durch die im guten Glauben besessenen Sclaven eine schwer zu erklärende Erscheinung. Göppert[1] betrachtet sie als eine rein positive Regel, welche auf einem Gesetze beruhen muss, und da wir kein Gesetz solches Inhalts kennen, so schreibt er die Vorschrift den zwölf Tafeln zu! Mit Recht verweist dagegen Pernice[2] auf die Ausdrücke der Quellen wie placuit, constitutum, concessum est (Gai. 2, 91, l. 44 pr. D. de usurp. 41, 3, l. 57 de a. r. d. 41, 1), welche beweisen, dass die bezüglichen Regeln auf keinem Gesetze beruhen.

Vom Standpunkt von Czyhlarz (S. 549 fg.), welcher die Pflicht zur Restitution der Civilfrüchte für möglich hält, ist die Restitutionsfreiheit des gutgläubigen Besitzers eines Sclaven eine Inconsequenz des Rechts des Corpus iuris. Vom Standpunkte der Fruchtlehre des Justianischen Rechtes ist es „geradezu unerklärlich, dass

1) Cit. S. 328.
2) Labeo II S. 170.

die römischen Juristen den Erwerb durch Sclaven mit dem nach dieser Lehre wesentlich verschiedenen und durchaus nicht gleichartigen Fruchterwerb zusammenstellen“ (S. 550). Diese Anomalie erklärt der Autor durch eine geschichtliche Hypothese (vgl. unten § 38). Jedenfalls kann keine geschichtliche Hypothese erklären, warum die Compilatoren einen so auffallenden Widerspruch in die Compilation aufgenommen haben.

Wir halten für eine wichtige Bestätigung unserer Theorie namentlich den Umstand, dass dieselbe zu dem Ergebniss führt, welches die römischen Juristen und das Corpus iuris anerkennen, indem sie den Erwerb des redlichen Besitzers durch die Sclaven für gleichartig mit dem Fruchterwerbe von anderen Sachen erklären.

§ 33. E. Schluss der dogmatischen Darstellung.

Wir fassen die Hauptergebnisse der dogmatischen Darstellung zusammen, welche für die iuristische Construction des Institutes wichtig sind:

1. Man darf keine allgemeine Construction für das gesammte Verhältniss des gutgläubigen Besitzers zu den Früchten suchen. Dieses Verhältniss besteht aus zwei Erscheinungen von ungleichartigem juristischem Typus, einer dinglichen (Fruchterwerb) und einer obligatorischen (Fruchtrestitution). Der Ausdruck von African: „bonae fidei fructus consumptos suos faciat“ ist nichts weiter als ein abgekürztes technisches Schlagwort, welches in wenigen Worten die beiden Erscheinungen in ihrem Effecte vereinigt und das ganze Verhältniss charakterisirt; es soll nicht einerseits pedantisch verurtheilt, aber auch nicht andererseits als die juristische Construction enthaltend angesehen werden (vgl. Dernburg I § 205 in fine).

2. Man darf das Eigenthum des gutgläubigen Besitzers an den Früchten weder aus dem Rechte des dominus fundi, noch aus dem Rechte des Besitzers an der fruchttragenden Sache construiren. Der Erwerb der Früchte der im guten Glauben besessenen Sache ist in beiden Beziehungen originär. Ueberhaupt das Eigenthum an den Früchten aus irgend welchem allgemeinen Rechtssatze zu deduciren, ist ebenso fehlerhaft, wie wenn man dasselbe mit dem Eigenthumserwerb auf Grund der Verarbeitung, Occupation, Schatzfindung oder mit dem Erwerbe einer obl. ex lege vornehmen wollte. Man darf und muss nur einen gesetzgeberischen Grund auffinden.

3. Man darf das Verhältniss des redlichen Besitzers zur

Nutzung der Sache nicht als ein dauerndes Recht betrachten. Auch die Vorstellung ist irreführend, als ob der Fruchterwerb ein dauernder Zustand sei, welcher mit dem Erwerb des Besitzes an der Sache beginnt und parallel der condicio usucapiendi weiter dauert. Es giebt iuristisch nur die Erwerbe einzelner Früchte. Für den Erwerb jeder Frucht müssen immer selbständige Voraussetzungen Platz greifen, welche nur thatsächlich etwas mit den Voraussetzungen der condicio usucapiendi gemein haben können. Wenn man die Usucapion und den Fruchterwerb vergleichen will, so soll man die Ersitzung der fruchttragenden Sache mit dem Erwerbe der einzelnen Frucht vergleichen. Für beide Fälle des Erwerbes ist ein Titel nöthig. Der Unterschied zwischen beiden Titeln ist sehr wichtig. Für den Erwerb der fruchttragenden Sache muss man einen Titel haben, welcher gewöhnlich ein eigenes Rechtsgeschäft erfordert, jedenfalls mit einer Rechtshandlung verbunden ist (z. B. occupatio pro derelicto). Dagegen braucht man keine Handlung vorzunehmen, um den Titel pro suo betreffs der Frucht der besessenen Sache zu erlangen, weil der Titel hier aus dem Rechtssatze folgt, welcher die Separation der Frucht für den Erwerb regelmässig für genügend erklärt.

Bei beiden Erwerbsfällen muss bona fides im Anfange vorhanden sein. Von dem Begriffe der mala fides superveniens kann man in beiden Fällen ganz absehen. Es ist auch ungenau, nach der bona und mala fides weiter das obligatorische Verhältniss zu beurtheilen. Die separirte Frucht gehört schon dem Besitzer der fruchttragenden Sache zu Eigenthum, darum kann er betreffs derselben nicht in mala fide sein. Nur thatsächliche Bedeutung, als Grund der concreten Zurechnung der culpa, kann der Umstand haben, dass der Besitzer vom fremden Eigenthum an der Hauptsache erfährt. Auch dieser Umstand hat nur dann eine Bedeutung, wenn er den Besitzer an seine obligatorische Pflicht betreffs der erworbenen Früchte mahnt. Wenn die fruchttragende Sache fremd ist, aber die Vindication sich gegen einen Anderen richten muss, oder ganz ausgeschlossen ist (z. B. wegen Unterganges der Sache), also keine Restitutionspflicht entsteht, dann hat das Wissen vom fremden Eigenthum nicht einmal mehr thatsächliche Bedeutung.

Der Inhalt der bona fides bei beiden Erwerbsfällen ist verschieden. Wenn ich mir das Eigenthum an der Sache zuschreibe, aber weiss, dass einem Anderen Emphyteusis gehört, habe ich bona fides betreffs der proprietas, nicht betreffs der Früchte; wenn ich mir einen zwanzigjährigen Niessbrauch an der Sache zuschreibe, habe ich bona fides betreffs der Früchte, aber nicht die bona fides, welche zum Erwerb eines lebenslänglichen Niessbrauches nöthig ist u. s. w.

Für beide Arten des Erwerbes ist eine Sache nothwendig, an welcher der Erwerb erlaubt ist. Dieses Erforderniss, wie das Erforderniss des Titels, ist für den Fruchterwerb sehr erleichtert. Vitium der fruchttragenden Sache ist für die Frucht nicht ansteckend. Jede Frucht ist eine res habilis (eine positive Ausnahme betreffs der Furtivität).

Possessio an der fruchttragenden Sache ist für den Fruchterwerb nicht nothwendig. Es genügt die Detention, wenn nur der Fruchterwerber sich ein solches Recht zuschreibt, welches ihm den originären Fruchterwerb giebt. Alle diese Fälle werden mindestens iuris quasi possessio sein. Wir sind u. E. berechtigt, ohne ausdrückliche Quellenzeugnisse den Fruchterwerb sogar auf die Fälle auszudehnen, wo nicht einmal eine Detention der fruchttragenden Sache vorliegt, z. B. die putative servitus cretae eximendae etc.

Der wichtigste Unterschied zwischen beiden Erwerbsfällen ist der, dass bei dem Fruchterwerbe kein tempus als ein Zeitraum nöthig ist. Hier steckt der praktische Sinn und die grosse Bedeutung unseres Institutes (unten).

4. Die Restitutionspflicht wegen der Früchte ist eine Obligation und als solche zu beurtheilen. Sie hat nur die Eigenthümlichkeit, dass sie nicht selbständig geltend gemacht werden kann, sondern nur officio iudicis bei Gelegenheit der dinglichen Klage wegen der fruchttragenden Sache. Die Obligation richtet sich auf die Früchte, welche bei dem jetzigen Beklagten in dem Augenblicke vorhanden waren, in welchem die Zurechnung der Pflicht möglich wurde (Eintritt der mala fides, litis cont.); sie entsteht nur insofern, als die Früchte einen reinen Gewinn des Besitzers nach Abgang aller nothwendigen und nützlichen Verwendungen darstellen und in natura vorhanden sind; das Aequivalent für veräusserte Früchte und die Civilfrüchte sind immer fructus consumpti.

II. Theil.
Die Erklärung des Institutes.

§ 34. A. Die Frage und die allgemeine Charakteristik der Literatur.

Es giebt Institute, welche der Wissenschaft mehr Schwierigkeiten in der Erklärung ihres Grundes und inneren Sinnes bieten, als in der Feststellung ihres dogmatischen Inhaltes. So der Besitz, die juristischen Personen. Zu diesen gehört auch der Fruchterwerb des redlichen Besitzers mit seiner Eigenthümlichkeit bezüglich der Restitution der fructus extantes.

Der Hauptzweck der vorliegenden Abhandlung ist ebenfalls nicht sowohl die dogmatische Darstellung, als die Erklärung des Institutes im Ganzen und in seinem Geiste.

Die vorgehende dogmatische Erörterung sollte zuerst unbefangen die Sätze feststellen, welche zu erklären sind. Viele Schwierigkeiten und Streitigkeiten sind aus der entgegengesetzten Methode entstanden. Die neuesten Schriftsteller, welche das Institut speciell behandelt haben, treten an die dogmatische Erörterung nicht unbefangen heran. Ausgehend davon, dass man keinen vernünftigen Grund des Institutes in der Gestalt, in welcher er dem Civilisten prima facie im Corpus iuris erscheint, zu finden vermag, versucht man die Quellen in dem Sinne zu interpretiren, in welchem das Institut dem Forscher als erklärlich erscheint. Die Aufgabe war sehr schwierig; man musste auf jedem Schritt die Widersprüche der Quellen zu beseitigen suchen. — Andererseits schadete der Lösung der Aufgabe der Umstand, dass man die Aufmerksamkeit ausschliesslich der zu beweisenden Hauptthese widmete und die „einzelnen Fragen" vernachlässigte, welche für das Verständniss des Institutes wesentlich sind. Wie kann man den Grund des Erwerbes finden, wenn es nicht feststeht, wer erwirbt? Anders muss man die Frage in dem Falle entscheiden, wenn nur derjenige die Früchte erwirbt, welcher sich das Eigenthum an der fruchttragenden Sache zuschreibt, als in dem Falle, wenn die Früchte von jedem putativen Nutzungsberechtigten erworben werden. Im ersten Falle muss der Grund des Erwerbes mehr singulär sein, er muss im Eigenthumsbesitze gesucht werden. Im zweiten Fall muss man einen allgemeinen Grund suchen, welcher nicht im Wesen des Eigenthumsbesitzes wurzelt. Dann scheitern z. B. von selbst alle Theorien, welche den Fruchterwerb vom fictiven oder bonitarischen Eigenthum an der Hauptsache herleiten, ebenso die Theorie von Savigny, welcher auf die Früchte als die abgesonderten Theile der fruchttragenden Sache unmittelbar bonae fidei possessio übergehen lässt.

Wie kann man den Grund des Erwerbes finden, wenn man nicht beachtet, wie in den Quellen der formelle Grund des Erwerbes (titulus) gestaltet ist? Wenn man den Zweck und das Wesen des Titels pro suo würdigt, dann fallen von selbst alle Theorien, welche sich auf Verschiedenheiten der Besitzerwerbstitel bezüglich der fruchttragenden Sache stützen (titulus putativus, verus; causa lucrativa, onerosa etc.).

Wie kann man die Restitution der fructus extantes erklären, wenn es quellenmässig nicht feststeht, was unter fructus extantes zu verstehen ist?

Wenn die Früchte noch als vorhanden gelten, so lange als eine Bereicherung des Sachbesitzers existirt, dann ist die Restitutionspflicht nach allg. Grundsätzen der Bereicherung leicht zu erklären. Wenn dagegen fructus extantes nur die Früchte in natura sind, dann muss man einen eigenthümlichen und besonderen Grund suchen.

Selbst solche Einzelheiten wie das Verhältniss der Fruchtforderung und der Impensenforderung zu einander sind für das Verständniss des ganzen Institutes wichtig. Die Theorien, welche den Anspruch des Eigenthümers der Sache auf die vorhandenen Früchte aus seinem Eigenthum an den letzteren herleiten, z. B. die Theorien, die dem gutgläubigen Besitzer nur ein interimistisches Eigenthum an den Früchten zuschreiben, welches mit der Anstellung der rei vindicatio von selbst an den dominus fundi zurückfällt, diese Theorien würden es schwer haben zu erklären, warum der Richter bei der rei vindicatio zwei verschiedene iuristische Grössen gegen einander aufrechnet; wenn fructus extantes Eigenthum des dominus fundi sind, wie kann man von diesem Eigenthum die Summe der Impensenforderung deduciren, das Eigenthum gegen die Forderung aufrechnen? Aus der Natur der Sache müsste folgen, dass der Eigenthümer die Früchte selbst bekommt, gegen Vergütung der Impensen, wie z. B. in l. 65 D. de r. v. das gezahlte Kapital und Zinsen nicht mit dem Grundstück aufgerechnet werden, sondern der Eigenthümer das Grundstück selbst bekommt, nachdem er die Forderung getilgt hat. Dagegen hilft auch der Satz „impensae necessariae dotem ipso iure minuunt" nicht, denn das Dotalgrundstück ist Gegenstand der Forderung der Frau, aber nicht ihres Eigenthumes. Nach den obigen Theorien geschähe durch die Forderung eine Expropriation.

Alle solche „Einzelheiten“ werden in den Abhandlungen zu wenig oder gar nicht beachtet. Die einzelnen Fragen, welche man erörtert, werden gewöhnlich nach inneren Gründen, d. h. nach der vertheidigten Theorie verschieden beantwortet.

Die Aufmerksamkeit der neuesten Literatur richtet sich, wie oben gesagt, fast ausschliesslich auf die constructive oder geschichtliche Erklärung des Fruchterwerbes und der Restitutionspflicht bei der bonae fidei possessio.

Die Frage wurde in folgender Weise gestellt: vom gutgläubigen Besitz an der Sache führt kein Weg zum Eigenthum an den Früchten; wenn aber aus irgend welchen Gründen dieses Recht dem Besitzer gegeben wurde, dann sieht man wiederum keinen vernünftigen Grund, warum das Recht mit einer Hand das Eigenthum gäbe, mit der anderen den ökonomischen Effect dieses Eigenthums durch die Obligation nähme.

Auf diese Frage sind zunächst drei Gruppen von Entscheidungen gefolgt, die einander gründlich widersprechen, und deren jede für sich die scharfsinnige Vertheidigung hervorragender Autoritäten hat.

1. Die erste Gruppe beseitigt den iuristischen Sprung (von bonae fidei possessio an der fruchttragenden Sache zum Eigenthum an den Früchten) dadurch, dass sie das Recht des Besitzers an den Früchten auf die Stufe der bonae fidei possessio herabsetzt.

2. Die zweite Gruppe — dadurch, dass sie das Verhältniss des Besitzers zu der fruchttragenden Sache auf die Höhe des Eigenthumes (bonitarischen, fictiven, provisorischen und dgl.) hinaufhebt.

3. Die dritte Gruppe betrachtet das Eigenthum an den Früchten als eine Concession, welche nicht aus der juristischen Consequenz folgt; diese Gruppe beseitigt nur die zweite Anomalie des Institutes, welche ins Auge fällt, wenn man das Recht des gutgläubigen Besitzers an den Früchten als eine Concession betrachtet. Es wäre nämlich sonderbar, ein Geschenk durch Eigenthumsverleihung zu machen und dasselbe zu einem grossen Theile des Werthes durch die Obligation zurückzunehmen. Diese Sonderbarkeit wird nun dadurch beseitigt, dass man nicht Eigenthum mit der nachherigen Obligation combinirt, sondern dem gutgläubigen Besitzer von vornherein eine geringere Concession macht, ihm nur das interimistische Eigenthum giebt.

Diese drei Gruppen von Lösungen, welche wir constructive nennen können, weil sie auf die Erklärung des Institutes durch die iuristische Construction gerichtet sind, wurden von der herrschenden Meinung trotz der Autorität der Vertheidiger und ihrer scharfsinnigen Beweisführung ablehnend behandelt, weil jeder von ihnen die Quellen widersprechen.[1] Man hat die Constructionsversuche verlassen und sucht auf geschichtlichem Wege die Schwierigkeiten zu beseitigen. Das Eigenthum an den Früchten betrachtet man als eine Concession, welche zwar nicht aus der ratio iuris folgt, welche aber der b. f. possessor namentlich in Folge seiner bona fides verdient. Es bleibt nur sonderbar die Erscheinung, wie man das, was man mit der einen Hand gegeben hatte, mit der andern wieder genommen hat. Namentlich diese Schwierigkeit zu beseitigen hat man neuestens im Wege der geschichtlichen Hypothese versucht. Es ist ganz unmöglich, den classischen Juristen zuzutrauen, dass sie das ganze Institut so inconsequent gestalteten, dass es keinen vernünftigen Sinn und keine Analogie für sich aufweisen kann. Es ist ja offenbar sinnlos, etwas zu geben, um es wieder zurückzunehmen. Sie könnten ja dem gutgläubigen Besitzer einfacher das geben, was er materiell durch die Combination des Eigenthumes und der Obligation bekommt, nämlich nur die Consumptionsbefugniss. Die erwähnte Hypothese nun besteht darin, dass die classischen Juristen dem gutgläubigen Besitzer Eigenthum an den Früchten ohne irgend welche Restitutionspflicht gegeben haben. Die Beschränkung seiner Rechte erfolgte erst durch die kaiserliche Gesetzgebung, was die zahlreichen Interpolationen in der Compilation nach sich gezogen hat. Diese Theorie ist freilich nur eine Hypothese, aber die Wissenschaft muss sich zunächst mit den Hypothesen begnügen, insofern sie am besten die Erscheinungen verständlich machen. Die obige Hypothese, als die einzig mögliche Erklärung, scheint jetzt zur herrschenden Meinung zu werden.

Die constructiven Theorien werden wir weder vom Standpunkte

---

1) Das gewöhnliche Eigenthum des redlichen Besitzers an den Früchten haben vertheidigt: Backe, Bonae fidei possessor quemadmodum fructus suos faciat (1825); Mühlenbruch, Doctr. Pand. § 250; Zimmern, Schunksche Jahrbücher, B. II S. 237 fg.; Vangerow, Pand. I § 326 Anm. II; Goeschen, Vorlesungen über d. gem. Civilrecht § 282; Puchta, Kurs. der Inst. II § 242; Scheurl, Beiträge I S. 287 fg.; Böcking, Pand. des römischen Privatrechts II § 151; Dernburg, Kritische Zeitschr. I, S. 144; Pagenstecher, Die röm. Lehre vom Eigenthum II S. 101 fg.; G. Hartmann, Kritische Vierteljahrsschrift für Gesetzgebung und Rechtswissenschaft XI S. 520 fg.; Ihering, Jahrbücher für die Dogm. XII S. 314 fg.; Keller, Pand. § 142; Fitting, Archiv f. civ. Pr. LII S. 276 fg.; Waldeck cit.; Czyhlarz cit.

der unmittelbaren Quellenzeugnisse, noch vom Standpunkt der von uns oben erzielten allgemeinen Sätze aus prüfen; wir werden nur auf die Schwierigkeiten kurz hinzuweisen versuchen, welche schon vom Standpunkte ihrer eigenen Constructionen ihnen entgegenstehen. Dass sie mit den Quellen nicht zu vereinigen sind, sollte sich aus unserer dogmatischen Darstellung ergeben. Die neueste geschichtliche Theorie müssen wir dagegen genauer vom Standpunkte ihrer Begründung prüfen, weil ihr noch keine eingehendere Kritik zu Theil geworden ist.

B. Die Uebersicht der Literatur.

§ 35. 1. Die constructiven Theorien. a) Erste Gruppe. (Savigny, Windscheid, Göppert.)

Wir lassen die ältere Literatur vor Savigny ganz bei Seite, weil die meisten Fragen, welche diese Literatur beschäftigten, schon veraltet sind. In unserer Lehre begegnen wir nicht der sonderbaren Erscheinung, wie bei der Lehre von der Theilung der Dotalfrüchte, dass die Wissenschaft keine Fortschritte gemacht hat. Es sind im Gegentheil schon glücklich viele unnütze und unbegründete Unterscheidungen überwunden, und das ganze Institut hat in der Wissenschaft viel an Klarheit und quellenmässiger Einfachheit gewonnen. Um beispielsweise die ältere Literatur zu charakterisiren, führen wir folgende Worte von Glück [1] an:

„Einige behaupten, der b. f. possessor acquirire zwar die fructus industriales unwiderruflich durch die Consumption, aber nicht die naturales. Diese müsse er allemal vergüten. [2] Noch andere unterscheiden zwischen einem solchen b. f. possessor, der die fremde Sache ex titulo lucrativo, und einem solchen, welcher sie titulo oneroso besitzt. [3] Der erstere behalte die fructus naturales nicht, sondern nur die industriales, der letztere aber beide, wenn sie consumirt sind. Ferner giebt es Rechtsgelehrte, welche glauben, der b. f. possessor müsse die consumirten Früchte ersetzen, wenn

---

1) Erläuterung der Pandekten, 8. S. 290.

2) Auf diesen Unterschied haben sich gestützt:
Die Glosse (ad l. 35 pr. D. de r. v. 6, 1); Cujacius, Ad Afric. Tract. VII, ad l. 40 de Acq. rer. dom.; Donellus, Comment. de jur. civ. IV., cap. 24 § 3, cap. 25 § 3 und viele andere ältere Schriftsteller; zuletzt hat die Theorie Unterholzner vertheidigt (Arch. für civ. Pr. VIII (1825) S. 311 fg.).

3) Die Unterscheidung zwischen titulus lucrativus und onerosus wurde vertreten von: Pacius, Anal. Inst. Imp. II 1 § 35; Vitalis, Lectiones variae I cap. 19; Gentilis, Lect. 4, 19 und Anderen.

er dadurch reicher geworden sei; endlich wollen einige noch unterscheiden, ob der b. f. possessor die Sache titulo gratuito oder oneroso an sich gebracht hat. Nur in dem ersten Falle müsse er bei der Reivindication die fructus consumptos vergüten, soweit er dadurch bereichert ist. In dem letzteren Falle hingegen ersetze er nichts. Allein alle diese Meinungen sind den oben angeführten Gesetzen zuwider und verdienen daher keine Rücksicht."

Diese und viele andere scholastische Unterscheidungen verdunkeln meistens die Lehre nicht mehr. Man müsste nur noch den Unterschied zwischen dem Besitzer titulo vero und putativo und überhaupt den Titel des Besitzes vergessen, ebenso die besonderen Regeln für die Civilfrüchte und den Unterschied zwischen dem Eigenthumsbesitzer und anderen Besitzern.

Die Literatur der Hauptfragen, welche noch jetzt an der Tagesordnung sind, beginnt also mit Savigny. In seinem berühmten Werke vom Besitz[1] hat der grosse Jurist die Meinung ausgesprochen, dass der redliche Besitzer zu den Früchten in demselben Verhältnisse stehe, wie zur fruchttragenden Sache. „Wenn ein Ganzes in seine Theile zerlegt wird, so fängt für diese Theile ein neuer Besitz an, weil sie (als besondere Körper für sich) bisher gar nicht im Besitz waren. Also muss für diese (d. h. in unserem Falle für die Früchte) auch eine neue b. f. possessio anfangen. Aber nach den Regeln des Besitzes wird bei der Zerlegung des Ganzen sowohl die Apprehension als die iusta causa von dem Ganzen auf den Theil übertragen: also entsteht auch in unserem Falle die neue b. f. possessio an der Frucht durch die blosse Absonderung derselben, und es ist weder eine neue Apprehension (eigentliche fructuum perceptio), noch eine neue iusta causa hierzu nöthig. . ."

„Auf der andern Seite ist aber freilich nicht zu leugnen, dass in der That dem b. f. possessor an den Früchten etwas ganz besonderes zugewendet werden sollte, pro cultura et cura. Allein dies besondere geht nicht auf den Erwerb des Eigenthums an den Früchten, sondern nur auf die obligatorischen Verhältnisse. Wenn nämlich der Besitzer die Früchte verkauft oder verzehrt und sich dadurch bereichert hatte, so hätte er eigentlich diesen Gewinn herausgeben müssen: dazu konnte er gezwungen werden nicht nur durch die Vindication der Hauptsache, sondern auch durch eine

---

1) In der 7. Auflage S. 278 fg.

besondere Condiction auf den Werth der verzehrten Früchte. Davon nun wurde er freigesprochen, diesen Gewinn sollte er behalten dürfen, und das ist es, was man mit den Ausdrücken eius fiunt fructus, fructus consumptos suos facit bezeichnet. . . Dass sie mit dem Eigenthum hier nichts zu schaffen haben, erhellt am deutlichsten daraus, dass sie gerade von consumirten Früchten gebraucht werden, da doch durch Consumption alles Eigenthum vielmehr untergehen muss; ferner daraus, dass jenes besondere Recht gewiss auch bei den s. g. fructus civiles (z. B. Miethgeld) gilt, obgleich dabei von dieser Art Eigenthum zu erwerben gar nicht die Rede sein kann."

Den näheren Beweis dieser Theorie hat Savigny nicht ausgeführt. Die Literatur hat sie, als den Quellen widersprechend verworfen.[1]

In verbesserter und näher begründeter Gestalt hat eine ähnliche Theorie Windscheid in der oben citirten Abhandlung vertheidigt. Diese Theorie hält er jetzt noch in seinen Pandekten aufrecht und er ist insofern wissenschaftlich dazu berechtigt, als die zahlreichen Widersprüche, welche erhoben wurden, an seiner Theorie abgleiten, ohne sie zu treffen. Als Waffe gegen die Theorie von Windscheid gebraucht man die Ausdrücke der Quellen, welche auf das Eigenthum des gutgläubigen Besitzers an den Früchten hinweisen. Diese Thatsache leugnet aber der Autor gar nicht;[2] er schreibt ihr nur die entscheidende Bedeutung nicht zu. Die erwähnten Ausdrücke haben nur eine formelle Bedeutung, welche geschichtlich zu erklären sei. Ursprünglich haben sie nur das lucrum des gutgläubigen Besitzers im Falle der Consumption bedeutet. Die Spuren dieser Bedeutung, z. B. des Ausdruckes „fructus suos facere", finden sich noch in den Pandekten in der Parömie „b. f. p. fructus consumptos suos facit". Wenn in den anderen Fällen die Quellen dem gutgläubigen Besitzer das Eigenthum zusprechen, so ziehen sie aus diesem Eigenthum niemals die gewöhnlichen Consequenzen, gebrauchen also nur eine uneigentliche Bezeichnung, welche eine rein formelle und äusserliche Bedeutung hat.

Materiell gehört dem gutgläubigen Besitzer nur die Consumptionsbefugniss. Im Einzelnen gestaltet sich seine Rechtslage folgendermassen:

---

1) Vgl. Böcking, Pand. § 151; Vangerow § 326 Anm. 1; Puchta, Cursus d. Inst. II, § 242 N. pp.

2) Zeitschr. etc. S. 83 fg.; Pand. § 186 N. 12 und Text.

Der gutgläubige Besitzer hat an den Früchten ebenso bonae fidei possessio, wie an der Hauptsache. Das Eigenthum an den Früchten gehört dem Eigenthümer der fruchttragenden Sache. Darum kann der letztere eine selbständige Vindication wegen der Früchte unabhängig von der Vindication der Hauptsache anstellen. Darum ferner kann man dem gutgläubigen Besitzer nicht die Möglichkeit absprechen, die Früchte zu usucapiren. Im Falle der Veräusserung der Früchte durch den gutgläubigen Besitzer erwirbt sein Singularsuccessor consequenterweise kein Eigenthum. Er ist also auch der rei vindicatio des Eigenthümers der Sache ausgesetzt. Wenn aber in Folge dieser Vindication der dritte Erwerber einen Regress gegen den redlichen Besitzer erwerben würde, und dieser das Aequivalent für die veräusserten Früchte schon verbraucht hat, dann ist die Vindication ausgeschlossen, weil sonst die Consumptionsbefugniss des redlichen Besitzers verletzt würde (Pand. § 186 N. 16, Zeitschr. etc. S. 125).

Diese Theorie, wenn auch mit den Quellen unvereinbar, leugnet jedenfalls die offenbaren Thatsachen nicht und ist consequent und einfach. In beiden Beziehungen steht ihr die letzte Theorie (von Göppert), welche dem gutgläubigen Besitzer das Eigenthum an den Früchten abspricht, nach.

Göppert[1] nämlich hält die „Concession“ von Windscheid (d. h. das Anerkennen der Thatsache, dass die römischen Juristen wenigstens formell dem gutgläubigen Besitzer das Eigenthum an den Früchten zusprechen) für unnöthig (S. 320). Die Meinung, nach welcher die römischen Juristen das Eigenthum des gutgläubigen Besitzers anerkennen, entstand nur daraus, dass in einigen Stellen die Juristen sich „nicht völlig congruent“ ausdrückten, „eine Ungenauigkeit des Ausdruckes nicht ängstlich vermieden“ (S. 334). Der § 35 J. de rer. div. 2, 1, welcher von dem suum facere des bonae fidei possessor mitten in der Darstellung von lauter Eigenthumserwerbsfällen redet, beweist auch nichts, denn „der ganze Abschnitt von § 35 — § 39 trägt sichtlich den Charakter eines ungeschickten Einschiebsels“. . . „Allerhöchstens wäre zu folgern, dass sich die Redactoren Justinians selbst bereits über den eigentlichen Charakter jenes suum facere in Unklarheit oder sogar in einem Missverständniss befunden haben: darauf deutet noch ausserdem die Einreihung von Stellen über das Fruchtrecht des bonae fidei

1) Ueber die organischen Erzeugnisse S. 320 fg.

possessor in den Pandektentitel de acquir. dominio und der ganze Zustand des Quellenmaterials; aber das darf uns nicht hindern der richtigen Auffassung zu folgen, da das Missverständniss ein bloss doctrinäres geblieben und von den Redactoren selbst nicht ad consequentias geführt worden ist" (S. 332). Der redliche Besitzer erwirbt nur bonae fidei possessio an den Früchten vom Augenblick der Perception. Von diesem Augenblicke gehört ihm die actio Publiciana und der Usucapionsbesitz (S. 347 fg.). Aber auch vor der Perception geniesst der redliche Besitzer den vollen rechtlichen Schutz. Ist die Separation gegen seine Interessen von einem Dritten vorgenommen, so gehört ihm actio furti und condictio possessionis; wenn die Früchte von einem Dritten nach der Separation weggenommen sind, hat er actio Publiciana und condictio sine causa (S. 347 fg.). Darum konnten die römischen Juristen sagen: bonae fidei possessor fructus separatione suos facit, obgleich er weder das Eigenthum an ihnen noch selbst den Besitz hat.

Weil das Eigenthum an den Früchten dem Eigenthümer der fruchttragenden Sache gehört, so kann er die Früchte vom gutgläubigen Besitzer durch eine selbständige rei vindicatio einklagen (S. 352). Im Falle der Veräusserung der Früchte durch den redlichen Besitzer erwirbt der dritte Erwerber nur condicio usucapiendi. Gegen ihn kann der Eigenthümer der Sache rei vindicatio anstellen, wenn der redliche Besitzer nicht regresspflichtig ist (S. 362).

Diese Theorie bezieht Göppert nur auf denjenigen Besitzer, welcher ad usucapionem besitzt, also den, welcher justus titulus für sich hat, und ebenso den, welcher nur putativ titulirt ist, sofern er nichtsdestoweniger zur Usucapion zugelassen ist (S. 356). Die übrigen werden wie die bösgläubigen Besitzer behandelt (eod.).

Die obigen Theorien kämpfen gegen die Schwierigkeiten, welche ihnen die Quellen bereiten, weil sonst, wenn man dem b. f. p. das Eigenthum an den Früchten zuschreibt, das Institut keinen vernünftigen Sinn hat. Wenn man dagegen annimmt, dass dem redlichen Besitzer an den Früchten ebenso bonae fidei possessio gehört, dann construirt man das Institut sehr einfach. Von der bonae fidei possessio an der fruchttragenden Sache zur bonae fidei possessio an der Frucht bedarf man keinen juristischen Sprung. Die Restitution der Früchte dem Eigenthümer der Sache gegenüber ist selbstverständlich, weil die Früchte sein Eigenthum sind. Die Construction an sich scheint einfach und einleuchtend. Gerade aber in der Construction an sich stecken grosse Schwierigkeiten.

Wenn wir auch annehmen, dass das römische Recht dem redlichen Besitzer an den Früchten nicht das Eigenthum, sondern nur bonae fidei possessio mit der Consumptionsbefugniss zuspricht, und nur dieses Verhältniss durch die Ausdrücke fructus eius sunt, fructus suos facit etc. aussprechen will, dann leugnet doch Windscheid nicht, dass dieses Verhältniss dem gutgläubigen Besitzer vom Augenblick der Separation zugeschrieben wird. Bonae fidei possessio an der Frucht kann aber nicht ohne Besitzerwerb entstehen. Die obige Theorie lässt also das von ihr construirte Verhältniss des redlichen Besitzers zu den Früchten zu spät beginnen. Freilich beginnt der gutgläubige Besitz an der Frucht nach Savigny schon vom Moment der Separation; das ist aber allgemein verworfen. Nach Göppert gebrauchen die Quellen die Ausdrücke fructus suos facit etc. schon wegen der möglichen actio furti und der condictio possessionis. (!)

Ebenso nur scheinbar ist die Restitution der fructus extantes construirt. Sie sollen dem Eigenthümer restituirt werden, weil sie ihm gehören. Die obigen Theorien geben aber consequenterweise dem gutgläubigen Besitzer condicio usucapiendi an den Früchten. In Folge dessen können unter den fructus extantes usucapirte Früchte vorhanden sein. Welcher Grund ist, diese restituiren zu lassen? Man muss also die römische Regel willkürlich beschränken und annehmen, dass nur diejenigen fructus ext. restituirt werden müssen, welche noch nicht usucapirt sind. Ferner erfordert die obige Construction noch die positive Bestimmung, dass die selbständige Vindication der Früchte nach gewisser Zeit, z. B. nach 10, 20 oder 30 Jahren, unzulässig wird, denn nach den obigen Theorien ist die Frucht ebenso nur eine im guten Glauben besessene Sache; wenn nun diese Sache, bevor sie usucapirt ist, neue Früchte bringt, dann müssen diese fructus fructuum wiederum von Neuem usucapirt werden u. s. w. bis ins Unendliche. Man müsste die Selbständigkeit der Vindication der Früchte doch im Interesse des Verkehrs beschränken und etwa sagen, dass sie nach dem Erlöschen der Vindication der ursprünglichen in gutem Glauben besessenen fruchttragenden Sache unmöglich ist.

Die obigen Theorien bieten also, nur von ihrem constructiven Standpunkte betrachtet, unüberwindliche Schwierigkeiten.

§ 36. b) Zweite Gruppe.
(Die Theorie von Vangerow und Brinz.)

Diese Schriftsteller construiren das Eigenthum des redlichen Besitzers an den Früchten aus seinem Recht an der fruchttragenden Sache. Zu diesem Zweck müssen sie sein Verhältniss zu der Sache auf die Höhe des Eigenthumes bringen.

Vangerow erreicht dies durch eine Fiction. Er nennt nämlich den redlichen Besitzer fictiven Eigenthümer,[1] indem er sich darauf stützt, dass auch das andere sehr wichtige Recht des redlichen Besitzers, nämlich actio Publiciana, auf der Fiction des Eigenthums beruht (fingitur usucepisse, et ita quasi ex iure Quiritium dominus factus esset, intendit hoc modo... Gai. IV, 36). „Woraus dann nothwendig hervorgeht, dass ihm auch, so lange diese Fiction dauert, die Eigenthumsrechte zugestanden werden müssen. Namentlich gehört dahin auch das Recht des Fruchterwerbs, und zwar darf man ihm an den Früchten nicht etwa wieder nur ein fingirtes Eigenthum zuschreiben, sondern dasselbe muss nothwendig, eben in Folge jener Fiction, ein wirkliches echtes Eigenthumsrecht sein. Ganz ähnlich, wie im klassischen Rechte der s. g. bonitarische Eigenthümer — eben weil ihm das in bonis die materiellen Rechte des Eigenthums gab — an den Früchten seiner Sache nicht blos bonitarisches, sondern (suppositis supponendis) das volle quiritarische Eigenthum erwarb, musste es sich auch mit dem bonae fidei possessor verhalten.“[2]

Die Theorie des fictiven Eigenthums hat auch Tigerström[3] vertheidigt, aber in einem unschuldigen Sinne. Er nennt bonae fidei possessio ebenso fictives Eigenthum. Auf Grund des fictiven Fruchterwerbsrechtes, welches im Begriffe des fictiven Eigenthumes enthalten ist, giebt Tigerström dem redlichen Besitzer das Eigenthum an den Früchten — aber nur ein fictives Eigenthum, d. h. wiederum nur b. f. possessio. Von dieser Fiction hat der redliche Besitzer nur den Nutzen, dass die Unbequemlichkeiten des Besitzerwerbes an den Früchten, welche für die Erlangung der b. f. possessio nöthig wären, in diesem Wege glücklich vermieden werden.

Dasselbe Ziel, wie die Theorie von Vangerow, verfolgt die Theorie des bonitarischen Eigenthums von Brinz.[4] Es ist

1) Pand. I § 303; dieselbe Theorie vertheidigt Waldeck a. a. O. S. 318.
2) Pandekten I § 326 Anm. 2 a.
3) Die bonae fidei possessio oder das Recht des Besitzes §§ 9—14.
4) Und die Theorie des provisorischen Eigenthums an der fruchttra-

interessant zu bemerken, dass Brinz auch einen ähnlichen Vorgänger gehabt hat, wie Vangerow. Nämlich Janke[1] hält den redlichen Besitzer für einen bonitarischen Eigenthümer (S. 26 fg.). Als ein solcher erwirbt er natürlich das Eigenthum an den Früchten. Als ein schwächeres Eigenthum weicht es dem quiritarischen Eigenthum, was sehr leicht erklärt, warum der quiritarische Eigenthümer die Sache nebst den vorhandenen Früchten durch die quiritarische rei vindicatio zurückbekommt. — Indessen würden sich die redlichen Besitzer umsonst über diese Theorie freuen; denn im Endergebnisse ist das Eigenthum des redlichen Besitzers an den Früchten wiederum nur ein bonitarisches Eigenthum, d. h. eine bonae fidei possessio (S. 63).[2] Eine andere Bedeutung kommt der Theorie von Brinz zu.[3] Der Ausgangspunkt von Brinz ist auch der Satz: „Aus dem Nichteigenthum an der Sache führt kein Weg zu dem Eigenthum an den Früchten (P. I § 145). Allein dem Römer ist nicht blos das sog. bonitarische Eigenthum, sondern auch die b. f. possessio ein in bonis habere, b. f. p. also nicht sowohl Nichteigenthum, als nicht das volle (plenum) Eigenthum, — als, durften wir sagen, blosses Nutzeigenthum, oder die Nutzseite des Eigenthums im Gegensatze zu seiner Rechtsseite. Von hier aus bedarf das Fruchteigenthum des b. f. possessor nicht erst der Erklärung, sondern ist es selbst nur ein weiterer Grund und Beleg dafür, dass der b. f. possessor kein blosser Nichteigenthümer, sondern gleich dem sog. bonitarischen Eigenthümer ein „Bonitarier" sei. Klar ist, dass und warum ihm in Anbetracht des Fruchtgewinnes idem ius quod dominis und warum es ihm mit Ausschluss des dominus zusteht, sowie dass ihm, dem schwächeren, der Vindication des dominus ausgesetzten und erliegenden Bonitarier dasselbe doch nicht so vollständig wie dem Eigenthümer, wenn er die Sache zugleich in bonis hat, zusteht; denn die Vindication zieht ausser der Restitution der res ipsa auch die der fructus extantes, und von dem Augenblicke, da der b. f. possessor des fremden Eigenthums inne wurde, auch die der fructus consumpti nach sich; nur was er bona

---

genden Sache. Vgl. z. B. E. Hoffmann, Die Lehre von den Servituten S. 154.

1) Das Fruchtrecht des redlichen Besitzers und des Pfandgläubigers (1862) S. 19 fg.

2) Uebrigens soll Justinian eine positive Veränderung der Rechtslage des gutgläubigen Besitzers eines Stückes Nutzvieh vorgenommen haben. Vgl. S. 150 fg. in der citirten Abhandlung.

3) Brinz, Zum Recht der bonae fidei possessio 1875; Pandekten I § 145.

fide verbraucht hat, bleibt ihm. Heisst es gleichwohl, dass er consumptos schlechthin zu den seinigen mache, so findet dies darin seine Rechtfertigung, dass er prozessualisch, nach canonischem Rechte sogar materiell-rechtlich, in Folge der mala fides superveniens nicht mehr als b. f. possessor erscheint" (eod.).

Was die Theorie von Tigerström und Janke anbelangt, so ist sie schwer anzugreifen, denn sie gehen von einer Fiction aus, stützen sich auf die Quellen, indem sie dieselben nur in fictivem Sinne verstehen, und gelangen auf diese ziemlich leichte Weise wieder zu einer Fiction. Diese Methode kann jedenfalls keinen wissenschaftlichen Schaden anrichten, höchstens können die Nerven des Lesers darunter leiden.

Eine ernstere Bedeutung haben die Theorien von Vangerow und Brinz, welche zur Anerkennung des wirklichen Eigenthums an den Früchten führen und die Quellen nicht im Sinne der Fiction verstehen. In ihren Theorien ist nur eine Praemisse Fiction. Vangerow nennt bonae fidei possessio fictives Eigenthum schlehthin, Brinz giebt seiner Fiction eine besondere Bezeichnung. Die Fiction von Vangerow ist insofern als Constructionsmittel bequemer, weil sie nicht nur den Fruchterwerb, sondern auch die actio Publiciana erklärt, in deren Formel wirklich eine Fiction des Eigenthums enthalten ist. Die Fiction von Brinz entspricht nur einem speciellen Zweck, der Construction des Eigenthumes des redlichen Besitzers an den Früchten („Nutzeigenthum").

Wir werden uns nicht mit dem Beweise beschäftigen, dass die Quellen keinen Begriff vom „Bonitarier", wie ihn Brinz versteht, enthalten, und dass die Fiction von Vangerow nichts mit der prozessualen prätorischen Fiction in der Formel der actio Publiciana gemein hat; ebenso werden wir erst später sehen, dass die Quellen das Eigenthum des redlichen Besitzers an den Früchten nicht aus einer Fiction und überhaupt aus keiner ratio iuris herleiten, sondern dasselbe durch praktische Erwägungen, oder durch cura et cultura, welche der Besitzer auf die Erzeugung der Früchte verwendet, rechtfertigen, also überhaupt jede Construction ausschliessen.

Unabhängig von diesen und allen andern möglichen Einwendungen, erreichen die Theorien von Vangerow und Brinz ihren eigentlichen Zweck, die Construction des Institutes, nicht. Man muss zugeben, dass der juristische Sprung von der bonae fidei possessio an der fruchttragenden Sache zum dominium an den Früchten grösser erscheint, als vom fictiven oder bonitarischen Eigenthum zum wirklichen dominium; indess ist in der Logik, also auch in der juristischen Construction der kleine Sprung ebenso verboten, wie der grosse. Vom fictiven Eigenthum zum wirklichen können anderweitige praktische Erwägungen führen, aber nicht das fictive Eigenthum an sich.

Die Construction des Erwerbes ist also misslungen und, was schlimmer ist, sie erweckt Schwierigkeiten für die Erklärung der Restitution der vorhandenen Früchte. Wenn wir annehmen, dass das Eigenthum des redlichen Besitzes an den Früchten nicht aus einer formellen ratio iuris folgt, sondern ihm aus praktischen Erwägungen so zu sagen geschenkt ist, dann erscheint die Beschränkung seiner Rechte durch die Restitutionspflicht nicht als anomal, den juristischen Principien widersprechend. Wenn wir aber mit Vangerow und Brinz der Meinung sind, dass sein Eigenthum an den Früchten aus den allgemeinen Rechtsprincipien, z. B. aus seinem Nutzeigenthum an der Sache folgt, dann erscheint die Auferlegung der Restitutionspflicht als eine willkürliche Verletzung der juristischen Consequenz, welche besonders erklärt und gerechtfertigt werden muss. Diese Rechtfertigung enthält die Bemerkung von Brinz nicht, nach welcher das Recht des redlichen Besitzers auf die Hauptsache schwächer ist, als das Recht des dominus. Das kann nur die Restitution der Hauptsache selbst erklären. Bezüglich der Früchte, wenn an ihnen für den redlichen Besitzer ein wirkliches Eigenthum entsteht, hat der dominus fundi nicht nur kein stärkeres Recht, sondern überhaupt kein Recht. Die Construction von Brinz wäre nur dann consequent, wenn man dem redlichen Besitzer an den Früchten nur dasselbe Recht gäbe, wie an der Hauptsache, d. h. wiederum nur bonae fidei possessio, das Ergebniss, welches Janke bekommen hat.

§ 37. c) Dritte Gruppe.

(Glück, Marezoll, Köppen.)

Die Schriftsteller dieser Gruppe widmen ihre Aufmerksamkeit hauptsächlich der Construction der Restitutionspflicht des redlichen Besitzers bezüglich der fructus extantes. Den Grund der Restitutionspflicht sehen sie im besonderen Charakter des Eigenthumes des redlichen Besitzers an den Früchten. Derselbe erwirbt nämlich nur ein interimistisches, revocables Eigenthum, welches mit der Vindication der fruchttragenden Sache von selbst aufhört.

Glück[1] fasst seine Lehre so zusammen: „Ob nun gleich der b. f. possessor, so lange ihn Niemand in Anspruch genommen hat, und seine bona fides nicht unterbrochen ist, die Früchte, einem Eigenthümer gleich, acquirirt, so ist doch dies nicht so zu verstehen, als ob er sofort ein unwiderrufliches Eigenthum an den Früchten durch die Perception erwerbe. Nein, das Eigenthum, was ihm die Gesetze als präsumtivem Eigenthümer der Hauptsache an den Früchten geben, ist wegen des stärkeren Rechtes des sich nachher meldenden wahren Eigenthümers ein blos interimistisches und widerrufliches. Paulus (l. 48 pr. D. de acquir. dom.) giebt dieses auch in den Worten: Bonae fidei emtor non dubie percipiendo fructus ex aliena re suos interim facit deutlich zu verstehen" (S. 276).

Eine besondere Abhandlung hat Marezoll[2] der Vertheidigung des revocablen Eigenthums an den Früchten gewidmet.

Den Fruchterwerb des redlichen Besitzers betrachtet er als Folge der billigen Berücksichtigung der bona fides, welche sich auf einen iustus titulus stützt (S. 229). Seine Rechte behält der titulirte redliche Besitzer nur so lange, als er noch fortdauernd in bona fide verbleibt. „Denn sein Recht an den Früchten ist nichts als eine b. f. possessio, welcher die Gesetze interimistisch die Wirksamkeit wahren Eigenthums beigelegt haben. Darum ändert sich das ganze Verhältniss in dem Momente, in welchem jene bonae fidei possessio aufhört, d. h. der Besitzer sich überzeugt hat, dass er nicht Eigenthümer der Hauptsache, also auch nicht befugt war, sich die Früchte derselben anzueignen. In demselben Moment hört für ihn nicht blos die Möglichkeit auf, auch noch späterhin durch Separation an neuen Früchten das Eigenthum zu erwerben, sondern es hört auch, mit dem Wegfallen seines ursprünglichen Grundes, der bona fides, sein bisheriges interimistisches Eigenthum an den schon früher separirten Früchten auf, falls nicht, durch die inzwischen erfolgte Consumption, das Erlöschen jenes bisherigen Rechtsgrundes unschädlich geworden ist. Da übrigens das Recht zur Consumption der Früchte nur als eine natürliche Folge, als ein Ausfluss des interimistischen, durch die Fortdauer der bona fides bedingten Eigenthumes erscheint, so befreit auch die Consumption den Fruchterwerber nur dann von aller späteren Verantwortlichkeit und Re-

1) Erläuterung der Pandekten 8 S. 276 fg.

2) Zeitschr. f. Civilr. u. Pr. 18 (1843) S. 211 fg.

stitutionsverbindlichkeit dem Eigenthümer der Sache gegenüber, wenn er wirklich noch als bonae fidei possessor die Früchte consumirt hat. Die Früchte müssen also bona fide gezogen und gleichmässig bona fide verbraucht worden sein" (S. 231). Als Grund der Befreiung von der Restitutionspflicht gilt auch usucapio fructuum. Für die Fortsetzung der Usucapion ist die mala fides superveniens unschädlich. Ausser den consumirten und usucapirten Früchten kann der Eigentümer der Sache die übrigen mittelst einer selbständigen Vindication vom redlichen Besitzer fordern; seine Klage verwandelt den redlichen Besitzer in einen unredlichen und bewirkt die Aufhörung des Eigenthumes auf der Seite des Besitzers und den Erwerb des Eigenthumes seitens des dominus fundi (S. 233 fg.).

Wesentlich dieselbe Theorie entwickelt consequent Köppen:[1] Der rechtmässige (titulirte) Besitzer wird durch die Separation sofort Eigenthümer der Früchte, „aber er erwirbt das Eigenthum zunächst nur provisorisch (suos interim facit): denn von ihm erwirbt es gleichzeitig der Dominus unter der Bedingung, dass er die Früchte vindicirt, bevor der b. f. possessor sie consumirt. Dieser bedingte Erwerb giebt ihm in der Bildung begriffenes Eigenthum: durch die Erfüllung der Bedingung wird dasselbe rückwärts perfect, und das provisorische Eigenthum des b. f. possessor geht rückwärts unter; durch die Deficienz der Bedingung wird das begonnene Eigenthum des Dominus rückwärts aufgehoben, und das provisorische des b. f. possessor wird rückwärts ein definitives (fructus consumptos suos facit; fructus, quos percepit, eius sunt)."

„Demnach hat der b. f. possessor Eigenthum, quod abire speratur, si condicio extiterit, wie der Tradent bei der bedingten Tradition; der für den Dominus begonnene Eigenthumserwerb bewirkt für ihn einen begonnenen Eigenthumsverlust, der in pendenti ist. Dadurch wird, so lange sich die Bedingung nicht erfüllt hat, sein plenum ius nicht ausgeschlossen. Deshalb kommen ihm inzwischen alle Befugnisse eines Eigenthümers zu. Wenn aber der Eintritt der Bedingung sein provisorisches Eigenthum rückwärts aufhebt, werden alle seine dinglichen Dispositionen, da auch sie nur provisorische sein konnten, ab initio nichtig, und alle von ihm noch nicht angestellten oder noch anhängigen Klagen stehen jetzt dem Dominus zu; nur auf die schon zu Ende geführten Klagen influirt die

1) Köppen, Der Fruchterwerb des bonae fidei possessor.

Rückziehung nicht, weil sie vollendete Rechtsverhältnisse niemals rückgängig macht."

„Kraft seines bedingten Eigenthumes kann neben dem b. f. possessor auch der Dominus über die Früchte dinglich disponiren, wie bei der bedingten Tradition der Accipient über die tradirte Sache. Die von ihm bestellten iura in re entstehen als bedingte und werden an den vindicirten fructus extantes rückwärts vom Moment ihrer Bestellung perfect, weil sich das Eigenthum des Bestellers rückwärts ex die separationis vollendet; dagegen an den consumirten Früchten gehen sie rückwärts unter, weil die Consumption das begonnene Eigenthum des Dominus rückwärts aufhebt, und deshalb die Früchte jetzt niemals zu dessen Vermögen gehört haben" (S. 76, 77, 78).[1]

Durch diese consequente und genaue Darstellung seiner Theorie zeigt der Autor selbst am besten, welche praktischen Schwierigkeiten für den Verkehr aus seiner und seiner Vorgänger Theorien entstehen. Seine Erörterung stellt ein Bild der Verkehrsverwickelungen, der Regresse und Prozesse dar, welche die Theorie des interimistischen Eigenthumes nach sich zieht.

Eine gründliche und ausführliche Kritik dieser Theorie wurde schon von Waldeck[2] ausgeführt; mit Recht bemerkt er, dass die rei vindicatio ein schon existirendes Eigenthum voraussetzt, aber kein Grund des Unterganges und des Entstehens desselben sein kann, dass die mala fides superveniens nur für die Zukunft, aber nicht rückwärts wirkt, dass die einzige Stütze der obigen Theorien, das Wort interim im Ausdruck suos interim facit, auf die Restitutionspflicht hinweist, aber nicht auf ein bedingtes Eigenthum[3] u. s. w.

Die Uebersicht der constructiven Literatur hat nur den negativen Schluss bestätigt, welchen wir aus der dogmatischen Darstellung gemacht haben; es ist weder eine einheitliche Construction des ganzen Institutes aus einem allgemeinen Satze, noch des Eigenthumserwerbes an den Früchten aus dem Verhältniss zu der Hauptsache, noch der Restitutionspflicht aus der Natur des Eigenthums an der Frucht möglich.

---

1) Die Theorie des interimistischen Eigenthums ist auch von Huschke (Arch. f. civ. Pr. LXIII S. 445), neuestens von Pfersche (Privatr. Abh. S. 74) angenommen.

2) Im Archiv f. civ. Pr. 57; vgl. auch Czyhlarz S. 503 fg.

3) Vgl. Czyhlarz S. 505.

§ 38. 2. Die geschichtliche Theorie von Czyhlarz.[1]

Czyhlarz geht davon aus, dass eine Rechtfertigung des Institutes in der Gestalt, wie es im Corpus iuris dargestellt wird, nicht möglich ist. Es ist unmöglich, zu erklären, warum das römische Recht dem redlichen Besitzer mit einer Hand das Eigenthum an allen Früchten gegeben, mit der anderen die daraus folgenden Vortheile durch die Restitutionspflicht zurückgenommen hat (S. 506—526). Diese räthselhafte Erscheinung, welche keine Analogie im ganzen System des römischen Civilrechtes hat, kann man nur geschichtlich erklären. Die Pflicht, fructus extantes zu restituiren, ist durch die kaiserliche Gesetzgebung eingeführt; sie wurde „als materielle Beschränkung dem Eigenthumserwerb angehängt", „welche Aenderung dann in Interpolationen fast aller einschlägigen Stellen ihren Ausdruck fand" (S. 526).

Das classische Recht kannte die künstliche und unerklärliche Combination von Eigenthum und Restitutionspflicht, wie sie uns beim Fruchterwerb des bonae fidei possessor nach Justinianischem Recht entgegentritt, nicht; im classischen Recht erwarb der redliche Besitzer alle Früchte ohne jede Beschränkung. Der Grund seines Erwerbes war die billige Berücksichtigung seiner Lage (S. 537), welche (Berücksichtigung) er eben in Folge seiner bona fides verdient (S. 542. 522).

---

1) In der Fortsetzung von Glücks Commentar, Serie der Bücher 41 und 42 (1887) S. 469 fg. Zur Literaturgeschichte dieser Theorie vgl. schon Pellat, La propriété (1853) S. 306 fg.; in besonderer Gestalt vertheidigt von Thomsen, Verhandl. des 17. deutschen Juristentages I S. 248 fg., darauf die kurze, aber genügende Antwort von Eck, Verhandl. des 17. d. Juristentages II S. 35 fg. Noch vor Pellat (nämlich im Jahre 1816) hat die Restitution der fructus extantes als eine spätere Neuerung Th. Zachariä (Institutionen des röm. Rechts, S. 286 fg.) bezeichnet. Nach der Vermuthung von Zachariä, erwarb der b. f. p. im älteren röm. Rechte die Früchte definitiv durch das Separare a solo. Erst später wurden seine Rechte dahin beschränkt, dass, um den Erwerb zu einem definitiven zu machen, noch die Consumption hinzutreten musste. Unabhängig von diesen Vorgängern wurde die Hypothese vom berühmten italienischen Juristen Alibrandi durch eine kurze Bemerkung in seiner Teoria del possesso secondo il diritto Romano (1871, Roma, Seite 134 fg.) aufgestellt.

Verschieden von der Theorie von Czyhlarz ist die Meinung von Dernburg, Pand. I § 205, der die Restitution der fructus extantes nicht für eine Neuerung der Compilatoren, sondern für ein Gewohnheitsrecht hält, welches durch Diocletian bestätigt wurde. Damit sind wir einverstanden, aber die Ordnung der geschichtlichen Entwickelung fassen wir abweichend auf. Unsere Gründe werden aus der Darstellung des Grundzweckes und den geschichtlichen Bemerkungen erhellen.

Wir beschäftigen uns mit der Theorie in der Gestalt, wie sie Czyhlarz vertheidigt, weil in seiner scharfsinnigen Abhandlung ausführlich die Gründe angegeben sind.

Der Grundgedanke der von der kaiserlichen Gesetzgebung eingeführten Beschränkung der Rechte des bonae fidei possessor bestand darin, dass er von dem Ertrag, den er vor der litis contestatio gezogen, zwar nichts ersetzen, wohl aber Alles, was er noch hat, herausgeben solle. Darin liegt keine Belastung, sondern nur die Entziehung eines Gewinnes, den er auf Kosten des Eigenthümers machen würde (S. 564). Aber auch dieser Gewinn wurde aus praktischen Gründen nicht ganz entzogen, sondern nur im Umfang der fructus extantes. Wenn man die ganze Bereicherung entziehen wollte, würde das Erhebungen, Beweise u. s. w. mit sich führen, „die mit der rei vindicatio der Hauptsache in keinem Zusammenhang mehr stehen, weshalb es wohl aus technischen Gründen nothwendig ist, bei den fructus extantes selbst stehen zu bleiben. Das, was dem malae fidei possessor abvindicirt werden könne (u. z. mittelst besonderer rei vindicatio), das soll beim bonae fidei possessor wenigstens noch von der Vindication der Hauptsache erfasst werden; was dagegen beim malae fidei possessor Gegenstand der condictio ist (fructus consumpti), das soll der bonae fidei possessor lucriren“ (S. 565. 566).

Bevor wir zur Prüfung der Gründe für diese Theorie übergehen, schicken wir eine Bemerkung über ihre geschichtliche Unwahrscheinlichkeit voraus.

Unzweifelhaft ist der Schutz des redlichen Besitzes im Interesse der Verkehrssicherheit eingeführt. Die Verleihung der Rechte an den Früchten an den redlichen Besitzer, respective die über den Eigenthümer der Hauptsache verhängte Entziehung dieser Rechte ist eine Beschränkung des strengen dominium im Verkehrsinteresse. In dieser Beziehung bewegt sich die geschichtliche Entwickelung nothwendig und natürlich überall in derselben Richtung. Mit der Entwickelung des Verkehrs entwickeln sich auch die entsprechenden Beschränkungen des unbedingten und strengen Eigenthumes. So war es auch mit dem römischen Recht. Die Entwickelung des in bonis esse auf Kosten des strengen dominium ex jure Quiritium, actio Publiciana, exceptio rei venditae et traditae, die Bedeutung der Specification etc. sind Symptome dieser Richtung. Wenn wir auch die Entwickelung der Rechte des redlichen Besitzers auf Kosten des Eigenthumes bei Seite lassen, finden wir doch Beweise genug, dass der Schutz des redlichen Besitzers auf Kosten des dominium namentlich in Bezug auf die Früchte sich allmählich entwickelt hat, parallel der Entwickelung des Verkehrs. Papinian (in l. 44 pr. D. de usuc. 41, 3) weist direct auf die Entwickelung des Verkehrs hin, als auf die Ursache, welche die Rechte des redlichen Besitzers am Erwerbe der Sclaven ins Leben gerufen hat. Aus seinen Worten kann man schliessen, dass man, wenn die Adrogatio eine so verbreitete Erscheinung wäre, wie der Kauf der Sclaven, dem putativen pater adrogator dieselben Rechte verleihen würde, wie dem redlichen Besitzer eines Sclaven an dessen Erwerb. Unten werden wir sehen, dass der redliche Besitzer ursprünglich nur diejenigen Früchte erwarb, welche er durch seine Arbeit erzeugt hat. Im justinianischen Recht erwirbt er unstreitig alle Früchte.

Vom geschichtlichen Standpunkte also will die Theorie von Czyhlarz eine sonderbare und unwahrscheinliche Reaction beweisen. In der Kaiserzeit, als das Staatsgebiet einen grossartigen Umfang erreicht hatte, als die Staatsangehörigen den Kauf und andere Erwerbsgeschäfte nicht mehr wie einst mit wenigen meistens persönlich bekannten Bürgern der kleinen Stadt Rom vor dem Populus oder seinen Vertretern als Zeugen abzuschliessen hatten, sondern oft mit ganz fremden Leuten verschiedener Sprachen und Nationalitäten, hat man, nach der Meinung von Czyhlarz, den Schutz des redlichen Besitzes beschränkt, hat man dem dominium mehr Schärfe gegeben!

Wenden wir uns aber zur Beweisführung von Czyhlarz.

Den grössten Eindruck vor der genaueren Prüfung der Theorie macht die Behauptung: „wir haben keine einzige Stelle eines classischen Juristen, welche dem bonae fidei possessor die Restitutionspflicht der vor der L. C. gewonnenen Früchte auferlegt“ (S. 561). Den wahren Sinn dieser Behauptung erklärt der Autor selbst später (S. 571 fg.): „Mit allem dem . . . stehen unverkennbar im schärfsten Gegensatz die Quellenaussprüche, welche dem bonae fidei possessor blos die consumirten Früchte belassen, somit eine Restitutionspflicht der fructus extantes voraussetzen oder auch direct bezeugen.“ „Dann bleibt aber nichts übrig, als alle diese den classischen Grundsätzen widersprechenden Stellen für interpolirt zu halten“ (S. 571, 572). In der That bezeugen die Restitutionspflicht des redlichen Besitzers für fr. extantes alle einschlägigen Stellen der Digesten und der Institutionen ausser drei Stellen, welche nur vom Eigenthumserwerb an den Früchten sprechen. Alle jene Stellen betrachtet der Autor als „schon nach ihrem ganzen Bau und Inhalt als innerlich incongruent und verdächtig“ und als interpolirt.

Ex professo sind fructus extantes bei der bonae fidei possessio in das officium iudicis in l. 4 § 2 D. finium regundorum 10, 1 hereingezogen:

Paulus libro vicesimo tertio ad edictum. Post litem autem contestatam etiam fructus venient in hoc iudicio: nam et culpa et dolus exinde praestantur: sed ante iudicium percepti non omni modo hoc in iudicium venient: aut enim bona fide percepit, et lucrari eum oportet, si eos consumpsit, aut mala fide, et condici oportet.

Die Worte „si eos consumpsit“ betrachtet Czyhlarz als einen späteren Zusatz, weil die Stelle nur dann recht schlüssig ist, wenn man sie weglässt. „Denn dann ist die Frage der Früchte hier wirklich erschöpfend behandelt. Die mala fide bezogenen unterliegen alle der condictio, wogegen die bona fide percipirten lucrirt werden. In der Gestalt, welche die Stelle in der Compilation hat, giebt sie uns keineswegs betreffs aller Früchte Auskunft, da sie uns über die extantes im Ungewissen lässt. Betreffs dieser wissen wir danach nicht, ob sie ins iudicium kommen oder nicht“ (S. 581).

Wenn in dieser Argumentation auch kein Fehler steckte, würde sie jedenfalls die Interpolation noch nicht wahrscheinlich machen. Streichen wir aber mit Czyhlarz die Worte „si eos consumpsit“. Jetzt erscheint in der Stelle ein Widerspruch; denn Paulus besagt ja, dass wenn nicht alle, so doch einige vor der L. C. percipirten Früchte veniunt in iudicium (non omni modo, im Gegensatz zu nullo modo). Wenn wir aber die Worte: „si eos consumpsit“ streichen, dann erfahren wir, dass keine vor der L. C. percipirten Früchte in iudicium kommen; die mala fide percepti bilden Gegenstand einer besonderen Condiction, die bona fide percepti werden alle vom redlichen Besitzer lucrirt. Also in drei Zeilen ein auffallender Widerspruch.

Was die mangelhafte Schlüssigkeit der Stelle anbetrifft, so scheint uns der daraus entnommene Einwand unberechtigt. Wir ersehen vielmehr aus der Stelle sehr gut, ob die fructus extantes in iudicium veniunt oder nicht, denn fructus sind entweder extantes oder consumpti. Wenn daher einige Früchte veniunt in iudicium, davon aber die mala fide percepti und die bona fide percepti consumpti ausgeschlossen sind, dann bleibt ja nur ein Schluss möglich, dass nur fructus extantes veniunt in iudicium.

In der Stelle wird klar ausgesprochen und zugleich als selbstverständlich betrachtet, dass fructus extantes officio iudicis dem gutgläubigen Besitzer entzogen werden.

Denselben selbstverständlichen Inhalt hat das officium iudicis in l. 1 § 2 D. de pign. 20, 1 (Papinianus):

Cum praedium pignori daretur, nominatim, ut fructus quoque pignori essent, convenit. eos consumptos bona fide emptor utili Serviana restituere non cogetur: pignoris etenim causam nec usucapione peremi placuit, quoniam quaestio pignoris ab intentione dominii separatur: quod in fructibus dissimile est qui nunquam debitoris fuerunt.

Weil das Eigenthum an den Früchten dem redlichen Besitzer gehört, aber nicht dem Verpfänder, dem dominus fundi, fallen dieselben in den Pfandnexus nicht. Sie können also nur auf Grund des officium iudicis restituirt werden; die dem Pfandrecht des Klägers nicht unterworfenen Früchte werden hier ebenso officio iudicis restituirt, wie die dem Eigenthum des Vindicanten bei der rei vindicatio oder beim iud. finium regundorum nicht unterworfenen Früchte.

Hier schlägt Czyhlarz vor, anstatt „consumptos“ vielmehr perceptos zu lesen, weil die Pfandfreiheit der Früchte nur dann als Begründung für restituere non cogetur gelten kann, wenn die Restitutionsfreiheit sich auf alle Früchte bezieht (S. 580, 851).

Das finden wir unbegründet, denn die Pfandfreiheit der Früchte kann die Restitutionsfreiheit nur bezüglich der fructus consumpti nach sich ziehen. Für fructus extantes dagegen bei einer dinglichen Klage wegen der Muttersache verschlägt es nicht, dass sie dem entsprechenden Recht des Klägers nicht unterworfen sind. Sie werden officio iudicis restituirt (praestatio personalis). Auch in dieser Stelle also wird die Restitution der Fructus extantes als selbstverständlich betrachtet und ganz klar bezeugt.

Dasselbe wird auch in § 35 J. de rer. div. II, 1 bezeugt:

Si quis a non domino, quem dominum esse crederet, bona fide fundum emerit vel ex donatione aliave qua iusta causa aeque bona fide acceperit; naturali ratione placuit fructus quos percepit eius esse pro cultura et cura. et ideo si postea dominus supervenerit et fundum vindicet, de fructibus ab eo consumptis agere non potest. ei vero, qui sciens alienum fundum possederit, non idem concessum est. itaque cum fundo etiam fructus, licet consumpti sint, cogitur restituere.

In dieser Stelle hält Czyhlarz den Eingang und die Regel vom unredlichen Besitzer für echt. „Verdächtig ist nur, freilich aber im höchsten Grade, der Satz „et ideo“ bis „agere non potest“ (S. 573). Den Grund dafür findet der Autor im Mangel der Schlüssigkeit der Stelle. Aus dem Satze, nach welchem die Früchte dem redlichen Besitzer pro cultura et cura gehören, sollte man — meint Czyhlarz — schliessen, dass er alle fructus percepti lucrire; indessen werde daraus nur gefolgert, dass er die fructus consumpti lucrire; damit sei also stillschweigend ausgesprochen, dass fructus extantes zu restituiren sind (eod.).

Wir wiederholen auch hier, dass die Stelle nur die Thatsache beweist, dass ihr Verfasser die Restitution der Früchte an den dominus fundi, obschon sie nicht sein Eigenthum, sondern das des redlichen Besitzers sind, als selbstverständlich und bekannt ausspricht. Aus dieser Stelle und der vorigen kann man nur die Ueberzeugung gewinnen, dass die Restitution der fructus extantes bei allen drei darin besprochenen Klagen (rei vindicatio, — actio finium regundorum, — a. hypothecaria) als ganz natürlich und absolut unabhängig von der dinglichen Beziehung des Klägers zu ihnen betrachtet und ausgesprochen wurde. Wir finden in ihnen keinen Mangel von Schlüssigkeit und keinen Beweis der Interpolation. Noch mehr, obgleich für uns genügt, die Gründe für die Annahme der Interpolation zu widerlegen, wir bestehen darauf, dass die Stellen einen positiven Beweis abgeben, dass in sie keine Reform hineininterpolirt ist. Eine solche Reform spricht man als eine gewöhnliche und natürliche Erscheinung nicht aus; denn sie würde verstossen gegen den gewöhnlichen iuristischen Gedankengang; die Reform wird nicht implicite, sondern explicite eingeführt. Die Stellen können nur dann als inconsequent betrachtet werden, wenn wir davon ausgehen, dass das Eigenthum des Besitzers an fructus extantes, oder die Pfandfreiheit von fructus extantes den b. f. possessor restitutionsfrei mache. Das wäre aber eine petitio principii. Die bei dieser Annahme sich ergebende Unschlüssigkeit der Stellen beweist nur, dass die Annahme selbst unrichtig ist.

Von dem officium iudicis bei der rei vindicatio spricht noch § 2 J. de officio iudicis 4, 17:

Et si in rem actum sit, sive contra petitorem iudicavit, absolvere debet possessorem, sive contra possessorem, iubere eum debet, ut rem ipsam restituat cum fructibus; sed si in praesenti neget se possessor restituere posse et sine frustratione videbitur tempus restituendi causa petere, indulgendum est ei, ut tamen de litis aestimatione caveat cum fideiussore, si intra tempus, quod ei datum est non restituisset. et si hereditas petita sit, eadem circa fructus interveniunt, quae diximus intervenire in singularum rerum petitione. illorum autem fructuum, quos culpa sua possessor non perceperit, in utraque actione eadem ratio paene fit, si praedo fuerit. si vero bona fide possessor fuerit, non habetur ratio consumptorum neque non perceptorum. . .

Die Interpolation dieser Stelle beweist der Autor nicht. Hier ist das officium iudicis ausführlich dargestellt. Es erstreckt sich nicht auf fructus consumpti (non habetur ratio consumptorum), welche der redliche Besitzer in dieser Weise definitiv lucrirt.

Die Restitutionspflicht setzt auch die l. 48 pr. D. de acq. rer. d. 41, 1 als bekannt voraus:

Paulus libro septimo ad Plautium. Bonae fidei emptor non dubie percipiendo fructus etiam ex aliena re suos interim facit non tantum eos, qui diligentia et opera eius pervenerunt, sed omnes, quia quod ad fructus attinet, loco domini paene est. denique etiam priusquam percipiat, statim ubi a solo separati sunt, bonae fidei emptoris fiunt. . . .

Czyhlarz leugnet nicht, dass die Worte interim und paene auf die Restitutionspflicht hinweisen (S. 579. 580), aber er hält diese Worte für interpolirt, weil in anderen Theilen des Textes von der Restitutionspflicht nicht gesprochen wird, sondern nur vom Eigenthumserwerbe an den Früchten; ausserdem sei das Wort interim unrichtig, „da der bonae fidei possessor auch nach Justinianischem Recht doch nicht alle Früchte blos interim suos facit“. Auch diese Einwände sind schwer zu vertheidigen. Der b. f. possessor erwirbt alle Früchte interim (im Sinne von Paulus) zu Eigenthum (suos facit); der Eigenthumsverlust tritt entweder in Folge der Consumption oder in Folge der Restitution immer ein. Wenn in anderen Theilen des Textes von der Restitution nicht gesprochen wird, so beweist das nur, dass Paulus den Eigenthumserwerb von der obligatorischen Restitutionspflicht zu unterscheiden wusste. Denselben Einwand macht Czyhlarz auch gegen die schon oben abgedruckte l. 40 D. de acq. r. d. 41, 1. Dazu kommt noch der berühmte Ausdruck von African: „fructus consumptos suos faciat“. Davon haben wir schon oben gesprochen.

Als Argument für sich macht Czyhlarz auch den Umstand geltend, dass in drei Stellen nur der Eigenthumserwerb an den Früchten constatirt und die Restitutionspflicht mit Stillschweigen übergangen wird. Es sind l. 25 § 1, l. 28 D. de usur. 22, 1 und l. 48 §§ 5, 6 D. de furtis 47, 2. Es ist noch die l. 4 § 19 D. de usuc. 41, 3 hinzuzurechnen. Hierin ist auch von der Restitution keine Rede, sondern nur vom Eigenthumserwerb (vgl. oben S. 90 fg.). Es giebt also 4 Stellen, welche nur von dem Eigenthumserwerb an den Früchten sprechen. Wenn wir diese Stellen näher betrachten, müssen wir anerkennen, dass eine Bemerkung über die Restitutionspflicht in allen vier Stellen ganz unpassend und unjuristisch wäre.

In der l. 48 cit. ist von der Furtivität und ihrer Bedeutung für den Erwerb der Früchte und des partus ancillae die Rede; in der l. 25 § 1 cit. wird die Bedeutung des Umstandes besprochen, dass der berechtigte Percipient der Früchte dieselben nicht gesäet hat; in der l. 28 cit. ist die Rede davon, was zu den Früchten gehört, was nicht; in der l. 4 § 19 cit. davon, bei welchen Umständen die Früchte furtiv sind. In allen vier Stellen wird von den Umständen gesprochen, welche für den Eigenthumserwerb durch die Usucapion oder statim von Bedeutung sein können. Darum ist auch in ihnen der Eigenthumserwerb erwähnt. Alle diese Umstände aber haben mit der Restitutionspflicht gar nichts zu thun. Die Erwähnung davon wäre in allen vier Stellen äusserst abgeschmackt und irreführend.

Wir ziehen den Schluss über den Zustand der classischen Stellen:

1. Die Stellen, welche von der Restitution der Früchte bei der rei vindicatio, a. fin. regundorum, actio hypothecaria sprechen, beschränken klar und unzweifelhaft das lucrum des redlichen Besitzers auf fructus consumpti. Ausführlicher als andere bespricht dies l. 4 § 2 fin. reg. Wenn wir diese Stelle als interpolirt ansehen und entsprechend emendiren, wird sie fehlerhaft und verstümmelt.

2. Die Stellen, welche ex professo vom Eigenthumserwerb des redlichen Besitzers an den Früchten sprechen, enthalten auch die kurzen Hinweise auf die Restitutionspflicht. Diese Hinweise sind eine unnöthige Beilage; sie zeigen, wie den römischen Juristen die Restitutionspflicht wichtig erschien als eine Beschränkung der

Rechte des redlichen Besitzers. Sie sprechen vom Eigenthumserwerb nicht, ohne sich der heterogenen obligatorischen Verhältnisse zu erinnern.

3. Die Restitutionspflicht wird nur in den Stellen nicht erwähnt, welche die juristischen Qualitäten der Früchte besprechen und den Eigenthumserwerb an den Früchten nur als weitere Folge der besprochenen vitia rei erwähnen. Noch weitere Folgen des Eigenthumserwerbes hier zu besprechen, welche nur vom Eigenthumserwerb an der Frucht, aber nicht von den vitia rei abhängen, war ganz unmöglich.

Czyhlarz betrachtet auch selbst die unmittelbaren Quellenzeugnisse nicht als einen positiven Beweis für seine Theorie. Er nennt sie „Widersprüche der Quellen“ (S. 571) und sucht sie durch die obigen Einwände zu beseitigen. Er verkennt auch nicht, dass diese Einwände zur Annahme von Interpolationen noch nicht berechtigen. „Keineswegs vermag aber diese Kritik des Inhalts und der Ausdrucksweise für sich allein die Unechtheit aller angeführten Fragmente darzuthun“ (S. 582). Den Autor bestimmen nicht die „wenig dringenden“ Verdachtsgründe gegen die meisten obigen Fragmente, sondern andere positive Gründe. Wir haben alle diese Einwände nicht sowohl in polemischer Absicht bekämpft, weil sie für die Theorie von Czyhlarz keine grosse Bedeutung haben, als vielmehr, um bei dieser Gelegenheit die feste Stütze für unsere Erklärung des Institutes zu gewinnen. Derselbe Zweck nöthigt uns, bevor wir zu den positiven Beweisen des Autors übergehen, noch das Gesetz zu betrachten, welches die Restitution der fructus extantes zuerst eingeführt haben soll. Dies ist die l. 22 Cod. de r. v. 3, 32:

Idem (Impp. Diocletianus et Maximianus) AA. et CC. Diodoto. Certum est mala fide possessores omnes fructus solere cum ipsa re praestare, bona fide vero extantes, post litis autem contestationem universos.

Wenn wir auch keine widersprechenden Stellen der classischen Juristen hätten, würde dieses Gesetz an sich genügen, um die Theorie von Czyhlarz umzustürzen.

Zunächst ist es wenig wahrscheinlich, dass eine so wichtige Reform, wie die Einführung der Restitutionspflicht betreffs der vor der litis contestatio gezogenen und noch vorhandenen Früchte, durch ein Rescript geschaffen sein sollte.

Das Entscheidende liegt aber in den Worten des Rescripts

selbst. Das Rescript sagt ja selbst, dass es nichts Neues einführen will (wie die meisten Rescripte). „Certum est“: die Regel ist nicht nur geltendes Recht, sondern auch allgemein anerkannt. „Solere“: die Regel wird in der Praxis angewendet. Der Autor beachtet diese Fassung des Rescriptes nicht und hält das Rescript an sich für echt, macht aber seine Theorie noch kühner dadurch, dass er den im Rescripte ausgesprochenen Satz nicht Diocletian, sondern erst späterer Zeit zuschreibt (S. 562).

Den Grund dafür findet der Autor in der l. 1 Cod. Theod. de fruct. 4, 18 (von Valentinianus und Valens):

Litigator victus, quem invasorem alienae rei praedonemve constabit, sed et qui post conventionem rei incubarit alienae, non in sola rei redhibitione teneatur, nec tantum simplorum fructuum praestationem aut eorum, quos ipse percepit agnoscat: sed duplos fructus et eos, quos percipi oportuisse, non quos eum redegisse constabit, exsolvat. Et praedoni quidem ratio a die invasi loci usque ad exitum litis habeatur: ei vero, qui simpliciter tenet, ex eo quo re in iudicium deducta scientiam malae possessionis accepit, heredis quoque succedentis in vitium par habenda fortuna est.

Aus dieser Stelle schliesst der Autor, dass zur Zeit der Kaiser Valentinianus und Valens der redliche Besitzer für die vor der litis contestatio gewonnenen Früchte nicht haftete, weil in dieser Stelle von dieser Haftung nichts gesagt ist.

Indessen ist das sehr natürlich, dass die Kaiser nur von den nach der litis contestatio percipirten Früchten sprechen, weil sie nur die Folgen des vitium possessionis, der mala fides behandeln. Die Prästation der Früchte, welche vor der scientia malae possessionis percipirt waren, wird dadurch nicht negirt, dass der sciens possessor einer Strafe unterworfen wird. Diese Strafe für den ursprünglichen bonae fidei possessor wird vom Moment der L. C. auferlegt (ratio habetur ex eo . . .) und besteht im Duplum der Früchte.[1] Ebenso haben die Stelle die Compilatoren betrachtet, welche die Restitution der fructus extantes aus der Zeit vor der L. C. jedenfalls nicht negiren wollen, und doch von der Behandlung dieser Früchte kein Wort in die Stelle hineinschreiben.

1) Als Praecedens dazu war anscheinend die Bestimmung der XII Tafeln betrachtet, vgl. Festus ad vocem Vindiciae: . . . et in XII „Si vindiciam falsam tulit, si velit is . . . tor arbitros tres dato, eorum arbitrio . . . fructus duplione damnum decidito.“ Vgl. l. 1 Cod. Theod. de usuris rei iud. 4, 19 wo es vom Duplum der Zinsen heisst „ex iuris prisci est formulis introductum“.

Im Codex Justinianeus lautet nämlich die Stelle unter Weglassung der Strafe des Duplum folgenderweise (l. 2 C. de fruct. 7, 51):

Litigator victus, qui post conventionem rei incubarit alienae, non in sola rei redhibitione teneatur nec tantum fructuum praestationem aut eorum, quos ipse percepit, agnoscat, sed eos, quos percipi oportuisse, non quos eum redegisse constabit, exsolvat ex eo, ex quo re in iudicium deducta scientiam malae possessionis accepit. heredis quoque succedentis in vitium par habenda fortuna est.

Daraus wird man ja nicht folgern, dass auch nach Justianianischem Recht keine Restitutionspflicht bezüglich der fructus extantes für den redlichen Besitzer existirte.

Auch die andere Annahme Czyhlarz' bezüglich des Rescriptes von Diocletian, nämlich dass es sich ursprünglich vielleicht auf die hereditatis petitio bezog (S. 563), ist unwahrscheinlich; zur Zeit von Diocletian galt schon das sctum Juventianum, wo der Unterschied zwischen fructus extantes und consumpti keine Bedeutung hatte. Das Rescript stützt sich aber auf das geltende Recht.

Wir gehen zu den positiven Gründen über, welche den Autor zur Annahme so zahlreicher Interpolationen eigentlich bestimmen. Alle diese Gründe haben wir schon in der dogmatischen Darstellung berührt, darum können wir kurz sein.

1. Die Restitutionsfreiheit des redlichen Besitzers im classischen Recht bezüglich fructus extantes beweist der Autor durch die l. 48 D. de R. V. 6, 1 (S. 566 fg.). Diese Stelle haben wir schon oben (S. 115 fg.) abgedruckt und interpretirt. Der Umstand, dass Papinian keinen Unterschied zwischen fructus extantes und consumpti macht, kann nicht beweisen, dass der redliche Besitzer betreffs beider restitutionsfrei war. In der Stelle hat der redliche Besitzer keinen Reingewinn vom Grundstück bekommen, darum entsteht die Frage von der Restitution, also auch vom Unterschiede zwischen fructus extantes et consumpti, überhaupt nicht.

2. Den zweiten Beweis liefern die Regeln vom Erwerb des redlichen Besitzers eines Sclaven oder eines freien Menschen (S. 526 bis 558). Aus der Thatsache, dass einerseits das durch die im guten Glauben besessenen Sclaven Erworbene der redliche Besitzer definitiv lucrirte, andererseits aber die römischen Juristen dem b. f. possessor eines Sclaven den redlichen Besitzer anderer Sachen gleichstellen, schliesst der Autor, dass im classischen Recht kein

redlicher Besitzer die Früchte zu restituiren brauchte. Oben ist aber nachgewiesen, dass der redliche Besitzer eines Sclaven darum nichts zu restituiren hat, weil er keine natürlichen Früchte zieht. Er ist also nach allgemeinen Regeln ebenso restitutionsfrei, wie z. B. der redliche Besitzer eines Hengstes, eines Hauses u. s. w. Rechtlich unterscheidet sich der redliche Besitzer eines Sclaven von anderen redlichen Besitzern nicht. Thatsächlich aber besteht ein Unterschied zwischen ihm und dem Besitzer einer fruchttragenden Sache, weil bei dem letzteren fructus extantes vorhanden sein können, also die Restitution möglich ist. Auf diesen Unterschied weisen die Worte „fere“ und „propius accedere“ in den l. 40 D. de a. r. d. 41, 1 und l. 25 § 1 D. de usuris 22, 1 (vgl. oben S. 125 fg.). Diese Worte sind für Czyhlarz, welcher glaubt, dass, nach den classischen Juristen, keine fructus extantes zu restituiren waren, unerklärlich. Vom „fere“ in der l. 40 cit. bemerkt der Autor, dass Africanus damit keinen Unterschied statuirt, „sondern sich nur vorsichtig ausdrückt, er hätte unbedenklich auch das fere weglassen können“ (S. 553). Wenn aber kein Unterschied besteht, dann ist das Wort fere kein vorsichtiger, sondern im Gegentheil ein unvorsichtiger, fehlerhafter Ausdruck, weil er auf einen nicht existirenden Unterschied hinweist. Auch hier übrigens bezweifelt der Autor die Echtheit des Textes. Dann müssten wir aber auch die l. 25 § 1 D. de usuris cit. wegen der Worte propius accedere für interpolirt erklären!

Dass die Regeln über den Sclavenerwerb für die Czyhlarzsche Theorie nicht benützt werden können, folgt schon aus der von ihm anerkannten Regel über den Miethzins, welchen der redliche Besitzer vor der L. C. eingehoben hat (S. 566). Damit schliesst der Autor die Civilfrüchte von der Kategorie der fructus extantes aus. Uebrigens stellt er besondere Regeln auf für die dem redlichen Besitzer gehörenden Klagen (eod.) und auf Seite 612 auch abweichende Regeln für fructus civiles im allgemeinen. Diese Regeln aber, welche sich nach der Bereicherung des redlichen Besitzers richten, sind wiederum mit demjenigen schwer zu vereinigen, was der Autor auf Seite 516 in der Note ausgesprochen hat, wonach die Bereicherung keine Bedeutung hat.

3. Der letzte Beweis besteht darin, dass die classischen Juristen mit keinem Worte andeuten, ob die Befreiung von der Restitutionspflicht die bona fides im Moment der Consumption erfordert oder nicht. Die Consumption spiele nach Justinianischem Recht eine

so bedeutende Rolle in unserer Lehre, dass das Stillschweigen der classischen Juristen von der bona fides im Moment der Consumption darauf hinweise, dass die letztere zu ihrer Zeit diese Bedeutung nicht hatte und darum nicht besprochen wurde.

Auch diesen Beweis haben wir in der dogmatischen Darstellung entkräftet, indem wir darauf hinwiesen, dass die Pflicht zur Herausgabe der fructus extantes, als ein obligatorisches Verhältniss, nicht nach den Regeln von bona und mala fides, sondern nach denjenigen von dolus, culpa und casus beurtheilt wird, und dass die Consumption, wenn sie auch nach dem Eintreten der mala fides, aber ohne Schuld des Besitzers geschieht, als Befreiungsgrund anerkannt werden muss. Das Stillschweigen der römischen Juristen über das Erforderniss der bona fides ist also ganz natürlich.

§ 39. C. Unsere Aufgabe und die Methode der Lösung.

Die Uebersicht der durch die Literatur vorgeschlagenen Theorien hat zu einem negativen Ergebnisse geführt. Die Eigenthümlichkeiten des Institutes sind weder durch die formell-juristische Construction noch durch eine willkürliche Reform der kaiserlichen Gesetzgebung zu erklären. Das Institut wurde durch die Praxis unter dem Einfluss der Jurisprudenz ausgebildet. Es muss gewiss eine innere Berechtigung haben; denn die römische Jurisprudenz, welche so viel practischen Sinn gezeigt hat, betrachtet die Regeln über den Fruchterwerb und die Restitutionspflicht als ganz natürlich, trotz der Eigenthümlichkeiten der juristischen Gestaltung des Institutes. Unsere Aufgabe besteht darin, den inneren Zweck des Institutes zu entdecken. Bevor wir zur Lösung dieser Aufgabe schreiten, werden wir eine Uebersicht der Hilfsmittel voranschicken, welche wir benutzen können. Was zunächst die Literatur anbetrifft, so finden wir darin einige Gedanken ausgesprochen, welche auf verschiedene Seiten des Institutes ein helles Licht werfen, ohne jedoch in das Wesen desselben einzudringen. Wir führen nur die neuesten Rechtfertigungen des Institutes an:

1. Backe[1] erklärt den Fruchterwerb des redlichen Besitzers durch eine ratio aequitatis. „Ea fuerit fructus acquirendi ratio universa apud Romanos, tempore certe antiquissimo, h. e. dominium

---

1) Backe. Bonae fidei possessor quemadmodum fructus suos faciat. 1825.

eorum acquirere percipiendo, qui iure tantum perciperet" (S. 132). Der redliche Besitzer ist aber als ein berechtigter Percipient anzusehen, denn „justam esse, quae bona fide fiat, rei alienae apprehensionem, h. e. talem, quae dominium tribuat rei apprehensae, simulatque forma acquirendi accesserit iure prodita, seu causa civilis" (S. 134). Auf Grund der bona fides und causa civilis gehören die Sache und die Früchte aequitatis ratione dem redlichen Besitzer. Andererseits aber muss auch der Eigenthümer betreffs der Sache und der Früchte als berechtigt betrachtet werden. Der Kampf zwischen den beiden rationes aequitatis wird nun so entschieden, dass derjenige den Vorzug erhält, welcher prius ius apprehenderit. Betreffs der Sache ist es natürlich der Eigenthümer, betreffs der Früchte der redliche Besitzer (S. 137).

2. Heimbach[1] schreibt dem redlichen Besitzer das Recht an den Früchten zu, weil derselbe von diesem Recht überzeugt ist. Die Restitution der fructus extantes erklärt er dadurch, dass sie bei der rei vindicatio als Theile der fruchttragenden Sache in Betracht kommen.

3. Huschke[2] erklärt das Institut durch eine Analogie. Das Befinden der Sache im gutgläubigen Besitz betrachtet er als eine Gefangenschaft. Der redliche Besitzer thut Niemandem Unrecht, wenn er die Früchte der Sache, als res nullius, erwirbt, weil jede Beziehung des Eigenthümers der Sache zu derselben durch die Gefangenschaft unterbrochen ist. Die litis contestatio im Falle der rei vindicatio betrachtet Huschke als ein postliminio reverti der Sache. In Folge dieses postliminio reverti fällt das Recht an den fructus extantes ipso iure an den dominus zurück.

4. Scheurl[3] hält den Fruchterwerb für eine Folge der Arbeit, welche der redliche Besitzer auf die Erzeugung der Früchte verwendet (S. 246 fg.) Dagegen vgl. l. 48 pr. D. de a. r. d. 41, 1 das Nähere unten.

5. Keller[4] betrachtet das Institut als das Ergebniss eines Kampfes zwischen zwei entgegengesetzten Rücksichten, „einerseits den Eigenthümer bei seinem Recht zu schützen und anderseits den bonae fidei possessor deswegen möglichst zu schonen, weil die unterbliebene Rechtsverfolgung doch durchschnittlich mehr oder weniger

1) Heimbach. Die Lehre von der Frucht, 1843, S. 211 fg.
2) Krit. Zeitschr. für R.W. II S. 189 fg.
3) Scheurl. Beiträge zur Bearbeitung des röm. Rechts.
4) Pandekten § 143.

in einer gewissen Nachlässigkeit des Berechtigten ihren Grund hatte, oder dann in einem unglücklichen Zufall, dessen Tragung wenigstens bis zu einem gewissen Punkte ihm billig selbst zugemuthet wird". Es kommt dazu die Beobachtung, dass der b. f. possessor insbesondere eines bedeutenden Gutes mehr als früher ausgiebt, so dass die Nothwendigkeit, alle gewonnenen Früchte herauszugeben, welche dazu meistens nicht in natura vorhanden sind, sondern mit baarem Gelde ersetzt werden müssen, den gutgläubigen Besitzer ärmer als zuvor (d. h. als wenn er das Grundstück nie inne gehabt hätte), unter Umständen insolvent machen könnte.

Diese Erklärung enthält sehr richtige Bemerkungen über einige Seiten des Institutes. Indessen bleibt auch nach dieser Erklärung das innere Wesen desselben ein Räthsel. Die Erklärung würde nur dann genügen, wenn immer auf der Seite des Eigenthümers eine Nachlässigkeit vorliegen müsste. Warum soll er aber den Zufall tragen, dass Jemand ohne seine (des dominus) Schuld vom Dritten die dem letzteren nicht gehörende Sache gekauft hat? Der Zufall tritt hier eigentlich in der Person des gutgläubigen Käufers ein, und dieser sollte demnach seine Folgen tragen. Das Recht des Eigenthümers existirt ja gerade dazu, um ihm sein Vermögen trotz der thatsächlichen Zufälligkeiten, welchen es unterworfen sein kann, zu sichern. Sonst wäre es nicht viel mehr, als ein Besitz. Es war ja gerade zu erklären, warum die Folgen des Zufalles nicht derjenige trägt, bei welchem er eintritt. Diese Folgen können in der That sehr unglücklich für den gutgläubigen Besitzer werden. Es ist ganz richtig, dass sie seine Insolvenz herbeiführen können, indem er mehr ausgegeben hat, als seine eignen Mittel erlaubt hätten. Es ist auch eine sehr treffende Bemerkung, dass der Baarersatz des Consumirten mehr belastet, als die Herausgabe der fructus in natura. Allein diese Bemerkungen haben nur dann eine Bedeutung, wenn man den Besitzer aus irgend welchem Grunde besonders zu schonen beschloss. In der Nachlässigkeit des Eigenthümers kann man den Grund nicht sehen. Als der eigentliche Grund wird von Keller implicite bona fides angesehen, welche Schonung verdient; denn die Nachlässigkeit des Eigenthümers kann ebenso im Falle der malae fidei possessio geltend gemacht werden. Wenn aber die Erklärung des Institutes in der billigen Rücksicht auf die Redlichkeit zu suchen ist, so entsteht noch die Frage, warum diese Schonung nicht in der Beschränkung der Haftung bis zur Höhe der Bereicherung ihren Ausdruck fand.

Die Herausgabe der Bereicherung würde an sich den Besitzer nicht insolvent, nicht ärmer als vor dem Besitze machen.

6) Ihering[1] erklärt das Institut durch das Interesse der Dritten, welche vom redlichen Besitzer Früchte kaufen. „Damit die Frucht aus der Hand des Producenten frei und sicher in den Verkehr trete, ganz so wie das Fabrikat aus der des Fabrikanten, Handwerkers, darum allein schon hätte man dem b. f. p., auch wenn sich in seiner Person das Recht, das man ihm einräumen wollte, mit Hilfe des Gesichtspunktes der b. f. p. hätte bestreiten lassen, das Eigenthum zugestehen müssen. Wenn man der Ansicht, die ich hier vertrete, mit der Frage hat begegnen wollen: wie es denn zugehe, dass das röm. Recht dem b. f. p. einerseits das Eigenthum zusprechen und andererseits ihm die Verpflichtung zur Restitution der fructus extantes auferlege, damit also, was es mit der einen Hand gegeben, mit der anderen wiederum nehme, so antworte ich: weil in keiner anderen Weise das beabsichtigte Eigenthum der dritten Erwerber der Frucht sich hätte gewinnen lassen."

Diese Erklärung weist auf einen grossen Nutzen hin, welchen das Eigenthum des redlichen Besitzers an den Früchten dem Verkehr, den dritten Erwerbern bringt. Allein man würde, wenn dieser Gedanke zum Grunde des Institutes genommen wäre, auch dem malae fidei possessor das Eigenthum an den Früchten geben müssen; für das Interesse der dritten Erwerber ist die mala oder bona fides des Verkäufers gleichgültig.[2] Dem malae fidei possessor könnte man den Gewinn jedenfalls mittelst condictio entziehen. Ebenso wenig erklärt das Interesse der Dritten, warum man den redlichen Besitzer nicht die Bereicherung herausgeben liess.

In den Quellen finden wir auch keine directe Antwort auf die Frage nach dem Grunde des Institutes. Die Institutionen (§ 35 de rer. div. 2, 1) erklären die Rechte des redlichen Besitzers durch die cultura et cura, welche er auf die Erzeugung der Früchte verwendet hat:

„naturali ratione placuit fructus quos percepit eius esse pro cultura et cura . . . ei vero qui sciens alienum fundum possederit, non idem concessum est.

Es ist bemerkenswerth, dass das Eigenthum des redlichen Besitzers an den Früchten hier nicht aus formell juristischen Gründen

1) Ihering, Jahrbücher f. Dogm. XII S. 314 fg.

2) Vgl. Czyhlarz S. 513.

deducirt wird; die Rechtfertigung des Eigenthumserwerbes durch cultura et cura wird uns noch später vom geschichtlichen Standpunkt interessiren, aber als Erklärung des Institutes ist das Productionsprincip ganz ungenügend; das sieht man schon daraus, dass die fructus extantes restituirt werden, unabhängig davon, wer sie producirt hat, dass der unredliche Besitzer kein Eigenthum an Früchten erwirbt, obgleich er ebenso wie der redliche seine cura et cultura auf ihre Erzeugung verwendet, und dass endlich der redliche Besitzer das Eigenthum auch an denjenigen Früchten erwirbt, welche nicht von ihm producirt sind (l. 48 pr. D. de a. r. d. 41, 1).

In der l. 44 pr. D. de usuc. 41, 3 wird auf das öffentliche Interesse als auf den Grund der Rechte des redlichen Besitzers hingewiesen:

... ibi propter adsiduam et cottidianam comparationem servorum ita constitui publice interfuit, nam frequenter ignorantia liberos (sc. homines pro servis) emimus.

Es ist auch hier ein geschichtlicher Wink enthalten, indem die Entwickelung des Institutes als von der Entwickelung des Verkehrs (frequenter ... emimus) abhängig dargestellt ist, aber eine nähere Begründung des Institutes und eine Erklärung seiner Eigenthümlichkeiten ist darin nicht enthalten.

Indessen sind diese Eigenthümlichkeiten höchst merkwürdig und werden immer die Wissenschaft bewegen, bis man eine genügende Erklärung findet. Wenn man keine specielle Erklärung für den Eigenthumserwerb an den Früchten aufstellt, so nennt man ihn gewöhnlich eine billige Begünstigung der bona fides, und beruhigt sich dabei. Aber diese merkwürdige Restitution der fructus extantes! Warum sollen gerade fructus extantes restituirt werden? Warum werden gleiche Güter verschiedenen Personen gegeben nur nach Verschiedenheit ihrer äusseren Gestalt? Es ist doch vom Standpunkte der billigen Vertheilung der Güter ziemlich gleichgültig, ob Jemand 100 Mark in natürlichen Producten oder in anderer Gestalt gewinnt, ob er dieselben erspart oder zu Lebenszwecken verbraucht hat. Die Vertheilung, welche diese zufälligen Unterschiede zur Grundlage hat, scheint unbillig und willkürlich zu sein.

Man kann sich wirklich nicht wundern, wenn die Wissenschaft die Erklärung des Institutes in der Willkür des Gesetzgebers gesucht hat, trotz aller dieser Annahme entgegenstehenden Schwierigkeiten. Trotz aller Einwände, die wir gegen die Theorie von Czyhlarz gemacht haben, würden wir ihren Autor nicht überzeugen, bis wir einen anderen möglichen Ausweg gezeigt haben. Die Annahme ist zu unwahrscheinlich, dass die römischen Juristen, welche sich in ihren Entscheidungen nicht nach den doctrinären und willkürlichen Sätzen, sondern nach den Bedürfnissen des Lebens richteten, ein so willkürliches und unpraktisches Institut mit ruhigem Gewissen ausgebildet haben sollten.

Um die wirkliche Ursache, welche das Institut hervorgerufen hat, zu finden, müssen wir, weil die Quellen ihre directe Hilfe uns versagen, zur Induction greifen. Indess ist hier natürlich keine experimentale Induction im engeren Sinne möglich. Wir können keine neuen Experimente mit den volkswirthschaftlichen und rechtlichen Erscheinungen in unserem Arbeitszimmer machen. Wir können nur das existirende Material, die Experimente der Geschichte, benützen. Das Material muss aber in den Erscheinungen bestehen, bei denen dieselben Ursachen dieselben Wirkungen, und die geänderten Ursachen geänderte Wirkungen hervorgerufen haben. Haben wir denn aber ein solches Material, um die Ursachen unseres Institutes zu eruiren?

Ja, wir haben dazu Material genug. Das nächste Material ist schon in den römischen Regeln über die Rechte des redlichen Besitzers an den Früchten enthalten:

1. Sie beziehen sich auf die Früchte, aber nicht auf andere Accessionen. Die Ursache muss im Unterschiede der Früchte von anderen Accessionen liegen.

2. Sie beziehen sich auf den redlichen Besitzer, aber nicht auf den unredlichen. Die Ursache muss in dem Unterschiede von bona und mala fides liegen.

3. Sie beziehen sich in anderer Weise auf fructus extantes als auf consumpti. Die Ursache muss im Unterschied von fructus extantes und consumpti liegen.

Dagegen darf man den Grund des Institutes nicht im Eigenthumsbesitze, im Usucapionsbesitze, im wahren oder putativen, lucrativen oder onerosen Titel des Besitzes der Muttersache, in der cultura et cura, im Unterschiede von fructus industriales und naturales, im Interesse des dritten Erwerbers, in der Nachlässigkeit des Eigenthümers u. s. w. suchen, weil das Dasein oder der Mangel dieser Umstände ohne Einfluss auf das Institut bleibt. Durch die Beseitigung des unbrauchbaren Materials ist die Aufgabe einfacher, aber noch nicht einfach geworden; denn das Institut erscheint als ein Zusammenwirken von drei Factoren. In dem Ergebnisse ist die gleichzeitige Wirkung von drei Ursachen enthalten. Die Aufgabe ist, zu finden, was im Ergebnisse jedem Factor zuzuschreiben ist.[1] Dazu müssen wir die Erscheinungen benützen, bei denen die obengenannten Factoren in anderen Combinationen anders oder analog wirken. Freilich behauptet man, dass sich im ganzen System des römischen Rechtes nichts unserem Institut Analoges findet, allein es ist in der Wirklichkeit nicht so schlimm. Schon jetzt (vgl. unten S. 189 fg.) wollen wir zwei analoge Fälle anführen, um eine methodologische Lehre daraus zu gewinnen:

Fundum quis donavit; si non restituat, ut quivis possessor damnandus est: si autem fundum restituit, fructuum nomine, s i n o n e o s c o n s u m p s i t, in solidum condemnandus est: potuit enim non periclitari, si statim restituisset: si dolo desiit possidere, in litem iurabitur, et tanti sequetur condemnatio (l. 41 § 1 D. de re iudicata 42, 1).

Der zweite Fall ist mehr bekannt, als dieser, aber auch von den Specialforschern über den Fruchterwerb des redlichen Besitzers nicht berücksichtigt:

Interdum etiam de fructibus arbitrari debet iudex, ut, ex quo lis inchoata sit, ex eo tempore etiam fructibus condemnet. quid enim si minoris sit praedium, quam debetur? nam de antecedentibus fructibus nihil potest pronuntiare, n i s i e x s t e n t et res non sufficit (l. 16 § 4 D. de pign. 20, 1 von Marcianus).[2]

Im ersten Fall ist die Rede vom Donator, welcher nach Eigenthumsübertragung das geschenkte Grundstück weiter behält, im zweiten Falle von dem Beklagten in der Pfandklage. Die beiden Fälle haben mit der bonae fidei possessio in der juristischen Construction der Fruchtverhältnisse nichts zu thun, und doch ist die Restitution der Früchte ebenso, wie bei der bonae fidei possessio gestaltet.

Wir werden später diese Analogien unter anderen auch benützen, jetzt ziehen wir daraus nur folgende Lehre. Unsere Frage müssen wir in zwei Fragen spalten: in diejenige nach dem Grunde der m a t e r i e l l e n Gestaltung des Institutes und in diejenige nach der

1) Alle oben angeführten Erklärungen des Institutes berücksichtigen nicht alle drei Factoren, sondern nur einen oder zwei von ihnen. Darum können wir sie von vornherein als verfehlt betrachten. Diese Bemerkung soll unsere Pedanterie in der Methode entschuldigen.

2) Vgl. Dernburg, Pfandrecht II S. 319, Pand. I § 284 N. 9; Windscheid, § 235 N. 11.

formell juristischen Construction. Der materielle Inhalt des ganzen Institutes ist sehr schön durch den kurzen Satz: b. f. possessor fructus consumptos suos facit ausgedrückt. Nachdem wir den Grund dieses Satzes gefunden haben werden, wird es nicht schwer fallen, die Frage zu lösen, warum dieses lucrum der consumirten Früchte durch eine solche, aber nicht eine andere juristische Formcombination erlangt wurde. Nach der Erörterung über die Bedeutung der drei oben bezeichneten Factoren wird also zunächst die erste Frage zu beantworten sein. Dabei werden wir davon ausgehen müssen, dass es das Natürlichste ist, wenn dem Eigenthümer alle Einkünfte seiner Sache rechtlich gesichert sind. Zu erklären ist also nicht etwa, warum der redliche Besitzer nicht alle Früchte lucrirt, sondern warum er die consumirten lucrirt, warum die Rechte des Eigenthümers auf fructus extantes beschränkt wurden.

D. Die Bedeutung der drei im Institute zusammenwirkenden Factoren.

§ 40. 1. Bona und mala fides.

Welche Bedeutung der bona und mala fides in unserer Lehre zukommt? Diese Grundfrage erregt am wenigsten Zweifel in der Literatur. Was kann natürlicher und billiger erscheinen, als die Begünstigung der Redlichen, Bestrafung der Unredlichen? Einige Schriftsteller betrachten den Fruchterwerb als eine Begünstigung, welche der Besitzer durch seine bona fides verdient, andere sprechen das ausdrücklich nicht aus; indess, dass sie das oben genannte Postulat der Gerechtigkeit voraussetzen, geht schon daraus hervor, dass sie sich keine Mühe geben, zu erklären, warum der redliche Besitzer anders behandelt wird als der unredliche.

Die Frage ist nicht so einfach, wie es scheint. In der That, ist denn die bona fides ein positives Verdienst? Und wenn sie ein solches wäre, ist es denn erlaubt, die Verdienste mit den aus einer fremden Tasche genommenen Mitteln zu belohnen? Das können der Staat, die Corporationen, die Privatleute auf eigene Kosten vornehmen. Wie kann der redliche Besitzer einen Tugendpreis aus der Tasche des Eigenthümers bekommen? Wenn der Staat die Preise für Lebensrettung giebt, fordert er keine Zwangsleistung von dem vom Tode Geretteten. Und der redliche Besitzer ist doch kein Retter, im Gegentheil bedeutet der redliche Besitz immer eine objective Rechtsverletzung. Die bona fides kann dabei nur als ein Umstand angesehen werden, welcher von der etwaigen

Strafe befreit, aber nicht den Lohn verdient. Man kann Jemanden von der Strafe befreien, wenn er den Anderen erschossen hat, ohne zu wissen, dass in der Richtung des Schusses sich ein Mensch befand. Aber man wird jedenfalls keinen zufälligen Tödter belohnen. Bonae fidei possessio ist kein grösseres Verdienst, als jede andere zufällige objective Rechtsverletzung. Auch das römische Recht stützt sich nicht auf die Tafeln, welche Moses vom Berge Sinai heruntergebracht hat, sondern auf die kupfernen Tafeln, welche durch das Volk der herrschenden Classe abgezwungen waren und doch ein eisernes Recht enthielten. Mit der Sünde und der Tugend beschäftigt sich das praktisch egoistische und nüchterne römische Recht wenig. Das Privateigenthum und seine Consequenzen werden nicht zu Gunsten sittlicher Verdienste geopfert.

Bona fides ist keine positive sittliche Grösse und kann keine Begünstigung, keinen Lohn aus fremder Tasche beanspruchen. Um zu erkennen, welches Element in der bona fides sich zum Fruchterwerb als Grund zur Folge verhält, ist es wichtig, den Grund der strengeren Behandlung des unredlichen Besitzers zu finden. Hier drängt sich auch der Gedanke auf, dass der unredliche Besitzer wegen seiner Unredlichkeit civilrechtlich bestraft wird. Das scheint natürlich und selbstverständlich zu sein und ist durch die obigen Bemerkungen nicht ausgeschlossen: wenn bona fides auch nichts positiv sittliches enthält, so folgt daraus doch noch nicht, dass mala fides nicht positiv unsittlich ist. Wir sagen ja geradezu „unredlicher“ Besitzer. Indessen ist wichtig nicht dasjenige, was uns vorschwebt, wenn wir vom „unredlichen“ Besitzer sprechen, sondern dasjenige, was sich die römischen Juristen vorstellen, wenn sie vom malae fidei possessor reden. Dass sie mit dem Begriffe „malae fidei possessio“ nichts nothwendig sittlich Hässliches, Unmoralisches verbinden, beweist der Gebrauch dieses Ausdruckes unzweifelhaft. Durch die litis contestatio wird jeder redliche Besitzer, nach dem römischen Sprachgebrauche, in einen malae fidei possessor umgewandelt. Das ist allgemein bekannt, nur nicht richtig gewürdigt,[1] darum brauchen wir das nicht zu beweisen; nur beispielsweise führen wir ein paar Stellen an:

---

1) In eine ausführlichere Polemik gegen den traditionellen Begriff der bona und mala fides können wir hier nicht eingehen. Wir vertheidigen nur unsere Ansicht. Warum nach der litis c. der Besitzer verschieden behandelt wird, je nachdem er vor der l. c. in bona oder in mala fide gewesen ist, erklären wir unten (S. 171 fg.).

„Petitam autem hereditatem“ et cetera: id est ex quo quis scit a se peti: nam ubi scit, incipit esse malae fidei possessor. „id est cum primum aut denuntiatum esset“: quid ergo si scit quidem, nemo autem ei denuntiavit, an incipiat usuras debere pecuniae redactae? et puto debere: coepit enim malae fidei possessor esse“ (l. 20 § 11 D. de H. P. 5, 3).

„Si ante litem contestatam“ inquit „fecerit“: hoc ideo adiectum, quoniam post litem contestatam omnes incipiunt malae fidei possessores esse, quin immo post controversiam motam. . . (l. 25 § 7 eod.)

Diese Stellen werden wohl genügen, um zu zeigen, dass diese Terminologie nicht etwa zufällig ist, sondern ganz ernst gemeint und bedacht, denn sie ist von den römischen Juristen bei der Wortinterpretation gebraucht.

Unabhängig davon, was die neueste Literatur über die Bedeutung dieses Sprachgebrauches sagt, können wir schliessen, dass die römischen Juristen den Begriff „mala fides“ nicht nothwendig mit der Unredlichkeit im gewöhnlichen Sinne vereinigt haben. Die litis contestatio oder denuntiatio ist ja eine von der sittlichen Gesinnung und von den Handlungen des Besitzers unabhängige, von der Aussenwelt hinzukommende Thatsache. — Ferner wird man wohl nicht bestreiten, dass der malae fidei possessor dadurch b. f. possessor nicht werden kann, dass er sich redlich bemüht, den wirklichen dominus zu finden, denselben oder andere um Aufklärungen über das wirkliche Verhältniss ersucht u. s. w. Oft wird man eher den malae fidei possessor loben müssen, als den b. f. possessor ceteris paribus. Wenn wir irrthümlich eine dem Dritten gehörende Sache besitzen, können wir bei der gewöhnlichen Sorgfalt es bewenden lassen. Ein pedantisch gewissenhafter Mann wird sich nicht so leicht beruhigen; bei jedem für gewöhnliche Leute ganz unbedeutenden Zweifel über sein wirkliches Recht an der Sache wird er Nachforschungen und Erkundigungen anstellen, welche vielleicht den begründeten Argwohn nach sich ziehen, dass die Sache ihm nicht gehört. Nachdem er diesen Umstand erfahren hat, ist er in malam fidem in Folge seiner mehr als gewöhnlichen Gewissenhaftigkeit gerathen. Er wird sich auch ferner als ein gewissenhafter Mann betragen, er wird sich erkundigen, wie der wahre Eigenthümer heisst, wo er wohnt, er wird denselben benachrichtigen, von ihm den Beweis des Eigenthumes fordern und ihm denselben durch seine wahren Angaben erleichtern u. s. w. Da haben wir ein Bild von einem mehr als gewöhnlich gewissenhaften und redlichen „unredlichen" Besitzer. Wenn er nur die gewöhnliche Vorsicht angewendet hätte, würde er bonae fidei possessor bleiben. Man könnte ihm seine ignorantia rechtlich nicht zum Vorwurf machen, weil das Recht nur eine gewöhnliche Sorgfalt fordert, aber die mala fides war im beschriebenen Falle lobenswerth, weil sie als das Ergebniss einer mehr als gewöhnlichen Sorgfalt erscheint.

Zum Begriff der mala fides wird keine Unsittlichkeit gefordert, sondern es genügt scientia malae possessionis (l. 2 C. de fruct. 7, 51: ex quo re in iudicium deducta scientiam malae possessionis accepit). Noch mehr, es genügt ein Zweifel über die Rechtmässigkeit des Besitzes. In dieser Hinsicht finden wir eine gute Bemerkung in der l. 10 C. de acq. et r. p. 7, 32:

„ex interposita contestatione et causa in iudicium deducta super iure possessionis vacillet ac dubitet."

Dazu gehört auch die Entscheidung der l. 6 § 1 D. pro emt. 41, 4:

„Si ex decem servis, quos emerim, aliquos putem alienos, et qui sint, sciam, reliquos usucapiam; quodsi ignorem, qui sint alieni, neminem usucapere possum. (Vgl. auch l. 4 pr. eod.)

Die Usucapion der fremden Sclaven ist unmöglich, weil der Käufer den Zweifel hat (putem), dass einige Sclaven ihm nicht gehören. Wenn er nicht weiss, über welche Sclaven er namentlich zu zweifeln hat, dann hat er den Zweifel betreffs jedes der gekauften Sclaven und ist also in mala fide betreffs aller Sclaven.

Daher ist es sehr erklärlich, warum, nach den Quellen, die litis contestatio in mala fides versetzt. Die gewöhnliche Sorgfalt fordert, dass wir über das Ergebniss des Prozesses ernstlich nachdenken. Wenn wir den Prozess verlieren, können wir unsere Handlungen während des Prozesses nicht durch den Irrtum rechtfertigen. Wenn wir wirklich im Irrthum waren und keinen Zweifel trotz des Prozesses über unser Recht hatten, so war es eine Unvorsichtigkeit, ein unentschuldbarer Irrthum. Der Mangel der dubitatio nach dem Prozessbeginn ist jedenfalls keine bona fides, weil zur bona fides ein entschuldbarer error gehört. Der nothwendige Eintritt der mala fides in Folge der litis contestatio ist nichts Besonderes; er bedeutet nur, dass das Recht formell die Entschuldbarkeit des Irrthums nach dem Prozessbeginne ausschliesst; das ist natürlich und praktisch begründet.[1]

Wenn wir einen Zweifel über die Rechtmässigkeit des Besitzes für das Vorhandensein der mala fides als genügend anerkennen, dann folgt schon daraus, dass die traditionelle Vorstellung von der Unredlichkeit der malae fidei possessio fehlerhaft ist. Der Zweifel über unser Recht und die Unredlichkeit sind verschiedene Thatsachen, welche im Leben gar nicht zusammenzufallen brauchen. Man kann sich eine Menge von Fällen vorstellen, wo Jemand über sein Recht zweifelt und doch ein sehr anständiger Mann ist. Unredlich (im gewöhnlichen Sinne) ist nicht die mala fides an sich, sondern ein eigennütziges Betragen, welches bei der malae fidei possessio vorkommen kann, aber nicht immer vorkommt. Insbesondere kann als unredlich nicht schon eine Fortsetzung des Besitzes trotz der mala fides bezeichnet werden. Im Gegentheil, wenn ein Zweifel über unser Recht entsteht, handeln wir wie ein schlechter pater familias, falls wir gleich den Besitz aufgeben. Unter Umständen können wir sogar dafür verantwortlich werden. Der Eigenthümer kann uns unter Umständen sogar wegen dolo malo desinere possidere verantwortlich machen. Derjenige, von welchem wir die Sache gekauft haben, wird sich unserem Evictionsanspruch entziehen können, wenn wir den Besitz zu leicht aufgegeben haben. Wir haben durch unsere Schuld den Regress verwirkt. Ebenso in den Verhältnissen der Societät, der Führung von fremden Geschäften, in den Dotalverhältnissen und in vielen anderen im Leben möglichen Fällen wird es als eine Pflicht des Rechtes und des Anstandes bezeichnet werden, malae fidei possessor zu bleiben und die Folgen der mala fides bis zur endgültigen Aufklärung des Verhältnisses zu tragen.

Wenn mala fides an sich keine Sünde ist, bona fides keine positive Tugend, dann sind sie also vom Standpunkt der Ethik begrifflich gleich. Der Gebrauch von Ausdrücken „redlicher, unredlicher“ Besitz ist eine schädliche Terminologie, welche abgeschafft werden muss.

Wir müssen die Behandlung des Besitzers betreffs der Früchte aus dem übrig bleibenden Element der bona und mala fides zu er-

1) Als Kenntniss vom Prozesse wirkt die L. C. auch gegen dritte Personen. Vgl. l. 2 C. de pet. her. 3, 31 (questionis illatae non ignarus comparavit.)

klären versuchen. Welche Bedeutung kann das Wissen oder Nichtwissen bei dem Besitze haben?

Wir erkennen sogleich eine der wichtigsten Wirkungen dieses Elementes, wenn wir die Haftung wegen der Früchte bei der bonae fidei possessio und bei der malae fidei possessio zusammenstellen. Als besonders strenge Regel gegen den wissenden Besitzer erscheint die Haftung für fructus percipiendi, welche bei der bonae fidei possessio ganz ausgeschlossen ist. Dieser Unterschied aber, wenn man den metaphorischen und paradoxen Ausdruck „restiture fructus percipiendos“ in die gewöhnliche juristische Sprache verwandelt, bedeutet, dass der nichtwissende Besitzer für die culpa bei Fruchtziehung nicht haftet, wohl aber der wissende Besitzer. Natürlich, anders ist es auch nicht möglich. Dem Wissenden ist die Fruchtversäumniss zuzurechnen, dem Unwissenden nicht. Der objective Schade, welcher aus der Vernachlässigung der Wirthschaft entsteht, ist in beiden Fällen gleich. Aber im Falle der bonae fidei possessio mangelt es am subjectiven Momente, welches ein Stück des Culpathatbestandes ist. Die Nachlässigkeit des nichtwissenden Besitzers bei den Handlungen mit den Früchten muss der Eigenthümer und das Recht als casus betrachten, ebenso wie die Tödtung eines Menschen durch Jemanden, welcher in der Richtung des Schusses keinen Menschen sehen oder ahnen konnte. Um eine culpa zurechnen zu können, müsste das Recht eine Pflicht zur Sorgfalt vorschreiben. Es wäre aber unsinnig, die Pflichten für denjenigen vorzuschreiben, welcher von diesen Pflichten begrifflich nichts wissen kann.

Sicut autem sumptum quem fecit deducit, ita si facere debuit nec fecit, culpae hujus reddat rationem, nisi bonae fidei possessor est: tunc enim, quia quasi suam rem neglexit, nulli querellae subjectus est ante petitam hereditatem: postea vero et ipse praedo est. Illud plane praedoni imputari ... (l. 31 §§ 3, 4 D. de H. P. 5, 3).

Die Haftung für fructus percipiendi ist also keine Strafe für den malae fidei possessor als solchen. Wenn er keine Culpa begeht, so wird er nichts aus seinem eigenen Vermögen zulegen müssen. Das römische Recht behandelt den wissenden Besitzer wie jeden redlichen Mann, welcher von seiner Pflicht weiss; dieselben Regeln gelten ja z. B. für einen Pfandgläubiger, welcher das verpfändete Grundstück besitzt, für einen Geschäftsführer u. s. w. Wenn der wissende Besitzer ein anständiger Mann ist, wird er das fremde Vermögen sorgfältig verwalten, die Einkünfte für die eventuelle

Restitution bereit halten, und er wird keinen positiven Verlust bei der Restitution erleiden. Man braucht zum Begriffe der Strafe für die Unredlichkeit nicht zu greifen, um die Haftung des wissenden Besitzers betreffs der Früchte zu erklären. Dagegen spricht auch die strengere Haftung des wissenden Besitzers wegen der Früchte nach der litis contestatio nicht. Nach dem Prozessbeginne haftet der malae fidei possessor für den Gewinn, welchen der Kläger aus der Sache ziehen konnte.[1] Hierin ist ein Strafmoment enthalten, weil der Besitzer unter Umständen auch nach guter Verwaltung aus seinem Vermögen zulegen muss. Ist aber diese Interesseprästation eine Strafe gegen den wissenden Besitzer als solchen? Gewiss nicht, weil diese strenge Haftung vor der litis contestatio trotz der mala fides nicht gilt.

Ebenso gilt sie nicht für den Besitzer, welcher malae fidei possessor erst durch die litis contestatio geworden ist. Wie die strenge Haftung des wissenden Besitzers nach dem Prozessbeginn zu verstehen ist, erklärt die l. 40 pr. D. de H. P. 5, 3:

Paulus libro vicesimo ad edictum. Illud quoque quod in oratione divi Hadriani est, ut post acceptum iudicium id actori praestetur, quod habiturus esset, si eo tempore quo petit restituta esset hereditas, interdum durum est. quid enim, si post litem mancipia aut iumenta aut pecora deperierint? damnari debebit secundum verba orationis, quia potuit petitor restituta hereditate distraxisse ea. et hoc iustum esse in specialibus petitionibus Proculo placet: Cassius contra sensit. in praedonis persona Proculus recte existimat, in bonae fidei possessoribus Cassius. nec enim debet possessor aut mortalitatem praestare, aut propter metum huius periculi temere indefensum ius suum relinquere.

Es ist also ein periculum, ein metus, welche den malae fidei possessor vom ungerechten Prozessiren abschrecken sollen. Es ist eine prozessuale Massregel, welche sich nicht gegen die malae fidei possessio als solche richtet, sondern gegen den ungerechtfertigten Prozess. Derjenige, welcher schon ohne den Prozess an sein Recht nicht glaubte, muss sich nach dem Prozessbeginn zur freiwilligen Restitution entschliessen. Der Prozessbeginn versetzt den malae fidei possessor gleichsam in die Mora,[2] wie die Mahnung einen Schuldner. Die Interesseleistung nach der litis contestatio spricht ebenso wenig

1) Dernburg I § 154, § 226.

2) Vgl. l. 15 § 1 D. de R. V. 6, 1: „moram passo".

für die Strafbarkeit der malae fidei possessio an sich, wie die Interesseleistung in Folge der Mora für die Strafbarkeit einer Contractschuld.

Was die Unterscheidung zwischen dem malae fidei und dem bonae fidei possessor nach dem Prozessbeginn anbetrifft, so scheint sie uns wenig begründet zu sein. Wenn Jemand ein Recht bezweifelt, verschafft ihm der Prozessbeginn noch nicht immer die Gewissheit, dass die Sache dem Kläger gehört. Man wird vom malae fidei possessor oft sagen müssen: „nec enim debet ... temere indefensum ius suum relinquere“. Es kann aber ebenso leicht vorkommen, dass Jemand in Bezug auf sein Recht keinen Zweifel gehabt hat, aber aus den Umständen des Prozessbeginnes mit Gewissheit schliessen kann, dass das weitere Prozessiren ungerechtfertigt wäre. Die Zeit der Versetzung in mala fides scheint uns keine principielle Bedeutung zu haben. — Es ist bemerkenswerth, dass die Interesseprästation des malae fidei possessor erst durch den Prozessbeginn begründet wird, während der Gläubiger seinen Schuldner schon durch eine gewöhnliche Mahnung in den Verzug versetzt. Insofern wird der malae fidei possessor milder behandelt. Wenn man die malae fidei possessio schon an sich als etwas Unredliches betrachtet, scheint diese „Milde“ befremdend. Wenn man aber beachtet, dass der malae fidei possessor möglicherweise ein ganz anständiger Mann ist, welcher nur hinsichtlich seines Rechtes ungewiss ist, so kann man die römischen Regeln nur billigen. Wie kann man fordern, dass die Leute in dieser Lage „temere“ ihr mögliches Recht aufgeben? Vielleicht ist der Zweifel über das Recht unbegründet; auch wenn er begründet ist, ist vielleicht nicht der Mahnende, sondern ein Anderer wirklich berechtigt.

Wie man aus dem Wissen oder Zweifeln des malae fidei possessor, ohne seine Unredlichkeit vorauszusetzen, seine Behandlung erklären kann, ebenso muss man die Behandlung des b. f. possessor aus seinem Nichtwissen, ohne irgend welches ethische Verdienst vorauszusetzen, zu erklären versuchen. Aus dem (entschuldbaren[1]) Nichtwissen, Nichtzweifeln folgt, wie schon gesagt, die

1) Wir brauchen wohl nicht näher auszuführen, warum die Entschuldbarkeit des Nichtwissens gefordert wird. Wenn Jemand durch eine unentschuldbare ignorantia dem Anderen Schaden anrichtet, wird man ihm natürlich die culpa zurechnen. Diese besteht schon in der ignorantia, welche bei Anwendung einer angemessenen Sorgfalt zu vermeiden war. Der Schade, welcher als eine Folge des unentschuldbaren Irrthums eintritt, ist ein schuldhafterweise zugefügter Schade.

Unmöglichkeit, ihm eine Culpa zuzurechnen. Schon diese Folge des Nichtwissens vermindert bedeutend die dem Eigenthümer zu restituirende Summe der Einkünfte. Von den fructus percipiendi kann keine Rede sein. Aber auch für keine Art der Consumptio der gezogenen Früchte kann man den unwissenden Besitzer verantwortlich machen. Jede Consumption ist für den Eigenthümer der fruchttragenden Sache nur ein Casus. Indessen entsteht hier eine Schwierigkeit, an welcher unsere Erklärung vollständig zu scheitern droht. Nach der Consumption bleibt nämlich die Bereicherung aus der Consumption übrig. Die Unmöglichkeit der Zurechnung erklärt nicht, warum der Eigenthümer die ganze Bereicherung dem unwissenden Besitzer nicht entziehen kann. Einer solchen Forderung braucht man keine Sorgfaltspflicht und keine Culpa zu Grunde zu legen. Dass wir so leicht die Erklärung des Institutes nicht gewinnen werden, war vorauszusehen, denn dasselbe ist eine Function von drei Factoren (vgl. S. 163 fg.). Wir haben nur einen Factor betrachtet. Indessen sind die schon jetzt gewonnenen Ergebnisse für die weitere Forschung sehr wichtig.

Die Begriffe der Redlichkeit und Unredlichkeit, Strafe und Begünstigung können wir weiter nicht beachten.

Es bleibt ein einfacher und klarer Begriff: Wissen und Nichtwissen. Aus diesem Gegensatze haben wir schon die Behandlung des malae fidei possessor erklärt und eine nothwendige Beschränkung der Restitutionspflicht des b. f. possessor gefolgert. Das letztere Ergebniss ist insofern von Nutzen, als wir jetzt wissen, was in der Rechtslage des b. f. possessor besonders zu erklären ist, was noch nicht aus den Regeln über Culpa folgt.

§ 41. 2. Die Consumption. 3. Der Gegensatz zwischen Früchten und anderen Sachen.

Beim ersten Blicke leuchtet es einem Jeden ein, dass die fructus extantes im allgemeinen leichter zu restituiren sind, als die fructus consumpti. Dieser Umstand erklärt die Eigenthümlichkeiten unseres Institutes nur dann, wenn man annimmt, dass das Recht dem redlichen Besitzer eine Begünstigung auf Kosten des Eigenthums wegen seiner lobenswerthen Redlichkeit machen wollte. Es wäre gerade ein passendes Geschenk, dem redlichen Besitzer jede Mühe und Schwierigkeit zu ersparen. Wenn man aber dieser besonderen Bevorzugung des Civilrechtes gegenüber dem nichtwissenden Besitzer keinen Glauben schenkt, dann wird die Frage viel complicirter. Gewöhnlich kümmern sich die Gläubiger, die Eigenthümer und andere Berechtigte wenig darum, ob es demjenigen, gegen welchen sie ihr Recht geltend machen, schwierig oder leicht sei, ihre Ansprüche zu befriedigen. Die Inhaber der Civilrechte sind oft Egoisten, und die civilrechtliche Gesetzgebung gebietet selten die Opferung des Egoismus. Oft führt gerade die Schwierigkeit der Befriedigung noch grössere Schwierigkeiten für den Verpflichteten mit sich, in der Gestalt der Schuldhaft, der Interesseleistung, der Conventionalstrafe. Die Humanität würde auch oft wenig am Platze sein, weil die Strenge der Obligationen, des Eigenthumes etc. bis zu einem gewissen Grade für die Sicherheit des Verkehrs aus volkswirthschaftlichen Rücksichten nothwendig ist.

Wenn der Staat eine so wichtige Beschränkung des Eigenthumes statuirt, wie sie in unserem Institute enthalten ist, muss er dazu andere Gründe haben. — Der Eigenthümer verliert die Einkünfte von dem Vermögen durch die Consumption seitens des b. f. possessor. Welche Bedeutung kann die Consumption hier haben?

Es sei uns hier erlaubt, mit etwas trivialen Beispielen zu beginnen. Die primitive Bedeutung des Ausdruckes und Begriffes Consumption ist: Verschlingen, Hinunterschlucken. Bei den Thieren und primitiven Menschen hat natürlich dieser Vorgang die entscheidende Bedeutung, dass derjenige, welcher die Beute gefangen, die Früchte gesammelt hat, nur das Nachsehen hat, wenn er zu seiner Beute zurückkommt, nachdem ein anderes Thier oder ein anderer Mensch dieselben verzehrt hat. Er kann höchstens nur den Gegner vertreiben oder tödten und die Reste geniessen, welche noch extant.

Jetzt stellen wir uns folgenden nicht unmöglichen Fall vor. Ein Thier hat zufällig ein Stück Papier verschlungen, auf welchem ein uns noch nicht bekanntes, sehr wichtiges Geheimniss aufgeschrieben war. Unter Umständen wird man sich entscheiden, das Thier sofort zu tödten, um das Geheimniss zu erfahren. Jedenfalls ensteht dadurch ein Schade; man muss einen lebendigen Organismus zerstören.

Wenn ein Mensch zufällig dasselbe gethan hat, ist keine Hilfe möglich, weil man das Menschenleben für die Entdeckung des Geheimnisses nicht opfert.

Jetzt eine mehr romanistische Analogie: Seius hat in sein Gebäude wissentlich oder bona fide die dem Titius gehörenden Materialien verbaut. Es geschah ein wenn nicht physiologisches, so doch mechanisches Verschlingen, eine mechanische Consumption. Die Analogie mit dem physiologischen Verschlingen besteht darin, dass man einen mechanischen Organismus, das Gebäude, zerstören muss, um die verbauten Balken herauszubekommen. Diesen Fall haben schon die XII Tafeln vorausgesehen:

Lex duodecim tabularum neque solvere permittit tignum furtivum aedibus vel vineis iunctum neque vindicare (quod providenter lex effecit, ne vel aedificia sub hoc praetextu diruantur vel vinearum cultura turbetur): sed in eum, qui convictus est iunxisse, in duplum dat actionem (l. 1 D. de tign. iuncto 47, 3).

Titius wird also, wenn er erfahren hat, bei wem seine gestohlenen Balken sich befinden, nur die extantia tigna, d. h. die noch nicht verbauten Balken herausbekommen. Sein Eigenthumsanspruch auf die verbauten Balken ist nicht durchführbar. Das Motiv der Entscheidung ist nicht etwa die Begünstigung des Rechtverletzers, welcher fremde Materialien für seine Zwecke benützt, sondern bonum publicum, die volkswirthschaftlichen Interessen der Gesellschaft. Die Beschränkung des Eigenthumes soll hier der Zerstörung von Gebäuden und Weinculturen vorbeugen. Gewöhnlich bleibt die Durchführung der civilrechtlichen Ansprüche ohne schädliche Einwirkung auf die Volkswirthschaft. Es wird nur eine Sache aus einer Wirthschaft in die andere übertragen. Hier würde dagegen die strenge Durchführung des Eigenthumes die Minderung des Nationalreichthums nach sich ziehen. Es wäre eine Werthwanderung, welche mit Werthzerstörung verbunden ist.

Die vorigen Beispiele sind Sinnbilder unseres Institutes. Das Institut des tignum iunctum ist in einer mehr sinnlichen Gestalt Verkörperung desselben Gedankens, welcher in der abstracten Gestalt in unserer Lehre enthalten ist.

Das Gebäude, der Organismus sind Sinnbilder des Vermögens in einem entwickelten Verkehr. Um unseren Gedanken anschaulich zu machen, betrachten wir ein Vermögen in einer Zeit der besonders entwickelten ökonomischen Cultur, in unserer Zeit, und zwar ein Vermögen, welches am wirthschaftlichen Verkehr theilnimmt, welches nicht in der Erde vergraben oder in Strümpfen verborgen, oder in einer Bank niedergelegt ist, sondern ein wirthschaftliches Leben lebt.

Ein solches Vermögen ist ein Organismus, welcher nothwendige Organe hat, ein Gebäude, welches Fundament, Mauer, Dach hat. Es ist ein Gebäude, welchem man die verbauten Balken nicht entziehen darf, sonst wird es in Ruin gerathen. Es ist eine Maschine, welcher man keine winzige Schraube entziehen kann, sonst bleibt eine leblose Masse da; die Bewegung, das Leben stockt.

Das Vermögen eines thätigen Landwirthes ist in dem Boden, in dem lebendigen und todten Inventar angelegt. Läge sein Vermögen ruhig in einer Kasse, würde die plötzliche Entziehung eines Theiles desselben nur die Folge herbeiführen, dass sein Vermögen sich entsprechend vermindern würde, dagegen würde sich ein anderes Vermögen entsprechend vergrössern. Es entsteht kein absoluter Verlust für die Nation. Wenn aber sein Vermögen eine lebendige Wirthschaft ist, werden die Folgen viel ernster sein. Nehmen wir an, dass man von einer Wirthschaft unerwartet ein Stück Land weggenommen hat. Dieses Stück Land hat aber eine bestimmte Rolle in der Wirthschaft gespielt, es war z. B. im betreffenden Jahre mit Futtergras besät zu werden bestimmt. In Folge der Entziehung dieses Stückes Acker geräth die ganze Wirthschaft in Unordnung. Es werden einige Jahre dazu nöthig sein, um den übrig bleibenden Acker in andere Parzellen zu vertheilen und auf demselben von Neuem die regelmässige Reihenfolge der Aussaaten herbeizuführen. Weil für jede Art der Aussaat bei der systematischen Wirthschaft in jedem Jahre ein gewisser Theil des Ackers bestimmt ist, z. B. $^1/_9$, so wird man, in Folge der neuen Theilung der Grundstücke, auf verschiedenen Parzellen nicht dasjenige säen können, was die regelmässige Landwirthschaft erfordert. Ferner wird sich das Inventar für das kleinere Gut als zu gross erweisen. Der Landwirth muss die nutzlos gewordenen Stücke des Inventars unter dem Kaufpreise verkaufen. Dafür wird er das Futter für das Vieh anschaffen müssen, weil dieses nothwendige Product ihm mit dem Grundstück entzogen war.

Noch schädlicher wäre die Entziehung eines Theiles des Inventars. Dann würde eine Desorganisation der Wirthschaft entstehen. Im besten Falle, wenn der Landwirth noch Credit benützen kann, kann er das nöthige Inventar anschaffen; jedenfalls entsteht eine unvorhergesehene Schuld, welche das Gut vielleicht nicht tragen kann. Wenn aber der Credit erschöpft ist, erkrankt die Wirthschaft heillos.

Wenden wir uns zu einem anderen Producenten, zu einem Fabrikanten oder Handwerker. Jeder Theil seiner Wirthschaft ist ein Stück der verwickelten Maschine. Die plötzliche Entziehung eines Theiles der Rohproducte, der Werkzeuge oder Maschinen würde die Production in eine theilweise oder gänzliche Stockung bringen. Am wenigsten gefährlich scheint die Entziehung des Geldes aus der Kasse zu sein. Indessen hatte das Geld auch eine gewisse wirthschaftliche Bestimmung. Es war für die Anschaffung von Rohmaterialien, für die Miethe der Arbeiter, für die Bezahlung einer Terminschuld, für den Lebensunterhalt der Familie bestimmt. Die Entziehung des vorbereiteten Geldes wird der wirthschaftlichen Conjunctur, d. h. dem im voraus bestimmten Plan der Wirthschaft, einen Schlag versetzen. Es wird keine einfache Vermögensminderung geschehen, sondern vielleicht ein zehnfach so grosser Verlust für den Nationalreichthum entstehen. Wenn dem Fabrikanten die Mittel zum Ankauf der Rohmaterialien, zur Bezahlung der Arbeiter entzogen sind, bleibt ein entsprechender Theil seines sonstigen Kapitals unproductiv.

Es wäre überflüssig, dieselben Betrachtungen über die Wirthschaft eines Kaufmanns, eines Bankiers u. s. w. anzustellen. Ihre Vermögen werden oft durch einen Nichteingang der erwarteten Zahlung zum Ruin geführt.

Das Wesen der modernen productiven Privatwirthschaft besteht darin, dass jeder Vermögenstheil eine bestimmte productive Bedeutung und entsprechende Gestalt hat. Die Organe des Organismus der Privatwirthschaft sind differenzirt. Die wichtigste Erscheinung der Differenzirung besteht in der Theilung des Vermögens in das stehende und das umlaufende Kapital. Das stehende Kapital stellt gewöhnlich einen grösseren Theil vom Vermögen vor. Es ist nur insofern productiv, als es durch das genügende umlaufende Kapital befruchtet wird. Im stehenden Kapital kann man wiederum verschiedene Theile unterscheiden, welche eine selbständige und für die Nützlichkeit des ganzen Kapitals nothwendige Function erfüllen. Ebenso verhält es sich beim umlaufenden Capital. Diese Differenzirung der Organe und der Functionen bedingt nothwendig die Erscheinung, dass der Mangel an einem wirthschaftlichen Organe unverhältnissmässigen Schaden nach sich zieht, welcher den Werth des mangelnden Organs mehrfach übersteigen kann.

Die Differenzirung der wirthschaftlichen Organe entwickelt sich geschichtlich. Auf niedrigen Stufen der Entwickelung ist die Privatwirthschaft ebenso wenig differenzirt, wie die primitiven Organismen. Wie man von einem primitiven thierischen Organismus beliebige Theile abschneiden kann, ohne das selbständige Leben der Theile zu gefährden, ebenso kann man das primitive Vermögen beliebig theilen. Wenn man vom Vermögen des biblischen Jakob eine Hälfte abtheilen und einem Anderen übertragen würde, würde es nur eine Theilung des Vermögens in zwei selbständige, ebenso lebensfähige Theile wie das Ganze bedeuten; aus einer Heerde Vieh würden zwei kleine Heerden entstehen. Die Theilung der differenzirten Wirthschaft zieht andere Folgen nach sich.

Nicht nur die einzelne Privatwirthschaft ist ein organisirtes Ganzes, sondern auch die Summe der Privatwirthschaften bildet nicht eine mechanische Summe schlechthin, sondern eine organisirte Maschine der Nationalproduction. Diese Thatsache ist schon genug von der Volkswirthschaftslehre gewürdigt. Daher nur ein Beispiel. Der Ruin eines Fabrikanten berührt Hunderte von anderen Leuten. Die Arbeiter verlieren die Arbeit, andere Producenten verlieren einen Käufer ihrer Producte, die Leute, welche mit dem ruinirten Fabrikanten in Creditverhältnissen standen, werden selbst ruinirt und verbreiten das Verderben weiter um sich. Die allgemeinen und localen wirthschaftlichen Krisen sprechen zu überzeugend. Das System der Vermögen ist ein Kartenhaus. Man baut es langsam und geduldig, aber der Fall einer Karte schleppt in wenigen Minuten das ganze Gebäude mit.

Wenn die Privat- oder die Volkswirthschaft und ein Organismus oder ein Gebäude in der oben dargestellten Beziehung ähnlich sind, so besteht doch zwischen diesen Erscheinungen ein wesentlicher Unterschied. Das einzelne Vermögensstück ist mit der ganzen Wirthschaft analog verbunden, wie ein tignum iunctum mit dem ganzen Gebäude, aber nach verschiedenen Gesetzen. Ein verbauter Balken erfüllt im Gebäude eine mechanische Function. Die Entziehung des Balkens führt nach sich die Zerstörung des Gebäudes nach mechanischen Gesetzen der Gravitation, wie die Entziehung eines Theiles des Organismus den Tod oder die Krankheit nach biologischen Gesetzen herbeiführt. Die Theile des Vermögens sind anders verbunden: nach den ökonomischen Gesetzen, nach den Regeln der wirthschaftlichen Conjunctur (des Wirthschaftsplanes); sie sind durch den Plan der Production, durch achtsame Voraussicht verbunden. Die Entziehung eines Theiles des Vermögens bewirkt keine mechanische Zerstörung, kein Zusammenfallen nach Gesetzen der Mechanik, sondern eine Desorganisation der Wirthschaft in Folge der Nichtverwirklichung der Conjunctur. Daher hat die Entziehung keine pathologische Wirkung, wenn sie im Wirthschaftsplane vorausgesehen war. Wenn der Fabrikant weiss, dass er z. B.

im folgenden Wirthschaftsjahre eine bestimmte Summe zu zahlen hat, dann erscheint in seiner Conjunctur ein besonderer vorausgesehener Posten. Mittelst der entsprechenden Operationen wird er die erforderliche Summe allmählich flüssig machen, er wird sie ohne Verwirrung der Wirthschaft von der letzteren aussondern, oder, wenn er die entsprechende Summe schon jetzt bereit hat, wird er dieselbe nicht in die wirthschaftliche Maschine untheilbar hineinstecken, er wird z. B. den Umfang der Production nicht vergrössern; oder wenn er die Summe nach den Umständen in das Productionsgebäude verbaut, wird er das so thun, dass zum Termin die Summe wieder flüssig werde. Ebenso wenn der Landwirth voraussehen kann, dass er das bestimmte Grundstück nicht dauernd behalten wird, bringt er dasselbe nicht in den Zusammenhang mit dem ganzen System seiner Wirthschaft. Er wird so das fragliche Grundstück bebauen, dass die Wegnahme desselben nicht die Verwirrung der ganzen Wirthschaft bewirken könnte. Namentlich wird er auf dem fraglichen Grundstück keine für die ganze Wirthschaft nothwendigen Gebäude bauen.

Von diesem volkswirthschaftlichen Standpunkte, nicht vom Standpunkte der Ethik muss man die Regeln über bona und mala fides, über das Wissen und das Nichtwissen von fremden Rechten beurtheilen und erklären. Erst von diesem Standpunkte aus kann man die Bedeutung aller römischen Regeln über die bonae fidei possessio und ihre Folgen verstehen und auf gesetzgeberischem Wege weiter richtig entwickeln. Bonae fidei possessio ist eine gefährliche Erscheinung in der Volkswirthschaft, denn sie führt nothwendig eine irrthümliche Conjunctur mit sich. Sie ist ebenso gefährlich wie Naturgefahren: Feuer, Viehseuche, Hagelschlag, ebenso gefährlich wie nationalökonomische Gefahren: Krisen, Schliessungen der Nachbargrenzen u. s. w. Bonae fidei possessio ist eine rechtliche Gefahr, welche der Volkswirthschaft Schaden bereitet. Der durch Naturgefahren verursachte Schade wird durch Versicherung neutralisirt. Der Schade der bonae fidei possessio soll rechtlich neutralisirt werden durch eine nur beschränkte Zulassung der Geltendmachung des Eigenthumes. Diesen Zweck verfolgt zunächst die Ersitzung. Durch den Usus, durch das allmähliche Verwachsen der fremden Sache in Folge der irrthümlichen Wirthschaft des unwissenden Besitzers mit der ganzen Wirthschaft desselben wird das fremde Vermögensstück zu einem tignum aedibus iunctum. Um die wirthschaftliche Verwirrung, welche aus der unerwarteten

Entziehung des Vermögensstückes entstehen muss, zu beseitigen, hat man der Geltendmachung des Eigenthumes eine zeitliche Schranke gezogen.[1]

Auf dieser volkswirthschaftlichen Grundlage beruhen die Regeln über Verwendungen. Für die Erklärung der Ersitzung hat man eine Menge von Gründen beigebracht, mit der Erklärung der verschiedenen Behandlung der Impensen bei der b. f. und malae fidei possessio beschäftigt man sich wenig. Was ist natürlicher, als für die schlechten Leute strenge Regeln aufzustellen, für die guten milde? Die Regeln über die Vergütung der Verwendungen sind um eine Stufe strenger für den redlichen Besitzer, als für den unredlichen. Der redliche Besitzer bekommt die impensae necessariae und utiles ersetzt, der unredliche nur die impensae necessariae.

Indessen bezweckt diese verschiedene Behandlung der Verwendungen keine Bestrafung der Unredlichkeit, keine Begünstigung der Redlichkeit. Sie ist nur eine weise Würdigung der wirthschaftlichen Bedeutung der Kenntniss und der Unkenntniss der drohenden Gefahr der Entziehung der Sache. Die Regeln über die Verwendungen gründen sich durchaus auf volkswirthschaftliche Motive.

Ulpianus libro septimo decimo ad edictum. Julianus libro octavo digestorum scribit: si in aliena area aedificassem, cuius bonae fidei quidem emptor fui, verum eo tempore aedificavi, quo iam sciebam alienam, videamus, an nihil mihi exceptio prosit: nisi forte quis dicat prodesse de damno sollicito. puto autem huic exceptionem non prodesse: nec enim debuit iam alienam certus aedificium ponere: sed hoc ei concedendum est, ut sine dispendio domini areae tollat aedificium quod posuit (l. 37 D. de r. v. 6, 1).

Der malae fidei possessor wird durch die strengere Behandlung der impensae utiles gar nicht bestraft, sondern er trägt nur die Folgen seiner unvorsichtigen, nachlässigen Conjunctur. Man kann den Eigenthümer nicht die Folgen der fremden nachlässigen Unvorsichtigkeit tragen lassen. Sonst könnten die Besitzer den Eigenthümer absichtlich durch die Impensae utiles in Schulden bringen, oder ihm sein Eigenthum entziehen. Indessen setzen die römischen Juristen nicht die malitia des wissenden Besitzers voraus, sondern nur seine imprudentia, seine eigene Schuld an seinem möglichen Verlust. Dass nur dieser Gesichtspunkt, aber kein Tadel der Unredlichkeit die Behandlung der Verwendungen bestimmt,

1) Eine eingehende Erklärung der Ersitzung von unserem Standpunkt gedenken wir in einer besonderen Abhandlung zu geben.

folgt noch aus l. 9 § 1 D. locati 19, 2, wo von der Unredlichkeit keine Rede sein kann:

Hic subiungi potest, quod Marcellus libro sexto digestorum scripsit: si fructuarius locaverit fundum in quinquennium et decesserit, heredem eius non teneri, ut frui praestet, non magis quam insula exusta teneretur locator conductori. sed an ex locato teneatur conductor, ut pro rata temporis, quo fruitus est, pensionem praestet, Marcellus quaerit, quemadmodum praestaret, si fructuarii servi operas conduxisset vel habitationem? et magis admittit teneri eum: et est aequissimum. idem quaerit, si sumptus fecit in fundum quasi quinquennio fruiturus, an recipiat? et ait non recepturum, quia hoc evenire posse prospicere debuit. quid tamen si non quasi fructuarius ei locavit, sed si quasi fundi dominus? videlicet tenebitur: decepit enim conductorem: et ita imperator Antoninus cum divo Severo rescripsit.

In beiden Fällen kann man dem Pächter keine Unredlichkeit vorwerfen. Im ersten Falle, d. h. wenn er weiss, dass er von einem Usufructuar das Grundstück gepachtet hat, ist er in der günstigen Lage des malae fidei possessor, d. h. er kann eine richtige Conjunctur treffen. Wenn er nichtsdestoweniger nicht prospexit, ist er selbst an seinem Verluste schuldig. Wenn er dagegen das Grundstück von einem Dominus zu pachten ohne Schuld dachte, ist er in der gefährlichen Lage des bonae fidei possessor. Er konnte nicht wissen, dass das Grundstück ihm vor dem Termin entzogen werden könne. Seine Combination musste bei aller Vorsicht einen gefährlichen Irrthum enthalten. Gegen den unerwarteten Vermögensverlust in Folge dieses Irrthumes in der Conjunctur wird er durch das Civilrecht versichert. Es wäre dagegen sinnlos, Jemanden gegen seine Nachlässigkeit in der Wirthschaft zu versichern. Darum bekommt der malae fidei possessor und der Pächter, welcher die eventuelle kurze Dauer der Pacht vorsehen konnte, keinen Ersatz für die impensae utiles. Der malae fidei possessor hat, wenn er ein bonus paterfamilias ist, keinen Verlust zu tragen in Folge der Verwendungen, ebenso wie in Folge der Restitution der Früchte. Wenn er nicht nothwendige Verwendungen macht, begeht er eine culpa, freilich nicht im eigentlichen Sinne, sondern eine culpa gegen sich selbst, eine imprudentia:

„nam scienti alienum esse solum potest culpa obici, quod temere aedificaverit in eo solo, quod intellegeret alienum esse (§ 30 J. de rer. div. 2, 1).

Vgl. auch l. 38 D. de H. P. 5, 3 (de se queri debeat, qui sciens in rem alienam impendit).

Daraus sieht man, dass die litis contestatio auch betreffs der Verwendungen in mala fides versetzen muss. Mala fides hat keine ethische, sondern eine wichtige wirthschaftliche Bedeutung. Litis contestatio ist eine Mahnung, welche die richtige Conjunctur herbeiführt. Der frühere bonae fidei possessor kann vom Prozessbeginn an den Plan seiner Wirthschaft berichtigen. Er wird das fragliche Grundstück nicht weiter mit seiner Wirthschaft verwachsen lassen, er wird darauf z. B. keine neuen Gebäude bauen. Im Gegentheil wird er die Zeit des Prozesses dazu benützen, um die eventuelle Absonderung des fraglichen Grundstückes von seiner Wirthschaft allmählich vorzubereiten, damit diese Absonderung möglichst schmerzlos für seine eigene Wirthschaft geschehe.

Ebenso kluge wirthschaftliche Politik ist in der Behandlung von impensae necessariae und voluptuariae enthalten. Die nothwendigen Verwendungen zu machen, der wirthschschaftlichen Werthzerstörung vorzubeugen, ist der wissende Besitzer verpflichtet; sonst macht er sich verantwortlich wegen culpa. Der Ersatz ist ihm natürlich rechtlich garantirt. Ebenso ist der Ersatz dem b. f. possessor garantirt, wenn er solche thatsächlich gemacht hat.

Impensae voluptuariae haben keine wirthschaftliche Bedeutung. Darum werden hier der b. f. und der malae fidei possessor gleich schlecht behandelt. Der b. f. possessor kann dadurch einen unvorgesehenen Schaden erleiden, welcher ihn persönlich vielleicht sehr hart trifft. Für die Volkswirthschaft ist indess dieser Schaden gleich Null, weil daraus keine wirthschaftliche Verwirrung entstehen kann. Impensae voluptuariae figuriren als ein Posten in der wirthschaftlichen Conjunctur nicht. Die römischen Regeln über die bonae fidei possessio bezwecken keine milde Nachsicht gegenüber der tugendhaften Person, sondern die Erhaltung der Ordnung in der Volkswirthschaft. Ihnen ist es nur wichtig, ne cultura turbetur, ne aedificia diruantur. Ebenso will das römische Recht dem malae fidei possessor kein Uebel anthun. Beide können impensae voluptuariae zurücknehmen, wenn und insofern damit keine wirthschaftliche Werthzerstörung verbunden ist.

Nachdem wir die wirthschaftliche Bedeutung der bona fides gefunden haben, als einer Quelle der irrthümlichen Conjunctur, einer Quelle der gefährlichen ökonomischen Consumption der fremden Güter durch die Wirthschaft des nichtwissenden Besitzers, können wir zur näheren Erklärung unserer Lehre schreiten. Zunächst müssen wir aber den Unterschied zwischen den Früchten und anderen Sachen finden, welcher eine bedeutende Rolle in unserem Institute spielt.

Es ist dabei unsere Aufgabe nicht, die ganze Bedeutung der Fruchtqualität zu bestimmen. Wir brauchen jetzt nur die Ursache zu finden, warum in unserer Lehre die Fruchtqualität der Sache eine Bedeutung hat. Dazu müssen wir ein inductives Material haben, d. h. Fälle, wo die Früchte analog behandelt werden, ohne dass die Bedeutung der Fruchtqualität der Sache durch die anderen Factoren, welche in unserer Lehre zusammenwirken, verdunkelt wird. Wir haben ein anderes Institut, wo keine bona fides vorhanden sein muss, und doch nur die fructus extantes, aber nicht consumpti restituirt werden. Der Unterschied nämlich zwischen fructus extantes und consumpti hat die entscheidende Bedeutung im Pfandrecht. Der Pfandgläubiger bekommt von dem Pfandschuldner oder sonst dem Besitzer der Pfandsache mit der letzteren nur die fructus extantes (l. 16 § 4 D. de pign. 20 1). Im Pfandrecht also wie in der Lehre vom gutgläubigen Besitze hat die Consumption die Bedeutung, dass sie das consumirte Gut von einem wirthschaftlichen vitium befreit; dieses vitium besteht, so lange als die Frucht in natura bei dem eventuell wegen der Hauptsache zu belangenden Besitzer vorhanden ist, darin, dass sie durch die Pfandklage oder Eigenthumsklage u. s. w. entzogen werden kann. Da in dem Pfandrecht das Nichtwissen des Besitzers der Pfandsache für die Befreiung durch die Consumption ohne Bedeutung ist, so müssen wir schliessen, dass hier die Bedeutung der Fruchtqualität für die Befreiung durch Consumption in reiner, einfacher Gestalt hervortritt. In der That ist es sehr leicht, diese Bedeutung der Fruchtqualität im Pfandrechte zu finden. Der Satz, nach welchem der Richter in dem Pfandprozesse die consumirten Früchte ausser Betracht lassen soll, bedeutet, materiellrechtlich gesprochen, dass der Besitzer der Pfandsache ohne Gefahr der Verantwortlichkeit jede Consumptionshandlung mit den Früchten vornehmen kann. Warum werden andere Sachen anders behandelt? Betreffs der anderen Accessionen und der Hauptsache deckt das Recht durch seine Autorität die Consumption nicht. Der Grund ist einleuchtend. Die anderen Sachen sollen durch Erhaltung ihrer wirthschaftlich-physischen

Integrität der dinglichen Sicherung des Gläubigers dienen. Die Früchte sind aber nicht dazu bestimmt, um aufbewahrt zu werden. Die Früchte werden entweder als Einkommen verzehrt oder in ein umlaufendes Kapital verwandelt. Es wäre sinnlos, die Milch, das Gemüse u. s. w. aufbewahren zu lassen. Die Wolle wird nicht verzehrt, sondern bildet ein umlaufendes Kapital, d. h. ist dazu bestimmt, durch die wirthschaftliche Vernichtung ihrer Form in eine andere Sache verwandelt zu werden. Die Rohproducte, welche nicht sogleich verzehrt werden, laufen von einem Producenten zum anderen, wechseln bei jedem ihre Gestalt, um endlich doch zum Consumenten zu gelangen. Das ist der volkswirthschaftliche Gesichtspunkt. Wenn wir die Frucht vom privatwirthschaftlichen Standpunkte betrachten, so ist sie entweder zum Lebensunterhalt des Percipienten oder zum Verkauf, oder zur Verwandlung in das umlaufende Kapital, also auch zur Vernichtung bestimmt. Das Recht würde also gegen die elementarsten Gesetze der Wirthschaft handeln, wenn es die Bestimmung der Frucht, welche in der physischen Vernichtung (Aenderung der Form) besteht, nicht berücksichtigen wollte. Indem es die Consumption der Früchte durch den Pfandschuldner sanctionirt, sanctionirt es nur die normale Wirthschaft. Sofern die Früchte ihre Bestimmung, consumirt zu werden, noch nicht erfüllt haben oder ausnahmsweise die Bestimmung bekommen haben, als Kapital zu fungiren, sind sie ja fructus extantes und werden dem Pfandkläger, soweit sie zur Sicherung seiner Forderung nöthig sind, herausgegeben. Wie unsinnig es wäre, die Regeln des Pfandrechts über das stehende Kapital und seine Vergrösserungen auf die Früchte anzuwenden, können wir leicht ersehen, wenn wir voraussetzen, dass irgend welches Recht eine solche Bestimmung getroffen hätte, und uns die Lage des Pfandschuldners consequent vorstellen. Ein Gut giebt viele Früchte. Der Pfandschuldner kann sie nicht verkaufen, weil daraus eine Menge von Regressen, d. h. Interesseforderungen entstehen kann. Er kann dieselben auch nicht aufbewahren, weil sie leicht verderben und den Werth mit der Zeit verlieren. — Es folgt aus der wirthschaftlichen Bestimmung der Frucht, dass dem Pfandschuldner die Consumption in verschiedenen Gestalten gestattet werden muss.

Es könnte nur die Frage entstehen, warum der Pfandschuldner nicht auf den Preis der Früchte hafte. Indessen löst sich auch diese Frage einfach. Die Haftung auf den Preis der Früchte würde eine persönliche Schuld darstellen. Welchen Nutzen aber bringt dem Pfandgläubiger eine solche persönliche Schuld des Pfandschuldners? Diese persönliche Schuld würde dem Pfandgläubiger keine Sicherung der Hauptforderung gewähren. Eine persönliche Schuld vermag keine Sicherung einer anderen persönlichen Schuld desselben Schuldners zu gewähren.

§ 42. E. Die Erklärung der materiellen Seite des Institutes.

Nachdem wir die grosse wirthschaftliche Bedeutung der drei Factoren, welche in unserem Institute eine entscheidende Rolle spielen, gefunden haben, bleibt nur übrig, die Wirkung aller drei Factoren zusammenzustellen, um das volle Verständniss des Institutes zu gewinnen.

Unserem Plane gemäss müssen wir zuerst die materiellrechtliche Frage beantworten, welche lautet: warum belässt das Recht dem nichtwissenden Besitzer das lucrum der Früchte, wenn sie consumirt sind? Die Antwort ist: weil die entgegengesetzte Behandlung der Früchte, d. h. der Sachen, welche zur Consumption bestimmt sind, die Wirthschaft unsicher gemacht hätte, da die Restitution der fructus consumpti eine Zerstörung der Wirthschaft nach sich ziehen müsste, ebenso wie die Entziehung der Rebpfähle die turbatio der Weincultur herbeiführt.

Die Restitution der fructus consumpti mit der fruchttragenden Sache bedeutet nämlich, dass der gutgläubige Besitzer unerwartet seinem eigenen Vermögen eine Summe Geld entziehen muss.

Wenn er den wahren Sachverhalt wüsste, wenn er in der wirthschaftlich günstigen Lage des malae fidei possessor wäre, würde er sich immer zur Herausgabe der consumirten Einkünfte bereit halten. Wer voraussehen kann, dass er eine gewisse Summe wird zahlen müssen, der wirthschaftet entsprechend, hält die Summe bereit, oder legt sie so an, dass sie nöthigenfalls flüssig gemacht werden kann. Der nichtwissende Besitzer kann nicht daran denken. Er wäre ein schlechter paterfamilias, wenn er die Summe der Einkünfte müssig liegen liesse, ohne Grund dazu zu haben. Er verwendet die Einkünfte, welche er für seine eigenen hält, auf den Lebensunterhalt, auf die Erweiterung seiner Wirthschaft, auf die neuen Unternehmungen u. s. w. Plötzlich stellt es sich heraus, dass sein Wirthschaftsplan während einiger Jahre einen fatalen Irrthum enthielt, dass seine Unternehmungen, welche er für sicher betrachtete, auf Luft gebaut sind, dass in seinen Gebäuden fremde Balken stecken, welche sogleich herausgenommen werden müssen.

Um nun dieser Zerstörung der Wirthschaft vorzubeugen, sanctionirt das Recht den bestehenden Zustand des Vermögens; es hat die Macht zu sagen: die Conjunctur des nichtwissenden Besitzers, welche während einiger Jahre mit dem Fehler behaftet war, soll rückwärts als fehlerfrei behandelt werden. Die Gefahren der bonae fidei possessio entspringen nur aus dem bestehenden Recht. Jeder kann ohne Schuld in denselben Irrthum gerathen; das ist ein malum necessarium, welches aus der Unvollkommenheit des Rechtes entspringt. Die Mängel des Civilrechtes, welche zur irrthümlichen Conjunctur führen und in solcher Weise die Wirthschaft unsicher machen, sollen ebenso durch die Initiative des Rechtes unschädlich gemacht werden. Sonst wäre jeder Kauf einer fruchttragenden Sache, jede Wirthschaft ein gefährliches Unternehmen.

Um die Bedeutung des Institutes anschaulich zu machen, führen wir einige Beispiele an, wobei wir voraussetzen, dass das Institut noch nicht existirt.

1. Seius hat mit seinem Socius Titius ein bescheidenes Handelsgeschäft. Er hat Ersparnisse gemacht, seinen Socius abgefunden und einen Sclaven gekauft. Der Sclave hat sich als sehr geschickt erwiesen, die Functionen des früheren Socius viel besser erfüllt, so dass Seius anstatt 1000, welche er noch mit dem Socius zu theilen hatte, 2000 jährlich gewinnt. Das hat ihm nach zwei Jahren ermöglicht, im besseren Stadttheil ein besseres Geschäftslocal zu kaufen, besser einzurichten und überhaupt das Handelsgeschäft zu erweitern. Jetzt kommt Sempronius, vindicirt den Sclaven und fordert die Herausgabe von 2000, welche der Sclave dem Seius eingebracht hat. Seius muss also sogleich die Summe aus dem Geschäft flüssig machen.

Dazu ist eine Liquidation des Geschäfts nöthig, wobei alles unter dem Preise verkauft wird. Ob die Liquidation so viel ergiebt, dass Seius nach Bezahlung von 2000 etwas von Neuem beginnen kann, hängt von den Umständen der Liquidation ab; jedenfalls ist ein blühendes Unternehmen zerstört. Bei dem Kauf des Sclaven glaubte Seius ein sicheres Geschäft zu machen. Es hat sich erwiesen, dass seine Conjunctur, nach dem bestehenden Recht, den Ruin seiner ganzen Wirthschaft herbeiführen musste.

2. A., ein Gutsbesitzer, hat zur Dos ein Haus bekommen, welches 5000 jährlich bringt. Sein eigenes Gut ist 50 000 werth und bringt auch 5000 jährlich. Die Ehegatten verbrauchen jährlich 7000, so dass der Mann die übrigen 3000 auf sein Gut verwendet. Während

8 Jahre hat er den Boden drainirt, alle alten unbequemen Holzgebäude durch schöne Steingebäude ersetzt, sein lebendiges und todtes Inventar gründlich verbessert u. s. w. Plötzlich erscheint nach 8 Jahren ein Herr, welcher sein Eigenthum am Hause beweist und 40 000 Einkünfte für 8 Jahre vom Manne zurückfordert. Der beste Rath für A. vielleicht wäre, sein Gut sogleich zu verkaufen. Die Gutsbesitzer denken gewöhnlich anders. Ihr Heim und ihre liebgewordene Thätigkeit zu verlassen, halten sie natürlich für ein grosses Familienunglück. A. hofft noch, dass er sich anders retten kann; er verkauft die werthvollsten Stücke vom Inventar und ein Stück Acker. In dieser Weise verschafft er sich 15 000. Die übrigen 25 000 kann er sich durch den Credit verschaffen, weil zufällig das Gut noch wenig belastet ist. Der Eigenthümer ist also bezahlt. Die durch die theilweise Liquidation desorganisirte Wirthschaft siecht noch einige Jahre, sie kann sich doch von der zu grossen Schuldlast nicht befreien. Die grosse Summe der zu zahlenden Zinsen verschlingt die dürftigen Einkünfte der desorganisirten Wirthschaft; es fehlt also das nöthige Betriebskapital u. s. w. Bis das Gut endlich für die Schulden zwangsweise verkauft wird, wird die frühere blühende Wirthschaft zum Nichtwiedererkennen entstellt.

3. Ein Fabrikant bekommt den 15jährigen Niessbrauch eines Gutes, welches jährlich 10 000 bringt. Das ermöglicht dem Fabrikanten seine kleine Fabrik zu erweitern, ein Nachbargrundstück zuzukaufen, neue Fabrikgebäude zu bauen u. s. w. Nach 10 Jahren stellt es sich heraus, dass er nur ein putativer Usufructuar war und dass er 100 000 zu zahlen hat. Er muss sein nöthiges Betriebskapital herausgeben und sein stehendes Kapital verpfänden oder liquidiren.

Diese Beispiele werden wohl als reductio ad absurdum eines Rechtes, welches das strenge dominium consequent durchführen wollte, genügen. Wir haben Beispiele genommen, wo der Besitzer die fremden Einkünfte wirthschaftlich verwendet, sein Vermögen verbessert. Wenn der Besitzer die Einkünfte auf den Lebensgenuss verwendet hat, sind die Folgen natürlich noch schlimmer. In diesem Falle kann ein Jahr oder ein Monat des gutgläubigen Besitzes Jemanden zum Bettler machen.

Die Folgen des gutgläubigen Besitzes sind desto gefährlicher, je grössere Einkünfte der Besitzer von der fremden Sache zieht. Indessen wirkt die unerwartete Entziehung auch einer kleineren

Summe störend auf die Wirthschaft. Sie kann eine grössere Wirthschaft in Verwirrung bringen, namentlich weil sie unerwartet geschah. Bei den Handelsunternehmungen und noch mehr bei den Bankgeschäften kann diese Erscheinung besonders leicht vorkommen. Wenn man also die verwirklichte irrthümliche Cunjunctur betreffs der Einkünfte nicht rechtlich sanctionirt, sondern rückwärts aufhebt, die consumirten Einkünfte dem Vermögen wieder entziehen lässt, so fällt das Vermögen theilweise oder ganz zusammen. Es entsteht eine wirthschaftliche Krisis, welche in allen Beziehungen den gewöhnlichen Krisen ähnlich ist. Sie ist zwar auf eine Privatwirthschaft beschränkt, wenn die Verwirrung in der Wirthschaft des Besitzers nicht andere Wirthschaften zu Falle bringt, aber sie wirkt ebenso vermögenszerstörend, wie die Krisen, welche aus anderen Ursachen, als die bonae fidei possessio entstehen. Andere Arten von Krisen ist dem Recht bei der bestehenden Ordnung der Dinge zu beseitigen meistens unmöglich, obgleich sie als eine der schlimmsten Krankheiten der modernen Cultur angesehen werden. Die übrigen Ursachen des Irrthums in der Conjunctur [1] entstehen nicht aus dem Recht, darum hat das Recht über sie keine Gewalt. Die Gefahr der unerwarteten Entziehung der consumirten Einkünfte ist eine rein rechtliche Gefahr. Der Fehler, welcher in der Conjunctur des nichtwissenden Besitzers schon während einiger Jahre figurirt hat, ist ein rechtlicher Fehler, den zu beseitigen das Recht volle Macht hat. Die Hilfe des Rechtes gegen den Schaden seiner eigenen Bestimmungen ist um so nothwendiger, weil der Irrthum, welcher in der bona fides besteht, eine längere Zeit, während einiger Jahre auf die Wirthschaft einen grossen Einfluss üben kann; darum ist bei der Entdeckung der Wahrheit die Wirthschaft schon fest gestaltet, die fremden Einkünfte sind schon mit der ganzen Wirthschaft organisch verbunden — die Operation der Entziehung ist für die Wirthschaft lebensgefährlich.

---

1) Die wichtigste Ursache der wirtschaftlichen Krisen besteht in der periodischen Ueberproduction. Wenn nämlich die Conjunctur sich günstig gestaltet. entstehen neue Unternehmungen, die alten werden erweitert, weil die Producenten auf einen sicheren Gewinn rechnen. In Folge der erweiterten allgemeinen Production erweist sich die Conjunctur als irrthümlich und führt eine mehr oder weniger allgemeine Krisis nach sich. Ausser der Ueberproduction existirt eine Menge von weniger allgemeinen Ursachen der Krisen. Jedes unerwartete Ereigniss, welches zur Nichtverwirklichung der Conjunctur führt, ist geeignet, eine Krisis herbeizuführen (der Krieg, die Schliessung der Nachbargrenze u. s. w.). Dazu gehören auch die Naturgefahren, wie das Feuer, die Missernte u. s. w. Gegen die wirthschaftliche Wirkung solcher Gefahren ist die Versicherung eine grosse Hilfe.

Gegen die Zerstörung der Wirthschaft durch unerwartete Entziehung der schon verwendeten Einkünfte soll unser Institut eine Sicherheit gewähren. Das römische Recht garantirt dem nichtwissenden Besitzer die Integrität seiner eigenen Wirthschaft, seines wirklichen Vermögens. Der wirklich Berechtigte kann dem putativen nur die zukünftige Nutzung untersagen, seinen putativen Ususfructus aufhören lassen, die fruchttragende Sache entziehen u. s. w. Ausserdem kann er nur diejenigen Früchte fordern, welche noch keine wirthschaftliche Verwendung gefunden haben, welche der gutgläubige Besitzer, ohne seine eigene Wirthschaft zu desorganisiren oder in unerwartete Schulden zu gerathen, leicht herausgeben kann. *Um die fructus extantes herauszugeben, braucht man seine eigenen Vermögensstücke nicht zu verkaufen und dadurch das regelmässige Leben seines eigenen Vermögens zu stören*; es genügt, die Speicher zu öffnen, wo die Früchte verschlossen sind. Die Herausgabe dieser Früchte ist für den *nichtwissenden* Besitzer, eben weil sie noch extant, ebenso leicht, wie die Herausgabe aller gezogenen Einkünfte für den *wissenden* Besitzer, weil dieser wusste, was ihn erwartete, und die nöthige Summe zur Herausgabe bereit halten konnte.

Eine bemerkenswerthe Analogie für unsere Lehre haben wir im Institut des Widerrufes der Schenkung wegen Undankbarkeit. Dieses Institut verdankt selbstverständlich seine Entstehung keinem wirthschaftlichen Bedürfnisse; sein Grund ist nur ein besonderes Affectionsinteresse der Schenker. In wirthschaftlicher Beziehung ist das Institut an sich so schädlich wie möglich. Es schafft künstlich eine ebenso gefährliche, wenn auch weniger verbreitete Erscheinung, wie die bonae fidei possessio. Die Schenkung geschieht während der guten Beziehungen zwischen dem Schenker und dem Beschenkten. Der letztere denkt natürlich an einen möglichen Widerruf der Schenkung nicht. Später können zwischen den früheren Freunden Zwistigkeiten entstehen, welche leicht einen Anlass zur Entziehung des Geschenkten herbeiführen; die plötzliche Entziehung der Schenkung verursacht natürlich eine wirthschaftliche Verwirrung im Vermögen des Beschenkten. Wenn die geschenkten Vermögensstücke noch bei dem Donatar extant, ist das Uebel noch nicht so gross. Wenn sie aber verkauft sind und der Kaufpreis wirthschaftlich verwendet ist, dann muss plötzlich eine Summe flüssig gemacht werden, was den Fall der

Wirthschaft herbeiführen kann. Diese gefährliche Folge des Institutes ist indessen durch das römische Recht beseitigt.

Ceterum quae ante adhuc matre pacifica iure perfecta sunt et ante inchoatum coeptumque iurgium vendita donata mutata in dotem data ceterisque causis legitime alienata, minime revocamus (l. 7 § 2 C. de revoc. don. 8, 55).

Wir verwerfen das ganze Institut, aber diese Bestimmung finden wir scharfsinnig. Besonders erregt unsere Bewunderung die feine Unterscheidung zwischen der Zeit, wo der Schenker noch keinen Zorn gegen den Beschenkten geäussert hat (matre pacifica), und der Zeit nach dem Beginn der Zwistigkeiten. Während der ersten Zeit ist nämlich der Beschenkte in einer ähnlichen Lage, wie der nichtwissende Besitzer. Er weiss noch nicht, dass ihm die Gefahr der Entziehung des Geschenkten droht. Im Gegensatz dazu ist er nach der Aeusserung des Zornes seitens des Schenkers in die Lage eines malae fidei possessor versetzt. Er ist an die Gefahr gemahnt worden, er muss vorsichtig handeln. Die Entscheidung lautet nun: der Beschenkte soll nur dasjenige herausgeben, was von den geschenkten Sachen im Momente der „mala fides superveniens noch extat", in natura vorhanden ist. Zwar findet die allgemeine Meinung, dass er die Bereicherung herausgeben soll, allein dies ist entschieden unrichtig. Wenn wegen der veräusserten Sachen keine Revocationsforderung möglich ist, so bedeutet das einfach, dass er nur wegen der res extantes, nicht aber wegen res consumptae haftet, ganz wie der gutgläubige Besitzer betreffs der Früchte.

Analog ist nach unserer Meinung auch die l. 41 § 1 D. de re iud. 42, 1 zu erklären.[1]

Der Schenker, welcher nach Uebertragung des Eigenthumes an der geschenkten Sache[2] die letztere noch behält, wird wegen der Früchte wie ein bonae fidei possessor behandelt, wobei der Unterschied zwischen fructus extantes und consumpti entscheidet. Bemerkenswerth ist das Wort periclitari, welches auf ein Risico, auf eine Gefahr hinweist, der sich der Schenker unterworfen hat, indem er nach der Uebertragung des Eigenthumes die Sache weiter benützte. Worin im concreten Falle das periclitari bestand, ob der Schenker daran nicht dachte, dass der Beschenkte mit der

1) Vgl. l. 32 § 9 D. de don. i. v. et u. 24, 1.

2) Es ist bei der Redaction gewiss das Wort et mancipavit nach donavit gestrichen.

wenig anständigen Forderung der Früchte ihn überraschen würde, oder ob er dachte, dass eine solche Forderung gegen ihn, als Schenker, unstatthaft wäre,[1] genug, der Jurist betrachtet die Forderung der Früchte als ein unerwartetes periculum für den Beschenkten; darum beschränkt sich die Restitution auf die fructus extantes. Diese Entscheidung mag für einen concreten Fall, für welchen noch kein festes Recht entwickelt war, passend sein. Als eine allgemeine Regel gefällt die Entscheidung uns wenig, denn sie giebt einen Anlass zu Missbräuchen. Wenn eine solche Regel geltendes Recht ist, wird der Beschenkte sich jeder Restitution durch die eilige und vielleicht wirthschaftlich nicht angerathene Consumption entziehen können. Wenn er sich auf die Anständigkeit des Donatars verlässt, kann man von ihm sagen: prospicere debuit. Solche Entscheidungen sind nur da angerathen, wo (wie z. B. bei der revocatio donationis oder bonae fidei possessio) ein entschuldbarer Irrthum vorliegt, nicht ein error iuris, oder ein Irrthum in den obligatorisch nicht erklärten Absichten der Gegenpartei.

Andere sehr wichtige und zahlreiche Fälle, wo das wirthschaftliche Postulat, welches unser Institut ins Leben gerufen hat, verwirklicht ist, erfordern eine eingehendere Darstellung und Erklärung; darum können wir sie hier als Analogien nicht anführen. Nur noch eine sehr interessante Erscheinung wollen wir hier besprechen, um zu zeigen, dass das lucrum der consumpta und nur die Herausgabe der extantia nicht die einzige rechtliche Methode ist, welche die zerstörende Wirkung der unerwarteten Vermögensentziehung beseitigt.

In einer analogen Lage, wie der nichtwissende Besitzer, ist jeder Ehemann, welcher eine Dos bekommen hat. Er weiss zwar, dass seine Ehe mit der Zeit enden wird und dass also die Dos restituirt werden muss. Darin besteht ein wichtiger Unterschied zwischen ihm und dem b. f. possessor. Nichtsdestoweniger ist die Verwirklichung seiner Conjunctur auch unsicher, weil er den Zeitpunkt nicht vorhersehen kann, wann die Dos zu restituiren sein wird. Die Restitution der Dos findet ihn also unvorbreitet betreffs der Zeit. Diese gefährliche Seite der Dotalverhältnisse hat noch keine grosse Bedeutung betreffs derjenigen Dotalsachen, welche zum Usus, zur Aufbewahrung bestimmt sind. Diese Sachen,

1) Es wäre ein error iuris; indessen konnte wegen der Seltenheit des Falles in der richterlichen Praxis noch ein bestimmtes ius nicht bestehen.

als corpora extantia, sogleich zu restituiren, ist immer ohne grosse wirthschaftliche Verwirrung möglich. Die schlimmste Gefahr besteht betreffs derjenigen Sachen, welche (ebenso wie Früchte) gewöhnlich zur Consumption bestimmt sind. Dies sind die Fungibilien, die zur Dos gegeben wurden, welche „in hoc dantur, ut eas maritus ad arbitrium suum distrahat et quandoque soluto matrimonio eiusdem generis et qualitatis alias restituat vel ipse vel heres eius" (l. 42 D. de iure dot. 23, 3). Diese Sachen sind bei der Restitution der Dos keine corpora extantia. Um sie immer als corpora extantia zur Herausgabe bereit zu halten, müsste der Mann sie in den Speichern oder in der Kasse (wenn sie Geld sind) verwahren, also keinen wirthschaftlichen Gebrauch davon machen, also keinen Nutzen von der Dos haben. Es ist klar, dass betreffs dieser Sachen die unerwartete Auflösung der Ehe und die Nothwendigkeit, die nicht vorhandenen Sachen sofort herauszugeben, eine fast ebenso grosse zerstörende Wirkung haben würde, wie die unerwartete Entziehung der fructus consumpti aus dem Vermögen des nichtwissenden Besitzers. Es besteht nur ein so zu sagen quantitativer Unterschied, dass der nichtwissende Besitzer mehr organisch, mehr unentziehbar den Werth der consumirten Früchte mit seiner Wirthschaft vereinigt hat, weil er glaubte, dass er diesen Werth für immer behalten könne. Der Ehemann verbaut den Werth der Fungibilien in seine wirthschaftliche Maschine nicht so untrennbar. Wenn wir zu dem Sinnbilde unserer Lehre, zum Institut des tignum iunctum greifen, so kann man den nichtwissenden Besitzer mit demjenigen vergleichen, welcher einen fremden Balken in das Fundament seines Hauses verbaut, den Ehemann mit demjenigen, welcher den Balken in das Dach verbaut, damit man nöthigenfalls denselben, ohne das ganze Gebäude zerstören zu müssen, wieder herausnehmen könnte. Jedenfalls kann der Ehemann die Consumptibilien nicht so gebrauchen, dass sie zu jeder Zeit sogleich flüssig gemacht werden könnten. Man braucht ihm die res fungibiles nicht für immer, wie dem b. f. p. die fructus consumpti, zu belassen, sondern nur Zeit zu geben, damit er ohne wirthschaftliche Verwirrung die nöthige Summe allmählich flüssig machen könne. — Das klassische Recht bestimmt nun, dass der Ehemann die Fungibilien allmählich während dreier Jahre nach Auflösung der Ehe restituiren soll, so dass er jedes Jahr nur $^1/_3$ der ganzen Summe zu zahlen hat.[1]

---

1) Dernburg III § 22 N. 7; Czyhlarz, Das römische Dotalrecht S. 388 fg.

Dos si pondere, numero, mensura contineatur, annua, bima, trima die redditur (Ulp. fr. VI, 8).

Die unerwartete Auflösung der Ehe kann den Mann in einer solchen wirthschaftlichen Lage treffen, dass es ihm sogar während dieser Fristen unmöglich ist, die nöthige Summe flüssig zu machen. Freilich kann das Recht eine zu gewagte Conjunctur nicht auf Kosten der Frau versichern, es muss dem Manne sagen: cur non prospexisti? Indessen berücksichtigt das Recht auch solche Fälle insofern, als es bei einer iusta causa die Verlängerung der Fristen nach der Lösung der Ehe durch den Privatwillen erlaubt (l. 18 D. de pact. dot. 23, 4).

Das weise classische Recht ist durch die Reform Justinians verdorben. Es heisst nämlich im § 7 a der l. un. C. de rei ux. act. 5, 13:

Exactio autem dotis celebretur non annua bima trima die, sed omnimodo intra annum in rebus mobilibus vel se moventibus vel incorporalibus: ceteris videlicet rebus quae solo continentur ilico restituendis, quod commune utriusque fuerat actionis.

Anstatt der Unterscheidung zwischen den Sachen, welche zum usus bestimmt sind und bei der Restitution der Dos res extantes in specie im normalen Falle sein sollen, und den Sachen, welche zur Consumption bestimmt sind, tritt der Unterschied zwischen Mobilien und Immobilien ein. Wie weit war der Gesetzgeber vom Verständniss des durch ihn abgeschafften Rechtes und von der richtigen Würdigung der Bedürfnisse jeder normalen Wirthschaft entfernt! Es lohnt sich nicht, die ganze Verkehrtheit der Reform darzulegen. Es genügt sich vorzustellen, in welche wirthschaftliche Lage die Frau geräth, der der Mann nach dem geltenden Recht das Gut restituirt, während er das nöthige Inventar als res mobiles und sese moventes behält, und die beklagenswerthe Lage des Mannes, welcher zwar das ganze Jahr die Frau mit der Zurückhaltung des ihm unnützen Inventars chicaniren kann, aber die ganze Summe Geldes oder anderer Fungibilien anstatt in drei Jahren in einem verschaffen soll, selbst wenn dazu eine Liquidation seines Unternehmens nöthig wäre. So geschieht es oft mit den Gesetzgebern, welche, ohne den inneren Sinn des Rechtes zu verstehen, dasselbe verbessern wollen.[1]

---

1) Das römische Recht hat das von uns dargestellte wirthschaftliche Postulat der Sicherung der Conjunctur nicht überall durchgeführt (als Beispiel vgl. die l. 44 pr. D. de usurp. 41, 3). Als einen wichtigen Fortschritt

Wenn wir zu unserem Institute zurückkehren, so ist noch eine Frage zu lösen. Wäre es nicht angerathen, auch die fructus extantes dem Besitzer zu belassen? Dadurch würde nicht nur die schon ausgeführte Conjunctur sanctionirt, welche nicht mehr zu verbessern ist, sondern auch die Erfüllung des nächsten, zukünftigen Wirthschaftsplanes garantirt, in welchem die fructus extantes eine Rolle spielen. Vielleicht hat der Besitzer eine Schuld zu bezahlen, etwas Nothwendiges in dem betreffenden Jahre anzuschaffen, und betrachtet die fructus extantes als Mittel zu diesen vorgesehenen Zwecken. Die Entziehung der fructus extantes vereitelt diesen Plan. Daher scheint es ein Fortschritt zu sein, diesen Rest der Rechte des Eigenthümers zu beseitigen.

Dieser Schluss verliert aber seinen Grund, wenn wir die Bedeutung der fructus extantes näher betrachten. Fructus extantes sind natürliche landwirthschaftliche Producte. Diese Producte theilt jeder Landwirth in zwei Gruppen. Die eine Gruppe ist zum Verkauf bestimmt und wird nicht aufbewahrt. Die andere Gruppe bilden diejenigen Producte, welche zur weiteren Wirthschaft nothwendig sind. Hierher gehören z. B. Dünger, Stroh, Heu, Saatkorn, Hafer für das Vieh, Getreide, welches für die Ernährung des Gesindes bis zur nächsten Ernte nöthig ist, Holz, welches für die Küchen und Wohnräume gewidmet ist, ebenso Baumaterialien, welche für den Bau oder die Ausbesserung der wirthschaftlichen Gebäude bestimmt sind, u. s. w. Diese Früchte werden nicht sogleich verkauft, sondern sie werden für die nothwendigen Bedürfnisse auf dem Grundstück aufbewahrt. Wenn nun der wirkliche Eigenthümer des Gutes unerwartet den Besitzer in mala fides versetzt und die Quantität der fructus extantes constatiren will, wird er im gewöhnlichen, durchschnittlichen Falle, welchen das Recht eben berücksichtigen muss,[1] sein Gut im normalen wirthschaftlichen Zustande finden, d. h. er wird alle und nur diejenigen fructus extantes finden, welche für die weitere ordentliche Wirthschaft nothwendig sind. Diese Früchte haben nun für den Besitzer, welcher das Gut nicht weiter für sich bewirth-

---

des modernen Gewohnheitsrechtes in dieser Beziehung betrachten wir die Kündigungsfristen. Jetzt weiss man, wann man für die Flüssigmachung der nöthigen Summe zu sorgen hat, man hat eine Vorbereitungszeit.

1) Jura constitui oportet, ut dixit Theophrastus, in his, quae ἐπὶ τὸ πλεῖστον accidunt, non quae ἐκ παραλόγου (l. 3 D. de leg. 1, 3) . . . nam ad ea potius debet aptari ius, quae et frequenter et facile, quam quae perraro eveniunt (l. 5 eod.).

schaften wird, einen viel geringeren Werth, als für den Eigenthümer, welcher die Wirthschaft übernimmt. Einige Producte sind für den Besitzer fast werthlos geworden; wozu braucht er Dünger, Stroh und dgl., wenn er das Gut nicht mehr bewirthschaftet? Wohl aber haben diese Producte einen hohen Werth für den Eigenthümer, weil ohne dieselben keine Wirthschaft möglich ist. Andere Producte kann der Besitzer zwar verkaufen, allein auch diese Producte sind für den Eigenthümer nothwendig; für ihn haben sie viel höheren Werth, als den Verkaufspreis. Für den Eigenthümer haben sie einen höheren Werth sogar, als den Kaufpreis; die Schwierigkeit der Anschaffung, die Transportkosten, die sofortige Nothwendigkeit der Producte für die Wirthschaft muss auch berücksichtigt werden. Daraus sieht man, dass die fructus extantes im normalen Falle dem Besitzer ohne Verwirrung seiner eigenen Wirthschaft, seines eigenen Vermögens entzogen werden können. Wenn er sein eigenes Unternehmen hat, z. B. ein anderes eigenes Landgut, eine Fabrik, ein Haus in der Stadt, ein Hotel, Restaurant u. s. w., wird seine eigene Wirthschaft durch die Entziehung der fructus extantes nicht leiden, weil dieselben nur in dem Theil der Conjunctur figurirt haben, welcher sich auf das fremde Grundstück bezog. Diese Abtheilung seiner früheren Wirthschaft interessirt ihn aber nicht mehr. Wohl aber würde die Nichtgewährung der fructus extantes dem neuen Wirth, dem Eigenthümer, die schlimmsten Verwirrungen in der weiteren Wirthschaft auf dem Gute nothwendig herbeiführen. Die Wirthschaft auf dem Gute würde im durchschnittlichen Falle noch einige Jahre unter den Folgen einer Verwirrung zu leiden haben, welche daraus entstand, dass das Gut ganz nackt, ohne die allernothwendigsten Mittel der ordentlichen Wirthschaft dem Eigenthümer übergeben wurde. Die Römer haben die Bedürfnisse der Landwirthschaft sehr gut verstanden, indem sie mit der rei vindicatio die Restitution der fructus extantes verbunden haben. Im durchschnittlichen Fall stehen die fructus extantes im engen organischen Zusammenhang mit der ganzen Wirthschaft, sie bilden das nothwendige Betriebskapital der Wirthschaft.

Denselben Gedanken haben die Römer noch schärfer in einem *anderen* Falle durchgeführt, wo dies die Universalqualität der Klage erlaubte:

Item veniunt in hereditatem etiam ea, quae *hereditatis causa comparata* sunt, ut puta mancipia pecoraque et si qua alia, quae necessario hereditati sunt comparata. et si quidem pecunia hereditaria sint comparata, sine dubio veniunt: si vero non pecunia hereditaria, videndum erit: et puto etiam haec venire, si magna utilitas hereditatis versetur, pretium scilicet restituturo herede (l. 20 pr. D. de her. pet. 5, 3).

Bei der Restitution der Erbschaft muss also der Besitzer nicht nur dasjenige mit herausgeben, was er aus der Erbschaft hat, sondern auch dasjenige, was für den neuen Herrn der Erbschaft wirthschaftlich nothwendig ist, obgleich der Besitzer diese wirthschaftlichen Pertinenzen auf seine Kosten gekauft hat. Bei der hereditatis petitio muss also der Besitzer nicht nur diejenigen Producte herausgeben, welche er aus den erbschaftlichen Grundstücken gewonnen hat, sondern auch diejenigen, welche er z. B. in Folge einer Missernte für die Wirthschaft kaufen musste. Natürlich wird das pretium ersetzt.

Derselbe Gesichtspunkt, dieselbe wirthschaftliche magna utilitas entscheidet bei der Behandlung der Sachen, welche auf Kosten der Erbschaft durch den Besitzer gekauft wurden:

Sed non omnia, quae ex hereditaria pecunia comparata sunt, in hereditatis petitionem veniunt. denique scribit Julianus libro sexto digestorum, si possessor ex pecunia hereditaria hominem emerit et ab eo petatur hereditas, ita venire in hereditatis petitionem, si hereditatis interfuit eum emi: ut si sui causa emit, pretium venire (eod. § 1).

Auch hier wird darauf gesehen, für welche Wirthschaft die Sache nothwendig ist. Wenn sie für die Wirthschaft des Besitzers gekauft wurde, bleibt sie ihm, wenn für die Erbschaft, soll sie mit der Erbschaft herausgegeben werden. So werden möglichst schmerzlos zwei wirthschaftliche Organismen getheilt, damit jede Wirthschaft nach der Theilung mit Erfolg functioniren könne. Die beiden Wirthschaften haben ihre Organe, welche ihnen belassen werden müssen. Unser Institut theilt auch die beiden Wirthschaften, ohne die eine oder die andere zu zerstören. Wenn wir den geschriebenen Wirthschaftsplan des nichtwissenden Besitzers uns vorstellen, so zerfällt derselbe in einige Abtheilungen. Eine Abtheilung bezieht sich ausschliesslich auf das Gut, an welchem der Besitzer den Ususfructus, das Eigenthum u. s. w. zu haben glaubt. In dieser Abtheilung heisst es: für Aussaaten auf dem Gute A. sind solche und solche Quantitäten von solchem und solchem Saatkorn vorräthig, für die Fütterung des Inventars im Winter solche und solche Quantitäten von solchen und solchen Producten u. s. w.

Diese Abtheilung der Conjunctur nun, welcher der thatsächliche Zustand des Gutes mit den fructus extantes entspricht, wird gleichsam ausgeschnitten und dem wirklichen Berechtigten zur weiteren Verwirklichung übergeben.

Unser Institut ist eine geniale Lösung der Frage, eine Lösung, welche nicht auf die Interessen des egoistischen Eigenthums, sondern auf das gemeine wirthschaftliche Wohl sieht. Ohne unser Institut wäre die Sicherheit der Wirthschaft, in die fremde Sachen durch Irrthum hineingerathen können, immer gefährdet.

„Propter adsiduam et cottidianam comparationem servorum ita constitui publice interfuit, nam frequenter ignorantia liberos emimus."

Dieses öffentliche Interesse, welches der grosse Papinian nicht näher präcisirt, ist dasselbe, welches in der roheren und auch für die primitiven Leute verständlichen Gestalt im Institut des tignum iunctum hervortritt: ne aedificia diruantur, ne cultura turbetur.

Ebenso wie bei dem Institut des tignum iunctum das Recht keine besondere Bevorzugung desjenigen bezweckt, welcher sein Haus aus gestohlenen Materialien baut, ebenso wenig will es die Tugend des redlichen Besitzers auf Kosten des Eigenthümers belohnen. Noch mehr, wir behaupten, dass nicht einmal die privatrechtliche Gerechtigkeit in unserer Lehre von Bedeutung ist, sondern namentlich das öffentliche Interesse. Vom Standpunkt des römischen Privatrechts trägt den Schaden derjenige, welchen er getroffen hat, sofern natürlich der Schaden nicht aus fremder Culpa hervorgegangen ist.

Dass unser Institut ein Ausfluss wirthschaftspolitischer Gründe, nicht der privatrechtlichen Billigkeit ist, folgt aus der schon mehrmals von uns berührten l. 44 pr. de usuc. Dabei sehen wir nicht auf die Worte publice interfuit, sondern auf die Thatsache, welche Papinian berichtet. Er sagt nämlich, dass die Regeln über den Einkommenserwerb nicht auf den putativen adrogator ausgedehnt worden sind. Die putative adrogatio ist eine seltene Erscheinung, welche für den Verkehr ohne Bedeutung ist. Daher erfordert das öffentliche wirthschaftliche Interesse die rechtliche Regulirung der Erscheinung nicht. — Das ist aber eine Unterscheidung rein politischer Natur. Nur die Politik, nicht aber die Gerechtigkeit kann so sprechen und handeln. Für die Gerechtigkeit ist es gleich, ob der Fall selten oder oft geschieht. Was gegen die Gerechtigkeit verstösst, verletzt dieselbe ebenso, ob es selten oder oft geschieht. Die Politik dagegen greift nur da ein, wo ein genügendes öffentliches Interesse vorliegt. Die Gerechtigkeit würde ebenso für den pater adrogator stimmen, wie für den gutgläubigen Käufer. Die Politik ist über den putativen pater adrogator wegen der Bedeutungslosigkeit der Frage zur Tagesordnung übergegangen.

Man wird in unserer Erklärung einen geschichtlichen Fehler finden. Wir sind nämlich von der Wirkung der unerwarteten Vermögensentziehung auf das Vermögen des unvorbereiteten Besitzers ausgegangen, wobei wir den organischen Bau eines Vermögens der jetzigen ökonomischen Cultur zu Grunde gelegt haben. Wir haben das römische Recht aus den jetzigen wirthschaftlichen Verhältnissen erklärt. Wenn diese Erklärung auch ungeschichtlich wäre, würden wir mit dem Ergebnisse zufrieden sein, weil wir jedenfalls eine feste Grundlage für die moderne Gesetzgebung gewonnen hätten. Wenn wir aber zur Geschichte zurückkehren, gestehen wir, dass unsere Schilderung der zerstörenden Wirkung einer plötzlichen Vermögensentziehung für die römischen Verhältnisse etwas übertrieben ist. Sie ist auch für die modernen Länder übertrieben, wo die ökonomische Cultur einen extensiven Charakter hat. Unsere Gründe gewinnen desto mehr an Wichtigkeit, je intensiver die ökonomische Cultur ist. Auch in demselben Lande, in derselben Epoche richtet sich die Bedeutung unserer Idee nach den Arten der Wirthschaft und nach ihrem Orte. Nach der Art der Wirthschaft, indem verschiedene Arten von productiven Wirthschaften mehr oder weniger intensiven Charakter haben, mehr oder weniger integrirt und differenzirt sind. Eine Bank, eine Fabrik, ein Handelsgeschäft sind zartere Organismen im allgemeinen, die leichter zu Falle gebracht werden können, als eine Landwirthschaft. Nach dem Orte, indem in den Städten und in der Nähe der Stadt intensivere Cultur getrieben wird, als in entfernten Winkeln des Landes.

Indessen, obgleich die Bedeutung unserer Ausführung für verschiedene Verhältnisse verschieden ist, verliert sie ihre Kraft nur bei den Völkern, welche noch nicht sesshaft geworden, bei den Jagd- und Hirtenvölkern. Nur hier hat das Vermögen eine rein extensive, leicht theilbare Gestalt. In der späteren römischen Zeit finden wir schon eine verhältnissmässig hohe Stufe der wirthschaftlichen Cultur und einen regen Verkehr. Das Institut hat ja erst in der letzten classischen Zeit volle Entwickelung erlangt (vgl. unten S. 208 fg.). Papinian verweist einfach auf die Entwickelung des Verkehrs als auf die Ursache des Institutes.

Wir haben absichtlich die modernen Verhältnisse als Grundlage der Schilderung genommen, nicht nur um unsere Idee verständlicher zu machen, sondern auch darum, weil ein anderer Factor existirt, welcher den Fehler der Uebertreibung im Endergebnisse beseitigt. Wir haben von dem gewaltigen Unterschiede abstrahirt, welcher zwischen modernen und römischen Creditverhältnissen besteht.

Jetzt ist nämlich eine Möglichkeit gegeben, den Irrthum der Conjunctur durch den Credit bis zu einem gewissen Grade zu heilen. Wir sagen: bis zu einem gewissen Grade; denn Jedem leuchtet ein, dass eine solche Bestimmung des Credites nur ein Palliativ ist, welches jedenfalls eine pathologische Erscheinung voraussetzt und dieselbe oft zu heilen nicht im Stande ist. Auch jetzt kann man durch den Credit nicht immer gerettet werden, weil man nicht immer den Credit geniessen kann, und weil der Credit die Wunde oft nur äusserlich bedeckt, um sie noch tiefer zu machen (vgl. das Beispiel 2. auf S. 186 fg.).

Viel schlimmer verhielt es sich mit dem Credit in der Römerwelt. Eine unerwartete Vermögensentziehung konnte bei den Römern viel seltener durch den Credit gedeckt werden. Die mangelhafte Gestaltung des Realcredites verursachte die Schwierigkeit, sich schnell und leicht durch den Credit zu helfen. Die Creditgeber befürchteten mit Recht verschiedene versteckte Hypotheken, die mangelhafte Sicherung führte nothwendig den hohen Zinsfuss herbei. In den Zinsen musste nothwendig eine Versicherungsprämie enthalten sein. Darum hatte der Credit nur eine solche Heilkraft wie jetzt der Wuchercredit. Das unerwartete Hinzukommen der Wucherschuld musste auch seine argen wirthschaftlichen Folgen haben. Es ist daher noch eine Frage, wann die civilrechtliche Versicherung der bonae fidei possessio gegen die unerwartete Gefahr nothwendiger war, ob bei den Römern oder jetzt. Man muss auch den Umstand nicht vergessen, dass in Folge der besseren Regelung des Verkehrs insbesondere im Gebiete des Immobilienrechts die Gefahr, irrthümlich fremdes Vermögen in seine Wirthschaft einzuführen, jetzt viel geringer ist als im römischen Staat.

§ 43. F. Die Erklärung der formellen Seite des Institutes.

Wenn man weiss, welchen Zwecken das Institut entsprechen soll, ist es nicht schwer zu erklären, warum es aus diesen und nicht anderen rechtlichen Formen gebaut ist. Jetzt stehen wir vor der nebensächlichen Frage: warum die Beschränkung des Eigenthümers in der Form durchgeführt wurde, dass der nichtwissende Besitzer an den Früchten Eigenthum erhielt? Diejenigen, welche unsere Erklärung des Institutes für die richtige halten, werden schon a priori auch das Eigenthum des nichtwissenden Besitzers als erklärt betrachten. In Folge der Unvollkommenheit des Rechtes kann es Jedem begegnen, dass er ohne seine Schuld die Einkünfte der fremden Sache irrthümlich für die seinigen hält. Unser Institut will nun die vermögenszerstörende Wirkung eines solchen Irrthumes beseitigen. Wer kann ein besseres und einfacheres Mittel dazu vorschlagen, als die rechtliche Sanction der Conjunctur, d. h. die Bestimmung, nach welcher die fremden Früchte, welche in Folge der Unvollkommenheit des Rechtes in der Conjunctur des Besitzers als sein Eigenthum zu Grunde gelegt wurden, auch durch das Recht als sein Eigenthum anerkannt werden müssen? Die aus der Gestaltung des Rechtsverkehrs oft entspringende rechtliche Krankheit der Wirthschaft, die rechtliche Vergiftung durch die fremden Einkünfte, wird gründlich geheilt. Die irrthümliche Conjunctur bezüglich der Einkünfte wird zur wirthschaftlich fehlerfreien. Diese Massregel wirkt ebenso sicher, als wenn die Versicherungsinstitute im Stande wären, an Stelle des niedergebrannten wirthschaftlich nothwendigen Gebäudes durch die Macht des Wortes im Nu ein neues zu errichten.

Anstatt dessen schlägt man vor, eine Consumptionsbefugniss für den gutgläubigen Besitzer zu construiren. Schon von vornherein erregt eine solche Befugniss manche Zweifel; es ist ja ein Recht von besonderem Typus, welches sonst im Gebiete des Civilrechtes unbekannt ist. Es ist auch eine Befugniss, von welcher der Befugte begrifflich nichts wissen kann. Wir haben schon oben gezeigt, dass zu dieser Befugniss noch wichtige positive Bestimmungen hinzukommen müssen, um den Verkehr nicht in Verwirrung zu bringen.

Jetzt können wir einfach sagen: um alle zerstörenden Folgen des Irrthumes in der Conjunctur zu beseitigen, muss das Recht unzählige positive Bestimmungen treffen, welche zusammen diejenige rechtlich-wirthschaftliche Eigenschaft der Früchte ausmachen, auf welche die Conjunctur sich gestützt hat. Alle diese positiven Bestimmungen sind aber im Begriffe „Eigenthum" enthalten. Nachdem das Recht dieses vielsagende Wort ausgesprochen hat, braucht es nicht die ganze mögliche Pathologie des Verkehrs zu berühren und jede einzelne Krankheit durch ein besonderes Heilmittel zu beseitigen. Das Recht braucht nicht mehr alle möglichen Regresse gegen den nichtwissenden Besitzer vorauszusehen und durch besondere Bestimmungen zu beseitigen. Wenn der nichtwissende Besitzer die Früchte veräussert, verpfändet, andere dingliche Rechte bestellt hat, sind diese Rechte gültig, es kann kein unerwarteter Regress auf den Besitzer fallen. Ein Regress bedeutet aber für den Verkehr zwei Prozesse und zwei Vermögensschädigungen. Hier wäre aber ein Regress ganz unerwartet. Ferner, wenn das Recht des Besitzers an den Früchten durch Jemanden verletzt wird, braucht das Recht nicht, wie das z. B. Göppert thut, für jeden Fall eine besondere Klage auszudenken. Es ist auch schwer, eine genügende Anzahl von Klagen für den Fall zu construiren, wenn verschiedene Verletzungen vor der Apprehension der Frucht seitens des gutgläubigen Besitzers geschehen sind. Das Wort Eigenthum löst auch hier alle Schwierigkeiten. Es giebt alle gewöhnlichen Klagen des Eigenthümers, schon bevor der Besitzer die separirte Frucht in Besitz nahm. Ferner, wenn man dem gutgläubigen Besitzer das Eigenthum an den Früchten abspricht, muss man doch eine zeitliche Schranke ziehen der ganzen Masse von Vindicationen des Eigenthümers. Wenn ein Thier fünf Junge wirft, erzeugt es fünf Vindicationen. Wenn diese fünf Junge, bevor sie usucapirt sind, zehn Junge zur Welt bringen, sind neue zehn Vindicationen da, für welche eine neue Frist läuft u. s. w. Wenn man dem gutgläubigen Besitzer Eigenthum an den Früchten giebt, ist nur eine zeitlich beschränkte Vindication des Eigenthümers möglich.

Man sagt: das römische Recht giebt mit der einen Hand, um mit der anderen zu nehmen. Das ist formell und materiell unrichtig. Die Obligation vermag nicht das Eigenthum und seine Folgen zurückzunehmen. Dieser Satz, welcher formell wohl nicht bezweifelt werden kann, hat eine grosse materielle Bedeutung. Wie kann die obligatorische Pflicht, fructus extantes zu restituiren, die oben noch keineswegs erschöpfend dargestellten Folgen des Eigenthums nutzlos machen? Diese obligatorische Pflicht beraubt den gutgläubigen

Besitzer nicht der Möglichkeit, gültige dingliche Rechte zu bestellen, den vollen Eigenthumsschutz zu geniessen, sie entzieht ihm nicht die Sicherheit vor dem unerwarteten Schaden aus Regressen Dritter und aus Vindicationen des Eigenthümers, die sämmtlich nach Usacapion, Veräusserung oder Untergang der fruchttragenden Sache ausgeschlossen sind. Die Pflicht, fructus extantes zu restituiren, entzieht dem gutgläubigen Besitzer nur einen gewöhnlich geringen Theil seiner Bereicherung.

Das Wichtigste aber ist, dass diese Entziehung unschädlich für die Ordnung der Wirthschaft geschieht. Man soll nicht darüber sprechen, was das Recht dem gutgläubigen Besitzer giebt oder entzieht, sondern darüber, was es für das gemeine Wohl aller Menschen thut. Die Sicherheit der Wirthschaft, der regelmässige, durch unerwartete Gefahren nicht gestörte Gang derselben ist durch unser Institut gegeben und durch die Restitution der vorhandenen Früchte nicht entzogen. Ebensowenig wie im Institut des tignum iunctum, kann man in unserer Lehre ein Geben und Zurücknehmen finden. Derjenige, welcher den gestohlenen Balken in sein Haus verbaut hat, soll den doppelten Werth desselben vergüten. Wir können doch nicht sagen, dass die XII Tafeln mit einer Hand geben, mit der anderen das Doppelte zurücknehmen. Das Gesetz der XII Tafeln erreicht vollständig den allgemeinen nützlichen Zweck, ne aedificia diruantur, ne cultura turbetur.

§ 44. G. Die geschichtlichen Fragen.

Die obige Darstellung hat ergeben, dass der Satz bonae fidei possessor fructus consumptos suos facit ein geniales und grossartiges wirthschaftliches Postulat verwirklicht. Dieses Postulat wird jetzt weder durch die Rechtswissenschaft gewürdigt, noch durch die Volkswirthschaftslehre erörtert. Es entsteht der Zweifel: ist es denn möglich, dass die römischen Juristen in der Zeit, wo es noch keine Theorie der Volkswirthschaft gab, diesen theoretischen und abstracten Gedanken schon verstanden, richtig gewürdigt und bewusst durchgeführt haben?

Unsere Meinung ist: die römischen Juristen haben die wirthschaftliche Bedeutung des Institutes selbst nicht verstanden, nichtsdestoweniger haben sie das obige Postulat praktisch richtig verwirklicht. Es ist nichts Paradoxes in dem, was wir ausgesprochen haben. Wenn wir die bestehenden und vergangenen menschlichen Institutionen überschauen, werden wir finden, dass den meisten und wichtigsten unter ihnen kein theoretisches Princip das Leben gab. Man wird wohl nicht sagen, dass die Institute des Eigenthumes, der Obligation, des Erbrechtes, oder dass das Criminalrecht, das Völkerrecht u. s. w. dem theoretischen Verständniss ihrer Bedeutung die Verwirklichung verdanken. Gerade diejenigen Institutionen, welche nicht durch die Theorie eingeführt sind, sondern sich naturwüchsig entwickelt haben, erweisen sich am meisten als lebensfähig. Die theoretische Wissenschaft erforscht nur ex post die wissenschaftliche Begründung des Geschehenen. Dieselbe Erscheinung finden wir in allen Gebieten der thierischen und menschlichen Welt. Die Mathematiker haben constatirt, dass die Bienen ihre Honigzellen mathematisch regelrecht bauen, und dass sie diejenige geometrische Figur wählen, welche grade bei dem kleinsten Aufwand von Arbeit und Wachs den grössten Raum für den Honig enthält. Die Aesthetiker haben erst in der neuesten Zeit diejenigen Architekturregeln entdeckt und theoretisch begründet, welche die Griechen schon angewandt haben, während man früher die griechischen architektonischen Krümmungen für fehlerhaft hielt. Die gesellschaftlichen Umgangsformen haben sich nicht aus theoretischen Sätzen entwickelt, sondern dadurch, dass die Leute in einzelnen Fällen diejenige Handlungsweise wählten, welche ihr concretes Anstands- und Wohlwollensgefühl anrieth. Ebenso hat sich unser Institut entwickelt. Die römischen Juristen waren keine Männer der abstracten Theorie, welche sich mit dem Bau der Theorien und Systeme beschäftigten. Ihre fruchtbarste Thätigkeit bestand in den Entscheidungen der praktischen Fälle. Sie haben nicht mit dem bonae fidei possessor und dem Eigenthümer in abstracto zu thun gehabt, sondern mit dem Titius, welcher bona fide vom Seius das bestimmte Grundstück gekauft, so und so viel Jahre bewirthschaftet und gestern erfahren hat, dass Sempronius sich für den Eigenthümer des Grundstückes ausgebe und eine rei vindicatio anstellen wolle. Sie haben daher nicht über die volkswirthschaftliche gefährliche Lage des bonae fidei possessor in abstracto nachgedacht, sondern die concreten Folgen gesehen, welche für die Wirthschaft des Titius entstünden, wenn man ihn zwänge, die zu einer grossen Summe angewachsenen Einkünfte des Grundstückes herauszugeben. Ebenso soll man das Institut des tignum iunctum nicht als das Product einer theoretisch-politischen Gesetzgebung betrachten, sondern als ein Recht der Praxis, welches aus einer Menge concreter Entscheidungen entstand und durch die Gesetzgebung bestätigt wurde. Bevor das Institut allgemeine Geltung erlangte, waren vielleicht viele Weinculturen durch Entziehung der Weinpfähle verdorben worden. Indessen ist das Institut schon sehr früh entstanden und sein Zweck richtig verstanden worden, weil die Folgen der Entziehung der Weinpfähle aus dem Weingarten in einer ganz concreten und sichtbaren Gestalt auftraten. Mit der Entwickelung der wirthschaftlichen Cultur und des Verkehres fingen die römischen Juristen in concreten Fällen der Lösung des bonae fidei Verhältnisses an zu beobachten, dass auch hier die absolute Durchführung des Eigenthumes unerträgliche Folgen nach sich zieht. In ihrer Praxis suchten sie, durch den praktischen Instinct geleitet, in jedem besondern Falle eine praktisch erträgliche Entscheidung zu geben. Die weisen Entscheidungen, welche den Bedürfnissen der Gesellschaft am besten entsprachen, wurden durch die öffentliche Meinung gebilligt, von Anderen nachgeahmt, und in solcher Weise im Kampf ums Leben gegen andere Entscheidungen, welche den Bedürfnissen des Volkes weniger entsprachen, der allmähliche Sieg errungen. Mit anderen Worten: es sind die praktisch weisen Entscheidungen nicht durch ihre theoretische Begründung, sondern durch ihre bessere Lebensfähigkeit in dem Volke zur allgemeinen Regel geworden. Das Institut ist eine naturwüchsige Erscheinung. Seine Genialität ist eine Genialität der Natur, eine Folge der Macht der Dinge, aber nicht der theoretischen Vernunft. — Es bleibt eine höchst interessante Frage zu erörtern. Nämlich: wie verhielt sich die theoretische Betrachtung der römischen Juristen zu der Evolution des Institutes? Denn wenn die Richtung ihrer Entscheidungen nicht durch die Theorie bestimmt wurde, sondern durch ein praktisches Gefühl, so suchten sie doch gleichsam ex post facto ihre praktischen Entscheidungen in ein theoretisches Gewand einzukleiden. Auf die aufgeworfene Frage ist zu antworten: die richtige theoretische Begründung des Institutes war für die römischen Juristen unerreichbar; darum sind die falschen theoretischen Betrachtungen aufgekommen, welche in die naturwüchsige Evolution des Institutes störend und unheilbringend eingriffen. Es ist interessant, diese geschichtliche Erscheinung näher zu verfolgen.

Schon oben haben wir die Stelle angeführt, wo der Grund des Fruchterwerbes bei der b. f. possessio präcisirt wird. Das ist § 35 J. de rer. div. 2, 1, wo es heisst:

„naturali ratione placuit fructus quos percepit eius esse pro cultura et cura . . .“

Diese Theorie spielt in der Compilation nur die Rolle einer falsa demonstratio, quae non nocet. Das justinianische Recht hat keine Consequenz dieser Theorie angenommen. Vielmehr erwirbt danach der gutgläubige Besitzer alle Früchte ohne Unterschied, ob er cultura et cura auf deren Erzeugung verwendet hat oder nicht. Andere Bedeutung hatte diese Theorie noch in der Zeit von Julianus und Pomponius. In dieser Zeit zog die falsche Begründung des Institutes noch schädliche Folgen nach sich. Wenn der Grund des Fruchterwerbes des gutgläubigen Besitzers in seiner cura et cultura liegt, dann soll man ihm nur diejenigen Früchte zutheilen, welche er wirklich durch seine Arbeit erzeugt hat. Diese Entscheidung hat Pomponius in seinem Commentar ad Quintum Mucium wahrscheinlich nach Vorgang des letzteren vertheidigt.

Pomponius libro vicesimo secundo ad Quintum Mucium: Fructus percipiendo uxor vel vir ex re donata suos facit, illos tamen, quos suis operis adquisierit, veluti serendo: nam si pomum decerpserit vel ex silva caedit, non fit eius, sicuti nec cuiuslibet bonae fidei possessoris, quia non ex facto eius is fructus nascitur (l. 45 D. de usur. 22, 1).

Diese Stelle ist in der Geschichte der Literatur sehr berühmt. Von der Glosse bis in die neuere Zeit stützte sich darauf die Theorie, nach welcher der b. f. possessor nach dem justinianischen Recht nur die sog. fructus industriales erwirbt. Diese Theorie kann man jetzt als glücklich überwunden betrachten, darum werden wir gegen dieselbe keine überflüssige Polemik führen. Nur wollen wir bemerken, dass die Unterscheidung zwischen fructus industriales und mere naturales, von welcher noch jetzt gesprochen wird, eine irrthümliche Terminologie selbst für die Meinung von Pomponius ist. Nach der Meinung von Pomponius nämlich hat nicht der Umstand Bedeutung, ob die Früchte der Thätigkeit des Menschen ihr Entstehen verdanken oder nur der Wirkung der Natur ohne menschliche Hilfe, sondern nur ein subjektiver Umstand, ob nämlich der b. f. possessor selbst gesäet hat, oder nicht. Er erwirbt auch diejenigen Früchte nicht, welche ein Anderer gesäet hat, obgleich sie fructus industriales sind.

In der neuesten Literatur wird die Stelle zu anderen Zwecken viel besprochen. Man sucht nämlich die Antinomie zu beseitigen, die zwischen dieser Stelle und anderen Stellen besteht, welche den Unterschied zwischen den vom gutgläubigen Besitzer erzeugten und den übrigen Früchten negiren (vgl. z. B. l. 48 pr. D. de a. r. d.

41, 1). Einige Schriftsteller [1] erklären die Unterscheidung zwischen beiden Arten von Früchten in der Stelle von Pomponius (l. 45 D. de usur.) nicht vom Standpunkte der Lehre über die Rechte des gutgläubigen Besitzers, sondern vom Standpunkte der Lehre von Schenkungen unter Ehegatten. Der beschenkte Ehegatte — so sagt man — erwirbt in der Stelle die Früchte nicht als ein Besitzer des geschenkten Grundstückes, sondern als ebenfalls geschenkte Sachen. Diese Erklärung stützt sich hauptsächlich auf die l. 8 C. de don. i. v. et u. 5, 16:

Si fructus eorum praediorum, quae in dotem accepisse te dicis, matrimonii tempore uxorem tuam percipere passus es eosque uxor tua absumpsit, restitui tibi post divortium oportere nulla ratione contendis. sin autem ab his locupletior facta est, in tantum potest conveniri.

Auf Grund dieser Entscheidung erklärt man die Stelle von Pomponius dahin, dass die fructus mere naturales immer eine Bereicherung nach sich ziehen, also unter das Verbot der Schenkung zwischen Ehegatten fallen, wohl aber die fructus industriales gültig geschenkt sind, weil auf ihre Erzeugung der beschenkte Ehegatte Verwendungen aus seinem Vermögen gemacht hatte.

Diese Erklärung ist zu verwerfen, weil aus der l. 8 C. cit. gerade einleuchtet, dass die Unterscheidung zwischen beiden Arten von Früchten für das Schenkungsverbot keine Bedeutung hat. Die vom Beschenkten erzeugten Früchte bereichern denselben in dem Masse des Reinertrags ebenso wie die anderen Früchte. Bei beiden Arten der Früchte kann es auch in gleicher Weise geschehen, dass die Bereicherung zur Zeit der Rückforderung nicht mehr vorhanden ist. Auch aus der l. 17 D. de don. i. v. et u. 24, 1 folgt, dass die Unterscheidung zwischen beiden Arten von Früchten für das Schenkungsverbot ohne Bedeutung ist. Ferner ist in der l. 8 C. cit. von obligatorischen Verhältnissen die Rede, von der Restitution der Bereicherung, in der Stelle von Pomponius dagegen vom Erwerb des Eigenthumes. Auch bezeichnen die Worte „suos facit“ einen originären Erwerb, und der Wortlaut der Stelle beweist, dass Pomponius den beschenkten Ehegatten als einen redlichen Besitzer die von ihm erzeugten Früchte erwerben lässt. Wohl aber werden die Früchte in der l. 8 C. cit. nicht auf Grund des Besitzes percipirt, sondern derivativ, auf Grund der Schenkung der Früchte (perci-

1) Vgl. Puchta, Inst. II § 242, Göppert S. 334 fg.

pere passus es; das ist eine traditio). — Jedenfalls, wenn man auch die Entscheidung über den beschenkten Gatten als nicht hierher gehörig beseitigt hätte, bleiben doch die Worte „sicuti nec cuius libet bonae fidei possessoris, quia non ex facto eius is fructus nascitur", welche hinreichend bezeugen, dass bei der bonae fidei possessio das Princip der cura et cultura nach der Meinung von Pomponius von praktischer Bedeutung ist. Nur etwas abgeschwächt wird diese Meinung, wenn man die Worte nec cuiuslibet nicht in ihrem gewöhnlichen Sinne (= nec cujusquam = nullius), sondern dahin versteht, dass Pomponius nicht jedem b. f. possessor den Erwerb der von ihm nicht erzeugten Früchte zuschreibt.[1] Brinz[2] denkt dabei an den Unterschied zwischen den b. f. possessores im engeren Sinne und den Bonitariern, Pernice (eod.) an den Unterschied zwischen iusta und b. fidei possessio.

Was unsere Meinung betrifft, so bemerken wir, dass es für unsere geschichtliche Behauptung genügt, wenn Pomponius auch nur in gewissen Fällen der b. f. possessio aus dem Princip der cura et cultura Consequenzen zog. Jedenfalls ist es eine deutliche Spur der schädlichen Wirkung der falschen Theorie. Wir haben aber besondere Gründe dazu, die Behauptung aufzustellen: das Princip, nach welchem der gutgläubige Besitzer die Früchte, die er nicht gesäet hat, nicht erwirbt, hatte unter den römischen Juristen in der That Vertheidiger gefunden und musste bekämpft werden. Gegen diese Theorie als eine schon beseitigte richten sich die Worte von Paulus:

Bonae fidei emptor non dubie percipiendo fructus etiam ex aliena re suos interim facit non tantum eos, qui diligentia et opera eius pervenerunt, sed omnes, quia quod ad fructus attinet loco domini paene est (l. 48 pr. D. de a. r. d.).

Gegen diese Theorie als eine noch vertheidigte polemisirt Julian in der l. 25 D. de usur. 22, 1 (... omnis fructus non iure seminis, sed iure soli percipitur ... si totum fundum alienum quis sciens possideat, nulla ex parte fructus suos faciat, quoquo modo sati fuerint ... In alieno fundo, quem Titius bona fide mercatus fuerat, frumentum sevi: an Titius bonae fidei emptor perceptos fructus suos faciat? (es war also zweifelhaft) respondi ... cum ad fructuarium pertineant fructus a quolibet sati, quanto magis hoc in

---

1) Vgl. Pernice cit. S. 166 N. 49; Köppen S. 104 fg.; Czyhlarz S. 483 fg.

2) Brinz, cit. S. 108 fg.

bonae fidei possessoribus recipiendum est, qui plus iuris in percipiendis fructibus habent?). Die Ursache dieser ausführlichen Polemik wird dann erst recht verständlich, wenn man sie mit den Worten von Pomponius (cit.) zusammenstellt:

Fructus suos facit illos tamen, quos suis operis adquisierit, veluti serendo.

Dann wird es verständlich, gegen welche Theorie Julian so eifrig polemisirt. Die Theorie hat wirklich in einer allgemeinen Gestalt, nicht blos für besondere Fälle der bonae fidei possessio existirt. Es hat sich sogar eine besondere Terminologie ausgebildet, welche viel besser ist, als die Ausdrücke: fructus industriales — mere naturales. Es sind nämlich die zur Bezeichnung der sich gegenseitig bekämpfenden Theorien bestimmten Ausdrücke: ius seminnis — ius soli. Nicht ohne Interesse ist die Argumentation von Julian, welcher den Erwerb iure soli vertheidigt. Sie besteht aus nichtssagenden Analogien und petitiones principii. Er hat einen praktisch richtigen Satz vertheidigt, aber er konnte ihn theoretisch nicht begründen. Wie fern Julian vom tieferen Verständniss des Wesens des Institutes war, beweist seine Entscheidung über die Wirkung des nachträglichen Wissens des Besitzers vom fremden Rechte (vgl. S. 105). Er entscheidet, dass der ursprünglich gutgläubige Besitzer trotz der nachträglichen mala fides die Früchte bis zur Eviction erwerbe. Nach der obigen Erklärung des Institutes brauchen wir nicht zu zeigen, wie diese Entscheidung dem Zweck des Institutes fremd ist. In der letzten classischen Zeit wurde die unrichtige Meinung Julians endgültig beseitigt. Wohl aber hat seine richtige Meinung über das ius soli allgemeine Anerkennung gefunden (vgl. oben S. 207). Der practische Sinn hat die falsche Theorie in ihren schädlichen Folgen beseitigt.

Ebenso haben wir Spuren davon, dass die Lehre vom Erwerb der Früchte sich ursprünglich nur auf den häufigsten Fall der b. f. possessio, auf den Eigenthumsbesitz bezog[1] (oben S. 107 fg.) In der letzten Zeit der classischen Jurisprudenz ist diese Beschränkung mit Recht beseitigt. Die wirthschaftlichen Folgen der Consumption der Früchte, welche von dem Consumenten als die seinigen betrachtet wurden, sind von der Art des putativen Rechtes an der fruchttragenden Sache unabhängig. Für diese Erweiterung finden wir in den Pandekten auch keine theoretische Begrün-

1) Die ganze Ausführung von Modestinus in l. 54 D. de a. r. d. und besonders die Worte id hodieque weisen darauf hin, dass Sabinus nur den Eigenthumsbesitzern den Schutz gewährte.

dung. Hier erinnern wir uns auch, dass der Titel pro suo ziemlich spät anerkannt wurde; früher also hat eine für den Verkehr schädliche Pflicht des redlichen Besitzers existirt, den Titel des Erwerbes der fruchttragenden Sache nachzuweisen.

Wenn wir alle Stellen über unsere Lehre zusammenstellen, machen diejenigen den besten Eindruck, welche einfach nach dem praktischen Sinn ohne Begründung entscheiden. Dann folgen diejenigen Stellen, welche sich in die Theorie einlassen, aber sich nur auf Analogien und petitio principii beschränken, und dennoch richtig entscheiden. Endlich kommen die Stellen, welche von der falschen Theorie ausgehen und schädliche Consequenzen daraus ziehen. Schon eine solche Uebersicht des Quellenmaterials würde genügen, um die Frage zu lösen, in welcher Weise das grosse ökonomische Postulat zur Verwirklichung gelangte. Hier hat sich keine Theorie, sondern das Leben selbst geltend gemacht.

Es ist übrigens sehr möglich, dass die Theorie von der cultura et cura, welche nach unseren Quellen eine traurige Function der Hemmung des Fortschrittes spielt, früher, in der Zeit, aus welcher wir keine Quellenzeugnisse haben, einen nützlichen Einfluss ausgeübt hat. In der Epoche, wo der Schutz des nichtwissenden Besitzers sich erst zu entwickeln anfing, hat man gewiss gegen die conservativen Verehrer des strengen dominium mit der cura und cultura des Besitzers argumentirt. Dadurch wurde dem Schutz des nichtwissenden Besitzers wenigstens im engeren Umfange zum Siege verholfen.

Später, als dieser beschränkte Schutz schon allgemein anerkannt wurde, das Leben aber einen vollständigen Schutz forderte, wurde die ursprünglich nützliche Theorie zu einer schädlichen, wie es gewöhnlich mit den relativ guten Theorien geschieht.

Auch für die anfängliche Entwickelung des Institutes kann man der Theorie von der cura et cultura nicht allzugrosse Bedeutung zuschreiben. Das lucrum der Einkünfte von solchen Sachen, wo keine Rechtfertigung durch cura et cultura möglich war (Sclaven, Häuser etc.), scheint nicht später entwickelt zu sein, als der Erwerb der landwirthschaftlichen Producte. Im Gegentheil war der Erwerb der natürlichen Früchte noch lange nach verschiedenen Richtungen bestritten, während der Erwerb durch die im guten Glauben besessenen Sclaven schon endgültig entwickelt und streitlos anerkannt war. Wenn die römischen Juristen einen Satz betreffs des Erwerbes von landwirthschaftlichen Producten beweisen wollen, stützen sie sich auf die Regeln über den Sclavenerwerb, als auf eine beweisende Analogie (vgl. l. 25 § 1, § 2 D. de usuris 22, 1). —

Im Vorigen ist eine Uebersicht enthalten, wie das Institut und seine einzelnen Sätze durch die classische Jurisprudenz weiter entwickelt und gerechtfertigt wurden.

Unsere geschichtliche Betrachtung hat das Institut so zu sagen in der Mitte seiner Entwickelung ergriffen, nämlich in der Zeit, wo das Eigenthum des nichtwissenden Besitzers an den Früchten (wenn auch noch im bestrittenen Umfange) bereits anerkannt war. Es wäre sehr interessant, die Entwickelung der Rechte des bonae fidei possessor betreffs der Früchte in ihren ursprünglichen Stadien zu verfolgen. Leider konnten wir dafür nach dem Zustande unserer Quellen keine sicheren Anhaltspunkte finden. Während wir die oben aufgestellten Sätze als sicher und quellenmässig bewiesen betrachten, möchten wir unsere Meinung über die anfängliche Entwickelung des Institutes nur als eine Vermuthung aussprechen. Diese Vermuthung gewinnt einen hohen Grad der Wahrscheinlichkeit, wenn man die verschiedene Art und Weise beobachtet, wie die römischen Juristen vom Eigenthum des nichtwissenden Besitzers an den Früchten einerseits und von seiner Restitutionspflicht betreffs der fructus extantes andererseits sprechen, und wenn man die analoge Entwickelung anderer Erscheinungen im römischen Rechte berücksichtigt.

Wir glauben nämlich daran nicht, dass dem gutgläubigen Besitzer das Eigenthum an den von ihm erzeugten Früchten mit einem Schlag zuerkannt wurde. Noch weniger glauben wir daran, dass die Restitution der fructus extantes als eine Neuerung eingeführt wurde. Vielmehr behandeln die Quellen das Eigenthum des gutgläubigen Besitzers als eine besondere Erscheinung, welche sie, wie wir gesehen haben, theoretisch zu begründen versuchen und allmählich materiellrechtlich ausdehnen. Die Restitution der fructus extantes dagegen behandeln sie als eine Neuerung nicht.

Unsere Meinung ist nun folgende: in der That ist das Eigenthum des gutgläubigen Besitzers eine Neuerung, welche allmählich, Schritt für Schritt eingeführt wurde. Die Restitution der fructus extantes dagegen ist ein Ueberbleibsel eines älteren Zustandes.

Es wird wohl Niemand bezweifeln, dass in einer älteren Epoche, welche wir nicht näher bestimmen können (nach unserer Meinung hat die Einführung der formula petitoria entscheidende Bedeutung), alle Früchte dem Eigentümer gehörten, ohne Unterschied, ob sie vom gutgläubigen oder bösgläubigen Besitzer percipirt wurden. Pomponius hält ja noch den Eigenthümer der fruchttragenden Sache für den Eigenthümer der vom Besitzer nicht erzeugten Früchte. Dieses Eigenthum an den Früchten des dominus fundi wurde nun allmählich in seinen für den Verkehr und die Wirthschaft gefährlichsten Folgen abgeschwächt. Die schlimmste Folge dieses Eigenthumes war diejenige, dass auf den gutgläubigen Besitzer, welcher ohne Ahnung von einer Gefahr verschiedene Arten von Früchten verschiedenen Personen ruhig verkauft hat, plötzlich eine Menge von Regressen fiel, mit den Stipulationes duplae, Interesseforderungen, Conventionalstrafen u. s. w. Diese Masse von unvorhergesehenen Prozessen (Vindicationen und Regressen), welche eine Sache erzeugen konnte, musste schon früh die Aufmerksamkeit der Juristen auf sich ziehen. Daraus folgte natürlich die Beschränkung des Eigenthümers, welche darin bestand, dass er nicht eine Menge von Vindicationen gegen verschiedene Personen anstellen konnte, sondern sich damit begnügen musste, nur die Früchte zu vindiciren, welche noch bei dem gutgläubigen Besitzer der Hauptsache waren, d. h. nur die fructus extantes. Dadurch wurde die ganze Menge von unerwarteten Regressen gegen den gutgläubigen Besitzer und von Vindicationen gegen die dritten Erwerber ausgeschlossen. Für eine solche Massregel zur Verhütung der Regresse haben wir im römischen Rechte Analogien genug, es wird auf die Regeln über die bonae fidei possessio hereditatis oder noch besser auf die Befreiung der an eine dritte Person veräusserten Früchte von der Pfandklage zu verweisen genügen. Dass wir nicht zu erklären brauchen, warum gegen den gutgläubigen Besitzer keine condictio pretii wegen der veräusserten Früchte eingeführt wurde, wird man uns nach unserer Erklärung des Institutes zugeben.

Auf dieser Stufe der Entwickelung gestalteten sich also die prozessualen Verhältnisse in folgender Weise. Der Eigenthümer der Muttersache konnte eine selbständige vindicatio fructuum extantium gegen den b. f. possessor anstellen oder bei der Vindication der Muttersache beantragen, dass diese Früchte im arbitrium de restituendo (eventuell in der Condemnation) mit berücksichtigt werden. Im letzteren Fall begab sich der Eigenthümer der Muttersache natürlich der selbständigen Klage wegen der Früchte. Wie der Richter in solchen Fällen vorging, darüber ist uns ein Quellenzeugniss in den ll. 13, 14 D. de R. V. erhalten:

Ulpianus libro sexto decimo ad edictum. Non solum autem rem restitui, verum et si deterior res sit facta, rationem iudex habere debebit: finge enim debilitatum hominem vel verberatum vel vulneratum restitui: utique ratio per iudicem habebitur, quanto deterior sit factus. quamquam et legis Aquiliae actione conveniri possessor possit: unde quaeritur an non alias iudex aestimare damnum debeat, quam si remittatur actio legis Aquiliae. et Labeo putat cavere petitorem oportere lege Aquilia non acturum, quae sententia vera est (l. 13 cit.).

Paulus libro vicensimo ad edictum. Quod si malit actor potius legis Aquiliae actione uti, absolvendus est possessor. itaque electio actori danda non ut triplum, sed duplum consequatur (l. 14 eod.).

Eine solche Wahl (selbständige Klage oder Berücksichtigung bei der rei vindicatio) steht dem Eigenthümer bei der Geltendmachung seines Rechtes an den fructus extantes gegen den malae fidei possessor noch nach dem justinianischen Recht zu. Wir haben im Corpus iuris, einerseits, solche Stellen, welche die Restitution der Früchte seitens des malae fidei possessor mit der Muttersache selbst bei der Vindication der letzteren bezeugen (z. B. § 2 J. de off. iud. 4, 17, § 35 J. de rer. div. 2, 1, l. 22 C. de R. V. 3, 32), andererseits aber auch solche, welche die Möglichkeit der selbständigen Vindication der fructus extantes gegen den malae fidei possessor aussprechen (z. B. l. 3 C. de cond. ex l. 4, 9; l. 4 C. de crim. exp. her. 9, 32; l. 22 § 2 D. de pign. act. 13, 7). Betreffs der Behandlung des b. f. p. blieb aber die Rechtsentwickelung dabei nicht stehen. Im Gegentheil wurde die obige Wahl des Eigenthümers dadurch beseitigt, dass er nur auf die Geltendmachung seines Anspruches wegen der fructus extantes im Prozesse wegen der Muttersache beschränkt wurde. Die selbständige vindicatio fructuum extantium, welche gegen den malae fidei possessor immer zulässig blieb, wurde bei der b. f. possessio ausgeschlossen. In dieser Weise waren die strengen Folgen des dominium an den Früchten des Eigenthümers der Muttersache bis auf einen Nebenanspruch bei Gelegenheit der Vindication der Muttersache zusammengeschrumpft.

Der ausgedehnte Schutz des b. f. p. betreffs der Früchte hat ihn thatsächlich zum Eigenthümer derselben gemacht (wie der prätorische Schutz des in bonis habere die bonitarischen Eigenthümer geschaffen hat) und er wurde von der Jurisprudenz auch als solcher anerkannt.

Der Umstand, dass der b. f. possessor immer noch die fructus extantes im Falle der Vindication der Muttersache mit derselben restituiren musste, war kein Hinderniss zur Anerkennung seines Eigenthumes an den Früchten. Das letztere wäre freilich mit der selbständigen Vindication der fructus extantes unverträglich; die Restitution officio iudicis kann sich dagegen auch auf dasjenige beziehen, was dem Beklagten als Eigenthum gehört (z. B. auf die vom Beklagten usucapirte Sache des Klägers). Das praktische Bedürfniss, welches die Beschränkung der Rechte des Eigenthümers der Muttersache und die Anerkennung des Eigenthumes des b. f. p. an den Früchten zur Nothwendigkeit machte, haben wir schon erörtert und brauchen die Ergebnisse hier nicht zu wiederholen.

Mit einem Worte, wir betrachten das Eigenthum des redlichen Besitzers an den Früchten als ein natürliches Ergebniss der allmählichen Beschränkung der Frucht-Vindicationen. Die Restitution der fructus extantes betrachten wir als einen geringen Rest, welchen die selbständige Vindication der fructus extantes zurückgelassen hat. Darum wird diese Restitution in den Quellen als keine Neuerung zu Gunsten des dominium betrachtet, sondern als eine natürliche Erscheinung ohne weiteres vorausgesetzt.

Zum Schluss noch eine Bemerkung. Wir haben eine geschichtliche Betrachtung über unser Institut als eine abgeschlossene Erscheinung angestellt. Wir betrachten es aber als eine Verwirklichung des grossen wirthschaftlichen Postulates, welches sich in vielen wichtigen Gebieten des Civilrechtes geltend gemacht hat. Unserer Methode gemäss, welche vom Einzelnen, nachdem wir dasselbe unbefangen von allgemeinen Theorien festgestellt haben, zum Allgemeinen aufsteigt, werden wir vorerst verschiedene einzelne Institute zu prüfen haben, wo das Postulat sich verwirklicht hat (die Ersitzung, die Specification, die Obligationen etc.). Dann erst können wir zu einer umfassenden geschichtlichen Betrachtung ungefähr nach folgendem Programm schreiten.

1. Auf dem Boden des wirthschaftlichen Fortschritts, welcher besonders die Integration der Privatwirtschaft zu einem durch den Wirthschaftsplan fest organisirten Ganzen herbeiführt, geschieht auch die Sicherung der Wirthschaft durch das Privatrecht. Diese Sicherung besteht in der Entwickelung der Rechte des gut-

gläubigen Producenten auf Kosten des strengen und zerstörenden Eigenthums.

2. Derselbe Fortschritt der wirthschaftlichen Cultur, mit dem intellectuellen Fortschritt verbunden, führt zur Differentiation der Begriffe: Kapital und Einkommen und Wissen und Nichtwissen, als Grundlage des Wirthschaftsplanes. Was den letzten sehr wichtigen und höchst interessanten Punkt anbetrifft, haben wir schon einen Vorgänger, welcher nachgewiesen hat, wie die Unterscheidung zwischen bona und mala fides sich allmählich entwickelt hat (Pernice, Labeo II S. 143 fg.). — Um ein illustrirendes Beispiel zu unserem Programm sogleich zu geben, wird folgende Bemerkung genügen. Zur Zeit der XII Tafeln hat man schon zwei wichtige Eigenthumsbeschränkungen gehabt, welche hier in Betracht kommen. Die Rechte des Eigenthums wurden durch eine mechanische Verbindung der Sache mit der fremden Wirthschaft gehemmt. Die spätere Jurisprudenz hat durch die Interpretation den Gedanken weiter entwickelt, insbesondere das Erforderniss der körperlichen Vereinigung freilich in beschränkter Weise zum Erforderniss der wirthschaftlichen Unentbehrlichkeit herabgesetzt. So z. B. in den Begriff des tignum iunctum hat man omnia, quae aedibus vel vineae necessaria sunt, eingeschlossen; die Trennung, welche die Vindication des Tignum ermöglicht, soll dauernd, aber nicht zu vorübergehenden Zwecken geschehen etc. Die zweite Beschränkung des Eigenthums wurde durch eine Verwachsung der Sache mit dem fremden Vermögen in Folge eines längeren Usus herbeigeführt. Bei dem Institut des tignum iunctum wie bei der Usucapio hatten ursprünglich die Unterscheidungen vom Wissen und Nichtwissen, ebenso wie der Unterschied zwischen Kapital und Frucht, keine Bedeutung. Nachdem die Jurisprudenz gewürdigt hatte, dass die Frucht im durchschnittlichen Falle nicht zum Usus, sondern zur Consumption dient, d. h. nicht dauernd aufbewahrt wird, sondern sogleich ihre natürliche Bestimmung erfüllen soll, hat sie sich überzeugt, dass die Frucht sich nicht usu, sondern consumptione mit dem Vermögen assimilirt, und sie hat es rechtlich anerkannt. Sie hat im Gebiete des Pfandrechtes und des Eigenthumsrechtes die Lucrirung durch Consumption eingeführt, und die Frucht schon für die Consumption von ihren vitia befreit, damit die Consumption kein schädliches Nachspiel für die Wirthschaft des Consumirenden habe.

Dritte Abhandlung.

Die allgemeinen Grundsätze über die Vertheilung der Einkünfte bei der Succession in die Nutzung.

I. Theil.

Der römische allgemeine Grundsatz für die Behandlung der Einkünfte bei der Succession in die Nutzung.

§ 45. A. Die Perception während der Dauer des Rechts.

In den beiden vorhergehenden Abhandlungen haben wir das Verhalten des römischen Rechtes in Bezug auf die Vertheilung der Einkünfte bei der Beendigung 1. des Dotalverhältnisses und 2. der bonae fidei possessio erörtert. In beiden Fällen tritt eine eigenthümliche Theilung der Früchte ein. Im Falle der Restitution der Dos werden periodische Früchte des letzten Jahres nach Verhältniss der Dauer der Ehe in diesem Jahre getheilt. Im Falle des putativen dinglichen Rechtes (b. f. possessio) haben weder die Periodicität noch das Jahr der Nutzung Bedeutung; hier ist vielmehr der Unterschied zwischen fructus consumpti und extantes von Wichtigkeit.

Diese grundverschiedene Behandlung der beiden Fälle erklärt sich durch die Verschiedenheit des Wesens der beiden Institute. Eine wesentliche Eigenthümlichkeit der Dotalverhältnisse besteht darin, dass jeder Gatte zu jeder Zeit willkürlich das Verhältniss lösen kann. Die Theilung der Früchte soll die daraus entstehende Möglichkeit der eigennützigen Speculation beseitigen. Die wesentliche Eigenthümlichkeit des gutgläubigen Besitzes besteht darin, dass die wirkliche Sachlage und die drohende Gefahr des Prozesses dem Besitzer unbekannt sind. Die fremden Einkünfte werden wie eigene zur Grundlage seines Wirthschaftsplanes gemacht, sie werden auf das Leben und die Wirthschaft verwendet, aber nicht zur Herausgabe aufbewahrt. In Folge der irrthümlichen Conjunctur werden sie also in solcher Weise aufgebraucht, dass ihre unerwartete Entziehung ebenso auf die Wirthschaft des Besitzers wirken würde, wie die Herausnahme eines Balkens auf das Gebäude. Die durch eine nothwendig unvollkommene civilrechtliche Regulirung des Verkehrs entstehende Unsicherheit der Wirthschaft wird nun durch das Civilrecht in der Weise beseitigt, dass es den irrthümlichen Posten des ausgeführten Wirthschaftplanes für einen ökonomisch richtigen erklärt. Dadurch wird der durch das fremde Blut genährte Organismus des Vermögens gegen die Zerstörung gesichert und dem wirthschaftlichen Leben Sicherheit gegen die rechtlichen Gefahren gegeben.

Die Regeln über die Dotalfrüchte sind ein rechtlicher Schutz gegen das Willkürliche, die Behandlung der Früchte bei dem gutgläubigen Besitz ist ein Schutz gegen das Unerwartete.

Die beiden Institute sind Ergebnisse einer allmählichen Entwickelung, welche nicht durch die Gesetzgebung, sondern durch die Praxis unter dem Einflusse der Jurisprudenz bewirkt wurde. Sie sind natürliche Erzeugnisse des praktischen Lebens, aber nicht einer Theorie. Es wurde freilich durch die römische Jurisprudenz eine und dieselbe theoretische Begründung, das Princip der cultura et cura, für beide Institute unabhängig aufgestellt. Aber diese für beide Institute unzureichende Theorie wurde durch die Bedürfnisse des Lebens zu einer leeren Phrase, zu einer Classificationsform herabgedrückt (vgl. oben S. 77 fg. 204). Das zeigt sich am besten darin, dass ungeachtet desselben vermeintlichen Grundprincips die beiden Institute grundverschieden gestaltet sind.

Die beiden eigenthümlichen Institute haben wir oft „Theilung" der Früchte genannt. Die Auseinandersetzung zwischen Mann und Frau nennen nicht nur die Literatur, sondern auch die Quellen „Theilung" (divisio, portiones, partes). Dieser Ausdruck ist bequem, weil er kurz ist und ökonomisch nicht ganz ungenau. Juristisch aber ist er fehlerhaft und hat das Verständniss der römischen Regeln in der Wissenschaft gehemmt. In Wirklichkeit geschieht keine Theilung, weil keine communio vorliegt, weil die Früchte des letzten Jahres kein gemeinsames Vermögen zwischen Mann und Frau bilden. Die Theilung der Dotalfrüchte beruht in Wirklichkeit auf zwei obl. ex lege, welche sich nach dem Object und nach der Art der Geltendmachung scharf unterscheiden. Ebenso bequem, aber ungenau ist von der Theilung der Früchte zwischen dem putativen und dem wirklichen dinglich Berechtigten zu sprechen.

Hier gebrauchen weder die Literatur noch die Quellen den Ausdruck „Theilung“, obgleich er ebenso wenig im juristischen Sinne und ebenso sehr im ökonomischen Sinne berechtigt ist, wie bei den Dotalfrüchten.

Durch die obigen Bemerkungen haben wir den Leser an diejenigen Ergebnisse unserer Untersuchungen erinnert, welche negativ eine Hauptstütze für unsere weitere Forschung bilden. Wir haben schon gelegentlich vom Postulat der Billigkeit gesprochen, nach welchem die Früchte bei der Succession in die Nutzung zwischen den beiden successiv Berechtigten gleichmässig getheilt werden sollen. Wir haben auch gesehen, dass beim römischen Ususfructus dieses Postulat nicht verwirklicht ist, dass vielmehr der Niessbraucher oft den grössten Theil des Jahres arbeitet und sein Kapital auf die Production der Früchte verwendet, um später zusehen zu müssen, wie der Eigenthümer das von ihm Gesäete erntet. Dieselbe Enttäuschung kann auch den Eigenthümer treffen je nach dem zufälligen Augenblick der Beendigung und des Beginnes des Niessbrauches. Wir haben nachgewiesen, dass die Erklärung dieser eigenthümlichen Behandlung des Ususfructus nicht in dem Wesen desselben, als einer reinen Begünstigung, zu finden ist (vgl. oben S. 57 fg.). Es ist auch irrthümlich, zu denken, dass die Behandlung der Dotalfrüchte das normale Recht sei, die Behandlung der Niessbrauchsfrüchte ein singuläres, bei welchem aus besonderen Gründen vom Postulat der gleichmässigen Vertheilung der Einkünfte Abstand genommen wurde. Die Theilung der Dotalfrüchte bezweckt gar nicht die gleichmässige Theilung der Einkünfte zwischen den successiv Berechtigten, sondern hat ganz singuläre Zwecke. Wir haben auch dem Vorgange der Literatur folgend die Behandlung des Niessbrauches als eine besondere eigenthümliche Erscheinung zu erklären versucht. Wir haben festgestellt, dass die Beendigung des Niessbrauches von der Willkür der Gegenpartei unabhängig ist, dass dieselbe vielmehr durch den Ablauf der Zeit oder durch zufällige Ereignisse (Tod, capitis deminutio, Untergang der Sache) herbeigeführt wird. Nach dem römischen Gesichtspunkt aber casus a nullo praestatur. Diese Erklärung nun muss, wenn man sie genauer beobachtet, für den Niessbrauch verfehlt genannt werden, sobald man die Behandlung der Früchte bei dem usus fructus für eine singuläre Erscheinung hält. In der That ist es ja einem Jeden klar, dass die Beendigung des Niessbrauches nichts Besonderes enthält, dass vielmehr die Beendigung jedes Rechtes von der Willkür der Gegenpartei unabhängig ist. Dies ist ja eine allgemeine Regel, welche das Recht erst zum Recht macht; sonst würde die Fruchtziehung sich nur auf ein thatsächliches fructus percipi pati der Gegenpartei stützen; es wäre ein precaristisches, unverbindlich donatorisches Verhältniss. Eine ganz eigenthümliche Ausnahme bilden Dotalverhältnisse. Indessen muss man hier die wichtige Thatsache nicht vergessen, dass die Dotalverhältnisse nicht wegen ihrer selbst existiren, dass sie kein reines Vermögensrecht sind, dass sie vielmehr wegen der Ehe, eines sittlich-socialen Verhältnisses da sind. Die willkürliche Lösung dieses Verhältnisses erfolgt nicht aus vermögensrechtlichen, sondern aus sittlichen Motiven. Darum hat das Verhältniss mit dem thatsächlichen fructus percipi pati nichts gemein. Die Dotalverhältnisse werden erst dann in ein Vermögensrecht ohne Merkmale des wirklichen Rechtes verwandelt, wenn man die Ehe als ein Mittel der Vermögensspeculationen betrachtet. Dieser Entsittlichung der Ehe haben die Römer eben durch die Theilung der Früchte vorgebeugt. Ebenso wenig widerspricht der allgemeinen Regel der Unabhängigkeit des Rechtes von der Willkür der Gegenpartei das Verhältniss der bonae fidei possessio. Der Eigenthümer kann immer den Fruchterwerb des gutgläubigen Besitzers aufhören lassen. Darum aber sagt man, dass der gutgläubige Besitz, mag er auch rechtliche Folgen herbeiführen, doch kein Recht ist. Die Bedingungen der Beendigung des Niessbrauchs sind also wesentlich dieselben, wie bei jedem normalen Vermögensrechte. Wenn also unsere Erklärung der Behandlung des Niessbrauches den römischen Gesichtspunkt richtig getroffen hat, so muss sie sich nicht auf den Ususfructus beschränken, sondern eine ganz allgemeine Bedeutung für das römische Civilrecht haben; sonst wäre sie verfehlt. In der That ist die Behandlung der Früchte beim Ususfructus nur eine Erscheinung, welche zufällig, aber unverdient die besondere Aufmerksamkeit der Wissenschaft auf sich gezogen hat. In Wirklichkeit ist dasselbe Princip in allen Gebieten des römischen Civilrechts ohne Ausnahme durchgeführt. Wir können behaupten: in allen Gebieten des römischen Civilrechts wird das Postulat einer gleichmässigen Vertheilung der Einkünfte bei dem Uebergang der Nutzung negirt. Ueberall besteht die zufällige Ungleichmässigkeit der Einkünfte, da überall die berechtigte Perception (oder die Separation während der Dauer des Rechtes) entscheidet. Nach allem oben Gesagten brauchen wir wohl nicht auszuführen, dass die Theilung der Dotalfrüchte keine Ausnahme im Sinne der Anerkennung des billigen Postulates bilde. Noch weniger brauchen wir hier von der bonae fidei possessio zu sprechen. Abgesehen von diesen zwei ganz besonderen Fällen finden wir im römischen Rechte keine Spur vom Eingreifen des Rechtes in die Vertheilung der Früchte. Der Zufall entscheidet überall. Dieses „Ueberall" ist sehr umfangreich, man kann sagen universal, weil hierher jeder Uebergang des Eigenthumes gehört, ferner der Beginn, der Untergang oder der Uebergang jedes dinglichen Rechtes (das Pfandrecht mitbegriffen), welches mit der Fruchtziehung verbunden ist, jeder Beginn, Untergang oder Uebergang der Forderung, welche die Fruchtziehung zum Haupt- oder Nebeninhalt hat. In allen diesen Fällen, d. h. im ganzen Gebiet des Vermögens-, Familien- und Erbrechts gehören die Früchte demjenigen, welcher während der Dauer seines Rechtes dieselben percipirt hat. Natürlich können die Parteien oder der Erblasser besondere Regeln für die Vertheilung der Früchte statuiren. Darum hat das Princip der berechtigten Perception thatsächlich nicht so grosse Bedeutung im Obligationenrecht. Beim Kaufe, der Schenkung, der Pacht etc. bestimmen gewöhnlich die Parteien selbst über das Schicksal der Früchte. Seltener geschieht es bei den letztwilligen Verfügungen, z. B. bei den Legaten, indem die Zeit des Erwerbes nicht im voraus bestimmt wird. Ebenso hat das Princip der berechtigten Perception überall da grosse Bedeutung, wo der Uebergang des Eigenthumes oder eines anderen mit Nutzung verbundenen Rechtes von einer Bedingung abhängig ist. Bei gesetzlichem Uebergang der Nutzung kann natürlich kein Parteiwille eingreifen. Es ist also höchst ungenau die Frage auf den Ususfructus zu beschränken und im Wesen des Niessbrauches die Erklärung dieser Erscheinung zu suchen.

Die römischen Juristen, welche immer mit der Praxis zu thun hatten, konnten die Thatsache nicht unbeachtet lassen, dass die Frage nach der Vertheilung der Einkünfte nicht eine singuläre, sondern eine universale Frage des Civilrechts ist. Wenn sie das Eingreifen des Rechtes überall negiren, verfahren sie also nach einem allgemeinen Grundsatze, und nicht darum, weil sie die Frage nur in wenigen Instituten bemerkt und in diesen Instituten besondere Gründe für die Bedeutung der Perception aufgefunden hätten. In den Quellen kann man in der That die Spuren davon finden; sie beweisen, dass die Frage nach der Vertheilung der Einkünfte bei verschiedenen Instituten besprochen wurde, wobei ratio dubitandi namentlich die zufällig ungleichmässige natürliche Vertheilung der Einkünfte war. Wir führen einige Beispiele an:

Herennius Modestinus respondit fructus, qui post adquisitum ex causa fideicommissi dominium ex terra percipiuntur, ad fideicommissarium pertinere, licet maior pars anni ante diem fideicommissi cedentem praeterisse dicatur (l. 42 D. de usur. 22, 1).

Si pendentes fructus iam maturos reliquisset testator, fructuarius eos feret, si die legati cedente adhuc pendentes deprehendisset: nam et stantes fructus ad fructuarium pertinent (l. 27 pr. D. de usufructu 7, 1).

Si fructibus iam maturis ager distractus sit, etiam fructus emptori cedere, nisi aliud convenit, exploratum est (l. 13 § 10 D. de act. empti 19, 1).

Obgleich der Uebergang der Nutzung erst dann geschieht, nachdem schon der bisher Berechtigte alle für die Erzeugung der Früchte nöthigen Arbeiten und Verwendungen gethan hat (maior pars anni, fructus maturi), erntet nichstdestoweniger die Früchte derjenige, welcher nicht gesäet hat. Es wird nur das ius soli, nicht das ius seminis berücksichtigt (vgl. oben S. 208). Wer zur Zeit der Perception ius soli hat, der erntet die Früchte, d. h. oft die fremde Arbeit und das fremde Kapital, da von der Entschädigung für die Erzeugungskosten keine Spur in den Quellen zu finden ist. Das Princip ist gewiss sehr einfach, weil hier der Zufall selbst alle Fragen erledigt. Es entsteht keine communio, weder im juristischen Sinne in der Gestalt des Miteigenthumes an den Früchten, noch im ökonomischen Sinne in der Gestalt der Theilung des Werthes, der obligatorischen Restitution eines Theiles der Einkünfte. Das Princip entspricht auch der allgemeinen individualistischen Richtung des römischen Rechtes, welches jede communio wo möglich vermeidet.[1]

§ 46. B. Die Anwendung des allgemeinen Grundsatzes auf die Civilfrüchte.

Derselbe noch schärfer ausgeprägte Individualismus tritt in der Behandlung der Succession in die Nutzung[2] da hervor, wo der

---

1) Vgl. Eck, Die Stellung des Erben. 1890. S. 39 fg.

2) Das Wort Succession gebrauchen wir untechnisch, indem wir auch den Uebergang des Eigenthumes oder Untergang eines Nutzungsrechtes als Succession in die Nutzung bezeichnen.

bisherige Berechtigte Civilfrüchte gezogen, z. B. das Grundstück verpachtet hat. Wenn der Uebergang der Nutzungsbefugniss vor dem Ablauf der Mieth- oder Pachtfrist geschah, könnte die Frage nach der Pflicht des neuen Berechtigten zur Uebernahme des Pachtverhältnisses entstehen, z. B. nach der Pflicht des Proprietars, von der Aufhebung des Ususfructus an den Miether oder den Pächter bis zum Ablauf der Frist auf dem Grundstück zu dulden. Eine solche successive Gemeinsamkeit der Obligation würde auch die Nothwendigkeit einer Theilung der Vortheile aus den Obligationen nach sich ziehen.

Das römische Recht macht auch hier seinen individualisirenden Standpunkt geltend. Derjenige, auf welchen das Nutzungsrecht übergegangen ist, soll in der Ausübung dieses Rechtes völlig frei, durch die Dispositionen des Vormannes nicht gebunden sein. Er kann den Pächter vertreiben und selbst die noch nicht percipirten natürlichen Früchte ernten. Weder gegenüber dem Pächter noch gegenüber seinem Vormanne hat er eine Pflicht, in das Pachtverhältniss einzutreten. Darum entsteht keine Frage über die Theilung der Civilfrüchte.[1] Der Contract der Miethe oder der Pacht kann nur zwischen den Contrahenten von Bedeutung sein. Wenn der neue Berechtigte den Pächter vertrieben hat, wird der letztere sich mit dem bisherigen Berechtigten nach den Regeln der Pacht auseinandersetzen; der neue Berechtigte wird das Grundstück mit den stehenden Früchten bekommen, wegen der Civilfrüchte braucht er mit Niemandem in eine Auseinandersetzung einzutreten.

Scaevola libro tertio responsorum: Defuncta fructuaria mense Decembri iam omnibus fructibus, qui in his agris nascuntur, mense Octobri per colonos sublatis quaesitum est, utrum pensio heredi fructuariae solvi deberet, quamvis fructuaria ante kalendas Martias, quibus pensiones inferri debeant, decesserit, an dividi debeat inter heredem fructuariae et rem publicam, cui proprietas legata est. respondi rem publicam quidem cum colono nullam actionem habere, fructuariae vero heredem sua die secundum ea quae proponerentur integram pensionem percepturum (l. 58 pr. D. de usufr. 7, 1).

Vgl. l. 9 § 1 D. loc. 19, 2: Hic subiungi potest, quod Marcellus libro sexto digestorum scripsit: si fructuarius locaverit fundum in quinquennium et decesserit, heredem eius non teneri, ut

---

1) Ueber die Regeln bei dem Niessbrauch vgl. Windscheid I § 203 N. 9; Dernburg I § 247 N. 11; Stammler, Niessbrauch an Forderungen S. 142; Holzschuher, Theorie und Cas. Bd. I S. 333; Wächter, Erörterungen I S. 134 fg.

frui praestet, non magis quam insula exusta teneretur locator conductori. sed an ex locato teneatur conductor, ut pro rata temporis quo fruitus est pensionem praestet, Marcellus quaerit, quemadmodum praestaret, si fructuarii servi operas conduxisset vel habitationem? et magis admittit teneri eum: et est aequissimum.[1]

Die in den beiden Stellen enthaltenen Regeln kann man folgenderweise formuliren:

1. Dem neuen Berechtigten gehören alle fructus nondum percepti.

2. Dem früheren Berechtigten gehören alle fructus iam percepti. Wenn er Civilfrüchte gezogen hat, bekommt er von seinem Contrahenten das Aequivalent für die Naturalfrüchte, welche vor der Beendigung des Nutzungsrechtes percipirt wurden: a) Wenn die Sache gleichmässige Einkünfte bringt (z. B. die Milch der Kühe) oder nur zum Gebrauch bestimmt ist (ein Sclave, ein Haus), so muss der Miether oder der Pächter den Theil des Zinses zahlen, welcher der Dauer des frui licere entspricht (pro rata temporis); b) wenn die Sache ungleichmässige, periodische Früchte bringt, wird der Pächter den ganzen Zins zahlen müssen, wenn alle Früchte percipirt sind, wenn auch die Frist der Pacht noch nicht vor der Vertreibung abgelaufen war (l. 58 pr. cit.); er wird keinen Zins bezahlen, wenn er noch nichts percipirt hat etc.

Mit anderen Worten, es wird der Mieth- und Pachtzins als Surrogat der natürlichen Früchte behandelt und proportionell der Perception der natürlichen Früchte bezahlt. Allein die Regel interessirt nur den früheren Berechtigten. Der neue Berechtigte braucht mit dem Surrogat sich nicht zu begnügen.

Die Regel ist durch die gemeine Meinung anerkannt; nur fasst man sie zu eng und zu absolut auf. Zu eng, indem man sie mit der Lehre von der Beendigung des Niessbrauches verbindet,[2] obgleich sie ebenso für den Beginn des Eigenthumes etc. gilt. Zu absolut, indem man denkt, dass die Regel in ihrem Wirkungskreise keine Ausnahme erleide. Man denkt, dass im römischen Recht keine Theilung der Civilfrüchte im obigen Sinne möglich sei. Indessen darf man die von uns dargestellte Regel nur als eine subsidiäre betrachten, welche überall da Platz greift, wo keine besonderen

1) Vgl. auch die l. 59 § 1 D. de usufr. 7, 1.

2) Auch bei der Besprechung der Parömie „Kauf bricht Miethe“ wird eine Seite der Frage berührt.

Gründe dieselbe ausschliessen. Wo diese besonderen Gründe zu suchen sind, ist durch die obige Formulirung der Regel gezeigt. Der neue Nutzungsbefugte braucht sich mit dem Surrogat der natürlichen Früchte nicht zu begnügen, er darf die stehenden natürlichen Früchte percipiren, d. h. er darf den Pächter oder den Miether vertreiben. Dieser Grundsatz schliesst die Theilung der Civilfrüchte aus. Die Frage nach der Theilung des Zinses ist also nur in den Fällen möglich, wo die Anwendung dieses Grundsatzes ausgeschlossen ist. Hierher gehören folgende Gruppen von Fällen, welche vielleicht die Materie noch nicht erschöpfen.[1]

A. Es kommt vor, dass das Pachtverhältniss bei Uebergang der Nutzung aufrecht erhalten werden muss, weil die Disposition über das Grundstück derselben Person gehört. Beispiele: a) Der zukünftige Ehemann hat vor dem Abschluss der Ehe ein Grundstück zur Dos bekommen und dem Dritten verpachtet. Während der Pacht, z. B. 2 Monate vor dem Ende derselben geschieht die Eheschliessung. Vor der Ehe war nicht der Mann, sondern die Frau materiell nutzungsberechtigt. Die vor dem Abschlusse der Ehe gezogenen Früchte sollen bekanntlich zur Dos geschlagen werden, d. h. zur künftigen Restitutionssumme. Nach dem Eheabschluss dagegen bilden die Früchte ein lucrum des Mannes. Es ist klar, dass hier die Frage nach der Theilung des Pachtzinses für den Fall der Restitution der Dos entsteht. b) Der gutgläubige Besitzer des Grundstückes wird während des Pachtverhältnisses in mala fides versetzt und bleibt im Besitz des Grundstücks bis zur Eviction. Der Pachtzins muss zwischen ihm und dem Dominus fundi so getheilt werden, dass ihm der Zins für die Zeit der bona fides verbleibt. c) Der Fiduciar (der Pfandfiduciar) oder der Pfandgläubiger wird während der Pacht zum gewöhnlichen Eigenthümer des Grundstückes. Der Pachtzins muss zwischen ihm und seinem Schuldner bei der Auseinandersetzung getheilt werden u. s. w.

B. Es sind Fälle möglich, wo der neue Nutzungs- und Dispositionsberechtigte den von seinem Vormann angenommenen Pächter nicht vertreiben darf, in Folge eines besonderen Rechtsverhältnisses, in dem er zum Verpächter steht. Solche Fälle kann man leicht im Gebiete der Societätsverhältnisse construiren. Dieselbe Verpflichtung, den fremden Contrahenten auf dem Grundstück zu

---

1) Ohne Bedeutung für uns ist der besondere Fall der ll. 25 § 2 und 26 D. de usufr. 7, 1.

dulden, kann aus dem Willen des Erblassers, oder einfach aus einer Verabredung mit dem Vormann entstehen. Der Erblasser hat z. B. bestimmt, dass die vom Usufructuar geschlossenen Pachtverträge zwei Jahre nach der Beendigung des Ususfructus den Erben binden sollen.

C. Dieselbe Verpflichtung kann durch das Recht statuirt werden. So ist die Frau verpflichtet, die vom Manne vor der Scheidung geschlossenen Pacht- und Miethsverträge nach der Restitution der Dos aufrecht zu erhalten. Der Mann braucht das Dotalgrundstück nicht eher zu restituiren, bis die Frau ihm Caution bestellt, mittelst welcher sie die Haftung gegenüber dem Pächter übernimmt (l. 25 § 4, l. 7 §§ 1, 2, 10, 11 D. s. m. 24, 3). Es scheint der einzige Fall zu sein, wo die Dispositionsbefugniss des neuen dinglich Berechtigten durch die Contracte des früheren Berechtigten rechtlich beschränkt ist. Diese merkwürdige Ausnahme muss man aus demselben Grunde erklären, wie das Institut der Theilung der Dotalfrüchte. Wenn andere Berechtigte (der Eigenthümer, der Usufructuar, der Emphyteuta u. s. w.) den Pachtcontract schliessen und nachher ihr dingliches Recht verlieren, tragen sie selbst alle Folgen der Haftung gegenüber dem Pächter (die Conventionalstrafen, Interessenersatz etc.), weil ihr Recht nicht durch die fremde Willkür, sondern durch ihren Willen oder eine zufällige Thatsache (Eintritt der Bedingung etc.) aufgehoben wird. Wohl aber kann die Frau willkürlich oder sogar böswillig die Dotalverhältnisse mittelst der Scheidung lösen, um dem Mann alle Folgen seiner Contracte zuzuziehen. Der Mann wäre sonach von der Laune der Frau abhängig, wenn das Recht nicht eingegriffen hätte.

Wenn wir zu unserer Hauptfrage zurückkehren, so finden wir, dass unabhängig von der specifischen Theilung der Dotalfrüchte die Frage über die Theilung des Pacht- und Miethszinses bei der Restitution der Dos entstehen musste. Wenn bei den Dotalverhältnissen über das Schicksal der Früchte die Perception wie sonst entschiede, wäre es auch dann unmöglich, die Frau mit der Haftung gegenüber den Pächtern zu belasten, ohne ihr gleichzeitig die Vortheile der Pacht zu überlassen. Sonst könnte der Mann das Grundstück auf einige Jahre verpachten, nachher willkürlich die Scheidung erklären und auf solche Weise eine ganz schöne Speculation machen.

Für die periodischen Früchte hat nun das römische Recht besondere Regeln aufgestellt, durch welche das Perceptionsmoment seine Bedeutung verlor. Darum können wir aus der Theilung des Pachtzinses, wenn er ein Aequivalent für periodische Früchte ist, keine Folge für unsere Lehre ziehen. Wir suchen ja die Regeln über die Theilung der Civilfrüchte in den Fällen, wo über die natürlichen Früchte die Perception entscheidet. Die specifischen Regeln über die Theilung der Dotalfrüchte beziehen sich aber nur auf periodische Früchte. Bei den Sachen, welche nur den Gebrauch oder die fortlaufende Nutzung gewähren (operae servorum, die Milch der Kühe, der Gebrauch des Hauses), entscheidet wie sonst die Zeit der Perception oder des Gebrauches. Hier also finden wir dasjenige, was wir suchen, durch die Specialregeln über die Theilung der Dotalfrüchte nicht verdunkelt. Die Bemerkungen von Ulpian, welcher in der l. 7 §§ 10, 11 D. s. m. 24, 3 die Theilung des Miethszinses für einen Sclaven oder für ein praedium urbanum unter die specifischen Dotalregeln stellt und sogar anni ratio angewendet wissen will, muss man als eine verfehlte Construction, eine ungenügende juristische Analyse betrachten (vgl. oben S. 64 N. 1).

Die Theilung des Mieths- und Pachtzinses ist also im letzten Falle (C.) quellenmässig bestätigt. Dagegen sind die Fälle der Gruppen A. und B. nicht besonders in den Quellen vorhergesehen. Nichtsdestoweniger können wir ohne Bedenken [auf Grund der analogia legis (vgl. Fall C.) und iuris] behaupten, dass in allen obigen Fällen die Theilung geschehen musste. Die Theilung folgt schon nothwendig aus den Regeln über den Uebergang der Nutzung. Der neue Nutzungsberechtigte soll nach der allgemeinen Regel alle natürlichen Früchte haben, welche von seinem Vormann vor der Beendigung des Rechts desselben noch nicht percipirt sind. Die Pflicht, den Pächter zu dulden, bezweckt keine Vermögensentziehung, sondern bedeutet nur, dass der neue Berechtigte sich anstatt der natürlichen Früchte mit ihrem ökonomischen Aequivalent, mit dem Zins, begnügen muss. Sonst könnte der Vormann ihm seine Einkünfte willkürlich entziehen; durch den Contract der Pacht könnte er willkürlich auf eine längere Zeit die Einkünfte des Grundstückes vorwegnehmen; er würde willkürlich das Aequivalent für diejenigen Früchte sich aneignen können, welche nicht während der Dauer seines Rechtes percipirt werden. Wir können als ein Axiom des Civilrechtes die Regel betrachten, dass Niemand willkürlich seine Einkünfte auf fremde Kosten vermehren darf. Daraus folgt als eine nothwendige Consequenz: wer ein Recht auf die Gewinnung der natürlichen Früchte hat, kann anstatt derselben nur so viel Civilfrüchte gewinnen, als den ihm gebührenden natürlichen Früchten als Aequivalent, als Surrogat entsprechen. Niemand kann durch einen einseitigen Act, durch die Verpachtung, das Aequivalent für diejenigen Früchte gewinnen, welche ihm ohne die Verpachtung nicht gehören würden. Sonst wären die schlimmsten Missbräuche durch das Civilrecht erlaubt.

Dieser Regel widerspricht die Behandlung der Civilfrüchte bei dem redlichen Besitz nur scheinbar. Durch die Verpachtung gewinnt der gutgläubige Besitzer die Früchte, welche schon consumpti sind. Insofern ist die Verpachtung für ihn rechtlich vortheilhaft, weil er dem Eigenthümer nichts zu restituiren braucht. In diesem Sinne also vermehrt die Verpachtung seinen Gewinn. Indessen ist der Widerspruch dieses Falles mit unserer Regel eben nur scheinbar. Der Fall des gutgläubigen Besitzes ist mit den Fällen, für welche die obige Regel gelten soll, nur im objectiven Thatbestande identisch. Dagegen ist der subjective Thatbestand gründlich verschieden. Von der Willkür und den Missbräuchen kann bei der bonae fidei possessio keine Rede sein. Die Minderung von Vortheilen des dominus fundi, welche die Verpachtung durch den gutgläubigen Besitzer herbeiführt, muss seitens des Eigenthümers als ein casus betrachtet werden, weil man dem nichtwissenden Besitzer keine Willkür, überhaupt keine Absicht gegen den Eigenthümer imputiren kann.

Wenn die oben als ein civilrechtliches Axiom aufgestellte Regel richtig ist, können wir dieselbe als Grundlage zu weiteren Schlüssen gebrauchen. Namentlich enthält sie implicite auch die Regeln der Theilung. Weil die beiden successiven Berechtigten so viel Civilfrüchte bekommen sollen, als den ihnen gebührenden Naturalfrüchten entsprechen, so wird der Pacht- und der Miethszins nach Verhältniss der Perception der Naturalfrüchte getheilt. a) Wenn die Sache nur gleichmässig zu percipirende Einkünfte oder den Gebrauch gewährt, werden die Civilfrüchte pro rata temporis getheilt. b) Wenn sie dagegen ungleichmässig, periodisch zu percipirende Früchte gewährt, wird der Pachtzins nach Verhältniss der wirklichen Perception der Naturalfrüchte getheilt. Die Regel ad a ist ausdrücklich durch die l. 7 §§ 10, 11 D. s. m. 24, 3 bebestätigt. Die beiden Regeln sind indirect durch die oben abgedruckten l. 58 pr. D. de usufr. 7, 1 und l. 9 § 1 D. loc. 19, 2 bestätigt, da der Verpächter vom neuen Berechtigten nicht mehr bekommt, als Aequivalent für dasjenige frui licere, welches er dem Pächter während der Dauer seines Rechtes gewährt hat.

Die obigen Regeln beziehen sich nicht auf diejenigen Fälle, wo die naturale oder civile Nutzung nicht von der Wahl des Berechtigten abhängt, wo dieselbe vielmehr von vornherein nur die Civilfrüchte zum Inhalt hat. Hierher gehört z. B. der Niessbrauch einer Forderung, welche periodisch wiederkehrende Leistungen mit sich bringt, z. B. Zinsen. Der Niessbraucher bekommt die Zinsen nicht statt der natürlichen Nutzung, welche ihm nicht gehört, sondern als ein ursprüngliches und einzig mögliches Einkommen. Die Nutzung besteht darin, dass der Niessbraucher der Forderung die aus derselben entstehenden Nebenforderungen (Zinsforderungen) erwirbt. Er erwirbt diese Nebenforderungen vollständig und kann sie geltend machen vom Moment ihrer Fälligkeit an. Die Nebenforderung, welche erst nach der Beendigung des Niessbrauches zahlbar ist, gehört dem Usufructuare nicht. Es ist eine Streitfrage in der Literatur, ob im letzten Jahre des ususfructus nominis der Gewinn aus der Forderung verhältnissmässig getheilt wird.[1] Wenn man nämlich die Theilung unterlässt, kann es wie bei natürlichen Früchten vorkommen, dass der Niessbraucher eine Summe der Einkünfte bekommt, welche im Verhältniss zur Dauer seines Rechtes zu gross oder zu klein ist. Wenn z. B. die Forderung eine Leistung der Zinsen an jedem ersten Januar mit sich bringt, und der Niessbrauch vom 2. Januar bis zum 31. December desselben Jahres gedauert hat, bekommt der Niessbraucher keinen Ertrag von seinem Rechte; wohl aber bekommt der Niessbraucher die Einkünfte von zwei Jahren, wenn sein Recht einen Tag früher begonnen hatte und einen Tag später aufgehoben wurde.

Auch hier muss man die in der Literatur erörterte Frage anders formuliren. Zunächst giebt es keinen Grund, nur auf das letzte Jahr zu sehen, weil im ersten Jahre der Nutzung dieselbe zufällige Ungleichmässigkeit entstehen kann. Dann bezieht sich die Frage nicht nur auf den ususfructus, sondern auf jedes Verhältniss, mit welchem das Recht auf die Civilfrüchte verbunden ist; dieselbe Frage entsteht z. B., wenn eine Forderung vermacht worden ist.

---

1) Vgl. Glück IX S. 341 fg.; Wächter, cit. S. 80 fg.; Mommsen, cit. Stammler, cit. S. 143 fg.

Wenn man der Frage selbst eine so allgemeine Gestalt giebt, findet man darauf in den Quellen keine Antwort. Wir betrachten das Stillschweigen der Quellen als einen Beweis, dass das Recht hier ebenso, wie bei natürlichen Früchten, in die Vertheilung der Einkünfte nicht eingreifen will. Es überlässt die Entscheidung dem Zufall. Wir sehen auch keinen inneren Grund, die periodischen Civilfrüchte zu theilen, wenn die Naturalfrüchte nicht getheilt werden. Im Gegentheil, es giebt viel wichtigere Gründe für die Theilung der Naturalfrüchte, — weil bei diesen der Nachfolger in der Nutzung das Ergebniss der Arbeit und der Verwendungen des Vormannes bekommt. Der Niessbraucher einer Forderung kann nur zu wenig oder nichts gewinnen, der Niessbraucher eines Grundstückes kann seine Jahresarbeit und Jahresausgaben verlieren. Darum liefert die Nichttheilung der Naturalfrüchte ein argumentum a fortiori für die Nichttheilung der Civilfrüchte.

Es ist zu beachten, dass die Theilung derjenigen Civilfrüchte, welche für den Berechtigten ein Aequivalent für die überlassenen natürlichen Früchte sind (oben S. 224 fg.), auch keine Ausnahme von dem allgemeinen römischen Princip ist. Auch dort entscheidet der Zufall, d. h. die Perception; die Theilung dient gerade dazu, um dem Zufall die Entscheidung zu überlassen, damit der Nutzungsberechtigte nicht willkürlich den natürlichen Lauf der Dinge zu seinem Nutzen ändern könne.

II. Theil.

§ 47. Die Theilung der Einkünfte in den modernen Gesetzgebungen.

Die Frage nach der Vertheilung der Einkünfte beim Uebergang der Nutzung wurde in den meisten modernen Gesetzgebungen unter dem unmittelbaren Einflusse des römischen Rechts entschieden. Natürlich wurde das römische Recht nicht in der Gestalt zu Grunde gelegt, wie wir es dargestellt haben, sondern in der Gestalt, wie es die romanistische Lehre verstand. Wenn man in unserem Sinn die betreffenden Lehren des römischen Rechts für die moderne Gesetzgebung benützen wollte, müsste man zunächst die eigenthümliche Theilung der Dotalfrüchte ohne Bedenken abschaffen, weil für sie bei dem modernen Scheidungsrecht die ratio verschwunden ist. Die Auseinandersetzung zwischen dem putativen und dem wahren dinglichen Nutzungsberechtigten könnte man in allen Punkten nach dem römischen Recht regeln. Für alle anderen Fälle des Nutzungsüberganges (die Beendigung der Dotalverhältnisse eingeschlossen) sollte man als eine universale Regel des Civilrechtes den Satz aufstellen, nach welchem die Perception (resp. Separation) während der Dauer des Rechtes alles erledigt. Dieselbe Regel sollte für die Civilfrüchte gelten, nur dass hier der Perception die Fälligkeit der Civilfrucht entspräche. Da wo die Civilfrüchte nicht selbständig in Betracht kommen, sondern nur als facultatives, willkürliches Aequivalent der Naturalfrüchte, muss man selbstverständlich auf die Perception der Naturalfrüchte sehen und entsprechend die Civilfrüchte vertheilen.

Indessen wurde der römische Grundsatz des Nichteingreifens des Rechtes in die zufällige Vertheilung der Einkünfte nicht gewürdigt. Es stand die falsche Lehre über die Theilung der Dotalfrüchte im Wege. Die berühmte l. 7 § 1 D. s. m. hat die ganze Aufmerksamkeit besonders der mittelalterlichen Gelehrten auf sich concentrirt, wie andere beliebte wissenschaftliche Räthsel, z. B. die Quadratur des Cirkels, das perpetuum mobile. Die Aufmerksamkeit der Juristen wurde darauf gerichtet, die von Papinian angewendeten Grundsätze zu finden, wobei man als selbstverständlich ansah, dass der natürliche Zweck der Lehre in der gleichmässigen Repartition der Einkünfte der Dauer des Rechtes entsprechend bestand. Durch die sonderbare Bevorzugung der l. 7 § 1 wurde eine ganz singuläre und missverstandene Erscheinung in den Vordergrund gestellt und der wirklich universale und allein geltende Grundsatz des römischen Rechts blieb unbeachtet. Die Nichttheilung der Einkünfte im ersten Jahre der Ehe und des Niessbrauches wurde nicht gewürdigt, ebenso wie die entscheidende Bedeutung der Perception bei dem Wechsel der Eigenthumssubjecte etc. Man verglich nur traditionell das letzte Jahr der Ehe und des Niessbrauches, wobei diejenige Erscheinung als normal betrachtet wurde, welche man zu besprechen gewöhnt war. Für die Erklärung der „sonderbaren“ Behandlung des Niessbrauches suchte man, wenn man sich damit überhaupt beschäftigte, nach singulären Gründen.

Indessen hatte die Frage eine grosse Bedeutung de lege lata et ferenda, weil man vor der Regulirung derjenigen Institute stand, welche wie Lehnsverhältnisse, Interimswirthschaft, ususfructus maritalis durch das römische Recht nicht vorgesehen waren. Den römischen Grundsätzen, welche man irrthümlich in der Theilung der Dotalfrüchte verwirklicht sah, stand das grundverschiedene germanische Princip gegenüber. Nach dem deutschen Recht gehören die Früchte demjenigen, welcher seine Arbeit auf ihre Erzeugung verwendet hat. Hier wird dasjenige Princip (cura et cultura) consequent angewendet, zu welchem die römischen Juristen im Notfalle griffen, um die Theilung der Dotalfrüchte und den Fruchterwerb des gutgläubigen Besitzers irgendwie zu erklären. Die römische Jurisprudenz hat aber dies Princip niemals consequent durchgeführt, und sie hat dasselbe in der späteren classischen Zeit ganz verlassen. Wohl aber hat das Princip der Erzeugung im deutschen Recht eine reale und wichtige Bedeutung und führt dahin, dass beim Uebergange der Nutzung der bisherige Nutzungsberechtigte Eigenthümer und Wirthschafter betreffs der fructus stantes auf dem übergebenen Grundstücke bleibt.[1] „Wer säet, der mäht,“ „hat die Egge das Land bestrichen, so ist die Saat erworben.“ Auf die Nerven eines orthodoxen Romanisten, welcher recht individualistisch gestimmt ist, können solche Grundsätze nicht gerade beruhigend wirken. Das deutsche Recht statuirt eine solche communio, welche einem römischen Juristen iure naturali et civili unglaublich erschiene. Auf demselben Grundstück wirthschaften zwei domini und das dominium ist nach realen Theilen getheilt. Der eine bebaut den Acker für die nächste Ernte, der andere sammelt seine Früchte. Die moderne Jurisprudenz vermag sich vorzustellen, dass zwei Individuen ohne gemeinsame Interessen friedlich auf demselben Grundstücke wirthschaften können; uns scheint das Eigenthum oder der Besitz an realen Theilen nicht an sich absurd zu sein. Dagegen erscheint auch uns diese wechselseitige Abhängigkeit der wirthschaftlichen Handlungen zweier Personen, welche keine gemeinsamen Interessen haben, vom Standpunkt der Volkswirthschaft unzuträglich. Vom ethischen Standpunkt bekunden die Regeln des deutschen Rechts eine sympathische Auffassung des menschlichen Individuums als eines socialen Wesens, welches einen Theil seiner individualen Freiheit und Herrschaft zu Gunsten Anderer friedlich zu opfern im Stande ist.

Zwischen den grundverschiedenen Principien des deutschen und des römischen Rechts musste man wählen. Natürlich entstanden Streitigkeiten und Zweifel. Die einen forderten die Anwendung der deutschen Grundsätze auf die Lehnsverhältnisse etc.,

---

1) Vgl. Heimbach, die Lehre von der Frucht S. 282 fg.; Heusler, Institutionen des deutschen Privatrechts S. 195 fg.; nur formell abweichend: Stobbe, Handbuch; II, § 152.

die anderen wollten vom vermeintlich römischen Standpunkte aus die Regeln über die Dotalfrüchte überall angewendet wissen. Wir werden uns hier mit der Geschichte dieser Streitigkeiten, welche unseres Erachtens auf einem Missverständnisse beruhen, nicht befassen; nur als Beispiel führen wir die Worte eines der bedeutendsten Juristen der Vergangenheit an (Cujacius, de feudis, Liber IV. de fructibus feudi, tit. 30; ed. Neap. IIc. 1280):

„Aequum est ut illorum lucro cedant fructus pro rata anni decimi, ut fit inter virum et uxorem, inter quos fructus fundi dotalis dividuntur pro rata ejus anni quo diremptum est matrimonium. .... Eandem divisionem observari inter vasallum et dominum ratio iuris exigit, puta ut fructus cedant lucro vasalli heredisve ejus pro rata anni ejus, quo feudum domino commissum vel apertum est.“

Von den modernen Gesetzgebungen haben diejenigen die Theilung der Einkünfte angenommen, welche das Dotalsystem eingeführt haben. Und zwar geschieht die Theilung nur im letzten Jahre des Dotalverhältnisses, wie im Römischen Recht.

Art. 1571 des Code civil lautet:

A la dissolution de mariage, les fruits des immeubles dotaux se partagent entre le mari et la femme ou leurs héritiers, à proportion du temps qu'il a duré pendant la dernière année. — L'année commence à partir du jour, où le mariage a été célébré.[1]

---

1) Bei der Lösung der Ehe werden die Früchte der Dotalimmobilien zwischen Mann und Frau resp. ihren Erben nach Verhältniss der Dauer der Ehe im letzten Jahre getheilt. Das Jahr beginnt vom Tage der Eheschliessung zu laufen.

Dagegen heisst es vom Niessbrauch: Les fruits naturels et industriels, pendants par branches ou par racines au moment où l'usufruit est ouvert, appartiennent à l'usufruitier. — Ceux qui sont dans le même état au moment où finit l'usufruit, appartiennent au propriétaire, sans récompense de part ni d'autre des labours et des semences, mais aussi sans préjudice de la portion des fruits qui pourrait être acquise au colon partiaire, s'il en existait un au commencement ou à la cessation de l'usufruit (Art. 585).

Ein ganz entgegengesetztes Princip ist auf die Civilfrüchte angewendet:

Les fruits civils sont réputés s'acquérir jour par jour, et appartiennent à l'usufruitier, à proportion de la durée de son usufruit. Cette règle s'applique aux prix des baux à ferme, comme aux loyers des maisons et aux autres fruits civils (Art. 586).

Diese Bestimmung ist viel schlimmer, als eine einfache Inconsequenz der Grundsätze. Denn auf Grund der Art. 595 und 1429 du code civil kann der Niessbraucher die Grundstücke mit bindender Kraft für den Proprietar (während einiger Jahre nach dem Ende des Niessbrauches, vgl. Art. 595, 1429, 1430) verpachten. Wenn daher der Niessbrauch vor den Ernten endet, wird der eigennützige und rechtskundige Niessbraucher natürlich zeitig das Grundstück zu verpachten sich beeilen, wenn diese Verpachtung auch wirthschaftlich nicht angerathen ist. Es ist ja eine ganz einfache und sichere Speculation! Wenn er das Grundstück nicht verpachtet, bekommt er im letzten Jahre keine

Dieselbe Bestimmung nur unter Ausdehnung auf die Früchte der Dotalmobilien finden wir im Italienischen Codice civile art. 1416:

Sciogliendosi il matrimonio, i frutti della dote, consistente tanto in immobili, quanto in danaro o nel diritto di un usufrutto, si dividono tra il coniuge superstite e gli eredi del premorto, in proporzione della durata del matrimonio nell'ultimo anno. L'anno si computa dal giorno corrispondente a quello del matrimonio.[1]

Die Gesetzgebungen der obigen Gruppe geben keine befriedigende Lösung der Frage. 1. Zunächst ist es bei den modernen Verhältnissen eine auffallende Inconsequenz, die Theilung der Früchte bei den Eheverhältnissen zu statuiren, in anderen Fällen auszuschliessen. Diese Inconsequenz erklärt sich nur geschichtlich aus der irrthümlichen Auffassung des römischen Institutes der Theilung der Dotalfrüchte. Da jetzt die willkürlichen Scheidungen ausgeschlossen sind, so hat man keinen Grund, die Dotalverhältnisse anders zu behandeln, als andere Fälle der Nutzung. 2. Ebenso erklärt sich nur geschichtlich die zweite Inconsequenz, nämlich die Theilung im letzten Jahre neben der Nichttheilung im ersten Jahre.

In diesen zwei Beziehungen haben die obigen Gesetzgebungen ohne Grund das römische Recht nachgeahmt.

In anderen Beziehungen haben sie dagegen ohne Grund Aenderungen der römischen Bestimmungen vorgenommen:

1. Sie theilen immer die Früchte des letzten Jahres. Wenn aber die Früchte zweimal oder dreimal im Jahre gewonnen werden? Die Geldkapitalien, welche oft als Heirathsgut figuriren, bringen z. B. gewöhnlich Jahres-Zinsen in Raten zahlbar, die Schafe werden gewöhnlich zweimal im Jahre geschoren u. s. w.

Wozu in diesen Fällen zwei oder mehrere Fruchterträge theilen? Eine solche Theilung ist im Kleinen ebenso zwecklos und schäd-

---

Früchte und verliert die Arbeit und die Verwendungen auf die Erzeugung derselben (art. 585). Wenn er das Grundstück verpachtet, gewinnt er dagegen den Pachtzins pro rata temporis. Diese gesetzliche Sanction der willkürlichen Vermehrung des Gewinnes ist wirthschaftlich und ethisch zu verwerfen (vgl. oben S. 227 fg.).

1) Beim Niessbrauch gelten dieselben Regeln wie im französischen Recht: I frutti naturali, che al cominciare dell' usufrutto non sono ancora separati dalla cosa che li produce, appartengono all' usufruttuario: quelli che non sono ancora separati quando l'usufrutto finisce, appartengono al proprietario, senza compenso nell' uno e nell' altro caso dei lavori e delle sementi . . . (art. 480). Vgl. art. 481, wo sich der Fehler des französischen Rechtes betreffs der Civilfrüchte wiederholt.

lich (weil sie unnütze Streitigkeiten, Beweisführungen u. s. w. erzeugt), als wenn man alle während vieler Jahre gewonnenen Früchte berechnete und theilte. In solchen Fällen haben die practischen Römer nur die Früchte der letzten sex menses u. s. w. getheilt (vgl. oben S. 9. 71).

In anderen Fällen wird die Jahresperiode sich als zu kurz erweisen. Bei den Einkünften, deren Erwartungs- oder Productionsperiode 2 oder mehr Jahre dauert, ergreift die Theilung je nach den zufälligen Umständen entweder nichts oder 2 mal, 5 mal u. s. w. zu viel. Es hängt vom Zufall ab, welcher Partei eine Unbilligkeit zugefügt wird. Wenn ein Ehemann zur Dos einen ususfructus nominis bekommt, welcher jede $1^1/_2$ Jahre 18 000 bringt, und die Ehe ein Jahr und einen Tag dauert, so gebühren ihm, nach dem italienischen Recht nicht 12 032, wie es billig scheint, sondern nur 49; wenn die Ehe gerade $1^1/_2$ Jahre dauert, ist es billig, dem Manne die ganze Summe 18 000 zu belassen; das italienische Recht giebt ihm nur 9000. Dasselbe geschieht nach dem französischen Recht bei denjenigen Einkünften der Immobilien, deren Fruchtperiode länger als ein Jahr dauert (zweijährige Pflanzen, Forst u. s. w.).

Wenn zur Dos ein Forst gegeben ist, der nach dem angenommenen System der Forstwirthschaft alle 5 Jahre 6000 bringt, und die Ehe 50 Monate dauert, bekommt der Mann nicht 5000, wie die Billigkeit fordert, sondern nur 200. „E contrario quoque idem observandum est," wie Papinian in der l. 7 s. m. sagt. Denn die unbillige Regel kann sich unter Umständen gegen die Frau wenden. Wenn wir annehmen, dass der Ehemann schon im ersten Jahre 6000 von dem Forste gewonnen und die Ehe 15 Monate gedauert hat, sollte die Frau nach der Billigkeit 4500, der Mann 1500 bekommen. Nach den obigen Gesetzgebungen dagegen bekommt die Frau nichts, der Mann 4 mal zu viel.

2. Sie schliessen von der Theilung keine Früchte aus; es werden also auch diejenigen Früchte getheilt, welche gleichmässig zu jeder Zeit des Jahres gewonnen werden. Das ist eine unpraktische Regel! Sie ist principiell unnöthig (also schädlich), weil diese Früchte sich von selbst billig vertheilen. Diese Regel aber, welche keinen vernünftigen Zweck hat, bereitet gerade die grössten Schwierigkeiten. Die Früchte, welche jeden Tag gewonnen werden, sind gewöhnlich diejenigen kleinen Einnahmen, welche zu controlliren und zu berechnen sehr schwierig ist. Wenn auch die Theilung

solcher Früchte im Grundsatz angerathen wäre, würde es sich praktisch nicht lohnen, die Controlle, die Beweisführungen u. s. w. wegen der täglich verkauften Milch, Eier u. s. w. vorzunehmen. Die römischen Praktiker haben nur die periodischen Früchte getheilt, d. h. solche Früchte, welche sich selbst nicht gleichmässig vertheilen und zugleich grosse leicht zu constatirende Massen sind.

3. Das erste Jahr beginnt vom Tage der Eheschliessung. Bei den Römern war es anders. Das erste Jahr begann von dem Tage, wo Uebergabe des Dotalgrundstückes und Ehe zusammentrafen. Jene Neuerung erklärt sich auch nur aus dem Umstande, dass der innere Sinn des römischen Dotaljahres nicht aufgeklärt war. Wir haben oben auszuführen gesucht, dass die römische Dotalperiode keine willkürliche oder nur geschichtlich aus irgend welchen Sitten zu erklärende Erscheinung ist, dass sie vielmehr einen tieferen, inneren Grund hat. Das römische Dotaljahr hat eine Compensationsbedeutung (vgl. oben S. 70 fg.). Es diente dazu, um die Zeit der fremden Bebauung des übergebenen Grundstückes durch die entsprechende Arbeit des Mannes nach der Ernte auszugleichen. Wenn das Grundstück dem Manne unmittelbar vor der Ernte übergeben war, so bekam er in den fructus maturi 11 Monate der fremden Cura. Um nun diese Ernte ganz zu lucriren, musste er während eines Monates der Ernte und 11 Monate nach derselben das Grundstück in seiner Cura haben. Dadurch wurden 11 Monate der Cura nach der Ernte zum billigen Ausgleich für 11 Monate der fremden Arbeit vor der Ernte gemacht. Nach den modernen Gesetzgebungen ist das Dotaljahr zu einem willkürlichen Ehejahre gemacht, welches enorme Unbilligkeiten verursachen muss. Anstatt einer schwer zu überblickenden theoretischen Ausführung wollen wir ein concretes Beispiel geben:

Die Ehe wurde am 1. September 1891 geschlossen; der Mann bekam zur Dos ein Landgut am 1. October desselben Jahres. Die Ernten geschahen während des Monats September; der Mann bekam also ein Grundstück ohne fructus pendentes. Die Ehe wurde am 1. October 1892 aufgelöst, sie dauerte also 13 Monate. Was bekommt nun der Mann? Das Ergebniss würde die Autoren der obigen Gesetzgebungen gewiss sehr unangenehm überraschen. Für 13 Monate der Ehe oder besser für 12 Monate der dotirten Ehe bekommt der Mann $^1/_{12}$ des jährlichen Ertrags! Denn das erste (moderne) Dotaljahr dauerte vom 1. September 1891 bis zum 1. September 1892. Im letzten Dotaljahre hat die Ehe also nur einen

Monat (September 1892) d. h. $^{1}/_{12}$ des Theilungsjahres gedauert. Anscheinend klingt die moderne Regel so unschuldig und so ähnlich dem bewährten römischen Rechte. Nur kleine Vereinfachungen wurden vorgenommen. Leider aber wurde dasjenige römische Institut vereinfacht und in dieser neuen Gestalt eingeführt, welches in keinem Theile seiner Bestimmungen richtig verstanden war. —

Viel weiter geht das preussische Landrecht in der Anerkennung der Fruchttheilung. Es hat auch sehr ausführlich die Regeln der Theilung, der Berechnung der Einkünfte, sogar der Controlle und der Verwaltung entwickelt. Das römische Recht hat dabei in dem Hauptpunkte seinen Einfluss geltend gemacht, dass die Theilung im letzten tradionellen Jahre geschieht.

Dagegen ist die Theilung nicht auf die Eheverhältnisse (Ususfructus maritalis; A. L. R. II, 1. § 615) beschränkt, sondern, indem man die römische Behandlung des ususfructus als unbillig erkannte,[1] auf den Niessbrauch ausgedehnt; ebenso werden in den deutschrechtlichen Instituten (Lehnsverhältnisse, Familienfideicommisse I. 18. § 510, II. 4. § 212) die Früchte pro rata temporis anni novissimi getheilt. Nach dem Zustande der romanistischen Doctrin erklärt sich diese Ausdehnung natürlich. Auffallend erscheint nur noch ein weiterer Schritt, nämlich die Einführung der Theilung bei der bonae fidei possessio (I. 7. § 189 fg.). Die ausführlichen Regeln der Theilung sind bei der Lehre vom Niessbrauch dargestellt. Wir führen die Hauptregeln an, weil sie an sich sehr intersesant sind, indem sie ein vorzügliches Bild der damaligen väterlichen Fürsorge des Staates für das Individuum bilden; sie sind auch geeignet, der zukünftigen Gesetzgebung manche Lehre zu geben, indem sie drastisch die praktischen Folgen der angenommenen Grundsätze zeigen; I, 21:

§ 150. Wegen der Nutzungen des letzten Jahres kommt es darauf an: ob das zum Niessbrauche eingeräumt gewesene Grundstück ein Landgut sei, oder nicht.

§ 151. Ist selbiges ein Landgut, so muss es bis zum Ende des Wirthschaftsjahres, für gemeinschaftliche Rechnung des Niessbrauchers und Eigenthümers, verwaltet werden.

§ 152. Können die Interessenten über die Bestellung eines gemeinschaftlichen Verwalters sich nicht einigen, so bleibt die Administration dem Niessbraucher oder dessen Erben, welchen der

---

1) Suarez, amtliche Vorträge bei der Schlussrevision des allg. Landrechts in den Jahrbüchern von Kamptz, Bd. 41 S. 100 fg.

Eigenthümer nur auf seine Kosten einen Rechnungsführer an die Seite setzen kann.

§ 153. Aller zum Niessbrauche gehörende Ertrag des Guts, vom Anfange des Wirthschaftsjahres an, muss dabei in Einnahme kommen.

§ 154. Doch darf der Werth solcher Naturalien, welche der Niessbraucher schon verzehrt hat, oder noch während der fortgesetzten Administration, zu seinem und seiner Familie Unterhalt wirthschaftlich verwendet, zur baaren Einnahme nicht gezogen werden.

§ 155. Zur Ausgabe gehören zuvörderst alle in dem Laufe des Wirthschaftsjahres zu entrichtenden ordentlichen und ausserordentlichen Abgaben.

§ 156. Ferner die nach obigen Grundsätzen aus dem Niessbrauche zu entrichtenden Zinsen.

§ 157. Endlich alle und jede zu einer ordentlichen gewöhnlichen Führung und Fortsetzung der Wirthschaft erforderlichen Ausgaben.

§. 158. Dahin werden auch die Kosten eines nach § 152 bestellten gemeinschaftlichen Verwalters gerechnet.

§ 159. Zu ausserordentlichen Verbesserungen darf, ohne Einwilligung beider Theile, von den Einkünften dieses Wirthschaftsjahres nichts verwendet werden.

§ 160. Doch kann der Eigenthümer die Fortsetzung bereits angefangener Verbesserungen, aber nur auf seine Kosten, verlangen.

§ 161. Am Ende des Wirthschaftsjahres ist das bis zur nächsten Ernte erforderliche Futter; ingleichen so viel an Getreide, als bis eben dahin zur Speisung des Gesindes und der Arbeiter, ingleichen zu den Wirthschaftsdeputaten nöthig ist, zurückzulassen.

§ 166. Der nach Abzug aller Ausgaben übrig bleibende reine Ertrag wird, nach Verhältniss der vor und nach Endigung des Niessbrauches verflossenen Zeit, zwischen dem Eigenthümer und dem Niessbraucher oder dessen Erben getheilt.

§ 167. In gleichem Verhältnisse muss auch der Schade getragen werden, wenn die Ausgabe die Einnahme überstiegen hat.

§ 168. Ist zur Zeit des geendigten Niessbrauchs das Gut verpachtet, so muss der reine Betrag des Pachtgeldes, welcher nach Abzug der §§ 155—158 beschriebenen Ausgaben übrig bleibt, in eben diesem Verhältnisse getheilt werden.

§ 170. Von Grundstücken, mit welchen keine Landwirthschaft verbunden ist, ingleichen von Gerechtigkeiten und ausstehenden

Kapitalien, werden alle Nutzungen und Lasten, bis zum Ablaufe des Vierteljahres, in welchem der Niessbrauch aufgehört hat, zum Vermögen und Nachlasse des Niessbrauchers gerechnet.

§ 171. In dieser Rücksicht nimmt das Jahr mit dem ersten Junius seinen Anfang.

Dieselben Regeln werden in den übrigen Fällen der Theilung angewendet. Nur aus der Lehre vom gutgläubigen Besitzer heben wir folgende Bestimmungen hervor: [1]

---

1) Die Ausdehnung der Theilung auf den redlichen Besitz wird von Suarez in seinen amtlichen Vorträgen (Jahrb. von Kamptz 41 S. 8 fg.) ausführlich gerechtfertigt:

„Das Neue in dieser Theorie von Fructibus besteht eigentlich darin,

1. dass de jure Rom. der Possessor b. F. die Fructus extantes non usucaptos herausgeben musste, hier aber der redliche Besitzer alle Fructus perceptos der früheren Jahre behält;

2. dass das römische Recht in Ansehung des letzten Jahres mit dem Tage, da der Possessor b. F. per litis contestationem in malam fidem versetzt worden, streng abschneidet; das Gesetzbuch hingegen die Fructus ultimi anni bei nutzbaren Grundstücken zwischen dem Besitzer und dem Eigenthümer pro rata temporis theilt.

ad 1 streiten für die neue Theorie folgende Gründe:

a) Der Grund, warum der redliche Besitzer die Fructus consumtos nicht hergeben darf, liegt darin, weil ihn die Gesetze als Dominum temporarium betrachten, qui Fructus percipiendo suos reddit cf. l. 28 D. de usur. Geschieht nun die Zueignung der Früchte durch die Perception, so kann es keinen Unterschied machen: ob die einmal percipirten Früchte schon verzehrt oder noch vorhanden sind.

b) Wenigstens in Ansehung der Fructuum industrialium et civilium behaupten viele Rechtslehrer, dass dieselben, auch wenn sie noch vorhanden sind, dem redlichen Besitzer verbleiben.

Cocceji in Jure controv. Lit. VI. Tit. I. qu. 10.

c) Nimmt man dies an, so enthält es einen reichen Stoff zu Streitigkeiten: was für Fructus unter die Naturales und Industriales etc. gehören.

d) Ebenso giebt die Berechnung der von den Früchten abzuziehenden Hebungskosten, wenn sie auf mehrere Jahre zurückgehen soll, zu epineusen und kostbaren Prozessen Anlass.

e) Nach der Lehre des römischen Rechts ist der liederliche Besitzer, der die Früchte, sobald er sie erhoben hat, verzehrt und durchbringt, gegen den guten Wirth avantagirt. Das ist unmoralisch.

f) Ueberhaupt verdient der Besitz, sobald er redlich ist, mehr Begünstigung und Schonung, als ihm das römische Recht widerfahren lässt. Wer bona fide und justo titulo eine Sache an sich gebracht, und sie eine lange Reihe von Jahren hindurch als sein Eigenthum besessen hat, ist schlimm genug daran, wenn er die Sache dem wahren Eigenthümer, der vielleicht aus Sorglosigkeit in so langer Zeit sich um das Seinige nicht bekümmert hat, restituiren muss. Es wäre auffallend hart, wenn er die durch seine Mühe und seinen Schweiss erworbenen und gewonnenen Früchte dem sorglosen Eigenthümer mit herausgeben müsste, bloss weil sie zufälliger Weise noch in natura vorhanden sind.

ad 2 streiten für die neue Theorie folgende Gründe: Bei Landwirthschaften lassen sich Früchte eines gewissen Zeitpunktes gar nicht gedenken, sondern nur von einem ganzen Wirthschaftsjahre kann bestimmt werden, was das Gut in diesem Jahre getragen habe. Nach der römischen Theorie hängt es blos vom Zufall ab, zu welcher Zeit der Besitzer durch Insinuirung

§ 197 (I. 7). Die Nutzungen des letzten Jahres werden zwischen dem Besitzer und Eigenthümer getheilt.

§ 198. Unter dem letzten Jahre wird dasjenige verstanden, in welchem der Besitz redlich zu sein aufgehört hat.

§ 199. Das Wirthschaftsjahr wird bei solchen Grundstücken vom ersten Julius an gerechnet.

§ 200. Die Theilung der Nutzungen geschieht nach der Zeit, während welcher der Besitz in diesem Jahre redlich oder unredlich gewesen ist.

Was zunächst die Fruchttheilung beim Ende der bonae fidei possessio anbetrifft, so scheint sie uns jeden Zweckes entbehren, vielmehr sehr gefährlich zu sein. Es wird auch hier wohl ein concretes Beispiel genügen.

Mittelst langjähriger Entbehrungen hat X. 5000 Mark erspart und mit diesen Mitteln in gemietheten Räumen ein bescheidenes Restaurant eröffnet, welches ihn und seine Familie ernährt. Sein reicher Onkel vermacht ihm ein Landgut, welches jährlich 12000 Pachtzins bringt. X. hat das Vermächtniss am 1. Juli erworben, nach einiger Zeit, z. B. im August, 12000 Pachtzins eingezogen und diese Summe theils (z. B. 5000) für die elegante Einrichtung seiner städtischen Unternehmung, theils (z. B. 5000) für eine Reise mit der Familie nach Italien verbraucht. Am Ende des Oktober sind in seiner Kasse 2000 geblieben. Am 1. November erfährt nun X., dass das Landgut in Wirklichkeit einem gewissen Y. gehört, welcher schon die ersten Schritte zur Entziehung des Gutes gethan hat. Jetzt erwägt X., der nun in mala fide ist, seine rechtlich-financielle Lage. Nach dem geltenden Recht darf er zwar bis zum 1. Juli des folgenden Jahres die Administration des Gutes behalten und kann bei dieser Gelegenheit den Eigenthümer während dieser Zeit schikaniren; daraus kann er jedoch keinen Nutzen ziehen, selbst wenn er eigennützig und unredlich verfährt, weil das Gut bis zum

---

der Citation in malam Fidem versetzt wird, und ob er darnach viel oder wenig Früchte restituiren soll. Es kann sich sonach treffen, dass er alle Lasten und Unglücksfälle der Wirthschaft getragen hat, und von den Fructibus wenig oder gar keine Nutzung zieht. Umgekehrt kann aber auch der Eigenthümer sehr leiden, wenn die Räumung in einem Zeitpunkte geschieht, wo alle Nutzung schon eingezogen und verzehrt, und doch noch grosse Ausgaben und Lasten zu tragen sind. Die genaue Bestimmung des Zeitpunktes, wenn die verschiedenen Arten von Nutzungen, besonders Fructus industriales et civiles eigentlich fällig sind, erfordert viele und weitläufige in ein grosses Detail gehende gesetzliche Vorschriften, bei deren Anwendung Streitigkeiten und Prozesse sehr häufig entstehen können. Hingegen wird durch die im Gesetzbuch angenommene Theorie die Sache ausnehmend simplificirt.

1. Juli keinen Ertrag bringt. Darin also hat ihm die mildere Behandlung der bonae fidei possessio (welche darin besteht, dass dem Besitzer während einiger Monate nach dem Eintritt der mala fides die Administration und die Fruchtziehung mala fide zu eigenem Nutzen auf dem fremden Grundstück gesichert ist!) keinen Nutzen gebracht. Wohl aber muss er die gewonnenen und verbrauchten Einkünfte zum grossen Theil dem Eigenthümer erstatten. Nämlich seine bona fides hat 4 Monate (Juli bis Oktober) im letzten Jahre gedauert, von den gewonnenen 12000 muss er also 8000 erstatten, 2000 hat er in der Kasse. Um die übrigen 6000 anzuschaffen, muss er sein städtisches Unternehmen liquidiren. Die Möbel und die ganze Einrichtung werden natürlich unter dem Einkaufpreise verkauft. Dem Vermiether des schönen und für die jetzigen Verhältnisse des X. zu kostbaren Lokals muss gekündigt werden. Dabei erleidet X. einen neuen Verlust. Die ganze Liquidation kann ihm gerade nur die erforderlichen 6000 verschaffen. Er bleibt also mit der Familie ruinirt. Es ist eine gefährliche Bestimmung, welche einen ordentlichen Mann ohne jede Schuld seinerseits nur durch die Gefahr, welche aus dem geltenden Recht entspringt, zum Bettler machen kann. Das römische Recht hat dem Besitzer keine Nutzung mala fide gesichert, wohl aber der Consumption bona fide die gefährlichen Folgen entzogen. Die Bestimmung des Preussischen Landrechts ist ein lehrreiches Beispiel, wie gefährlich es ist, ein Rechts-Institut zu reformiren, ohne seinen wahren Zweck verstanden zu haben.

Das obige Beispiel beweist freilich die Unbrauchbarkeit der Theorie von Suarez betreffs anderer Fälle des Uebergangs der Nutzung noch nicht. Hier aber gelten fast alle Einwände, welche wir gegen die erste Gruppe der modernen Gesetzgebungen gemacht haben. Ebenso bleibt das Landrecht inconsequent, indem es nur auf einige bestimmte Fälle die Theilung ausdehnt, die anderen Fälle vergisst. Ebenso besteht kein Grund, dem römischen Recht in der Beschränkung der Theilung auf das letzte Jahr zu folgen. Ferner ist die Jahresperiode in Anwendung auf die Früchte, deren Periode nicht ein Jahr ist, unbillig. Auch ist zum Anfang der computatio annorum ein willkürlicher Zeitpunkt genommen etc.

Die Bestimmungen des Landrechts erregen noch manche andere Zweifel. Es genügt, sich concret vorzustellen, welches Leben nach der Beendigung des Niessbrauches der Proprietar und der Niessbraucher auf dem Gute führen werden. Dem Niessbrauch war gewiss nicht ohne Grund eine gewisse Frist gesetzt. Indessen übergiebt das Recht mit Ablauf dieser Frist das Grundstück dem Proprietar noch nicht. Dieser ist also gegen die Absicht der Parteien durch das Recht noch während einiger Monate gebunden; er wohnt auf dem Gute und controllirt die kleinsten täglichen Einnahmen des Niessbrauchers; die Controlle hilft aber wenig, weil der Niessbraucher die Einkünfte auf seinen und seiner Familie Lebensunterhalt verwenden darf. Natürlich lebt die ganze Familie nicht zu sparsam. Man kann ihr auch nicht verbieten, Gäste zu empfangen.

Die Einkünfte des Gutes können nicht ohne Einwilligung beider Theile auf ausserordentliche Meliorationen der Wirthschaft verwendet werden; dieses malum necessarium ist nicht ohne Grund rechtlich sanktionirt, weil sonst die schlimmsten Chicanen seitens des Eigenthümers möglich wären. Dieses Verbot (I, 21 § 159) hilft aber wenig, wenn der Proprietar behauptet, dass er eine ordentliche Verbesserung einführen wolle, der Niessbraucher dagegen anderer Ansicht ist. Beide Parteien werden gewiss sehr unangenehme Erinnerungen von diesem letzten Jahre behalten und nur den Verlust zu theilen haben, weil die Einkünfte für den Lebensunterhalt der Familie des Niessbrauchers durchschnittlich verbraucht werden.

III. Theil.

Die Theilung der Einkünfte de lege ferenda.

§ 48. A. Die Auseinandersetzung zwischen dem putativen und dem wirklichen Nutzungsberechtigten.

Die Fälle der putativen Nutzungsberechtigung sind nach ganz anderen Grundsätzen zu behandeln, als die Fälle der wirklichen Berechtigung. Bei einem wirklichen Nutzungsrechte kann man dafür sorgen, dass der Befugte einen entsprechenden Nutzen von seinem Recht bekomme. Hier ist die Frage nach der billigen Vertheilung der Einkünfte gerechtfertigt. Bei einem putativen Rechte können solche Fragen nur aus einem Missverständniss entstehen.

Hier handelt es sich nicht darum, dem putativ Berechtigten einen Gewinn, welcher der Dauer seines (putativen) Rechts entspricht, zu sichern; die bonae fidei possessio ist objectiv nur eine Rechtsverletzung, dem putativen Berechtigten gebühren vom rechtlichen Standpunkte aus eigentlich keine Erträgnisse der fremden Sache. Ebenso gebühren ihm keine Früchte vom Standpunkt der billigen Berücksichtigung seiner Redlichkeit. Bonae fidei possessio ist nichts weiter als eine unverschuldete Rechtsverletzung und verdient keinen Lohn.

Alle traditionellen Gesichtspunkte, welche bei der Beurtheilung der b. f. possessio üblich sind, sind zu verwerfen. Eine gesunde Gesetzgebung über den gutgläubigen Besitz kann nur vom Standpunkt der volkswirthschaftlichen Politik erzielt werden. Die erste Bedingung des Gedeihens der Volkswirthschaft ist die Sicherheit der Conjunctur. Einer der schlimmsten Feinde der Volkswirthschaft wäre dasjenige Civilrecht, welches dem nichtwissenden Besitzer sagte: dein wirthschaftlicher Plan ist schon seit so und so viel Jahren auf einen Irrthum gebaut, welchen du rückwärts gut machen musst, deine Unternehmungen stehen auf fremden Fundamenten, zerstöre sie und gieb dem Eigenthümer zurück, was ihm gehört.

Bei der Regelung der bonae fidei possessio soll man alle Rücksichten auf die Person des wirklichen und des putativen Berechtigten bei Seite lassen und nur auf das gemeine Wohl sehen. Das Motto des Instituts ist „ne cultura turbetur".

Von diesem Standpunkte darf man vom römischen Recht nicht sagen, dass es jedes vernünftigen Zweckes entbehre, dass es willkürlich und inconsequent sei. Anstatt einer Sünde der Compilatoren soll man im römischen Recht über die bonae fidei possessio eins der ruhmvollsten Verdienste der römischen Juristen sehen. Es ist gleichgültig, wenn dieses Verdienst nur darin besteht, dass die römischen Juristen nur ein halbbewusstes Werkzeug der Volksbedürfnisse waren, dass sie keine theorethisch formulirten Sätze durchgeführt haben. Was sie instinctiv, durch ihren praktischen Takt geleitet, erreicht haben, sollen wir bewusst durchführen.

Wenn wir hier das Institut noch einmal vom Standpunkte der Gesetzgebung besprechen, so geschieht es nicht, um das römische Institut im Ganzen vor dem zukünftigen Gesetzgeber zu vertheidigen. Es braucht keine Vertheidigung; es genügt, wenn es verstanden ist. Wir wollen hier eine andere Frage behandeln. Nämlich ob man vielleicht bei einer bewussten Regelung des Institutes dasselbe weiter entwickeln kann.

In dieser Hinsicht ist das römische Recht nur im folgenden

Punkte zu verbessern oder, genauer gesagt, besser zu formuliren, als es durch die römischen Juristen geschah.

Die römischen Juristen gewähren den Schutz dem b. f. possessor.

Anstatt dessen schlagen wir vor, denjenigen zu schützen, welcher aus entschuldbarem Irrthum (bona fide) ein ihm nicht zustehendes Nutzungsrecht an der Sache ausübt.

Durch diese Formulirung gewinnen wir:

1) Den richtigen Begriff der bona fides, welche für den Fruchterwerb erforderlich ist. Die bona fides betreffs des Fruchterwerbes besteht nämlich nicht darin, dass Jemand seinen Besitz an der Sache als rechtmässig betrachtet, sondern darin, dass er sich ein Nutzungsrecht an der Sache zuschreibt. Damit ist der Unterschied hervorgehoben, welcher zwischen dem Inhalt der bona fides bei der Ersitzung und derjenigen beim Fruchterwerb besteht.

In unserer Formulirung sind folgende praktische Consequenzen enthalten, deren Richtigkeit und Nützlichkeit wohl nicht bezweifelt werden kann:

a) Die Sicherung der Wirthschaft gegen die unvorgesehene Entziehung der irrthümlicherweise consumirten Einkünfte kommt auch dem Eigenthümer zu Gute, welcher die Früchte der Sache sich aneignet und verbraucht, ohne zu wissen, dass die Nutzung einem Dritten gehört (er weiss z. B. nicht, dass an dem ihm vermachten Grundstücke einem Dritten ein Niessbrauch, eine Emphyteusis, ein ususfructus maritalis etc. zusteht).

b) Den Schutz geniesst derjenige b. f. possessor nicht, welcher sich nur eine nuda proprietas an der Sache zuschreibt, indem er weiss, dass ein Dritter nutzungsberechtigt ist.

2. Zweitens ist durch unsere Formulirung das Missverständniss ausgeschlossen, als ob für den Fruchterwerb der Eigenthums- oder Ersitzungsbesitz erforderlich ist. Die praktischen Consequenzen:

a) Den Schutz geniessen auch die iuris quasi possessores (z. B. der putative Niessbraucher etc.). Darunter befinden sich auch diejenigen putativen Nutzungsberechtigten, welche die fruchttragende Sache nicht einmal in ihrer Detention haben (z. B. diejenigen, welche irrtümlicherweise eine Prädialservitut ausüben, deren Inhalt in der Perception irgend welcher Früchte besteht).

b) Der putative Nutzungsberechtigte braucht zur fruchttragenden Sache nicht in einem solchen Verhältniss zu stehen, welches zur Ersitzung des entsprechenden Rechtes an der Sache führt. Wenn

Jemand sich einen zehnjährigen Niessbrauch an der Sache zuschreibt, kann er einen lebenslänglichen Niessbrauch durch den Zeitlauf nicht erwerben, wohl aber erwirbt er die Früchte.

Die übrigen Sätze des römischen Rechtes betreffs des Fruchterwerbes der putativen Nutzungsberechtigten entsprechen vollkommen dem praktischen Zwecke des Institutes und sind unbedenklich beizubehalten.

1. Die Uebertragung der Erfordernisse der condicio usucapiendi an der Muttersache auf den Fruchterwerb (Erwerbstitel betreffs der Muttersache, Freiheit derselben von den vitia) ist zwecklos und mindert nur die praktische Nützlichkeit des Institutes und ist darum zu verwerfen. Auch die bona fides (des oben bezeichneten Inhaltes) muss nicht etwa nur bei dem Besitzerwerb an der Muttersache (wie bei der röm. usucapio), sondern zur Zeit der Separation der zu erwerbenden Frucht vorhanden sein. — Bona fides ist nicht nur durch die Kenntniss vom fremden Rechte, sondern auch durch die Zweifel des putativen Nutzungsberechtigten an seinem Recht und durch die Klagerhebung des wirklichen Berechtigten ausgeschlossen. Auch in den beiden letzteren Fällen wird der ordentliche Wirth sich zur eventuellen Herausgabe der Früchte bereit halten. Die Entziehung der Früchte, welche er seit dem Entstehen des Zweifels oder seit dem Prozessbeginn gezogen hat, ist für ihn keine wirthschaftliche Ueberraschung, darum bedarf er betreffs dieser Früchte keinen Schutz.

2. Obwohl der putative Nutzungsberechtigte an den Früchten das Eigenthum erwirbt, ist es angerathen, ihn, wie im röm. Recht, die im Augenblick des Eintrittes der mala fides (resp. des Prozessbeginnes) noch in natura vorhandenen Früchte restituiren zu lassen. Das Institut soll die Integrität der Wirthschaft des putativen Nutzungsberechtigten gegen die unerwartete Nothwendigkeit sichern, eine Summe Geldes durch die Liquidation seiner Wirthschaft flüssig zu machen. Die Pflicht, fructus extantes herauszugeben, erfordert aber keine Liquidation der eigenen Wirthschaft des putativen Nutzungsberechtigten. Der letztere braucht weder seine Vermögensstücke zu verkaufen, noch sich in unvorgesehene Schulden zu stürzen, um die in den Scheunen aufbewahrten Früchte sogleich herauszugeben. Der Zweck des Institutes erfordert nur die Lucrirung der fructus consumpti; es muss nur der zerstörende Ersatz für die schon verbrauchten Früchte vermieden werden, aber nicht die Herausgabe dessen, was noch wirthschaftlich nicht verwendet

ist, was durch die Uebergabe der Schlüssel von den Scheuern herausgegeben werden kann. Dem putativen Nutzungsberechtigten einen grösseren Gewinn als das lucrum der fr. consumpti zu sichern, bedeutet über das Ziel hinaus zu schiessen. Wenn man den Eigenthümer der Einkünfte seines Vermögens beraubt, so muss man das nicht in grösserem Umfange thun, als durch die wirthschaftliche Nothwendigkeit begründet ist.

Die Freiheit von der Herausgabe der fructus extantes ist nicht nur durch den Zweck des Institutes nicht begründet, sondern sie widerspricht auch dem Rechtsgefühl der anständigen Leute. Wenn das Recht dem Besitzer die vorhandenen Producte bei der Uebergabe des Gutes fortzuschaffen erlaubt, werden die anständigen Leute von diesem Rechte keinen Gebrauch machen. Man vergesse nur die Abstractionen: das Eigenthum, die bonae fidei possessio und stelle sich einen concreten Fall der bonae fidei possessio vor. Wenn einem anständigen Mann sein Onkel ein Gut vermacht hätte und nach einigen Jahren es sich herausstellte, dass dieses Gut nur durch einen Irrthum ihm zugefallen war, dass es unzweifelhaft einem Dritten gehört, was würde er thun? Wir glauben, er würde die Bestimmung des Gesetzes nicht ausnützen wollen. Er würde sich vor dem Dritten wegen des Missverständnisses entschuldigen und ihm sofort das Gut mit allen noch vorhandenen Früchten übergeben. Er würde nicht das Getreide, das Holz, das Gemüse eilig fortschaffen. Trotz des Buchstabens des Gesetzes spricht in uns ein natürliches Rechts- und Anstandsgefühl, nach welchem wir die Producte des fremden Gutes wissentlich zu unserem Nutzen von demselben nicht wegnehmen werden.

Wenn man die abstracte Welt der Begriffe auf einen Augenblick verlassen würde, um in die Welt der concreten Lebensverhältnisse mit ihren natürlichen Anstands- und Rechtsgefühlen herabzusteigen, würde man sich überzeugen, dass die römischen Regeln die anständige Gesinnung der redlichen Leute verwirklichen. Mag die Restitution der fructus extantes vom Standpunkte der Begriffe des Eigenthumes, der Obligation u. s. w. inconsequent scheinen, so wird sie doch in einem concreten Fall des Lebens nur von einem eigennützigen Mann nicht vollzogen. Es wäre ein schlechtes Recht, welches dem natürlichen Rechtsgefühl widerstrebte. Ein solches Recht ist für die anständigen Leute nicht geschrieben.

Wir beantragen also vor dem zukünftigen Gesetzgeber die römische natürliche, einfache, durch die wirthschaftliche Politik und durch das natürliche Rechtsgefühl geforderte Unterscheidung zwischen fructus consumpti und extantes unverändert anzunehmen.

Die modernen Gesetzgebungen haben natürlich die Unterscheidung zwischen fructus consumpti und extantes abgeschafft, weil man ihre Bedeutung nicht verstanden hatte. Glücklicherweise hat man das Eigenthum des nichtwissenden Besitzers an den Früchten behalten, obwohl in den Motiven eine ganz unrichtige oder nichts besagende Rechtfertigung angeführt wird.

Der Code civil bestimmt:

Art. 549. Le simple possesseur ne fait les fruits siens que dans le cas où il possède de bonne foi: dans le cas contraire, il est tenu de rendre les produits avec la chose au propriétaire qui la revendique.

Art. 550. Le possesseur est de bonne foi quand il possède comme propriétaire, en vertu d'un titre translatif de propriété dont il ignore les vices. — Il cesse d'être de bonne foi du moment où ces vices lui sont connus.

Dasselbe bestimmt das italienische Civilgesetzbuch in den Art. 701, 703.

Im § 330 des österreichischen bürgerlichen Gesetzbuches heisst es:

Dem redlichen Besitzer gehören alle aus der Sache entspringenden Früchte, sobald sie von der Sache abgesondert worden sind; ihm gehören auch alle andere schon eingehobene Nutzungen, insofern sie während des ruhigen Besitzes bereits fällig gewesen sind.

Unter dem redlichen Besitzer ist auch hier der Eigenthumsbesitzer zu verstehen (vgl. § 326).

Ausser der Abschaffung der Restitution der fructus extantes betrachten wir als Rückschritt gegenüber dem römischen Recht das Erforderniss des Titels, welcher zum Erwerbe der fruchttragenden Sache geeignet ist. Wichtiger ist aber der andere Fehler, welchen die modernen Gesetzgebungen begehen. Unter dem gutgläubigen Besitzer wird nämlich immer nur der Eigenthumsbesitzer verstanden. Andere putative Nutzungsberechtigte werden nicht berücksichtigt. Das ist eine auffallende und unverzeihliche Inconsequenz. Einen Grund für solche Beschränkung können nur diejenigen finden, welche das Eigenthum an den Früchten aus dem fictiven oder sonst nicht existirenden Eigenthum des Besitzers an der fruchttragenden Sache herleiten. Einen inneren Grund für die

Beschränkung der Regel auf die Eigenthumsbesitzer zu finden, würde nicht leicht sein.

In einer anderen Beziehung ist der Begriff des gutgläubigen Besitzers in den modernen Gesetzgebungen zu weit. Es genügt nämlich, wenn der Besitzer sich das Eigenthum an der Sache zuschreibt. Er erwirbt also die Früchte nach den Worten der modernen Gesetze auch dann, wenn er weiss, dass ein anderer nutzungsberechtigt ist. Es wird derselbe Inhalt der bona fides für den Erwerb der Früchte gefordert, wie für die Ersitzung der fruchttragenden Sache.

Von der Ursache dieses Fehlers ebenso wie von der Ursache der Uebertragung des Ersitzungstitels an der Hauptsache auf den Fruchterwerb haben wir schon an anderem Orte gesprochen.

Eine scharfsinnige Bestimmung betreffs des Inhalts der bona fides ist im Entwurf § 900 enthalten:

„Wer eine fremde Sache besitzt, erwirbt das Eigenthum an den im § 792 Nr. 1 bezeichneten Früchten der Sache mit der Trennung von der Hauptsache. Diese Vorschrift findet keine Anwendung:

1. Wenn der Besitzer zur Zeit der Trennung gewusst hat, dass er zum Besitze der Sache nicht berechtigt ist, oder dass ein anderer vermöge eines Rechtes an der Sache zur Beziehung der Früchte berechtigt ist;

2. Wenn der Besitzer den Besitz der Sache durch eine strafbare, wenn auch nur auf Fahrlässigkeit beruhende Handlung erworben hat;

3. Wenn die Trennung von einem anderen als dem Eigenthümer vermöge eines zur Beziehung der Früchte berechtigenden Rechtes an der Sache ohne verbotene Eigenmacht bewirkt worden ist.“

Die Bestimmung sub 1 ist eine praktische Bethätigung der von uns vertheidigten Ansicht, dass der Inhalt der bona fides, welche zum Fruchterwerb gefordert wird, mit dem Inhalt derjenigen bona fides, welche zur Ersitzung der fruchttragenden Sache erforderlich ist, nicht identisch ist.

In anderen Beziehungen können wir dem Entwurf nicht zustimmen. Insbesondere ist die Beschränkung der Regel auf den Besitzer im gewöhnlichen Sinne (Eigenthumsbesitzer) zu verwerfen.

Auch die casuistischen Ausnahmebestimmungen im § 900 des

Entwurfs (sub 2 und sub 3) sind für uns weder in ihrem Zweck noch in ihrem Anwendungsgebiete verständlich.

Die Motive geben uns hierüber keinen Aufschluss. Dort heisst es ad § 900 sub 2 (S. 367): „Eine weitere Ausnahme muss die Rechtsnorm erleiden, wenn der Besitz der fruchtbringenden Sache durch eine strafbare Handlung erworben ist, weil in den Fällen, wo eine strafbare, wenn auch nur auf Fahrlässigkeit beruhende Handlung zum Erwerb des Besitzes geführt hat, dem Delinquenten eine ausnahmsweise gesetzliche Begünstigung in Folge seines Deliktes nicht zu Theil werden darf, mag demselben auch nicht gerade eine vorsätzliche Eigenthumsverletzung zur Last fallen."

Welche Fälle sind damit gemeint? Der Besitzer erwirbt ja die Früchte nur dann, wenn er im guten Glauben ist. Wenn jemand bei dem Erwerb der Sache im guten Glauben ist, wie und wann kann man sagen, dass er den Besitz durch ein Delict erwerbe? Vielleicht im Fall der strafbaren Selbsthülfe? Ferner, wozu zu der Strafe, welche auf die Handlung des Besitzerwerbes gesetzt ist (strafbare Handlung), noch eine neue Strafe gerade hier hinzufügen? Freilich betrachtet der Entwurf die Bestimmung sub 2 als ein allgemeines Recht, nicht als ein Ausnahmegesetz. Als ein Ausnahmegesetz betrachtet der Entwurf den positiven Theil des § 900. Er hält den Fruchterwerb des gutgläubigen Besitzers für „eine ausnahmsweise gesetzliche Begünstigung" des redlichen Besitzers. Das ist gerade der irrthümliche Gesichtspunkt in Bezug auf den Schutz des nichtwissenden Besitzers, als ob derselbe eine Redlichkeitsbegünstigung, einen Tugendpreis bildete, welchen wir grundsätzlich verworfen haben. Von diesem Standpunkt freilich kann man das Redlichkeitsgeschenk nur demjenigen machen, welcher in jeder Beziehung Lob verdient.

„Endlich ist eine Ausnahme von der Rechtsnorm für den Fall zu bestimmen, wenn der Nutzungsberechtigte selbst ohne Eigenmacht die Früchte von der Sache getrennt, mithin die ihm zustehende Inhabung ausgeübt hat. Ist in diesem Falle noch ein redlicher Besitzer vorhanden, so muss zu Gunsten des Inhabers entschieden werden."

Diese Motivirung macht für uns auch die Ausnahme sub 3 nicht verständlich. Welche Fälle meint der Entwurf und welchen praktischen Zweck will er erreichen? Mit den Personen, welche ausser dem Eigenthümer ein „zur Beziehung der Früchte berechtigendes Recht" haben, sind die obligatorisch Berechtigten, z. B. der Pächter, gewiss nicht gemeint. Es könnten nämlich zwei Fälle eintreten:

1. der Pächter erkennt den Besitzer als den Herrn des Gutes an und bezieht die Früchte ohne verbotene Eigenmacht. Diesen Fall kann der Entwurf nicht meinen, weil der Pächter das Eigenthum an den Früchten nicht in Concurrenz mit dem Besitzer erwirbt, sondern gerade auf Grund des diesem zustehenden Eigenthumes und der Einwilligung des Besitzers. Es ist kein Ausnahmegesetz, sondern die Anwendung der gewöhnlichen Rechtsprincipien.

2. Der Pächter betrachtet als den Herrn der Sache den wahren Eigenthümer, in dessen Namen er die Sache detinirt und die Früchte percipirt. Diesen Fall kann der Entwurf nicht meinen, weil hier der wahre Eigenthümer auch der Besitzer des Grundstückes ist. Wenn jemand auf dem Grundstück seinen Vertreter hat, so besitzt er das Grundstück. Die Legitimationsweise des Detentors schliesst die Möglichkeit des redlichen Besitzes aus.

Wenn wir annehmen, dass der Entwurf unter den dritten Nutzungsberechtigten die dinglich berechtigten versteht, finden wir auch keine Aufklärung. Wenn der Besitzer von der fremden dinglichen Nutzungsberechtigung weiss, dann ist er ja betreffs der Früchte in mala fide und kann dieselben aus diesem Grunde nicht erwerben. Wenn er dagegen glaubt, dass der dritte Percipient der Früchte kein dingliches Recht hat und doch die fremde Inhabung und Fruchtziehung duldet, so würde der Dritte die Früchte schon auf Grund seiner Erlaubniss (traditio) erwerben.

Die beiden letzten Ausnahmen im § 900 des Entwurfs können wir nicht unbedingt verwerfen, weil wir nicht sicher sind, ob wir die Meinung der Bestimmungen richtig verstanden haben. Jedenfalls, wenn die beiden Bestimmungen einen realen praktischen Werth haben sollen, ist es nothwendig, ihre Fassung so zu ändern, dass die Juristen und die Laien den Tenor des Gesetzes verstehen können. Bei der jetzigen Fassung würden die beiden Bestimmungen eine reiche Quelle von Missverständnissen werden. Auf die gewöhnlichen Fälle, welche sie vorzusehen scheinen, können sie nicht bezogen werden.

Wir können auch einer anderen Aenderung des Entwurfs nicht beipflichten, welche darin besteht, das der Besitzer auch nach dem Prozessbeginn die Früchte erwirbt (vgl. Motive zum § 900). Hier macht sich der grundsätzliche Unterschied zwischen der Auffassung der bona fides und ihrer Bedeutung, welche wir vertreten haben, und derjenigen, welche im Entwurf angenommen ist, geltend. Nach unserer Auffassung des Schutzes der bona fides giebt es keinen Grund, dem Besitzer nach dem Prozessbeginn das Eigenthum an den Früchten zu geben. Der Prozessbeginn ist gegenüber dem Besitzer ebenso eine Mahnung, wie andere Umstände, welche ihn in die mala fides versetzen, d. h. welche ihn daran mahnen, dass er vorsichtig wirthschaften soll, weil die Sache ihm entzogen werden kann. Vom Standpunkt einer besonderen Begünstigung der Redlichkeit ist die Frage vom Entwurf natürlich richtig entschieden.

Besonders praktisch gefährlich scheint uns die allgemeine Bestimmung des Entwurfs über den Inhalt der mala fides: „Wenn der Besitzer zur Zeit der Trennung gewusst hat, dass er zum Besitze der Sache nicht berechtigt ist“ u. s. w.

Ein positives Wissen für das Vorhandensein der mala fides zu fordern, ist zwar vom Standpunkt der „Unredlichkeit“ der mala fides consequent. Man kann denjenigen nicht für unredlich halten, welcher die Sache weiter benützt, weil er an seinem Recht nur zweifelt. Ein solcher Besitzer wird natürlich auf dem Grundstück wirthschaften, bis der Gegner sein Recht genügend beweist, also im Falle des Prozesses gewöhnlich bis zu dessen Ende. Indessen entspricht das Erforderniss des Mangels eines positiven Wissens vom fremden Rechte nicht dem wirklichen Zweck des Institutes. Es giebt keinen Grund, den wirklichen Berechtigten der Einkünfte seines Rechtes auch dann zu berauben, wenn der vermeintliche Berechtigte zwar kein positives Wissen vom fremden Recht hat, aber doch an seinem Recht zweifelt. Im letzteren Fall wird der vermeintliche Berechtigte, wenn er ein ordentlicher pater familias ist, die Früchte nicht sorglos consumiren, sondern an ihre eventuelle Herausgabe denken und sich dazu bereit halten. Darum ist der Schutz in diesem Fall überflüssig. Noch mehr, es ist gefährlich, alle diejenigen Besitzer Früchte erwerben zu lassen, welchen kein positives Wissen vom fremden Rechte vorgeworfen werden kann. Es ist nämlich sehr schwierig, Jemandem zu beweisen, dass er über das fremde Recht Gewissheit hatte oder haben konnte. In den meisten Fällen der Prozesse über das dingliche Recht bestehen nur Zweifel über das Recht und die Ungewissheit. Gewöhnlich vermag erst das Urtheil die Gewissheit herbeizuführen. Wenn der

Besitzer irgend welche wahre Gründe anführt, welche sein Recht zwar nicht beweisen, aber doch glaubhaft machen, kann man ihm nicht sagen, dass er vom fremden Recht gewusst habe. Er kann sich immer darauf stützen, dass er zwar seines Rechtes nicht ganz sicher war, aber auch am fremden Recht zu zweifeln Grund hatte. Ein solcher Besitzer lucrirt nach dem Entwurf fremde Einkünfte. Wie viele Fälle der schlimmsten Unredlichkeit werden durch ein solches Recht ermöglicht! Nach unserer Auffassung der bona fides sind keine Missbräuche beschützt. Es genügt dem Besitzer gegenüber nachzuweisen, dass ihm eine Thatsache bekannt war oder hätte bekannt sein sollen, welche ernste Zweifel über sein Recht erregen musste. Wenn diese Thatsache auch ein fremdes Recht noch nicht bewies, konnte doch der Besitzer vorsichtig handeln; er war gemahnt und musste seinen Wirthschaftsplan entsprechend vorsichtig bilden. Es genügt nur denjenigen zu schützen, welcher in Bezug auf das Recht der Nutzung wirklich im Irrthum und namentlich im entschuldbaren Irrthum ist.

Anstatt des § 900 des Entwurfes möchten wir folgende Bestimmung zu treffen vorschlagen:

„Wer ein ihm nicht zustehendes Nutzungsrecht an der Sache aus entschuldbarem Irrthum als ein ihm zustehendes ausübt, erwirbt das Eigenthum an den im § 792 Nr. 1 bezeichneten Früchten mit der Trennung von der Hauptsache.

Die nach Wegfall des entschuldbaren Irrthums — oder nach dem Prozessbeginn seitens des wirklich Berechtigten — von der Hauptsache abgetrennten Früchte sind Eigenthum des wirklich Berechtigten.

Der letztere kann auch die Herausgabe derjenigen Früchte fordern, welche zur Zeit des Wegfalls des entschuldbaren Irrthums oder des Prozessbeginns beim vermeintlichen Berechtigten noch vorhanden waren."

§ 49. B. Die Auseinandersetzung zwischen den successiven Nutzungsberechtigten.

Es bleiben uns noch andere Fälle des Wechsels der Nutzungssubjecte zu besprechen, d. h. alle diejenigen Fälle, wo die Succession im wirklichen Recht auf die Nutzung eintritt, mag dieses Recht ususfructus, emphyteuses, eine beschränktere Nutzungsservitut, antichresis, Lehn, Fideicommiss, ususfructus maritalis, Pacht heissen, oder im Eigenthum enthalten sein. Unter dem Ausdruck „Succession, Uebergang der Nutzung" u. s. w. verstehen wir, wie schon oben gesagt, jede Aenderung der Rechte, welche die Nutzungsbefugniss für den Einen aufhebt, für den anderen unmittelbar eintreten lässt. Die Aufhebung des Niessbrauches ist also in unserem Sinne eine Succession in die Nutzung, ebenso wie der Uebergang des Eigenthumes.

Wie aus der wirthschaftlichen Bedeutung der putativen Nutzungsrechte folgt, dass die Früchte dem putativen oder dem wirklichen Berechtigten gegeben werden müssen, je nachdem sie bei dem Eintritt der mala fides consumirt oder noch vorhanden sind, ebenso erfordert der wirthschaftliche Zweck der wirklichen Nutzungsrechte, dass bei dem Wechsel der Subjecte derselben die Früchte zwischen dem Vormann und dem Nachfolger gleichmässig vertheilt werden. Weil nämlich das Nutzungsrecht den Zweck verfolgt, dem Berechtigten die entsprechende Nutzung zu verschaffen, so müssen zur Erreichung dieses Zweckes die rechtlichen Hindernisse hinweggeräumt werden.

Es ist Jedem einleuchtend, dass der Niessbrauch im concreten Falle seinen Zweck nicht erreicht, wenn der Usufructar, der unmittelbar nach der Ernte das Grundstück bekommen hat, es unmittelbar vor der nächsten Ernte wieder herausgeben muss. Es ist kein normales Rechtsverhältniss gewesen, es ist ein pathologischer Fall eingetreten. Die Abnormität ist nicht so klar, wenn wir voraussetzen, dass der Niessbrauch mehrere Jahre gedauert hat; indessen wird man zugeben müssen, dass in diesen Fällen dieselbe anomale Erscheinung vorliegt, nur dass sie im Beginn und am Ende des Niessbrauches eintritt und ihre Abnormität durch die in der Mitte liegende normale Nutzung verdunkelt ist. Im ersteren Falle hat das Recht seinen Zweck vollständig, im zweiten theilweise verfehlt. Die obige Erwägung wird wohl genügen, um den Leser im Princip für die gleichmässige Theilung der Früchte zu gewinnen. Indessen ist die Frage nicht durch eine einfache Deduction zu entscheiden. Die civilrechtliche Gesetzgebung ist ein Act der Politik und in der Politik wird der schöne Zweck von der Tagesordnung gestrichen, wenn er zu grosse Opfer erfordert. Wenn wir diese andere Seite der Frage betrachten, werden wir dem römischen Recht vor den obigen Gesetzgebungen den Vorzug geben. Dabei lassen wir bei Seite die Thatsache, dass die letzteren durch die willkürlichen Fristen zu einem dem gewollten entgegengesetzten Ergebnisse gelangen: anstatt der Billigkeit die Unbilligkeit und eine auffallende Ungleichmässigkeit einführen. Wenn wir auch annehmen, dass sie die Einkünfte gleichmässig vertheilen, müssen wir doch sagen: es lohnt sich nicht, so viele Schwierigkeiten bei der Theilung entstehen zu lassen, um jenen Zweck zu erreichen. Diese Schwierigkeiten fallen bei dem Lesen der Bestimmungen, welche das preussische Landrecht getroffen hat, sogleich ins Auge; in der französischen, italienischen etc. Regel, welche anscheinend einfach lautet, sind dieselben ebenso enthalten, nur nicht ausgesprochen. Indessen sollen auf uns die gesetzgeberischen Praecedentien nicht abschreckend, sondern nur belehrend wirken. Wir glauben, dass die modernen Gesetze die meisten und wichtigsten Schwierigkeiten durch die unpraktische Regelung der Theilung selbst geschaffen haben. Ihr Beispiel sollte uns nur zeigen, was wir zu vermeiden haben, und wo der richtige Weg gesucht werden muss.

Wir erklären uns nun entschieden für die gleichmässige Theilung der Einkünfte. Wir glauben, dass das römische Princip des Zufalls weder dem modernen Rechtsgefühl, noch den modernen Volkswirthschaftsbedürfnissen entspricht. Es hat schon dem Rechtsgefühle der mittelalterlichen germanischen Völker nicht entsprochen, welche die Früchte demjenigen gegeben haben, der sie verdiente, nicht aber demjenigen, auf dessen Seite sich der Zufall stellte. Bevor wir zur Vertheidigung der Theilung übergehen, müssen wir aber nach dem oben angegebenen Gesichtspunkte zuerst die Regeln der Theilung finden, um vergleichen zu können, welche Opfer sie erfordern und welchen Nutzen sie bringen. Die römischen Regeln der Theilung der Dotalfrüchte können wir dabei natürlich nicht zum Vorbild nehmen, weil sie ganz anderen Zwecken angepasst sind. Nur manche praktische Lehre für die Entscheidung der einzelnen Fragen können wir dem römischen Recht entnehmen.

A. Der Gegenstand der Theilung.

1. Zunächst stellen wir den Grundsatz fest, den schon die Römer gefunden, den aber die anderen Gesetzgeber merkwürdigerweise unberücksichtigt gelassen haben: man braucht diejenigen Einkünfte nicht zu theilen, welche sich von selbst gleichmässig vertheilen.

Welchen Sinn hätte die Theilung der operae servorum, der Milch der Kühe, des Nutzens einer Wohnung, eines Pferdes, einer Maschine, welche das ganze Jahr thätig ist?

2. Wir fordern aber auch die Theilung der zufälligen Einkünfte nicht, weil dieselben in der modernen Welt ihre Bedeutung wesent-

lich geändert haben. In Rom bildeten die Hauptquelle solcher Einkünfte die Sclaven. Viele Sclaven nämlich waren nicht durch ihre gewöhnliche Arbeitskraft (operae), sondern durch ihre qualificirte Befähigung, durch ihre feineren Leistungen (opera) nützlich. In dieser Eigenschaft konnten sie die Quelle zufälliger Einkünfte sein. Freilich haben auch jetzt solche Einkünfte eine Bedeutung in der Volkswirthschaft. Allein jetzt bilden solche Einkünfte keine Früchte eines Vermögensstückes, einer res, sondern es sind persönliche Einkünfte. Durch die Abschaffung der Sclaverei sind die wichtigsten zufälligen Einkünfte, welche früher Früchte einer res, eines Sclaven waren, in rein persönliche Einkünfte umgewandelt, welche natürlich der Theilung nicht unterliegen. Uebrigens sind noch jetzt zufällige Einkünfte möglich, welche als Früchte einer res zu bezeichnen sind. Hierher gehören z. B. die ausserordentlichen Einkünfte eines Hotels, eines Kaufladens infolge einer Weltausstellung in der Stadt, eines Besuches des Kaisers etc. Indessen braucht das Recht solche Fälle nicht zu reguliren, weil sie zu selten sind, und weil das Rechtsgefühl des Volkes solche Einkünfte als donum fortunae, als ein persönliches Glück betrachtet.

3. Eine ganz andere wirthschaftliche Bedeutung haben diejenigen Einkünfte, die ungleichmässig fliessen und doch ein regelmässiges Einkommen bilden, welches bei der Schliessung des Rechtsgeschäfts berücksichtigt wird und dessentwegen, als wegen eines erwarteten, vorhergesehenen Gewinns, die Rechtsgeschäfte namentlich geschlossen werden. Hierher gehört z. B. das Einkommen desjenigen Hotelbesitzes, welcher während einer Hälfte des Jahres nur die Betriebskosten einbringt, um mit dem Eintritt der Saison der Touristen, der Cursaison, der Periode des grossen Jahrmarktes während der anderen Jahreshälfte mit einem Male einen grossen Gewinn abzuwerfen. Diese regelmässige Ungleichmässigkeit der Einkünfte spielt eine eminente Rolle in der Volkswirthschaft. Reise man nur nach Baden-Baden, nach der sächsischen Schweiz etc. und man wird ganze Städte sehen, welche ihre Einkünfte periodisch gewinnen. Ueber gleiche Erscheinungen kann auch jeder Landwirth berichten, weil die wichtigsten Producte der Landwirthschaft, wie Getreide, Weintrauben, Holz, Tabak etc. periodisch percipirt werden. Es giebt Fabriken, welche fast das ganze Jahr nur Verwaltungskosten erfordern, um dann während eines Monates Millionen zu produciren (z. B. Zuckerfabriken). Die Eigenthümer der Schiffe an Orten, wo die Schiffahrt nicht das ganze Jahr dauern kann, die

Eigenthümer der Theater und anderer ähnlichen Anstalten, welche nur im Sommer, oder nur im Winter offen bleiben, leben auch von periodischen Einkünften. Ebenso die Kapitalisten, die Eigenthümer der Actien, welche periodisch ihre Zinsen oder Dividenden erhalten. Man sieht, es ist vom gesetzgeberischen Standpunkt keine geringe Frage, welche die Vertheilung der periodischen Einkünfte betrifft.

Nur von diesen periodischen Einkünften ist weiterhin die Rede. Sie bilden den einzigen Gegenstand der Theilung.

B. Was das rechtliche Gebiet der Anwendung der Theilung betrifft, so ist Folgendes zu bemerken:

1. Es hat für das Recht keinen Zweck, in die Vertheilung der Einkünfte in den Fällen einzugreifen, wo die Betheiligten selbst ausdrücklich oder stillschweigend die Frage vorhergesehen und geregelt haben. Dies ist selbstverständlich und wird durch den dispositiven Charakter der Regeln über die Theilung berücksichtigt. Die stillschweigende Regelung der Fruchtfrage geschieht gewöhnlich durch die Bestimmung einer Frist, welche betreffs des Zeitpunktes in der Fruchtperiode ein dies certus ist. Wenn z. B. bei dem Kauf eines Gutes von den Früchten nicht gesprochen wurde, aber die Uebergabe des Gutes auf den ersten Juni oder auf morgen angesetzt ist, so ist auch die Fruchtfrage stillschweigend entschieden. Dagegen ist in der Bestimmung, — „das Gut soll dem Contrahenten am Tage seiner Hochzeit gegen 100000 überlassen werden“ — keine Regelung der Fruchtfrage enthalten. Wenn bei der Pacht oder beim Kauf in 90 Fällen von hundert die Frage durch den Parteiwillen regulirt ist, so verhält es sich umgekehrt beim Erwerb des Eigenthumes auf Grund eines Vermächtnisses. In Rom haben vielleicht die Erblasser auch darüber oft ihre Cautelen getroffen; in den modernen Testamenten ist die Frage sehr selten vorhergesehen und geregelt.

Die gesetzliche Theilung der Früchte greift also bei dem Uebergang der Nutzung Platz (welche im obligatorischen oder dinglichen beschränkten Recht oder im Eigenthum enthalten ist), wenn die Parteien nicht anders bestimmt haben.

2. Was die Begriffe des ersten und letzten Jahres anbelangt, so kennen wir solche als rechtlich erhebliche gar nicht. Dasselbe, was für eine Partei das erste Jahr der Nutzung ist, bildet für die andere Partei das letzte Jahr. Der Beginn der Nutzung eines Legatars ist das Ende der Nutzung des Erben. Das Ende des Niessbrauches ist der Anfang der Nutzung des Proprietars etc.

Die relativen Begriffe des ersten und des letzten Jahres sind durch die römischen Regeln mit Recht, durch die dieselben nachahmenden modernen Regeln mit Unrecht zu absoluten gemacht, weil man nicht von jedem Uebergang der Nutzung gesprochen, sondern nur das Ende gewisser einzelner Verhältnisse betrachtet hat. Wir können die Ausdrücke „das erste", „das letzte Jahr" nur in dem Sinne relativer Begriffe gebrauchen, wenn wir z. B. besonders die Rechtslage des Niessbrauchers betrachten. In diesem Sinne machen wir keinen Unterschied zwischen dem Beginn und dem Ende des Niessbrauches und denen der anderen Rechte. Wir sehen nur darauf, ob durch den Parteiwillen die Fruchtfrage bei dem Uebergang der Nutzung, sei es für den Anfang oder für das Ende, oder für beide Fälle des Uebergangs vorhergesehen und geregelt ist oder nicht.

C. Der nächste Zweck der Theilung ist, die zufällig ungleichmässige Vertheilung der Einkünfte beim Uebergang der Nutzung rechtlich in eine gleichmässige zu verwandeln.

D. Diesem Zweck entspricht die einfache Regel: der Nachfolger in der Nutzung soll von dem reinen Gewinn der laufenden Fruchtperiode dem früheren Berechtigten denjenigen Theil herausgeben, welcher der Dauer des Rechtes des letzteren in der fraglichen Fruchtperiode entspricht. Daraus sieht man, dass die vor dem Uebergange der Nutzung erworbenen Einkünfte niemals getheilt werden. Es werden nur diejenigen Früchte getheilt, welche zur Zeit des Uebergangs der Nutzung erwartet wurden. Der Sinn der Regel besteht darin, dass sie die am Ende der Fruchtperiode percipirten Früchte auf die ganze Erzeugungs- oder Erwartungsperiode rückwärts repartirt. Wenn die Frucht ein Jahr der Cultur erfordert, wird es so angesehen, als wenn jeder Monat der Cultur $^1/_{12}$ der zukünftigen Ernte eingebracht hätte. Durch jeden Monat der Cultur verdient der Berechtigte $^1/_{12}$ der durch die Cultur erzielten Ernte. Wenn der Nutzungsübergang mit dem Anfang der Fruchtperiode zusammenfällt, so bekommt der Vormann von dem Nachfolger nach der obigen Regel nichts, d. h. es findet keine Theilung statt; natürlich, weil der Vormann auf die zukünftige Ernte keine Arbeit verwendet hat. Was er gesäet hatte, das hat er schon eingebracht. Beispiele:

a) A. verkauft dem B. ein Landgut unter der suspensiven Bedingung, dass er (A.) vor Ablauf von zwei Jahren als Director einer Fabrik angestellt wird. Die Bedingung ist im nächsten Jahre unmittelbar vor der Ernte erfüllt. Die Ernte dauert 1 Monat; der Käufer muss also $^{11}/_{12}$ des Gewinnes herausgeben.

b) Die Bedingung eines Vermächtnisses eines Weinberges wird 3 Monate vor der Weinlese erfüllt. Der Erbe bekommt für 8 Monate $^{8}/_{12}$ des Gewinnes.

c) Der Niessbrauch eines Forstes, welcher in jedem fünften Jahre 10 000 bringt, wird ein Jahr vor der Perception erworben. Der Niessbraucher muss dem Erben $^{4}/_{5}$ von 10 000 herausgeben. Der Niessbraucher stirbt nach 13 Jahren. Er erwirbt also noch 2mal 10 000. Seine Erben bekommen von dem zurückerwerbenden Proprietar noch $^{2}/_{5}$ von 10 000.

Analog werden die Civilfrüchte getheilt. Z. B. die Bedingung des Legates einer Forderung, die alle 6 Monate 1000 bringt, wird zwei Monate vor Fälligkeit einer Rate erfüllt. Der Legatar behält $^{2}/_{6}$ der ersten Rate.

Die Eigenthümlichkeit unserer Regel besteht darin, dass die vor dem Uebergang der Nutzung vom Berechtigten gewonnenen Einkünfte zwischen ihm und seinem Nachfolger niemals getheilt werden. Das ist sehr natürlich, weil nur der Vormann dem Nachfolger mit dem Grundstücke seine in den erwarteten Früchten steckende Arbeit übergiebt, nicht aber umgekehrt dieser jenem. Wichtiger, als diese natürliche Billigkeit, ist eine andere Erwägung. Das Hauptgebiet der Theilung bilden diejenigen Fälle, wo das Nutzungsrecht nicht durch den Ablauf einer im Voraus bestimmten Frist beendigt wird, sondern durch zufällige Thatsachen, wie Tod, Erfüllung der Bedingung u. s. w. (Wenn die Parteien eine Frist bestimmen, regeln sie gewöhnlich schon selbst damit oder dabei die Fruchtfrage.) Nach den Regeln der modernen Gesetzgebungen kann nun der Nutzungsberechtigte niemals eine sichere Disposition betreffs der bezogenen Einkünfte treffen. Er muss immer daran denken, dass jeden Augenblick die Bedingung, welche sein Recht zum Erlöschen bringt, erfüllt werden kann, so dass er dann einen Theil der einkassirten Summe, vielleicht nach einer Woche, herausgeben muss. Wenn er sorglos ist, wird er die Summe verbrauchen oder wirthschaftlich verwenden. Wenn aber die Bedingung dann plötzlich eintritt, entstehen alle die Folgen, welche die Entziehung der bona fide consumirten Früchte nach sich ziehen würde. Wenn er dagegen vorsichtig ist, wird er die Summe nicht verwenden, obgleich er z. B. das Inventar verbessern muss, sondern er wird dieselbe zur eventuellen Herausgabe bereit halten. Für beide Arten von Wirthschafter, den guten wie den schlechten pater familias, sind die nach den modernen Gesetzen geltenden Theilungsregeln schädlich. Sie machen die Wirthschaft unsicher oder das Kapital unproductiv. Unsere Regel beseitigt vollständig dieses Uebel. — Die anderen Unterschiede unserer Regel von ihren gesetzgeberischen Vorgängerinnen brauchen wir nicht zu rechtfertigen. Insbesondere ist die beliebte Beschränkung der Theilung auf das letzte Jahr und die Theilung nach dem Jahre, ohne Unterscheidung der Länge der Fruchtperiode, wie schon oben angeführt, willkürlich und nur aus geschichtlichen Missverständnissen zu erklären.

Was die Durchführung der Regel anbetrifft, so besteht sie, genau gesprochen, nicht in einer „Theilung". Es entsteht kein Miteigenthum an den Früchten. Der Nachfolger in der Nutzung erwirbt allein die Früchte. In dinglicher Beziehung bleibt es also bei dem römischen Grundsatz. Es entsteht nur eine Obligation des Nachfolgers im Nutzungsrechte, welche auf die Rechnungslegung und die Herausgabe eines Theiles des Gewinnes gerichtet ist. Die hierauf gerichtete Forderung des Vormannes kann nach den gewöhnlichen Regeln des geltenden Rechtes gesichert werden.

Die Theilung der Einkünfte in der obigen Gestalt bringt keine Schwierigkeiten mit sich, wohl aber einen wichtigen Nutzen.

Die Theilung bezieht sich nur auf periodische Früchte, d. h. auf diejenigen, welche nicht das ganze Jahr hindurch in kleinen Summen, sondern während einer kurzen Zeit in einer grossen Masse eingehoben werden. Solche Früchte sind nicht schwer zu berechnen und ihre Summe lässt sich leicht beweisen. Dazu braucht man keinen lästigen Controleur auf dem Gute zu halten. Nach dem Landrecht ist ein solcher in der That nöthig, weil alle Früchte getheilt werden; die kleinen täglichen Einnahmen sind ohne Controleur schwer zu constatiren. Ebenso ist nach dem Landrecht ein Controleur darum nöthig, weil dasselbe dem Nutzungsberechtigten nach der Beendigung seines Rechtes ein bedenkliches Geschenk giebt, nämlich den Lebensunterhalt für die Familie bis zum Ende des Jahres. Ohne Controle würde dieses Geschenk leicht nicht nur alle Einkünfte verschlingen, sondern noch ein grosses Deficit mit sich führen. Dazu kommt noch der Umstand, dass das Landrecht einen Administrator in der Person der früheren Berechtigten auf dem Gute sitzen lässt, in dessen Interesse es liegt, eine Raubwirthschaft zu führen. Von allen diesen Missständen ist bei unserer Regel keine Rede. Der Nutzungsberechtigte muss nach der Beendigung seines Rechtes das Gut dem neuen Berechtigten überlassen. Der erstere kann in Folge dessen seinen eigenen Unternehmungen nachgehen. Es wäre für ihn auch oft ohne Interesse, wegen eines kleinen Theiles der Einkünfte auf dem Gute noch zu wirthschaften. Das Recht der Administration, welches das Landrecht dem früheren Berechtigten giebt, bringt ihm oft keinen redlich zu erlangenden Nutzen, sondern nur eine Gelegenheit zur Chicane und Unredlichkeit. Ebenso ist der neue Berechtigte nach unserer Regel selbständig; er kann die Wirtschaft verbessern und jede andere Disposition frei treffen.

Die Berechnung der Productionskosten ist nach unserer Regel ebenso ohne Controle leicht. Nach dem Landrecht ist zur Berechnung der Auslagen ein Controleur nöthig, weil dasselbe wegen der Theilung aller kleinen Einkünfte zu den abzuziehenden Auslagen alles Mögliche zählt. Wenn man nur periodische Früchte theilt, berechnet man die Productionskosten in Bausch und Bogen, so und so viel per Morgen. In jedem Lande sind solche Productionskosten gewohnheitsmässig bestimmt, und werden sie niemals in concreto, sondern nur in abstracto berechnet. Wenn in der fraglichen Ortschaft die Bestellung von einem Morgen gewissen Getreides 200 M. in abstracto kostet, ist es gleichgültig, ob im concreten Falle 10 M. mehr oder weniger ausgegeben werden. Solche Berechnungen der Productionskosten in abstracto kommen täglich bei der Beendigung der Pacht und in anderen Fällen vor.

Unsere Regel berechnet in concreto nur die Masse des geernteten Getreides, der geschorenen Wolle etc. Wenn man dazu einen Controleur haben will, braucht man ihn nur für wenige Wochen im Jahre zu engagiren. Das finden wir aber auch unnöthig, weil Missbräuche nur durch Beiseiteschaffen eines Theiles der Ernte möglich sind. Das ist aber sogar für einen Dieb schwierig, weil das Getreide nicht in der Tasche wegzubringen ist. Dazu sind Leute nöthig. Alle möglichen Befürchtungen wegen unserer Regel würde ein Landwirth oder ein praktischer Richter verlachen.

Bei den städtischen Grundstücken kann noch weniger von Schwierigkeiten der Durchführung der Regel die Rede sein. Dazu sind die leicht zu controlirenden Bücher da, welche für die Berechnung der periodischen Einkünfte genügen.

Bei den Civilfrüchten ist nur eine einfache arithmetische Berechnung erforderlich.

Die obigen geringen Opfer, welche die Theilung der Einkünfte erfordert, können als Null angesehen werden, wenn man sie mit dem grossen Nutzen der Theilung vergleicht, welche dringend angerathen ist:

A. Vom Standpunkt der Volkswirthschaft.

Nach römischem Recht hängt es vom Zufall ab, wer den ganzen jährlichen Ertrag bekommt, ob derjenige, welcher ihn erzeugt hat, oder ein Anderer. Dies ist eine wirthschaftlich schädliche Erscheinung:

1. Wenn der Vormann vorhersehen kann (z. B. bei einer Befristung seines Rechts), dass die Früchte seiner Arbeit einem Andern zufallen werden, dann wird seine Thätigkeit wenig productiv sein, weil sie durch das eigene Interesse nicht befruchtet ist. Noch mehr, er hat nach römischem Recht ein Interesse daran, die Wirthschaft bis zur Grenze der rechtlichen Verantwortlichkeit zu vernachlässigen. Denn jede Verwendung von Arbeit und Geld ist für ihn ein reiner Verlust.

Nach unserer Regel dagegen ist er am guten Erfolg jeder zukünftigen, von ihm cultivirten Ernte direct interessirt.

Wenn man auch nur diese Seite unserer Regel genau betrachtet, wird man schon die Berechnung der Einkünfte bereitwillig mit in den Kauf nehmen. Denn es ist Jedem klar, dass bei der Nichttheilung der Früchte eigentlich eine viel schwierigere Controle als bei der Theilung erforderlich ist. Wie schwer ist es bei der modernen intensiven Landwirthschaft, zu controliren, ob der Vormann, welcher kein Interesse, die Wirthschaft nach allen Regeln der Kunst zu führen, hat, den Acker tief genug pflügt, genug Dünger verwendet etc. Diese Interessen sind viel wichtiger als die Möglichkeit, einige Scheffel Getreide bei Seite zu schaffen.

2. Wenn der Vormann nicht vorhersehen kann, dass sein Recht im betreffenden Jahre vor der Perception aufhören wird, steht in seinem Wirthschaftsplan ein irrthümlicher Posten, die fructus futuri. Infolge dessen verwendet er auf sein Leben oder auf seine anderweitige eigene Wirthschaft mehr als es wirthschaftlich angerathen wäre, wenn er die Aufhebung seines Rechtes vorhergesehen hätte. Das Ende seines Rechtes, welches ihm unerwartet die zukünftigen Früchte entzieht, führt die Folgen des Irrthums in der Conjunctur mit sich. Aus diesem Gesichtspunkt betrachtet

enthalten unsere Regeln den Nutzen der Vorsicherung gegen den unerwarteten Verlust. Alles, was für die Versicherung zu sagen ist, gilt auch für die Theilung der Einkünfte. Unsere Regeln, welche das Eingreifen des Staates in die zufällige Unregelmässigkeit der Einkünftevertheilung fordern, entsprechen der Wirthschaftspolitik des modernen Staates, welcher die Versicherung begünstigt und in vielen Fällen sogar eine Zwangsversicherung einführt. Unsere Regel erfordert die gewöhnlichen Opfer der Versicherung nicht: die Versicherungsprämien, die verwickelte Administration, das unproductive Zurücklegen eines Kapitals; sie gleicht den Schaden nicht durch ein Kapital des Versicherers aus, sondern sie beseitigt rechtlich in ihrem Gebiete die Möglichkeit des unerwarteten Schadens.

B. Vom Standpunkt der Billigkeit.

Das moderne Billigkeitsgefühl ist feiner und tiefer entwickelt als der römische Begriff der Billigkeit. Vom modernen humanen Gesichtspunkt aus kann auch ein Casus eine Unbilligkeit zufügen. Es genügt uns, an die Entwickelung der Ersatzpflicht von verschiedenen Privatunternehmern und juristischen Personen betreffs der aus unglücklichen Zufällen entstandenen Schadens zu erinnern. Diese Haftungspflicht gewinnt fast mit jedem Tage an Umfang und Ausdehnung. Jetzt soll der Staat (wo möglich) nicht zulassen, dass ein Zufall Jemanden um den jährlichen durch Arbeit und Verwendungen verdienten Ertrag bringe. Uns erscheint die zufällige Bereicherung des Nachfolgers in der Nutzung auf Kosten der Arbeit und des Kapitals des Vormannes unbillig.

C. Vom Standpunkt des vermuthlichen Parteiwillens.

Die Nutzungsrechte werden durch negotia onerosa oder lucrativa verliehen. Bei dem negotium onerosum (wenn die Parteien die möglichen Zufälle betreffs der Früchte nicht berücksichtigt haben) erwartet der Erwerbende einen entsprechenden Nutzen zu bekommen, darum zahlt er das erforderliche Aequivalent; er will das Grundstück für sich bebauen, nicht für seinen Contrahenten, nicht um des Verlustes oder eines dem Aequivalent nicht entsprechenden Gewinnes willen schliesst er das Geschäft. Wenn die Regel der Theilung eingeführt ist, die Parteien aber im concreten Fall die Vertheilung der Einkünfte dem Zufall überlassen wollen, können sie das dispositive Gesetz für ihr Geschäft ausschliessen. Die Regel lässt ja den Parteiwillen frei walten, sie beseitigt das etwa gewollte aleatorische Element der Geschäfte nicht. Sie will nur da das Element des Risicos ausschliessen, wo dasselbe durch die Parteien nicht vorgesehen wurde. wo es eine Enttäuschung her beiführen könnte.

In den Fällen der negotia lucrativa, besonders der letztwilligen Verfügungen, wo unsere Regel am häufigsten wirksam wäre, gewinnt das oben über den Parteiwillen Gesagte noch mehr an Bedeutung. Wie würde der Testator enttäuscht sein, wenn er erfahren könnte, dass der von ihm seinem Freunde vermachte Niessbrauch demselben anstatt Nutzen vielmehr Schaden gebracht hat, weil der Freund nur für die Periode der Arbeit und der Verwendungen den Niessbrauch bekommen hat, nicht aber für die Zeit der Perception der erzeugten Früchte. Man stelle sich folgenden Fall vor. A. vermacht seinen Enkeln B. und C. den Niessbrauch eines Gutes, so dass B. die Administration und die Nutzung während des ersten Halbjahrs nach der hereditatis aditio bekommen soll, C. während des zweiten u. s. w. (vgl. l. 34 D. de usufr. 7, 1). Die Hereditatis aditio geschah am ersten Januar. Der vermuthliche Wille des Testators war doch darauf gerichtet, dass das Vermächtniss beiden Enkeln Nutzen bringe. Der Erblasser hat aber seinen Willen unvorsichtig ausgedrückt.

In Rom war die Theilung der Früchte nicht so nothwendig, weil die römischen Contrahenten und Testatoren sehr vorsichtig in ihren Geschäften waren, wie man das aus den Cautelen der römischen Rechtsgeschäfte sehen kann.[1] Die modernen testatores sind durchschnittlich schlechte Juristen; darum muss man ihren Willen um so rücksichtsvoller behandeln.

D. Vom geschichtlichen Standpunkt kann unsere Regel nicht als eine gewagte Neuerung bezeichnet werden. Dass das römische Recht ein entgegengesetztes Princip angenommen hat, kann für uns nicht als eine Warnung vor der Theilung gelten. Wir haben uns überzeugt, dass alle nützlichen Folgen der Theilung solcher Art sind, dass sie mit der Entwickelung der Cultur im engen Zusammenhang stehen. So z. B. ist bei der einfachen Wirthschaft der Römer das Interesse des Vormannes an der zukünftigen Ernte nicht so erheblich, wie bei der jetzigen feinen und intensiven Wirthschaft. Ebenso ist die Versicherung gegen Ueberraschungen jetzt wichtiger als bei den Römern, weil jetzt das Privatvermögen ein feineres organisches Ganze bildet; die letztwilligen

1) Vgl. die subtile Unterscheidung in der Fruchtfrage in l. 8 D. de annuis leg. 33, 1.

Verfügungen werden jetzt nicht so vorsichtig gefasst, wie bei den Römern u. s. w. Das Entscheidende ist aber, dass mit unserem Rechtsgefühl das römische Princip unverträglich geworden ist; denn die moderne Billigkeit fordert oft die Ausgleichung der Folgen eines Zufalles, auch wenn es ein Naturereigniss und dgl. ist, desto mehr fordert sie die rechtliche Beseitigung der unbilligen Folgen eines Zufalles, welche aus dem bestehenden Recht entspringen. Jetzt hat der Satz casus a nemine praestatur seine absolute Bedeutung verloren.

Als geschichtliche Vorgänger unserer Regel können wir diejenigen Gesetzgebungen betrachten, welche die Theilung der Dotalfrüchte beibehalten haben. Diese Theilung wurde zwar in Folge eines geschichtlichen Irrthums auf das römische Recht basirt; jedenfalls wollten aber die Gesetzgeber bei den Eheverhältnissen dasselbe erreichen, was wir im ganzen Gebiete des Civilrechts erreichen wollen.

Noch mehr kann das preussische Landrecht, als ein Zeugniss der modernen Bedürfnisse betrachtet werden. Es hat die schlimmsten praktischen Schwierigkeiten, welche durch seine ungeschickten Regeln entstehen mussten, mit in den Kauf genommen, um nur die gleichmässige und billige Vertheilung der Einkünfte zu erreichen. Wenn das Landrecht nur das letzte Jahr gewisser Nutzungsrechte geregelt hat, so ist das nur dadurch zu erklären, dass das erste Jahr und die ganze Menge von anderen bezüglichen Fällen der Aufmerksamkeit des Gesetzgebers entgangen war.

Wenn man aber unsere Regel genauer betrachtet, findet man für sie eine wichtigere geschichtliche Stütze, als die neueren Gesetzgebungen, in welchen zum Theil die persönlichen Theorien des Verfassers mit allen ihren theoretischen und geschichtlichen Irrthümern verkörpert sind. Die Stütze für unsere Regel bildet das Rechtsbewusstsein eines Volkes, welches sein Recht nicht durch den Willen eines einzelnen Gesetzgebers bekommen, sondern durch die allgemeine Uebung und Anerkennung entwickelt hat. Jene Stütze ist das Gewohnheitsrecht der germanischen Völker, welches die Einkünfte nicht demjenigen zusprach, dem sie der blinde Zufall gab, sondern demjenigen, welcher sie verdient hatte.

Unsere Theilungsregel trifft zusammen mit den Grundsätzen des germanischen Rechtes, insofern dieselben bei den modernen Wirthschaftsverhältnissen nützlich sind. Wir denken dabei nicht an die Identität des Grundprincips unserer Regel und der Regel des alten dentschen Rechts, welche beide die Billigkeit, nicht den Zufall über die Einkünfte entscheiden lassen. Unsere Aufmerksamkeit gilt einer mehr speciellen Aehnlichkeit.

Ebenso wie unsere Regel, kennt das deutsche Recht kein erstes und letztes Jahr, sondern nur den Uebergang der Nutzung, gleichgültig, wann derselbe geschieht, und mit welchem Recht die Nutzung verbunden ist. „Wer säet, der mäht", sagt das Schlagwort ganz allgemein. Wenn man diese Thatsache, welche man wohl nicht bestreiten wird, gewürdigt hätte, würde man nicht ausschliesslich mit dem letzten Jahr operiren, welches nur bei den römischen Dotalverhältnissen eine besondere Bedeutung hatte.

Ebenso wie unsere Regel, lässt das deutsche Recht den Vormann in der Nutzung von den eingehobenen Früchten dem Nachfolger nichts herausgeben. Beide Regeln belasten nur den Nachfolger. Natürlich, weil der Nachfolger in der Nutzung auf die vom Vormann abgeernteten Früchte keine Arbeit verwendet hat, wohl aber der Vormann auf die vom Nachfolger zu erntenden Früchte. Verdienst oder Erwartung einerseits und Lohn oder Verwirklichung andrerseits, Arbeit und Product verhalten sich zu einander wie Vergangenheit und Zukunft. Darum entsteht die Frage nur in Bezug auf diejenigen Früchte, welche bei dem Uebergang der Nutzung noch fructus futuri sind.

Aus dem Wesen des deutschen Grundsatzes folgt endlich, dass das deutsche Recht, ebenso wie unsere Regel, sich nur auf periodische Früchte bezieht. Natürlich, weil der deutsche Grundsatz des Verdienens durch die wirthschaftliche Arbeit die zufälligen Einkünfte gar nicht berührt. Was die gleichmässig fortlaufenden Einkünfte anbetrifft, wie die Milch der Kühe u. s. w., so wird hier die Arbeit durch die entsprechende Nutzung sogleich gedeckt. Dem Verdienen entspricht hier nicht erst die zukünftige Frucht, sondern die parallele Nutzung. Hier vertheilen sich die Früchte von selbst billig. Hier gehen das Princip des Verdienens und das der Perception nicht auseinander. Die Frage von den Früchten ist nur da möglich, wo man nach einer gewissen Zeit der Erwartung und der Arbeit das Erwartete mit einem Male bekommt.

Bis hierher die Aehnlichkeit. In anderen Punkten weicht unsere Regel von der deutschen ab, weil jene für die Zeit einer hohen wirthschaftlichen Cultur bestimmt ist, während das alte deutsche Gewohnheitsrecht einer verhältnissmässig primitiven Cultur entsprach.

1. Die Epoche der Entwickelung des deutschen Gewohnheitsrechtes war eine Zeit der Naturalwirthschaft. Damals hatten die Naturalfrüchte eine fast ausschliessliche Bedeutung; die Civilfrüchte spielten keine bedeutende Rolle. Diesem Zustande ist der deutsche Grundsatz des Verdienens durch die landwirthschaftlichen Arbeiten angepasst, der Grundsatz, welcher für die Civilfrüchte zu eng und zu concret ist. Jetzt verhält es sich mit den Natural- und Civilfrüchten umgekehrt. Darum haben wir das deutsche Princip nur als eine species beibehalten, um dasselbe in einem generischen Begriff aufgehen zu lassen, welcher auch die Behandlung der Civilfrüchte einschliessen kann. Unser Princip ist das Princip des Verdienens nach Massgabe der Dauer der Berechtigung. Mit anderen Worten, das deutsche Recht sieht auf die concreten Feldarbeiten, deren Ausführung zum Verdienen der Früchte genügt. Darum statuirt es verschiedene Fristen nach der Jahreszeit, deren Ablauf während der Dauer des Rechtes die Früchte dem Berechtigten ganz sichert. [1] Wir sehen nicht auf die concreten Bestellungsarbeiten, sondern nur auf die Dauer der Berechtigung. Es entspricht auch den modernen wissenschaftlichen Begriffen nicht, in der Production gewisse entscheidende Zeitmomente zu suchen. Erst die Perception vollendet die Production. Die Perception wird jetzt nicht als ein Gewinn des fertigen Productes angesehen, sondern sie ist selbst eine weitere Productionshandlung. Die Production in bestimmte Abschnitte zu theilen, ist willkürlich. Der ganze Productionsprozess ist eine ununterbrochene Entwickelung der Producte. Es ist wissenschaftlich unbegründet, nur auf die Zeit zu sehen, während welcher der Landwirth sich auf dem bebauten Acker befindet und arbeitet. Man producirt die zukünftige Frucht auch dann, wenn man das Inventar vorbereitet, die wirthschaftlichen Gebäude ausbessert, das Vieh füttert, die Nahrung für das Vieh bereitet etc. Wegen der Ernte im Herbst arbeitet der Landwirth das ganze Jahr, nicht nur, wenn er den Acker egget oder das Korn säet. Es ist also auch vom Standpunkt der Production richtiger, die Frucht pro rata temporis zu theilen, als sie durch eine bestimmte Bebauungsarbeit ganz erwerben zu lassen.

---

1) Z. B. . . . an sante Gallen tage ist verdienet der win. an sante Martines tage ist verdienet daz korn (Schwabenspiegel Art. 217, Ausg. von Lassberg) vgl. Sachsensp. II Art. 58 § 2, eod. III Art. 76 § 4 und andere.

Der zweite Unterschied besteht darin, dass unsere Regel mit anderen Rechtsformen operirt, als das deutsche Recht. Als Ergebniss des Verdienens geben wir dem Vormann nur eine Forderung auf den entsprechenden Theil des Ertrages; das deutsche Recht giebt ihm dagegen das Eigenthum an der Frucht und alles, was daraus folgt, also das Recht, auf dem Acker zu wirthschaften, die Früchte zu ernten (den Besitz nach realen Theilen), selbst zu verkaufen etc. Auch in diesem Punkte ist die Abweichung unserer Regel durch die modernen wirthschaftlichen Bedürfnisse begründet. Jetzt ist die Wirthschaft ein verwickelter und feiner Organismus, dessen Functionen durch Einwirkung fremder Personen, welche keine gemeinsamen Interessen mit dem Hauptwirth haben, störend beeinflusst werden können. Wir gewähren daher dem neuen Wirth volle Unabhängigkeit in der Ausführung seines wirthschaftlichen Planes. Wir glauben auch, dass unsere Regel den Interessen des Vormannes in der Nutzung besser entspricht. Nach der Uebergabe des Grundstückes an den Nachfolger will jener meist etwas Anderes beginnen, vielleicht nach einem anderen Orte, vielleicht nach der Stadt ziehen. Er hat jetzt keine Wohnung mehr auf dem Gute; es lohnt sich für ihn nicht, das Inventar zu behalten nur wegen der zukünftigen Ernte. Er hat auch vielleicht nicht das Nöthige, um das Inventar im Stand zu halten.

Es ist viel besser, wenn wir alle wirthschaftliche Sorge demjenigen überlassen, welcher im Stande ist, eine wirklich regelmässige Wirthschaft zu führen. Die Früchte haben für den neuen Wirth auch einen grösseren Werth, als für den früheren, da ihre weitere Behandlung für den neuen Berechtigten geringere Kosten verursacht (bei der Perception, dem Verkaufe etc.); ein grosser Theil der Früchte ist für den neuen Wirth wirthschaftlich nothwendig, er wird solche Früchte nicht verkaufen, sondern für seine Wirthschaft gegen entsprechende Vergütung an den Vormann ganz behalten. Viele Sorten der landwirthschaftlichen Producte sind nur zur weiteren Wirthschaft nöthig und müssen dem Wirth selbst gehören (das Heu, der Hafer, das Saatkorn, das Getreide für die Brauerei etc.). Für den früheren Berechtigten haben diese Producte nur den geringeren Werth, welcher dem Verkaufspreis entspricht. Eine andere Behandlung der Früchte als nach unserer Regel würde dem Vormann nicht einen reellen Nutzen bringen, sondern nur eine Gelegenheit zur Chicanirung und Ausbeutung des Nachfolgers geben.

Auf Grund der obigen Ausführung möchten wir folgende Bestimmung vorschlagen:

„Der Nachfolger im Nutzungsrecht hat dem bisher Nutzungsberechtigten den Theil der periodischen Früchte herauszugeben, welcher der Dauer der Befugniss des bisher Berechtigten innerhalb der laufenden Periode entspricht.“

G. Pätz'sche Buchdr. (Lippert & Co.), Naumburg a/S.

G. Pätz'sche Buchdr. (Lippert & Co.), Naumburg a/S.

Kolibri 360 GmbH
Ferdinand-Jühlke-Straße 7
99095 Erfurt, Deutschland
produktsicherheit@kolibri360.de